西方哲学史

A HISTORY OF WESTERN PHILOSOPHY

[英] 伯特兰·罗素 著
BERTRAND RUSSELL
刘常州 译

江西人民出版社

图书在版编目（CIP）数据

西方哲学史 /（英）伯特兰·罗素著；刘常州译
. — 南昌：江西人民出版社，2017.6

ISBN 978 - 7 - 210 - 09382 - 4

Ⅰ.①西… Ⅱ.①伯… ②刘… Ⅲ.①西方哲学 — 哲学史 Ⅳ.①B5

中国版本图书馆 CIP 数据核字（2017）第 095432 号

西方哲学史

（英）伯特兰·罗素（著）

刘常州 / 译

责任编辑 / 王华　胡小丽

出版发行 / 江西人民出版社

印刷 / 北京阳光印易科技有限公司

版次 /2019 年 6 月第 2 版

2019 年 6 月第 1 次印刷

规格 /710 毫米 ×1000 毫米　1/16　21.25 印张

字数 /316 千字

书号 /ISBN 978 - 7 - 210 - 09382 - 4

定价 /38.00 元

赣版权登字—01—2017—339

目录

译者前言

罗素（Bertrand Russell，1872—1970），英国数学家、逻辑学家、哲学家，诺贝尔文学奖得主，近现代以来罕见的百科全书式学者，也是二十世纪西方影响最大的社会活动家之一。

作为数学家，罗素与怀特海合著的《数学原理》被公认为数理逻辑学的奠基石。在逻辑学领域，罗素被认为是自亚里士多德以来最杰出的逻辑学家，对于整个学科的发展起到了至关重要的作用。

二十世纪最重要的哲学流派之一，是分析哲学，而罗素是分析哲学的主要创始人。在罗素看来，哲学与自然科学的研究方法并无不同，所不同的，只是研究对象不同而已；像数学一样，哲学问题也应通过严密的逻辑思维，推导出确定的答案，而不是像传统的所谓“哲学”那样，通过玩弄文字游戏，得出一个似是而非的、文学式的感叹。

罗素的建树，并不局限于抽象领域，他在教育、道德、婚姻、社会改革、政治制度乃至女权主义等方面，都非常活跃。他将形而上的思考，与形而下的社会实践完美结合，对人类文化的进步发挥了巨大作用。

罗素的著作，有七八十种之多，其中大部分作品是深入浅出的，既具有理论的深刻性，又能在最大程度上通俗易懂。其作品可读性强，加之流畅、清新、时而幽默的文风，受到极高的赞誉。1950年，罗素获得诺贝尔文学奖。

罗素获奖的因素之一，是其著作《西方哲学史》。在获奖演说中，罗素两次提及此书。

罗素的《西方哲学史》，与其他同类著作有很大不同。首先，深厚的语言功底，使本书颇具文学价值，气韵丰厚而灵动，阅读起来的愉悦感在学术著作中是少见的；其次，与大部分哲学史专著的正襟危坐不同，本书主观性较强，全书脉络并不事无巨细面面俱到，而是有取有舍；最后，对于哲学人物及派别的评论，也具有鲜明的罗素个人的色彩。

对于罗素《西方哲学史》的主观性，历来褒贬不一。罗素在自传中谈到这一点："评论家有时指责我，说我写的并非真实的历史，而是关于我随意挑选的事件的带偏见的讲述。但在我看来，即使有人可以不带偏见地写历史，写出的也必定是乏味的历史。"

即使批评者也不得不承认，这是一本"不乏味"的历史。正因为如此，此书一经出版，立即受到民众的热烈推崇，在商业上大获成功。迄今为止，世界各地的各种译本一再重印，影响力在学术著作中是少见的。

我们这个译本，为适应中国普通读者的需要，对原著进行了适当缩译。同样出于雅俗共赏的目的，我们采用意译的方式，以使行文风格更浅近和流畅。如有不当之处，还请读者不吝指正。

美国版序言

哲学史已经有很多部了，我著作此书并不是为了在数量上再添一部。我的目的在于揭示出与哲学有关的一个事实：哲学不是某个优秀人物独立思考的结果，它与社会生活、政治生活都有关联，它是各种体系造就的各种社会性格的结果，同时也是原因。本着这个目的，我对一般历史的叙述就有必要比通常哲学史家要做得多，这项工作对读者普遍不是很熟悉的那几段时期来说尤其必要。以经院哲学来说，它是十一世纪改革的产物，而改革的发生是因为前一个时期哲学的堕落腐朽。如果不了解罗马灭亡与中古教权兴起之间的那几个世纪的历史的话，就难以理解十二、十三世纪的知识氛围。在讲述这段时期的哲学时，我会提供一些有必要的历史，其必要性在于：我认为，在这样的时期中，时代和哲学家互相给对方造成了巨大的影响。所以，其他类似的时期，我也会以同样的方式去处理对历史的叙述。

然而，我的上述观点造成了这么一种后果：它给予一个哲学家的地位，与他的哲学的卓越性对应的地位不相称。比如，我认为斯宾诺莎比洛克更伟大，但实际上他的影响远远不如洛克，所以我对他的叙述就比洛克简略。有些人如卢梭、拜伦，虽然从学术的角度看他们根本称不上哲学家，但他们的思想对哲学思潮造成了巨大的影响，以至于我们根本不可能跳过他们来谈哲学的发展。站在这种角度看，甚至于纯粹的行动家的重要性有时候也不可忽视。亚历山大大帝、查理曼或者拿破仑就属于这类人，他们给哲学造成的影响远远大过很多哲学家。如果真存在莱库格斯这么一个人的话，他就是一个更显著的例子。

想要让论述涉及各个时期是不可能的，因为范围太广了，这就有必要做出选择。在读过一些标准的哲学史后，我得出一个结论：叙述太过于简短不会让读者获得有价值的东西。所以，那些我认为不值得详尽叙述的人物，除少数特例外，我就干脆完全不提。针对我所讨论到的人物，我就加多笔墨，提一提与他们的生平及社会背景有关的东西。有时候我也会提到某些本身不重要的细节，因为它们与我所谈论的哲学家或者他的时代有关。

对研究我这部哲学史的任何一部分的专家们，我想说几句辩解的话。首先，关于我谈论到的任何一个哲学家，我的知识不可能和一个研究范围不如我广泛的人的知识相比。我相信，对于我所述及的哲学家——莱布尼兹除外——很多人都比我了解得多。但是，如果因为知道得少就缄口不发表意见的话，那么结果只能是：只有关于某一狭隘的历史片段的哲学。唯有在一部综合性的历史著作中，才能处理这样的主题内容：巴达对于卢梭的影响、柏拉图对于十三世纪以前基督教哲学的影响、奈斯脱琉斯教派对阿拉伯人以及阿奎那的影响、自伦巴底诸城兴起后就一直存在到今天的圣安布洛斯对自由主义的政治哲学的影响。基于这样的理由，我请求，发现我对自己所论述部分显得不具备充足知识的读者们原谅我的不足。如不是考虑到“时间如梭”的话，我在这些方面的论述会更充分的。

本书原稿是为宾夕法尼亚大学的巴恩斯基金讲座而写的，我曾讲授过其中的一部分内容。巴恩斯（Albert C.Barnes）博士是促成本书问世的主要功臣。此外，我的妻子巴特雷西亚·罗素也功不可没。最近十三年，她在研究方面及其他方面给我提供了帮助。

绪论

我们所谓的“哲学的”人生观与世界观，是被两种因素激发而生的，一种是传统的宗教观与伦理观，另一种是科学研究。此处的“科学”是具有最广意义的那种解释。不同哲学家的体系中，这两种因素所占的比例也不同。唯有这两种因素在某种程度上同时并存，一种学说才算为具有哲学的特征。我在此所谓的哲学，也是一种广义上的哲学。

我认为，“哲学”是一门介于神学与科学之间的学科。它像神学一样包含有人类对不能肯定的事物的思考，又像科学那样试图通过理性而非借助权威来解决疑问。至于神学和科学，我认为，凡涉及确切知识之外的教条都属于神学，所有确切的知识则属于科学。介于它们之间的哲学问题，是心灵感兴趣但科学却几乎回答不了的，诸如：世界分为心和物吗？如果是，那么心灵为何物？物又为何物？又如，如果说有一种生活方式是高贵的，它是什么样的方式？怎样才能实现这样的方式？对这些问题的研究——不是解答——就属于哲学事情。各派神学都曾宣称为这些问题找到了真理级别的答案，但是他们的“真理”却让近代人产生了怀疑。

你也许会问，既然无法解决，那为何浪费时间来研究这类问题呢？对于这个问题，在本书中，我部分是以一个历史学家的身份来回答的。我认为，人类自能够自由思考以来就有了哲学，各种理论、伦理，诸如善恶理念，都属于哲学，它影响了人类的行动，也影响了历史。所以，要了解一个时代或一个民族，就必须了解它的哲学，而方法就是使我们自己在某种程度上成为哲学家。

我也可以以个人身份来回答那个疑问。这个“个人”，是一个在茫茫宇宙中感觉孤独乃至恐惧的人。科学告诉的是我们知道的事物，但我们所知道的事物太少，且深知如果忘记这一点我们就会变得麻木。相反，如果相信神学的武断，认为我们无所不知，那么我们就会蔑视宇宙，变得狂妄。充满疑问的问题太多，我们的生存环境是不确定的。无视这些疑问或者自称找到了确切答案，不会对我们有任何好处。如何在这种不确定的状态中活下去且不受疑问困扰呢？哲学就是让我们直面这些问题，摆脱恐惧的良药。

与神学相区别的哲学出现于公元前六世纪的希腊，它的古代发展阶段止于基督教兴起之时，也就是罗马灭亡之时。它的第二个伟大时期始于十一世纪，截止十四世纪。这一时期天主教教义支配着哲学思想，但该时期最后的种种混乱导致了宗教改革。从十七世纪到今天为止是哲学的第三个时期，这一时期中，传统的宗教信仰的重要地位受到了科学的威胁，于是想要给自己辩护。辩护是没用的，因为只要科学想使宗教得到改造，宗教就会被改造。这一时期很少有哲学家是天主教的正统派，相比于教会，他们更关注世俗。

无论是在哪个时期的哲学中，社会与个人的矛盾也正如科学与宗教的矛盾一样始终存在着。古希腊要求对城邦忠诚，但在不同城邦个人自由度是不同的。在斯巴达，个人几乎没什么自由。在雅典，抛开公民受到的迫害不谈，他们曾在最好的时代里享受过最大的自由。直到亚里士多德时代，希腊人对城邦的那种忠诚的爱国热忱都未曾消减，并且一直支配着希腊思想。这种思想的伦理体系适应公民的生活，包含极大的政治成分，但在希腊人先后为马其顿人、罗马人征服后，这种思想就不再适用了，取而代之的是斯多葛主义。

斯多葛派主张有德的生活是一种灵魂对上帝的关系，而非公民对国家的关系。这种主张是基督教的前奏。和斯多葛派一样，基督教在最初也和政治保持着距离，在最初三个世纪里，它的信徒对政府毫无影响力。自亚历山大到君士坦丁之间六个半世纪的动荡历史改变了哲学家们的思想，各种传统观念被异教徒整合，最后终于能够被吸收到基督教教义中。

基督教中有一个很重要的见解：一个人对上帝的责任高于他对国家的责任。这种见解来源于斯多葛派，它最初是一种在古代精神中还很陌生的见解，后来被基督教普及化了。不过，在君士坦丁归依基督教后，苏格拉底及其使徒们说的“我们更应该服从神而不是人”这种见解仍保留了下来。这是因为，早期基督徒的皇帝们都是阿利乌斯教派。当皇帝变成了正统的教徒后，这种见解虽中断，但仍然在不同时期存在于东方帝国里。异教徒蛮人征服了西方并取代天主教皇帝们成为统治者后，“宗教忠贞应高于政治忠贞”的思想得以稳固地保存了下来。今天，它在某种程度上仍然存在着。

西欧文明因为野蛮人的入侵而中断了六个世纪之久。但在爱尔兰，它直到九世纪时才被丹麦人摧毁。在被摧毁之前它还产生了一位伟大人物，即司各脱·厄里根纳。在东罗马帝国，希腊文明则以一种犹如被博物馆保存的形式存在着，直到公元1453年君士坦丁堡陷落为止。

五世纪末至十一世纪中叶是西方的黑暗时代。基督教那种认为“宗教忠诚高于政治忠诚”的见解导致了教会与国王之间的冲突，双方争斗的结果是教皇的教权扩展到了意大利、法国与西班牙、大不列颠与爱尔兰、德国、斯堪的那维亚与波兰。自十一世纪末开始，教皇实际控制了主教们和修道院院长，教士在整个西欧形成了一个受罗马指挥的单一组织，教会对权势的追逐也自此展开。直到公元1300年之后，教会在这场角逐中总是胜利的。

教会与国家之间的冲突既是教士与俗人的一场冲突，也是一场地中海世界与北方蛮族之间的冲突。教会的统一反映了罗马帝国统一的需求：它的祷文是拉丁文，首脑人物以意大利人、西班牙人和南部法国人为主，它恢复起来的教育也是古典的，它的法律观念和政府观念更为马尔库斯·奥勒留皇帝而不是近代君主们所理解。教会是对过去的沿承，也是对未来的开拓，它代表了当时最文明的东西。

反之，掌握世俗权力的具有条顿血统的王侯们则企图保持他们从日耳曼森林里带出来的那种制度。这种制度与绝对的权力相冲突，国王只得和封建贵族分享自己的权力。但是，国王并不甘心屈从于教会。君主们不顾教会的反对，还保存着决斗和比武的审判方法，有时候他们发狂起来还会杀死显赫的教士。教会与国王之间的冲突还引发了争斗。虽然国王掌握了所有武装力量，但因为教会几乎享有教育的独占权也因为统治者和人民都相信教会拿着“升天堂的钥匙”，所以教会最终胜利了。既然教会可以解除臣民的政治责任，它就可以鼓动反叛，此外，教会还代表着足以代替无政府状态的秩序，它因此获得了新生的商人阶级的支持。教会和商人阶级的这层利益关系，在意大利具有决定意义。

在意大利，条顿人想要保持教会的一部分独立性，这种企图通过政治、艺术、骑士道和战争等表现出来，却没有在知识界表现出来。这是因为，当时的教育几乎都是教士阶级的。中古时代的那种公开表现出来的哲学仅是一党一派的思想镜子，而并不能精确地反映那个时代。但是，在教士内部，尤其是弗兰西斯教团内部，却出现了教士和教皇的分歧。另外，意大利由于俗人接受文化比阿尔卑斯以北地区早好几个世纪，所以就出现了一种反教廷文化的氛围。弗里德里希第二曾试图建立一种新宗教，这代表了反教廷文化的极端。与弗里德里希第二相反的一个人是托马斯·阿奎那，他直到今天仍是阐扬教廷哲学的代表人物。处在这两者立场中间的人物是但丁，他对中古哲学进行了均衡的发挥，成就了一套综合新旧观念的中古哲学。然而，这种综合最终因为政治上以及理智上的各种原因而破灭了。

但丁之后，中古哲学的一套完整体系崩塌了，宗教大分裂、宗教大会运动以及文艺复兴的教廷终于导向宗教改革，结果就是基督教世界的统一性以及经院学者以教皇为中心的政府理论被摧毁了。这就是所谓的文艺复兴。在文艺复兴时代，人们认为传统的理论体系是心灵的监狱，知识分子们不再追求推理、分析、体系化的乐趣，而是乐于去挖掘新事物。除了艺术方面的有序传统还被保留外，思想方面以及政治理论方面都发生了秩序的崩溃，导致了混乱。这种时候，教皇和皇帝的权威都不复存在了。

十五世纪政治上的混乱，在马基雅维利的《君王论》一书中有所体现。政治变成了赤裸裸的权力争斗，传统的道德束缚消失了，摆脱迷信羁绊的人们精力旺盛，热情奔放，充满了创造力。同时，道德腐坏造成的无政府状态的混乱，却使得意大利人无能为力了，于是他们也像希腊人那样，被文明远不如他们、但比他们具有社会团结力的民族征服了。不过，结局没有希腊那么悲惨，许多新的强大的民族国家表现出了如意大利此前那样的成就，但西班牙是个特例。

进入十六世纪后，欧洲思想方面的主要事件就是宗教改革。这是一场复杂的运动，本质上它属于北方民族对罗马东山再起统治的一种反抗。这种反抗的动机是民族动机、政治动机和道德动机的结合，所以反抗力度是十分强大的，结果改革取得了成功。在北欧的大部分地区，无论是统治者还是人民都欢迎路德的神学改革。

改革主要是针对天主教教会的三种来源成分进行的：它大大加强了教会中来自犹太的圣教历史部分，淡化了希腊的神学部分，摒弃了与罗马有关的政府部分和教会法则部分。整个改革过程中，民族主义的力量都参与其中。改革后的明显不同是：旧教派认为来自圣书的神圣启示会通过教会的媒介代代相传，每个人的意见都要服从教会，这是一种责任；新教徒则否认教会是传达启示的媒介，而认为真理在《圣经》中，每个人都可以自行解读。

新教理论坚持，灵魂能够直接与上帝沟通，两者之间不该有任何俗世之人作为媒介。这种理论等于说，个人内心的思想就是真理，并没有什么可裁定真理的权威。于是，一种趋势很快就发展起来：在政治方面它趋向于无政府主义，在宗教方面则趋向于神秘主义。在这种趋势下，出现了许多有违天主教正统体系的教派，产生了许多自成一派的哲学家，还有众多与教皇对立的异端国王。每个人都掌握真理的结果就是，无论是在思想上还是文学上，主观主义不断被强化，使得它从最初一种要求精神解放的运动发展成为一种有害社会健康的个人孤立倾向。

首位近代哲学家笛卡儿的重要见解就是“我思故我在”。这种见解作为主观主义的第一个阶段，由贝克莱、康德直到费希特等人发展了起来。在哲学上的主观主义发展的同时，政治上的无政府主义也在发展。再洗礼派的学说是这种发展的源头，该派摒弃一切法律，认为好人总是会被圣灵引导，而圣灵不受任何束缚。这种学说流传到了荷兰、英国和美国，以一种更柔和的形式发展起来，成为了贵格会[1]的起源。在十九世纪时又产生了另一种无政府主义，它的形式更激烈，和宗教无关。它虽然是近代的形式，却具有很多早期新教的精神，因此是反宗教的。此外，它也是反政府的，因为它把路德针对教皇的那种仇恨变成了针对世俗的政府。

主观主义虽然脱缰得很彻底，但社会并未因此失去平衡，因为强调个人良心的新教徒在伦理方面仍是按照传统认可的道德方式去行动的。不过，由于他们本质上也是无政府主义者，所以这种平衡并不稳定，最终被十八世纪的"感性"崇拜给打破了。"感性"崇拜认为，一种行为之所以受到赞美，是因为激发了这种行为的那种情操。这种见解发展起来后，就有了像卡莱尔和尼采所表现的那种英雄崇拜以及拜伦式的对于任何激情的崇拜。这也是浪漫主义运动的来源。无论是在艺术、文学或者政治上，浪漫主义都和主观主义有联系。

自由主义也是在近代主观主义的基础上产生的，它的立场比较折衷，它是一种企图给政府和个人分别指定其各自领域的学说。这种学说的近代形式是由洛克开创的，主要表现为反抗"热情主义"，即再洗礼派的个人主义以及反抗对权威和传统的盲目服从。该学说的发展导致了另一种更彻底的反抗，而这种反抗产生了国家崇拜的理论。这种理论的代表有霍布斯、卢梭和黑格尔等人，在实践上则以克伦威尔、拿破仑和近代的德国为代表。共产主义的理论虽然和这些哲学无关，但在实践时也趋向于一种十分类似于国家崇拜结果的社会形态。

从公元前600年到今天，哲学发展史上的哲学家们可以分为两大类：一类希望加强社会约束，另一类希望放松这种约束。其他方面，也可以按照类似这样的形式去分。这两大类分别对应的人群，前者可称为纪律主义分子，后者可称为自由主义分子。纪律主义分子以或新或旧的教条体系为法则，因为教条无

1　贵格会：又名教友派，正式名称是公谊会（The Religious Society of Friends），兴起于十七世纪中期的英国及其美洲殖民地，创立者为乔治·福克斯。贵格会被外界视为基督教教派，但它没有成文的信经、教义等基督教特征，它相信能够直接得到神灵的启示，实际上是一种神秘主义。

法从经验上被证明，科学却可以，所以他们在某种程度上仇视科学。自由主义分子则除了部分极端的无政府主义者外，都倾向于科学、功利和理性。他们反对激情，而所有具有深刻形式的宗教都是带着激情的，所以是他们的敌人。事实上，自由主义者与他们敌人之间的这种冲突，早在我们认为的哲学兴起之前就存在于希腊了，且在早期的希腊思想中表现得相当明显。这种冲突变成了各种形式，一直持续到今天乃至未来。

有关“要自由还是纪律”的这一争论并无绝对答案，因为每一方都是既有对也有错。社会团结当然是必要的，但迄今不曾出现过仅凭辩论就使得人类更团结的事情。过分强调纪律或者过分注重自由都会给社会造成危险，前一种会导致僵化，后一种则会使得合作成为不可能，导致国家或民族解体，又或者被入侵者征服。通常说来，重要的文明最初都是遵循某种严格的带有迷信性质的体系，然后，遵循的力度会逐渐松垮，最后，到达一定阶段时，文明会达到最辉煌的程度，接下来就面临着解体。在它解体之时，旧传统的好东西仍继续保存着，坏的部分却未来得及发展。但一旦文明解体完毕，坏东西就会发展起来，逐渐走向无政府主义和一种新的暴政，同时产生一种受到新的教条体系所保证的新的综合。自由主义的学说的宗旨就在于避免这种无休止的反复，它只想受为保存社会所必须受的约束，在保证社会安定的条件下享受最大的自由。它是否可以达到这种目的，只能让时间来断定了。

卷一

古代哲学

第一篇·前苏格拉底哲学家

第一章 希腊文明的兴起

希腊文明的突然兴起，是所有历史事件中最令人感到不可思议的。它的大部分内容源自于在埃及和美索不达米亚存在了好几千年的文化，但是后者没有提供一种使之成形的因素，而希腊人却提供了。希腊人不仅在文学艺术上获得了世人认可的成就，他们在纯知识领域也有不凡的成绩。他们首创了数学、科学、哲学等，最早编写了非编年体的史书，他们还突破传统，进行大胆的思考。使这一切成为可能的希腊天才，至今还是人们为之惊叹和热论的人物。

泰勒斯是最早的哲学家。据天文学家说，公元前585年的时候，出现了泰勒斯预言过的一次日食。在最初，哲学和科学原本是不分的。这次日食的出现，标志着公元前第六世纪的初期，哲学和科学诞生了。在这之前的古希腊和它的邻国发生了什么呢？我们可以通过本世纪在考古中获得的知识而有所了解。

尼罗河、底格里斯河和幼发拉底河，是促使埃及和美索不达米亚早期文明产生的重要原因。

埃及的国王是神圣的，具有专制权并占有全部土地，他还和一种名为“多神教”的最高地位的神有着亲密的关系。埃及的神学和巴比伦的神学迥然不同。埃及人关心死亡，他们相信人死后的灵魂会在阴间接受奥西里斯的审判，然后最终返回到身体中。这就是他们为什么会制作木乃伊以及建筑奢华的陵墓的原因。金字塔群就是公元前4000年末和公元前3000年初之间的历代埃及国王们所建造的。大约在公元前1800年，喜克索斯人的闪族人征服并统治了埃及。在大概两个世纪的统治中，他们对埃及的影响甚微，但他们的到来在某种程度上使得埃及文明得以在叙利亚和巴勒斯坦传播。

相比于埃及，巴比伦的发展史更显出了好战好斗的性质。巴比伦原本只是相互交战中的一个独立城邦，称霸后建立帝国，它的神马尔杜克便成为了众城邦之神的至高无上者。

埃及与巴比伦的宗教都属于一种生殖性能崇拜。公牛被视为阳性生殖性能的象征，所以牛神普遍存在。在巴比伦所有女神中，地位最高的神是掌管大地的“伟大的母亲”伊修塔尔。她在西亚也倍受崇拜，但名字不尽相同。在小亚细亚，希腊殖民者称之为“阿尔迪米斯”，所以拉丁文有“以弗所人的狄阿娜”之说。在基督教中，她则化身为“圣母”玛利亚。

一旦宗教和政治关联，宗教的性质必定会改变。各种神都关系着国家命运，所以宗教礼仪和神学出现了，安放神像的万神殿建成了。接着，神和道德也关联起来。国家法典是神授予立法者的道德审判权力，犯法就是亵渎神明。于公元前 2100 年左右制定的最古老的的法典，其制订者巴比伦王哈姆拉就宣称这是马尔杜克授予他的。

与埃及宗教不同，巴比伦的宗教更关心现世而不是来世。巫术、占星术在巴比伦广泛传播，许多科学知识，如一天有 24 小时，圆周有 360 度以及日食、月食的周期等，也都是从巴比伦流传下来的。

埃及与美索不达米亚的文明是农业文明，商业文明起源于海上，那些没有用于制造武器的金属的国家，不得不依靠贸易或海盗掠夺来获得。后来，商业贸易发展到陆地上，克里特岛成为最早的贸易地区。可以说，从公元前 2500 年到公元前 1400 年期间，克里特曾存在过一种被称为“米诺文化”的先进艺术文化。这种文化的艺术遗物给人的感觉是奢华、欢快的印象，而埃及神殿遗物中透露出来的却是阴森恐怖的感觉。但是，克里特文明一直与埃及文明保持着联系。克里特的水手们来往于埃及和克里特之间，这种航海贸易在公元前 1500 年左右达到巅峰。在古希腊传说中，也一直流传着关于“米诺宫殿”的记忆。华丽壮观的“米诺宫殿”是克里特文明的中心，大约在公元前十四世纪末的时候被摧毁了，侵略者可能是希腊人。这些有关克里特的历史，都是从埃及文物或者在埃及发现的克里特文物所推断出来的。

克里特人同样崇拜女神，其中很确切无疑的一个就是被称为“动物的女主人”的女猎人，她可能就是阿尔迪米斯的起源。相关的证据表明，克里特人也相信人死后灵魂会因生前的错误而受罚，但总的来看，这个民族的性情并没有受到迷信力量的抑制。遗传下来的生动的图画还显示，他们的宗教仪式中有一项是斗牛，且是男女都可以参加。在阿瑟·伊万斯爵士看来，斗牛者是地位最高的贵族。

克里特人特创了一种无人看得懂的直线型文字，记录了米诺文明。在大约公元前十六世纪左右，这一文明传到了希腊大陆，经历七个世纪的演变后，它被改称为“迈锡尼文明”，也正是荷马史诗里所描述的文明。

从迈锡尼文明的遗迹文物来看，迈锡尼人比克里特人更惧怕战争。但是，关于这一族人，很多疑问都是无法得到确切回答的，比如：是克里特人征服了他们吗？他们说的是希腊语吗？不过大致可认为，他们才极有可能是征服者，他们说的是希腊话。或者，至少可以认为，他们中的那些来自北方的入侵者，带来了希腊语言。

希腊人先后以爱奥尼亚人、亚该亚人和多利亚人三种身份，对希腊展开了连续三次的征服。第一次征服后，爱奥尼亚人貌似比较完整地采纳了克里特文明，之后亚该亚人来了，大部分爱奥尼亚人被赶走。最后，多利亚人来了，迈锡尼文明也就被彻底毁灭了。但是，这个过程的真实性难以确定，我们也不知道迈锡尼人到底是不是希腊人。不过，我们可以从相关书籍上发现，在公元前十四世纪，的确有过亚该亚人建成的一个庞大帝国。

我们所知的是，迈锡尼文明毁灭之时，铜被铁取代，之后一个时期，腓尼基人掌握了海上霸权，再之后，有的入侵者先后在希腊群岛、小亚细亚、西西里和意大利南部创建了海上贸易城市，并建立了最早的希腊文明。文明跟海上贸易权经常是相互结合的，之后出现的雅典霸权也是如此。当然，希腊文明的这种情况跟它的自身地理环境有关。希腊大陆被贫瘠的山地环绕，分割的各个小地区的中心是一个靠海的城市。在农业经济无法满足需求的情况下，航海经济自然就出现了。带来航海贸易的这批入侵者，在大陆上建起了殖民地，是希腊最早时期的更富有的一批人。

古希腊的社会制度因地而异。在斯巴达，只有少数贵族和繁荣地区的自由公民才能压榨农奴，也只有在这个城邦中，妇女的地位不会因为社会财富的增长而减弱乃至失去社会地位。此外，古希腊的社会发展过程一般要经过君主制、贵族制、僭主制（统治者的权力不世袭）与民主制交替。他们的国王须听从元老议会的决议，如果国王违背了习俗照样会受到惩罚。

虽然埃及、巴比伦和克里特人早就学会了书写，但是没有任何可信的证据表明希腊人在公元前十世纪左右之前会写字。让他们学会写字的，是在古希腊城邦兴起之前就一直掌握海上霸权的腓尼基人。如叙利亚人一样，腓尼基人深受埃及和巴比伦的影响，腓尼基字母就是来源于埃及文字，而埃及文字由图画形式演变为音节形式这个过程，也正是由腓尼基人完成的。希腊人借鉴了腓尼基字母并在原来仅有的子音的基础上加入了母音，书写的便利和语言的丰富促进了希腊文明的兴起，而用它书写的第一个名人就是荷马。

荷马是一个身份不明的人物，与其说他是一个诗人，不如说他是一个著作了一系列诗作的唱诗作家，他最重要的两部长诗是《伊利亚特》和《奥德赛》。现存荷马诗歌的形式是由比西斯杰塔斯带到雅典的。比西斯杰塔斯在公元前560年至公元前527年（包括间断期）执政，自他开始，荷马史诗就成为了雅典青年教育中最重要的部分。但在希腊的某些地区，特别是在斯巴达，荷马直到较晚的时期，才享有同样的声望。

荷马的诗歌代表贵族阶级的观点，藐视人民大众所重视的各种迷信，但是这些迷信后来又流行起来。特别是在世道衰落时，这些代表着人民群众所信奉的具有黑暗野蛮成分的宗教迷信，就会重见天日。在整个古典时期，那些宗教迷信从来都没有彻底消失过。这一事实说明了许多事情。

任何地方的原始宗教都是部族的宗教，部落的人们在四季交替的时候举行祭礼，祈求神佑。这种祭礼加强了部落的团队协作，消除了个人的孤独感。宗教进一步发展之后，就会出现作为献祭用的动物和人。世界各地的原始宗教都是如此，只是出现这一阶段的时间不同，具体的献祭方式也会有所不同。比如，在全希腊，献祭普遍不那么残酷，也就是不以人作牺牲或者把作为牺牲的人吃掉。

荷马诗歌中的神是人性化的，其中几乎没有蕴含宗教气质。在其诗歌中能发现的跟宗教情感有关的，是“命运”“定数”这些被视作不可抗拒的因素。这些因素影响了整个希腊的思想。

吉尔伯特·穆莱如此评价荷马笔下的神：“他们热衷去征服，如同海盗之王。他们在战斗中游戏人生，嘲笑别人。他们唯一害怕的就是自己的王。他们从不说谎，除非是在恋爱和战争中。”荷马笔下的英雄们的行为表现也不得人心，比如第一个提到的庇勒普斯家族就没有获得幸福。

荷马史诗是在爱奥尼亚得以定稿的，其定稿时间最迟不会超过公元前六世纪。这个世纪，正是希腊科学、哲学和数学诞生的世纪。如果孔子、佛陀和佐罗亚斯特的确存在的话，他们也是出现在这个世纪。自这个世纪中叶起，先后发生了居鲁士建立波斯帝国，爱奥尼亚的希腊城市反叛波斯两件大事。当时的很多优秀人物成为逃亡者，他们把本局限于爱奥尼亚的文明传播到了未遭奴役的希腊世界中的各个城市，色诺芬尼就是其中一个。在这之后，希腊被分为许多独立的小国家，但对希腊的整体成就有过贡献的，仅有少数几个城市。

斯巴达的贡献意义在于军事上，而非文化上。哥林多是一个商业繁荣的城市，也没有多少文化气息。另一些就是纯粹的乡野之地，例如著名的阿加底亚。在这里，人们崇拜牧神潘，以一根方柱来代替神像，当粮食稀缺时，人们就殴打它。另外，他们还有狼人传说，认为谁若吃了作为祭品的人的肉就会变成狼人。还有供奉宙斯·里凯欧斯（即狼宙斯）的一个洞，人走在里面没有影子，走进去的人在一年内就会死掉。

古希腊的许多东西会让我们联想到被称为狄俄尼索斯或者巴库斯的酒神及与其有关的宗教。想要弄清希腊思想发展的人，不可能跳过人们对这个神祇的崇拜这个现象。狄俄尼索斯原是被希腊人视为野蛮人的色雷斯人的神，人们不清楚他是人形还是牛形，但认为是他带来了美酒。无人知道对巴库斯的崇拜是何时从色雷斯传到希腊的，可能是很早之前。这种崇拜一开始遭到传统派的反对，但最后还是建立起来了。在这种崇拜之中，人们野蛮地将野兽活剥撕成碎片然后吃掉。此外，它还让女人们可以彻夜在山上醉酒狂欢，男人们虽然不乐意却不敢反对。这种野蛮、神秘的宗教，在幼利披底的剧本《酒神》之中有所描写。

巴库斯崇拜在希腊的建立表明，至少有一部分希腊人敢于本着对原始事物的热爱，而追求更加热烈的生活方式。他们有一部分人虽然思想受到道德的奴役，但他们的行为却冲破了可恶的理性，于是就产生了思想、感情与行为的对立。

理性、谨慎是文明人区别于野蛮人的地方，野蛮人不会深谋远虑，比如他们不会为了冬天的温饱问题而在春天耕作。野蛮人的行动是出于直接的冲动，比如打猎让他们愉快，他们无需思考就去做了。当然，耕种是一种必要的劳动，非冲动所致。

让冲动受到抑制的是理性、法律、习惯与宗教等文明因素，这种抑制力是从野蛮时代就有了。只是，它不像以前那样更依靠本能，且它具有更多的组织性。可以说，法律、导致女性从属地位和奴隶阶级产生的私有财产制度、人们学会深谋远虑的习惯等，都属于抑制。

巴库斯崇拜就是一种对抑制的反抗，其崇拜者在酣醉中释放自己的身心，恢复了那曾经被理性、谨慎抑制的强烈情感，他们的“狂热状态”使他们相信自己已经与神结合为一体了。

我认为，人类的生活多少需要巴库斯崇拜，否则生活就会是无趣、危险的，而人类成就中最伟大的东西，大部分也都是因为创作者的精神具有某种沉醉成分。如果一种文明过于理性的话，它就跟科学无异了，而这不会使人得到满足。人类不仅需要科学，还需要激情、艺术和宗教，这也正是希腊的哲学家有科学类、宗教类之分的原因，而后一类大部分都直接或间接地受到了巴库斯宗教的影响。

野蛮的巴库斯原始崇拜之所以对哲学家们产生了影响，是由于奥尔弗斯主张以精神沉醉代替肉体沉醉的禁欲主义。奥尔弗斯是人是神我们并不清楚，他可能来自色雷斯，也可能是克里特，基本可以认定他是一个祭司和哲学家，据说他被狂热的巴库斯教徒们撕成了碎片。奥尔弗斯教徒相信灵魂轮回说，认为通过教礼的净化、吃素等可以让自己“纯洁”。人是属于天地的，越“纯洁”，个人属于天的部分就越多，属于地的部分就越少。最后，他会与巴库斯合为一体，成为“一个巴库斯”。

关于巴库斯，曾有一种神学说法认为，这个酒神有过两次诞生，一次来源于他的母亲西弥丽，一次来源于他的父亲。而在神话中，巴库斯是宙斯的儿子之一，他很小的时候就被巨人吃了，只剩下一颗心，然后这颗心给了他的父亲或母亲，于是导致了他的第二次诞生。巴库斯教徒撕开野兽并吃掉，这被认为是重演的巨人族撕碎并吃掉酒神的传说，野兽象征着神，吃了神就意味着获得一点儿神性，这也正是这一宗教的目的。从在坟墓中发现的奥尔弗斯教徒的书籍看来，奥尔弗斯教义也都是在告诫人们如何净化自己，以使得死后灵魂可以在另一个世界里找到出路。从目前最完整的的一份奥尔弗斯教义看来，要想灵魂得到解救，一个人必须谨记生前所做的一切。

奥尔弗斯教派是一个苦行教派，其教徒追求精神上的“狂热状态”，以达到与神结合的目的。这种宗教所包含的神秘成分，后来通过其教徒毕达哥拉斯渗入到了希腊哲学中去，然后又渗到柏拉图哲学中，继而渗入大部分多少具有宗教性的哲学中。然而，奥尔弗斯教既然来源于巴库斯教，所以总会含有巴库斯成分。比如，毕达哥拉斯和柏拉图都主张女权主义。又如，巴库斯成分中包含对激情的尊重，在希腊文学中也有所表现。在幼利披底的悲剧里，人不是被逼疯就是因为亵渎神明而陷于灾难之中。

在传统认识中，人们觉得希腊人是镇定、沉静的，总能够置身其外，对于他人的激烈行为时常抱着观赏的心态，犹如神明。这是对希腊人过于片面的误读。可能荷马、索福克勒斯、亚里士多德是这样的人，但是受巴库斯和奥尔弗斯影响过的人并不是这样。

从幼利披底的《酒神》中，我们可以发现这一点。它里面描写了酒神侍女们撕碎野兽、生吃其肉的欢乐场景，她们的合唱表现出来的完全不是什么镇定沉静，而是一种狂野的逃避。

啊，高山顶的欢乐，

舞动的人如醉云雾。

鹿被剥光，剩下鹿皮，

被撕碎的山羊直淌血。

吞下野兽的荣耀，

在山顶迎来破晓。

布罗米欧[1]引领着我们，

向弗里吉亚、吕底亚的高山走去。

整夜欢歌的那些漫长夜晚，

它们还会再来么？

星光减弱，晨露降临，

我的歌喉和头发得到了滋润，

我们的双足是否在迷雾中发光？

啊，奔跑的麋鹿，

是那样的孤独美丽。

当他们避开了猎人的陷阱，

便欢快地尽情起舞。

然而远方仍有恐怖的声音，

还有一群猎狗在追逐搜捕。

啊，必须更加狂野地前进，

沿着河流和峡谷，

向前，向前——

不管那疾驰的双足，

脚下是欢乐还是惊惧。

1 布罗米欧：巴库斯的许多名字之一。

你只管奔向万籁俱寂的土地，
在那幽静林中生活，
享受没有忧虑的甜蜜。

奥尔弗斯的信徒也不比巴库斯教徒更为“镇定沉静”。在他们看来，现实世界是由无聊和苦难构成的，而灵魂却要在其中不断轮回受罪。唯有净化自己，选择苦行生活，才能摆脱这些苦难。一首黑人的灵歌很恰当地唱出了他们的这种悲观：“当我回到家乡，我要对神倾诉我的所有苦恼。”

大部分希腊人都处于这种悲观与乐观交织的矛盾状态，在他们的身上，感性和理性共存，他们会创造出美好的天堂，又会创造出痛苦的地狱。正是这种矛盾的个性，成就了希腊在思想、艺术以及宗教上的成就。希腊最原始的神话形象不是宙斯，而是因给人间带去火种而遭受永恒苦难的普罗米修斯。但是，如果认为全部希腊人都崇拜这一神祇也是片面的。

实际上，希腊人的思想倾向有鲜明的两种，一种是狂热的、宗教的、神秘的，另一种是理性的、科学的、欢快的。希罗多德与亚里士多德是后一种倾向的代表人物，这类人都比较鄙视奥尔弗斯教义。而具有前一种倾向的人则基本上都是奥尔弗斯教的信徒。这有点类似于十八世纪末、十九世纪初英国地区的卫理教派。

由于古希腊女人根本不能和男人同等地享受文明，所以，我们很少知道一个母亲会给他的孩子带来什么影响。然而，奇怪的是，即便是一个很有理智的希腊人，他似乎也保留着某种原始的感性的冲动。这种冲动似乎是他们从传统中继承而来的。因此，我们不能片面地分析希腊的思想面貌。

要想了解希腊思想，必须了解非奥林匹克的宗教对它产生的影响。哈里逊的《希腊宗教研究导言》和康福德的《从宗教到哲学》对此都有所论述，特别是前一本，还具有一定的革命性。不过，在我看来，约翰·伯奈特的《早期希腊哲学》，是最为客观地阐述宗教与科学两者之间的关系的一本，尤其是其中的第二章《科学与宗教》，许多观点带有闪光之处。伯奈特提到，在奥尔弗教义流行之时，印度也流行一种与之相似的信仰。他还提到，与奥林匹克宗教的祭祀不同的是，奥尔弗教徒建立了不分种族、性别，人人可以参与的宗教团体，将哲学观念融入到生活中。

第二章 米利都学派

哲学界把说过“万物由水构成”的泰勒斯视为哲学第一人，这让许多初学者费解——他们认为这是对哲学的不敬。事实上，即便仅把泰勒斯视为一位科学家，他也是值得我们推崇的。

泰勒斯的家乡——小亚细亚的米利都，是一个有大量奴隶、人口繁密的城市。它的发展和爱奥尼亚相似，执政者先后是占有土地的贵族、有权势的商人、得到民主党派支持的僭主。米利都和位于希腊东海岸的吕底亚王国一直保持良好关系，和埃及也有着重要的关系。埃及雇佣希腊士兵，部分城市和希腊人有贸易往来。而希腊人在埃及最早的殖民地，就是米利都占据的一个要塞。

前面提到，天文学家根据泰勒斯预言的一次日食，推测了他在世的年月大约为公元前 585 年这个时期。据说他到过埃及，在那里学习了几何学，但不能就此认为他的水平到达过后来希腊人所达到的程度。所以，将许多集合定理归为他所创，恐怕是错误的。

泰勒斯被视为七大哲人之一，他著名的一句格言是：“水是最好的。”他认为大地就是一块漂浮在水上的陆地。伯奈特在《早期希腊哲学》中说，亚里士多德曾提到，泰勒斯说过由水构成的万物皆有神性。

泰勒斯的万物由水构成的说法，并非一种无知的假设，而是一种大胆的假设。但是，有关他的具体确切的理论，我们知之甚少。不过，从他的后继者，即米利都学派那里，我们倒是可以获得更多的资料。亚里士多德在他的《政治学》中说，泰勒斯在一个冬天预测来年的橄榄会有好收成，于是花掉所有储蓄，以低租金租下了丘斯和米利都的全部橄榄榨油器。第二年橄榄收获时刻来时，他大赚了一笔。他以这件事表明，哲学家要想发财并不难，只不过他们的志向不在此。

米利都派的第二哲学家阿那克西曼德比泰勒斯还有趣。他虽然也认为是某种单一的物质构成了万物，但他并不认为那是水，而是一种无形且可无限使用的、可转化为任何物质的东西。他说，我们所知的世界只是其中一个而已，“全部的世界”被这种东西包围起来，“它生成了万物，万物消亡后复归于它，万物先后出现，为的是弥补彼此之间的不正义”。

阿那克西曼德所说的“正义”并非是我们所谓的“正义”，似乎可以认为他的思想是这样的：组成世界的水、火、土皆有一定比例，它们分别代表了一种神，而这些神总想扩大自己的领域，然而它们却受到自然的正义的限制，比如火会产生灰烬，灰烬即土。每个神都不能逾越本有的权力，人神都要服从非人格的正义力量，这正是希腊信仰中最深刻的一部分。

亚里士多德提到，阿那克西曼德认为不是水构成万物的论据是：已知的原素存在对立，如果某一种原素是无限的话，那么其余的就会被消减。所以，使得宇宙存在的那种构成物质，必须是中立的，由此才能保证永恒的运动。此外，正是这种运动创造了世界，而不是由宗教的神创造的。人类、动物的演化过程，都属于这种运动。

阿那克西曼德是一位科学迷，据说他是第一个绘制地图的人，还有记载说他曾经推断太阳的体积可能跟地球的一样大，也可能是地球的二十七或者二十八倍。总之，他是一位比泰勒斯还要有趣的具有理性主义的科技哲学家。

米利都学派的第三位重要人物是阿那克西美尼，他成名于公元前 494 年米利都被波斯人毁灭之前。他的主要理论是：万物由气构成，大地犹如一个圆桌，被气体包围，“正如我们的灵魂也是气，把我们的身心结合为一体一样，世界就是一个气体的庞大存在。”他的这种理论，可以把不同实质之间的区别，解释为组成它们的气的量不同。这一理论，虽然不为近代人接受，但在古代却比阿那克西曼德的理论还受推崇，并影响了后来许多的哲学家，包括毕达哥拉斯。

米利都学派的理论，是泰勒斯以及他的后继者们得益于米利都这个城市的交通便利，吸收了埃及和巴比伦的智慧后产生的结晶。它摒弃了许多迷信的东西，且几乎不受巴库斯与奥尔弗斯的教义的影响。所以，泰勒斯等人的观念都是一些接近科学的假说，里面不含有神的要素。他们的尝试无疑是大胆的，并深深影响了后人。在他们之后的希腊哲学，兴起于意大利南部的希腊城市，具有更多的宗教性质，虽然其中也不乏有趣的和可赞叹的东西，但却比不上米利都学派具有的科学性。

第三章 毕达哥拉斯

毕达哥拉斯开创了推理论证意义上的数学，而且他的数学思想中具有特殊的神秘主义。可以说，他对数学产生的影响是深刻的，同时他又使得数学对哲学产生了深刻而不利的影响。

关于毕达哥拉斯的出身有两种说法，一种认为他是一个凡人的儿子，另一种认为他是阿波罗神的儿子。他在公元前 523 年左右获得盛名，在这一时期，他的家乡萨摩施行的是僭主制，统治者是一个拥有庞大海军的名为波吕克拉底的大财主。

波吕克拉底统治萨摩二十年之久，为了政权，他不顾社会道德批判，赶走了两个兄弟。波斯向西扩张的时候，为了防范波斯人，他和埃及国王艾玛西斯联盟，后来却背叛盟约，派水手帮助波斯王加比西斯进攻埃及。他的水手们却叛变，返回萨摩岛攻打他，不过这次叛变失败了。但最后，他因为贪财中了波斯总督的计谋，在去赴会时被捉住，钉死在十字架上。

波吕克拉底对艺术的爱护十分值得肯定。萨摩的许多美丽建筑源于他下令建造，他还包养宫廷诗人。不过，毕达哥拉斯不喜欢他的统治，所以到底离开了萨摩岛，去了意大利的克罗托内。

克罗托内属于意大利南部最大的两个城市之一，另一个是以奢靡驰名的锡巴里斯。这两个城市规模大致相同，且都是以进出口为经济发展支柱。从爱奥尼亚输入的货物，一部分为意大利人所用，一部分出口至高卢和西班牙。克罗托内以医学著名，在毕达哥拉斯抵达之时，它刚在战争中败给了劳克瑞。之后不久，克罗托内就对锡巴里斯开战并取得了胜利，然后锡巴里斯便被毁灭了，当时是公元前510年。

毕达哥拉斯与弟子们在克罗托内成立的一个团体，最初在城中有所影响，后来遭到公民们的反对，他于是搬到了林顿（今意大利南部塔兰托），之后一直生活在那里。他死后不久，人们才注意到他的具有神秘主义的奇怪理论。关于他的许多传说真假难分，还具有荒诞成分，他是一个让人费解的人物。若要比喻的话，可以说他是爱因斯坦和阿迪夫人的结合体。

毕达哥拉斯建立的宗教具有许多原始的禁忌观念，比如教礼中有这样的规矩：不准吃豆子，不准捡起掉落的东西，不要吃完整个面包，房子里不准有燕子窝等。康福德认为毕达哥拉斯教派属于一种“与科学倾向对立的神秘调调”。在他看来，奥尔弗斯则是对酒神库巴斯崇拜的改良，而毕达哥拉斯是奥尔弗斯教派内部的改良。理性与神秘总是对立的，而这种对立体现在希腊人身上就是奥林匹克的神和其他神之间的对立。从毕达哥拉斯教派规矩看来，它是一种具有特殊的理性的神秘主义教派。

毕达哥拉斯本人似乎说过这么一句话：“既有人，又有神，还有如毕达哥拉斯之类的生物。”这是什么生物呢？借用狄凯阿克斯对毕达哥拉斯教义的分析，它是一种具有不朽的灵魂、且可以转化为其他生物的反复轮回存在的东西。但是，这样的观点和数学又有什么关联呢？对此，伯奈特认为，它和数学一样具有同样的道德观。他在《早期希腊哲学》中是这么描述这种道德观的：正如到奥林匹克运动会场上也有三种人一样，现世中的人也有三种。最低级的是那种做买卖的人，中等的是那些参与竞赛的人，最高等的是那些旁观者。也就是说，这是一种无为而为的道德观。真正的哲学家都是献身于这种可以使人得到净化的无为事业的，由此才摆脱了“生命的巨轮”。

用康福德的解释来说，毕达哥拉斯的观念体现了一种“理论”（theory）精神，他的行为是一种“热情的感人的沉思”，其结果是产生了数学知识。这种解释并不奇怪。因为，对于那些真正沉迷于数学的爱好者来说，毕达哥拉斯的观点即便不具有真理性，却是合乎自然的。他们认为，真正的数学家正如音乐家一样具有创造力，为这个世界带来了秩序和美丽。

毕达哥拉斯伦理学中的许多观点与近代人的价值观相悖。在近代人看来，像足球运动员和政客这类参与到竞争中的竞赛者，比旁观者要伟大且重要。这种认识的变化与社会制度的改变有关。曾经那些沉迷思考而不是积极参与社会活动的哲人们，依靠奴隶过活，并因为他们的理论而得以与希腊天才齐名，由此得到神学的保障。但是，当社会制度发生改变后，不同阶级的人也建立了各自的有关真善美的标准。到了后来，真理不再是由沉思所得，而变成了一种可被利用的价值观。比如，工业文明对贵族阶级的刺激，导致了实用主义角度的真理的出现。

不过，无论怎样，由于哲人沉思的结果带来了数学，并反过来证明沉思是有益的。所以，数学这门学科获得了神学、哲学、伦理学等学科无法可比的威望。可见，毕达哥拉斯在宗教方面和数学方面都作出了影响极大的贡献，而且，他在这两方面的成就是不可分开来讨论的。

大多数科学建立之初，都具有迷信色彩，价值也相当虚幻。比如，天文学和占星学关联，化学和炼丹术关联。数学则由于具有精确计算，体现出了实用性。但是，也因为它的这一特性，使得人们过于高估了它的价值，认为数学计算出来的结果是最理想的，由此导致了各种形而上学的错误。

毕达哥拉斯曾经说过“万物都是数”，他想象的数的形状类似于表现在骰子上或者纸牌上的东西。我们现在所用的平方与立方这类名词，就是由他创造的。毕达哥拉斯在数学方面最伟大的发现，是直角三角形三条边的关系，即两条直角边的平方和等于斜边的平方。虽说是埃及人最早发现了三条边长分别为 3、4、5 的三角形是直角三角形，却是希腊人最早发现并证明了 3 的平方与 4 的平方之和等于 5 的平方。

然而，接受毕达哥拉斯的这一定理之后，人们很快就发现了不可公约数，并最终由欧几里得证明了这点。所以，当时希腊的数学家们就认为，几何学和数学是无关的。柏拉图的对话录中就记录了他所在的那个年代，几何学已经被独立出来，而最后是由欧几里得确定了它的独立。在希腊人看来，几何学是从不言自明的知识出发，对这一知识演绎、推断，然后得出一个原本不是不言自明的真理出来。这种观点影响了柏拉图和康德等人，甚至影响了政治家。美国“独立宣言”中就有一句：“我们认为这些真理是不言自明的。”

我坚信，我们之所以信仰那些永恒、严谨的真理，信仰这个超乎我们的感觉却又被我们所知的世界，正是因为有了数学。神秘主义探讨时间与永恒的关系时，也离不开数学。因为如果数学所知的对象的确存在的话，那么它们必定超越了时间，是永恒的一种东西。有人把它想象成上帝的思想。因此，在柏拉图和詹姆士·琴斯爵士看来，上帝是一位几何学家，最起码是数学家。

毕达哥拉斯开启了神学与数学的结合，这种结合对宗教和哲学的影响一直持续到近代。毕达哥拉斯之前的奥尔弗斯教义与亚洲的神秘教派相似，但是自数学与神学结合后，欧洲的宗教便具有了理智，在柏拉图、圣奥古斯丁等人身上都可以看到宗教和推理相结合的特点。我认为毕达哥拉斯对思想界的影响是无人可比的，即便是柏拉图也不行，因为后者不过是前者的影子罢了。他提出永恒的世界必定是理智的，而不是属于感官世界的。这个观点使得后世开始相信上帝是不朽的，并促使了基督徒的虔诚。它的影响愈加明显，下面就会谈到这一点。

第四章 赫拉克利特

目前，人们持两种相反的态度看待希腊人，一种是几近迷信的崇拜，一种是视希腊人的理论知识为一种权威的负担，觉得最好把他们的大部分贡献都忘掉。这两种看法都是很极端的，我不赞成任意一种。

关于世界的属性和构成，可能会有各种不同的假说，但不可否认，那些深刻影响了近代哲学的假说，大多数都来源于希腊人。希腊人对抽象事物的想象力和创造力非同凡响，在这一点上，我们对他们的称赞无论用何言语都不会过分。他们所做的部分贡献，比如数学、几何学和演绎推理法等，证明了抽象思维具有的价值是不可估量的。而如果没有这些知识的话，近代科学根本不可能出现。但是他们那种根据不言自明的事物来推理的方法却不是科学的，真正的科学推理，应该是根据已观察到的事物进行推理、归纳。所以，总的来讲，希腊人并没有科学家那种气质。

研究一个哲学家，应该持着公平客观的态度，抛去过分的尊敬或者极度的蔑视。唯有确切知道了他的理论，清楚其中值得肯定的部分，才可以采取批判的态度。应该谨记，一个人如果他的理论中有值得研究的部分，那表明他或多或少有些智慧，但是，无论是谁，都不可能在某个知识点上能取得无懈可击的绝对真理。如果某个智慧之人提出了一个很荒谬的观点，我们不应努力去证明它的正确性，而应该努力去理解它为什么看起来是正确的。这样，我们才能充分发挥我们的想象力，扩展我们的思维。

我们本章要谈的是继毕达哥拉斯之后最有影响力的一个人——赫拉克利特，但在进入正题之前我们先提一下色诺芬尼。

色诺芬尼出生在爱奥尼亚，年代不确定，只知道毕达哥拉斯和赫拉克利特都曾提到过他。他相信土和水构成了万物；在神学上，他是一个激进、独立的思想家。他嘲笑毕达哥拉斯的轮回学说，发表了这样的言论：“他（毕达哥拉斯）某次在路上看见有人虐待一只狗，阻止道‘住手，不要打它了。它是我的朋友转世，我从它的声音听出来了。’”色诺芬认为人们无法领悟神学的真谛，而他自己的一套有关神灵和世界的真理，也是无法被当时人乃至后人领悟的。他关于神的理论，有一段著名的话：“如果牛马、狮子能像人一样用手作画和创造艺术品，那么它们就会按照自己的模样来塑造出牛类、马类、狮子类的神来。”

色诺芬尼属于一个理性主义者，受到反神秘主义、反毕达哥拉斯人士的推崇，但他算不上一个出色的独立思想家。

毕达哥拉斯及其学派产生的影响晚于其他各派。在他的弟子中，赫拉克利特是第一个创造了一种至今仍有影响力的学说的人。他以“万物都处于流变的状态”这一学说而著名，鼎盛期大约在公元前500年。他是以弗所的一个贵族，虽然是爱奥尼亚人，但伊迪弗·毕万认为他并不属于米利都学派。

他是一个特殊的神秘主义者。他认为万物的实质是火，产生的基础是其他东西的死亡。他说：“一切死物为不死，一切不死物乃有死。不死之死带来生，生而后死带来不死。”他认为世界是对立结合后的统一，“万物生于一，一又生于万物。”一就是统领一切的神。

赫拉克利特对人类非常鄙视，无论是他的同胞还是那些显赫的前人们，他都不放在眼里而加以谴责。他只称赞过提尔达姆斯，原因是提尔达姆斯说过这么一句：“绝大多数人都是坏人”。基于这种鄙视态度，他认为，人类只有被外力所迫才会做出正确的行动。他说，“是鞭子把畜生赶到了牧场上的”“驴子宁舍黄金而取草料”。他还崇尚战争，说：“战争将人分类，使有的成为神，有的成为人，有的成为奴隶，有的成为自由人。”“战争是公平的，正义的，万物在争斗中产生和消亡。”

赫拉克利特的理论跟尼采的理论相似，倡导的都是苦行主义。他认为高尚的火和低贱的水构成了人的灵魂，潮湿的水虽然能给人带来快乐，但灵魂沾染了过多水就会死亡，所以灵魂应该是干燥的。他说：“一个人实现了所有的愿望并不是一件好事。”可以说，他主张人应该掌握命运，获得主宰自身的权力。对纵欲享乐，他是很鄙视的。

对于当时的各种宗教，他的态度则是敌视，而且是一种非科学非理性的敌视，至少对于巴库斯教是如此。所以对于当时的神学派人物，如康福德将他归类为巴库斯派，他给予了轻蔑的拒绝。他说，“人们奉行的神秘教根本就不是神圣的”“他们向神祈祷无异于跟房子对话，他们压根不知道神灵为何物，英雄又是什么”“如果不是借着酒神的名义的话，举行狂热的仪式以及赞美脏脏的阳具，无疑是最无耻的行为”。

赫拉克利特将精力过多地花在抨击世俗上，而没有很好地宣传他的理论。如不是这样，他或许会引发一场宗教改革。

从主张水是物质本源的泰勒斯，到主张气是物质本源的阿那克西美尼，再到以火为物质本源的赫拉克利特，再到后来认为世界是由土、气、火、水一起构成的恩培多克勒，古代的化学便停滞不前了。直到后来回教的炼丹术家们又重新研究起哲人石、长生药以及用贱金属冶炼黄金的方法，它才有所进展。

不过，赫拉克利特许多形而上学的观点，即便放在近代也仍让人欣然接受，比如他关于世界构成和永恒的理论。他认为火构成了一切，世界就是一团不熄的火焰，首先转化成为海，一半为土，一半为风，世界处于永恒的变化中。此外，还有他的对立统一理论。他说，“对立带来和谐，两者的关系正如弓和琴”。他对战争的崇尚正是基于这种理论得来的。对立引发战争，战争就是运动，运动是为了和谐。

他的许多言论也都出自这一理论，比如“善就是恶，恶就是善”“上坡路和下坡路是同一条路”“神是日也是夜，可冷可热，是战争也是和平，带来温饱也带来饥饿。他如火一样可变形，不同的香料放入火中，他便有了不同的名字”。这种对立统一理论，影响了黑格尔。

如阿那克西曼德一样，赫拉克利特的形而上学是受到了希腊思想中宇宙正义观的影响。他认为正义的宇宙不会偏颇于对立中的任何一方，所以他提出“斗争就是正义”，而代表这种正义力量的就是那个与其他神都不一样的“上帝”。

赫拉克利特最著名的一句言论是：“你不能两次踏入同一条河流；因为水不断地在流。”与这句类似的是：“太阳每天都是新的。”他这种对普遍变化的崇尚，可以归结为一句：“万物都在流变着。”

我们现在所知的赫拉克利特的言论，源自于柏拉图和亚里士多德为了批判他而作的引用。单是对手的引用就足以让赫拉克利特产生如此大的影响力，可见他在当时的影响之大，以至柏拉图非常热衷反驳这种学说。在谈到柏拉图的时候，我们还会继续讨论这一学说。现在，我只谈论它对诗人以及科学家产生的影响。

人之所以会研究哲学，是出于一种追求永恒的本能。这种本能，在那些生命处于困境的人身上，表现得更为强烈。与宗教从上帝与不朽这两种形式去追求永恒不同，诗人对永恒的追求表现在诗歌中。他们悲叹他们所爱的一切事物都战胜不过时间，诸如“时间让青春枯萎，让美人凋零。”然而，他们又同时说自己的诗歌是永恒的，诸如“尽管时间无情，而我依然期待，我的诗作传颂千古”。有的神秘主义者以及著名的哲学派则发明了不同的永恒说，认为永恒的东西存在于时间之外，他们或者以诗歌或者以严肃的散文来阐述这种观点。

赫拉克利特虽然相信变化，也相信存在某种永久性的东西，但他提出的“世界是一团永恒变化的火焰”，其中的永恒更倾向于过程的永恒，而不是实体的永恒，这跟巴门尼德以来的那种和无限时间相对立的永恒观念不同。不过，在他的观点影响下，不仅宗教和哲学在寻找永恒，科学也试图在变化的现象中寻找永恒的基础。

化学方面，当原子被发现后，人们便设想它是不可毁灭的，物质由恒定的原素排列，只不过会在燃烧之后重新组合。直到发现了放射现象，人们才知道原子可以分裂。物理方面，人们在发现电子和质子构成原子后，便将原来赋予原子的那种永恒性，转而赋予到它们身上。后来，质子和电子相遇爆炸产生能量这一事实，又使得人们将能量作为永恒的替代物。但是，由于能量不是一种类似于赫拉克利特所谓的永恒的“火焰”，而是物理过程中的一种现象，于是，关于永恒，物理学就渐渐摒弃了“燃烧着的东西”这种解释。

在天文方面，天体也不再被看作是永恒的了。天文学家预测，它迟早会爆炸，然后一切行星都会化为灰烬，宇宙回到最初的气体状态。虽然他们的预测可能会出现差错，但很显然，他们也受到了赫拉克利特永恒流变学说的影响。

可见，对于赫拉克利特的理论，科学也是无力反驳的。哲学家的野心之一，就是在科学无能为力的方面一显身手。因此，为了反驳赫拉克利特，哲学家们便努力探究一种不在时间之内的东西。这种探究的野心，始于巴门尼德。

第五章 巴门尼德

赫拉克利特认为万物都处于变化中，巴门尼德反驳说，什么事物都没有发生变化。

巴门尼德出生于意大利南部的爱利亚，在公元前五世纪上半叶享有盛誉。根据柏拉图的记载，苏格拉底在年轻时期曾和老年的巴门尼德有过一次会面。

意大利南部和西西里的哲学家比希腊本土的哲学家更崇尚神秘主义，而最初的数学又是与神秘主义混杂在一起。巴门尼德受到过毕达哥拉斯的影响；有人说他创造了逻辑。事实上，巴门尼德在历史上的地位非常重要是因为他创造了一种形而上学的论证形式，也就是一种在逻辑基础的形而上学。这种论证形式影响了许多后继者，黑格尔是受他影响的最后一个哲学家。

巴门尼德的一首《论自然》的诗最能表现他的学说。他认为感觉具有欺骗性，它感知到的事物纯属幻觉。在他看来，唯一确切存在的事物就是永恒的、不可分裂的"一"。但这个"一"与赫拉克利特所说的不同，它不存在对立面。比如，他明显认为不存在"冷"与"热"的对立，因为"冷"仅仅意味着"不热"而已。他还认为，"一"不是上帝，而是一种占有空间的、物质性的、不可分割的、无所不在的球形东西。

巴门尼德自称为"真理之道"的言论是他最重要的学说，其中最具代表性的如"你不可能知道什么东西不存在，也不可能将存在的东西说出来。因为，凡是能被思维感知的，就是存在的""你绝不会发现有一种缺少存在物作为表达对象的思想"。换言之，他认为，凡是可被思维感知或者说被提及的事物，就是无时无刻不存在的。既然如此，它就不可能有什么变化，因为变化意味着事物的出现和消亡。以他的这种观点出发，如果你谈到了乔治·华盛顿，那乔治·华盛顿就不单是必然存在于过去，在某种意义上他也必定存在于现在。

巴门尼德的理论明显不对，但如何辩驳这种论证呢？举个例子：如果以抽象的"哈姆雷特"来说的话，按照他的理论，我们既不能说哈姆雷特是存在的，也不能说他是不存在的。最正确的说法应该是"'哈姆雷特'是人们想象的一个人的名字"。这样一来，"哈姆雷特"便只能是一个字眼。但是，很多时候，我们显然探讨的不是字眼，而是它代表的人、事、物。于是我们的辩驳就反倒成为了对巴门尼德的论据了，即承认，如果我们有所指地谈论某个字，那这个字所代表的事物在某种意义上就是存在的。

再以谈论乔治·华盛顿为例，现在我们只能有两种选择，一种是同意他仍然还存在着，另一种是坚持这样的辩驳："乔治·华盛顿"这几个字在被我们提及时并非是指叫这个名字的那个人。两种选择中的结论似乎都是悖论，但是，从巴门尼德以词语代表永恒事物的理论基础出发，后一种结论却可以成立。我们的辩驳逻辑是：如果我们确实不知道乔治·华盛顿的话，那么对于我们来，他不过是"那个名为华盛顿的人"罢了，"乔治·华盛顿"于是便不是华盛顿本人了，而只是一种在我们的感官记忆或者思想之前的某种东西。这就说明了巴门尼德论证的错误。

以上的辩驳表明，要想从语言的角度得出形而上学的结论是很容易的。想要反驳这种形式的荒谬言论，只需我们比推出结论的学者更深入地研究语言的逻辑和心理方面的知识。当然，如果巴门尼德复活的话，他可能会继续辩驳我的论证。反驳他的话就要涉及记忆的讨论，这是很艰难的。

巴门尼德在哲学上的贡献，不在于他那片面的关于万物不变的观点，而在于他的思想创造了"实体"这个概念，使得这个字眼后来成为哲学、神学、心理学等领域公用的一个基本概念。后面我们会继续讨论这个字眼，在这里稍微提一下，是为了做到对他本人进行公平客观的评价。

第六章 恩培多克勒

恩培多克勒跟巴门尼德同时代，较晚出生，大约鼎盛于公元前440年。他跟毕达哥拉斯一样，是哲学家、预言者、科学家和江湖术士的混合体，不过他的学说在许多方面更近于赫拉克利特。他的家乡是西西里南岸的阿克拉加斯，在西西里的城市里，民主和僭主之间纷争不断，被击败的一方的人或者被杀害或者被流放。作为一个民主派政治家，恩培多克勒在某一时期也曾遭到放逐。但是，他没有像那些被流放的人一样，去勾结波斯或者迦太基这类希腊的敌人，而是选择了做一个圣贤，并在晚年的时候以流放者的身份成为了一个预言者。

历史传说中，恩培多克勒行过神迹或者类似的事情。人们认为他是神，或者会魔法，也有人认为是因为他懂得科学。据说他曾召唤过风，救活过一位死去一个月的女人，他最后是跳进火山死的——为了证明他是神。

确切可知的是，恩培多克勒也写诗，并获得了受他影响的卢克莱修极高的称赞。但是，由于他没有完整的著作流传下来，所以无从判断他的诗作水平。此外，他在科学、宗教等方面都有所贡献。

在科学上，他最重要的贡献是发现了空气是一种独立的实体，其证据是他观察到如果倒着将一个瓶子之类的容器放入水中，水不会进到容器里。此外，他还至少发现过一个离心力例子：如果用绳子系好一杯水后旋转它，水不会流出来。

在植物学上，他发现了植物也有雌雄之分，并且幻想出一种演化论与物竞天择类似的理论。

天文学方面，他发现月光是一种反射光，且认为阳光也如此。他还提出光的传播是有速度的，是一种肉眼无法捕捉的速度。他可能是从阿那克萨哥拉那里学过知识，从而也知道日食的起因。

医学方面，他开创了意大利医学学派，据伯奈特说，它影响了科学思潮和哲学思潮的整个倾向。

宇宙方面，他认为构成万物的有四种永恒的原素（虽然他不曾使用“原素”这个名字）：水、火、土、气。这四种原素按照不同比例混合，形成了世间万物。他还认为与这四种原质同一级的原素还有爱的力量和斗争的力量，爱的力量使这四种原素结合，而斗争的力量又把这种结合拆散。爱和斗争不断对抗，所以每种结合而成的实体都只是短暂的存在而已，永恒的是原素。他的观点和赫拉克利特的观点相似，不过相对缓和，因为他提出不仅是由斗争，而且是由斗争和爱造成变化。

恩培多克勒认为世界是物质的，球形的。在黄金时代，球的核心是爱，斗争处于外部。反之，最糟糕的情况就是斗争完全聚集在核心。最好和最坏的年代循环重演。

在宗教上，恩培多克勒大体上与毕达哥拉斯相似。他曾如此赞美毕达哥拉斯："他是人群之中一位了不起的人，知识丰富，擅长思考，他的智慧和财富都是巨大的。"在他残留的诗作中，可以发现他有时自夸为神，有时又认为自己是个大罪人。他曾说："我是一位不朽的神人而非凡人，你们尊敬我，还给我戴上了佩带和花环……"又曾说自己因为"曾经犯下罪孽，让自己的手沾满了鲜血，或者参与过斗争而违背了自己的誓言"，所以"必定被幸福抛弃，孤身在外飘荡三万年"。

我们不知道他的罪恶是什么，但可能不是什么滔天罪孽，因为他说过这样的话：

"啊！我造孽了，在我张嘴咀嚼而犯罪之前，残酷的死亡竟没有来邀请我……"

"不幸的人，最不幸的人，你的手万万不要去碰那豆子！"

可见，也许他所谓的罪孽不过是大嚼桂叶或者吃下豆子而已。

柏拉图曾经有个很著名的观点：我们所处的世界是一个只能看到外部明朗世界的暗影的岩洞。这个观点起源于奥尔弗斯派教义，是恩培多克勒预示过的。

在宗教方面，恩培多克勒提出的关于轮回、洗罪、获得幸福、在现世享受神的荣耀等，无不是奥尔弗斯和毕达哥拉斯教义中的观点。科学发现、四原素论以及爱和斗争的学说等，体现了恩培多克勒的创造性。从哲学来看，他认识到必然和偶然因素决定了自然发展，而不是由目的决定，单就这点，他甚至强过柏拉图和亚里士多德，而近代许多科学家也未必如他。

第七章 雅典与文化

雅典的伟大始于两次波斯战争的胜利，一次是公元前 490 年对战波斯王大流士的马拉松战役，一次是公元前 480 年到公元前 479 年间，雅典领导下的希腊联合舰队对战大流士之子薛克休斯的胜利。这两次战争之后，作为反波斯同盟中主要一员的雅典在战后取得了凌驾其他盟国的海上霸权，从而逐渐地把同盟转化成为一个雅典帝国。在白里克里斯的英明领导下，雅典更加繁荣起来，而白里克里斯时代也是雅典历史上最昌盛繁荣的时代。

在白里克里斯时代出现的著名人物有写悲剧的伊斯齐卢斯、索福克勒斯，再之后是写剧本的幼利披底，写喜剧的阿里斯托芬。白里克里斯还致力于重建被薛克休斯烧毁的神殿，至今仍让我们叹为观止的巴特农神殿就是当时修建的。这个时期的雅典，是全世界最繁华的城邦之一。

在白里克里斯时代之前，雅典是希腊城邦中很落后的一个。战争胜利带来的财富和城市的重建需求，使得一大批建筑家、雕刻家和戏剧家突然之间涌现出来，而这些人的艺术成就，即使是今天的人也无法比拟。只要想一想，那时雅典人口最多也不过二十三万人，却产生了如此多的伟大艺术家，这实属罕见。

在哲学方面，雅典仅仅出现了两个伟人：苏格拉底和柏拉图。柏拉图是较晚期的人物，苏格拉底则算是白里克里斯时代的人物。雅典人热衷哲学，追求智慧。在《普罗泰戈拉篇》中，柏拉图描写了苏格拉底有趣地讽刺了那些对外来名流十分尊崇的热心青年。阿那克萨哥拉就是白里克里斯引入雅典的。

另外，柏拉图假设的对话也是以白里克里斯时代为背景，从中可以看到当时人们富裕的生活景象。那是一个人们既有智慧又有财富的罕见的时代。但是，在这个黄金时代中，内外忧患也同时存在着，内部是民主政治的威胁，外部是斯巴达的威胁。为了理解在这黄金时代之后的事情，有必要先简单介绍一下亚底加的早期历史。

最初，亚底加不过是雅典管辖下的一个微不足道的农业区，但是有工匠和技术工不断涌入。后来，借债种植葡萄和橄榄的小农阶级逐渐有了地位。借着支持民主的名义而掌握实际政权的贵族，对农民和工匠都进行了无情的压迫，这种情况一直持续到白里克里斯倒台。之后，雅典民主政治的领袖们要求更多的权力，而他们却在伯罗奔尼撒战争中败给了斯巴达。

雅典没有政治地位了，但在知识界仍享有权威，哲学在雅典保持昌盛达一千年，柏拉图的讲学园直到罗马帝国皈依基督教两个世纪之久后才被关闭。于是，雅典也成为了一座异教主义的孤岛。公元529年，查士丁尼封闭了柏拉图的讲学园，欧洲迎来了黑暗时代。

第八章 阿那克萨哥拉

阿那克萨哥拉是爱奥尼亚人，继承了爱奥尼亚的科学与理性主义。他最早将哲学介绍给雅典人，并最早提出物理变化可能是心引起的这一观点。

他可能是被白里克里斯招入雅典，也可能是白里克里斯通过来自米利都的阿斯巴西亚认识了他。柏拉图在《费德罗篇》中说，白里克里斯貌似和阿那克萨哥拉很投缘，想从阿那克萨哥拉这位“科学家”这里“汲取一切会使他的演说艺术水平提高的东西”。白里克里斯在年老的时候，他的对手通过攻击他的朋友来推翻他，阿那克萨哥拉便被以“宣扬太阳是红石，月亮是土”的罪名给轰出了雅典，又似乎是白里克里斯从监狱里救出他帮他逃脱的。他返乡开办学院后，遗嘱中规定每年自己的祭日为学校假日。

阿那克萨哥拉认为各种原素组成了万物，占优势的原素决定了物质的属性，万物都可以无限分割。他跟恩培多克勒一样认为空气是实体物质。和前人不同的是，他提出心（nous）也参与生活，而且它是支配一切生物的无限力量，同时它支配着自身，而不与任何事物混杂，心是唯一不存在对立面的东西，是一切运动的根源。人心和动物的心同样善良，造成人类优越性的是一双手，也就是身体结构的不同。

阿那克萨哥拉介绍了心，却没有继续深入讨论它，亚里士多德和柏拉图笔下的苏格拉底为此对他颇有微词。

在宗教上，阿那克萨哥拉可能是一个无神论者，他好像受到毕达哥拉斯之外的所有前人的影响。而来自巴门尼德的影响，使他在某些方面跟恩培多克勒一样。他第一个解释月亮反射光，还正确地揭示了月食的成因以及月亮处于太阳之下。他认为太阳和星星都是炽热的石头，由于距离人们很远所以感觉不到热。他甚至推断月亮上有居民。

阿那克萨哥拉的思想明显没有受到宗教和伦理的影响，而这种影响曾先后以传承的方式影响了毕达哥拉斯、苏格拉底、柏拉图等人，使得希腊哲学多少带有蒙昧主义者的偏见。他虽算不上一流的哲学家，但就将哲学带入雅典以及对苏格拉底的影响这两点来说，他仍具有重要性。

第九章 原子论者

原子论的创始者是留基波和德谟克利特，他们经常被人们拿来相提并论，且经常被混淆。

留基波来自米利都，其黄金时期大约是公元前440年，他为人所知甚少，以至于伊壁鸠鲁曾非常肯定地认为他是不存在的，而近代学者也有人持有这种观点。但从亚里士多德在著作中多次提到并引用他的言论来看，很难相信他不曾存在过。

德谟克利特是色雷斯的埃布德拉人，他的鼎盛期大约是公元前420年。据说他为了追求知识而游历过许多地方，可能到过埃及、波斯，最后回到家乡。按理说，他跟苏格拉底同时代，我们应该稍后再谈他，但由于他和留基波有着许多共同的哲学观点，所以我们也就将他们“相提并论”了。

留基波和德谟克利特的观点非常接近近代科学的观点，他们相信是原子构成了万物，原子之间存在虚空，但从物理角度来说它们本身是不可分割的，它们的形状大小不一，但永远在运动中。亚里士多德认为，按照这种说法的话，每个原子的热度和热量也是不同的。原子有无重量这一问题，一直是原子论派争论不定的。

关于原子的运动，有的人，尤其是策勒尔，认为原子的运动就是降落，越重的原子降落得越快，并和轻的原子发生冲击，于是原子就如台球一样反复弹射运动。这个观点肯定也是伊壁鸠鲁的。但是，我们更认为，留基波和赫拉克利特想象的原子运动，在一开始是杂乱无序的，且重量也不是决定因素，其余的正如阿那克萨哥拉所说的，冲撞会产生漩涡——他从机械作用来解释漩涡的形成是一种科学上的进步。

原子论者最初被谴责将万物的产生归于机缘，事实上，他们相信万物的产生归于自然律。德谟克利特就明确否认过万物机缘说，而留基波也曾说过："无物源于无端，万物有因，乃必然。"当然，他并没有说明世界的来源，这一点或许也只能归于机缘。然而，它一旦存在了，就必定也遵循那种必然的机械原则。

留基波和德谟克利特没有说明原子的初始运动，因而受到亚里士多德等人的非议。但是，原子论者认为，正如我们即便可以将世界的根源归于一个创世主一样，我们仍是无法说明创世主的起源。此外，原子论者也极力避免用"目的论"或者"最终因"来解释世界。

所谓"目的论"和"最终因"是这样的：当我们对一件事情提出疑问的时候，"目的论"就是从这件事情的目的来理解这件事，而"最终因"就是从促成这件事情的原因来解释。但是，如果要得到科学的回答，我们应该从目的去问还是从原因去问，或者同时从这两个角度去问？对此，我不认为人们预先可以知道。但是，经验表明，能引到科学知识上的问法，应该是机械论，而这也正是原子论者所提问的方式。可惜的是，直到文艺复兴为止，他们的后人一直在用目的论看待问题，以至科学走向了死胡同。

另外，无论是针对目的还是最终因来提问，所有的问题都只问及了实在的全体的一部分而已。目的论对问题的解释通常会归结于：创世主的目的在自然过程中自有体现。然而，一个顽劣的人可能会继续追问创世主的目的，这就是不虔诚了，目的论也因此就没了意义——除非继续设想出一个创造了造世主的太上创世主。所以说，目的这一概念并不适用于实在的全体，而只适用于实在的范围内。

机械论的论证与上述追问目的的论证相似，"一件事情是另一件事情的原因"的论述可以不断地类推下去。假如也有一个原因促成了全体，那我们的论述同样回到创世主身上，且这个创世主的存在是没有原因的。可见，一个可随意设想的开端是所有因果式论述的前提。如此看来，原子论者没有对原子初始运动加以说明，并不算是一种欠缺。

原子论者当初提出的理论并非完全基于经验，但是它们却能在近代复活，并用于解释化学上的一些事实。他们的理论，是一种试图调和巴门尼德的论证与事物明显处于运动变化中这一事实的理论。引用亚里士多德在《论生成与腐朽》中说的，留基波的理论试图"既肯定事物的生成与毁灭，也肯定事物的运动和多重性"，为此他提出："虚空是一种存在的'无'，而存在只是一种绝对的充满，它不是'一'，而是不计其数的体积极小的'多'组成的运动于'无'中的联合体。当这些'多'分离，存在就会毁灭。当它们相互作用，存在就会繁殖。真正的'一'和真正的'多'都绝对不会出现。"

对希腊人来说，似乎只能有两种选择，一是接受巴门尼德的世界永恒不变的理论，一是承认虚空。因为巴门尼德的立场是这样的："你若说有虚空，那它就必然存在，所以不是虚空。"我们不能说原子论者提出的理论辩驳了巴门尼德，事实上他们也仅仅宣称应该忽略对虚空的考虑，因为运动毕竟是经验中的事实，但是无论如何要肯定它的存在。关于这个问题，后来是这么演变的：

为了避免逻辑上的悖谬，人们将物质和空间区分了，提出空间具有容器的性质。亚里士多德在《物理学》中提到："承认虚空存在的话，就等于将它定义为抽掉一个物体后留下的位置。"物质和空间的区分，得到了牛顿以及哥白尼学说的支持者和反对者的支持。牛顿还提出了绝对空间[1]的说法，并继而提出了绝对运动和相对运动的区别。然而，这样一来，我们反而无力辩驳巴门尼德反对虚空的论证了。

到了笛卡尔的时候，他提出物质无处不在，没有所谓的虚空，正如不可能有一种没有感受者存在的幸福一样。莱布尼兹跟笛卡尔有所不同，他相信"充满"，但同时承认空间的存在。为此，他还和牛顿进行了一场著名的辩论。这场辩论在爱因斯坦时代以爱因斯坦倾向于莱布尼兹而决出结果。

---

1 牛顿认为："绝对空间与外界任何事物无关，而且它是恒定不变的，不动的。"爱因斯坦在《相对论》中反驳了绝对空间的存在。

近代物理学家支持原子构成物质，但认为不存在虚无，因为任何空间都存在东西，哪怕是光波也是一种存在。巴门尼德的学说被他们否定了，他们相信世界的本质不是各种所谓“永恒”的物质或者实体，而是各种在极短时间内发生的事件。自此，物理学开始站在赫拉克利特这一边。

近代有关空间的观点，支持笛卡尔的说法。但是我们不清楚这种认为空间是一个体系的观点，是否符合虚空的存在这一观点。以抽象逻辑来看，两者是可以调和的——如果我们假设两个事物之间或多或少有距离的话。但是自爱因斯坦提出距离只存在于事件之间，且包括空间和时间距离之后，这种假设便不符合近代物理学的观点了。

由此看来，牛顿的绝对空间理论，是从逻辑上发展原子论派的观点的结果。这一理论面对的困难是，它必须把实际存在的东西归之于“不存在”。反驳这种理论，我们只需说绝对空间既然是一种绝对不可知的东西，那对它的假设就是必要的，因为它对物理学的进步没有任何作用。但是，即便如此，我们仍然不可否认原子论派理论中的世界，因为它比任何其他古代哲学家所解释的世界都更接近真理。比如德谟克利特很详细地举例说，原子不可分割，但是原子之间有虚空存在，正如一个苹果会有虚空一样，所以人们能一刀切入水果。如果苹果内部没有虚空的话，它就是会坚硬的，在物理上就是不可分割的。

原子派认为每个原子内部都是恒定不变的，这类似于把原子看成是巴门尼德式的“一”。无数个“一”的互相冲撞产生了无数个世界，而无数个不同的世界又互相冲撞，然后综合成了我们所看到的这个整体的世界。引用雪莱的诗来描述这种宇宙论的话，就是：

世界永不停息地滚动
从它们出现到毁灭
就像江河里的水泡
生成、破灭、消逝

原子派的宇宙论还有：生命始于泥土。火是物质的原素，脑中和胸中的火最多。思想也是一种可以导致其他运动的运动。知觉分为感性和悟性的，前一种有赖于我们的感官，后一种有赖于被知觉的事物。

德谟克利特是一个彻底的唯物主义者。这么说的理由除了我们前面所述的他的各种思想，还包括我们所知的这些：他不相信世俗的宗教，反对阿那克萨哥拉的“nous”；伦理方面，他认为要想获得快乐，最好的方法就是节制和修养；他不喜欢任何热烈的东西，反对恋爱，因为欢乐会使意识颠倒；他珍视友谊，却不喜欢女人和孩子，认为对孩子施行的教育会破坏哲学。

古代和中世纪的思想，曾被一种错误所损害。在我看来，德谟克利特是避免这种错误损害的最后一个哲学家。之所以这么说，是因为直到他为止，我们所探讨过的哲学家们都为了寻求世界的真相而以一种乐观的精神去努力挖掘。他们的态度不仅是科学的，而且是充满想象的、有生命力的，并且过程冒险有趣。他们对一切事物，包括流星、日食、月食以及风、宗教、道德等，都表现出了极大的热诚，并由此得到了深沉的智慧。然而，自德谟克利特之后，尽管也有着空前的成就，但却呈现了衰弱的萌芽。造成这种情况的原因是自他之后的哲学更关注人而不是宇宙。我们可以看到其中的脉络：

首先是并非引导人们去追求新知识的怀疑主义，接着是过于强调伦理的苏格拉底，然后是强调自我思维世界的柏拉图，继而是信仰目的的亚里士多德。自后俩人开始，哲学失去生气，迷信兴起，天主教作为正统教义取得了胜利。直到文艺复兴，哲学才又恢复了苏格拉底之前的那种生气勃勃和独立的景象。

第十章 普罗泰戈拉

普罗泰戈拉是在公元前五世纪后半叶兴起的怀疑主义运动中的领袖，被人们称为“智者”。

我们在此所谓的“智者”跟现在所说的“教授”差不多。在古代，智者授人知识，但由于受教育者多是那些交得起学费的有权势的富人，所以，我们所看到的希腊文化便是这样的：富人有教育、能够游历各地，善于辩论，经常在诉讼中获得成功，他们也凭借这些优势成为了所谓民主制的获利者。由此就造成了许多城市，尤其是雅典，穷人公民对富人的仇视。这种仇视一是出于嫉妒，二是出于保守——他们很自然地认为富人是不虔诚和不道德的。而智者也因此受到富人和穷人两个阶级两种截然相反的对待。

柏拉图对他们有极大的偏见，我们不赞成他的观点，但是他的作品中有一篇名为《攸狄底姆斯篇》的故事，文章诙谐有趣，倒是值得我们引用过来，以作为对“智者”的了解。这个故事讲的是名为狄奥尼斯多拉斯和攸狄底姆斯的两个智者故意捉弄一个名叫克里西普斯的头脑简单的人，下面是狄奥尼斯多拉斯和克里西普斯的对话：

> 你有一条狗呀？
>
> 是呀。
>
> 这条狗有小狗崽吗？
>
> 是呀，它们跟它一模一样。
>
> 狗是它们的父亲吗？
>
> 没错，我看见它和它们的母亲一起。
>
> 它难道不是你的吗？
>
> 它的确是我的呀。
>
> 它已为父亲，且又属于你的，所以它就是你的父亲，而你和小狗就是兄弟了。

可以看出，上述对话的“智慧”之初在于逻辑的推理。在此我们暂不讨论智者的逻辑妙在哪里，我们不妨看看柏拉图本人对它的总结：“不真诚而夸大的模仿，是制造悖谬的假象，它是人为的，表现在对词句上耍花样——所谓智者，其‘智’的本质不过如此。”

有关普罗泰戈拉的一个非真实的故事，则可以说明当时的人是怎么看待智者与法庭的关系的。这个故事讲的是普罗泰戈拉对他的一个学生说，如果这个学生的第一次诉讼就成功的话，那他才收其学费。而这个学生的第一次诉讼就是处理普罗泰戈拉对他的控告，让他交学费。

普罗泰戈拉大约出生于公元前500年，和德谟克利特同乡，都是埃布德拉人。他曾两次访问雅典，第二次的时间大抵是在公元前432年之前。他在公元前444年至公元前443年间为徒利城编过一部法典。有人说他对神不虔诚，但是他写过一本名为《论神》的书，书中开头只是这么说："对于神的存在，我不敢确定，也不敢说他们是什么样子。"

柏拉图在《普罗泰戈拉》一篇中对普罗泰戈拉第二次访问雅典有过描写，其中多少带有讽刺口吻。普罗泰戈拉是以学说而出名的，尤其是这一句："人是衡量万物，包括存在的事物和不存在的事物的尺度。"这一言论的本质是一种怀疑主义，普罗泰戈拉这么说的前提是承认感觉的"欺骗性"。

虽然普罗泰戈拉怀疑神的存在，但他从自己的怀疑主义和逻辑推理出发，相信人还是应该崇拜神，因此他走上了捍卫道德和传统、保护法律的道路。他在希腊各城邦之间游历并讲学，但只对那些"想获得实际知识和更高精神素养的人"收取学费。自身有财富的柏拉图鄙视收费讲学的智者，他的这种清高在时下一些教授身上也可以发现，可笑的是，他们又无法拒绝薪水。

在当时，智者受到哲学家的鄙视，还因为他们宣传智慧、知识的方式与哲学家不同。哲学家会创办学校，而他们的学校有点类似宗教，其中有的学说是很隐秘的，不会对外公开。智者却认为他们的知识和宗教、道德都无关，他们像近代律师一样行事，教人辩护的智慧，却不宣扬自己的一套理论。

其实，当时的人们，包括柏拉图以及之后的哲学家，之所以厌恶智者，或多或少是因为他们有着非凡的智力。他们为了追求真理，敢于不顾道德，而真理在任何时候都是具有建设性的。他们热衷论证，这造成了他们的怀疑主义。而柏拉图等人确是这样的：假装自己的学说是基于论证的，且是按照纯粹理论的标准来做定论，事实上却是在变相利用论证，来得到一种他支持的道德结论。

也就是说，他们其实先给自己预设了一个结论，然后才去做研究。

在公元前五世纪晚期的雅典出现的政治学说，被当时人认为是不道德，即便今天的民主国家看它们也是如此。比如，柏拉图在《国家篇》中说，当时的特拉希玛库斯论证强者只有利益，没有正义，而法律服务于政府。今天，这些学说比在古代获得了更广泛的认同。但是无论前人和今人怎么看待它们，它们其实并非出自于智者。

公元前五世纪，雅典的地位发生了变化。它的开始是雅典人领导爱奥尼亚反波斯的胜利以及公元前 490 年马拉松战役的胜利，而以公元前 404 年雅典败给斯巴达以及公元前 399 年苏格拉底被判死刑告终。自此，雅典失去了政治上的地位，却获得了文化上的权威，这种权威持续到了基督教获得胜利。了解整个公元前五世纪中的雅典历史，有助于我们理解柏拉图及其之后的全部希腊思想。

首先是马拉松之战改变了雅典的地位，其次是十年后的第二次波斯战争，雅典取得了海上霸权，但陆地上的强者是斯巴达人。不过，由于斯巴达狭隘的地域主义，雅典得以掌握了对爱奥尼亚各岛的控制权。接着，是繁荣的白里克里斯时代的到来。这时候雅典出现了许多天才人物，但这时期的辉煌只是在艺术方面，在知识方面，它只出现了苏格拉底——一个伟大的但只限于口头论辩的数学家、哲学家。公元前 431 年，伯罗奔尼撒战争爆发，两年后白里克里斯去世，雅典从此由盛转衰，却不得不与对手斯巴达不断对抗。战争使雅典人变得残暴无情，在公元 406 年征服梅洛斯岛后，雅典人杀光了当地所有服兵役年龄的男子。次年，伊各斯波达米之战爆发，雅典海军溃败，斯巴达人在雅典建立了史称“三十僭主”的寡头政府，但是一年后它就垮台了。斯巴达只得恢复民主制，但是这个民主制允许政客在它的大赦之外找任何借口来攻击敌人。苏格拉底就是在这个时候被判处了死刑。

第十一章 苏格拉底

苏格拉底是个谜一样的人，任何一个人，包括历史学家，也很难确定自己对他的了解有几分。可以肯定的是，他出身于雅典一个中产之家，终生都在辩论，且不是为了钱。他的弟子色诺芬和柏拉图都对他有过详尽的记载，但俩人的描述却大有出入，偶有一致的地方。伯奈特认为那是色诺芬抄袭柏拉图，而对于不一致的地方，有人支持色诺芬，有人支持柏拉图，另有人不相信其中任何一个。

军人出身的色诺芬，对苏格拉底的叙述比较保守。苏格拉底被判刑后，他为其辩护，他口中的苏格拉底看起来就是个泛泛之辈。伯奈特在《从泰勒斯到柏拉图》中这么评价色诺芬的辩护："辩护很成功。如果苏格拉底真是那么一个人的话，那他决不会被处死。"有人则相信色诺芬，理由是他是一个不具备想象力的老实人。但我认为这个理由不靠谱。因为，一个愚笨的人在转述一个聪明人的话时，用的也只是他所能达到的语言水平。我宁可让我的敌人来复述我的哲学，也不愿让一个不懂哲学的好友来复述。就此来说，我们不支持色诺芬。

但是，色诺芬对苏格拉底的部分回忆却是很可信的。比如，他和柏拉图都谈到苏格拉底一直努力地研究如何使有才能之人掌权。在色诺芬的《回忆录》中有这样的描述：苏格拉底从"想要修鞋应该找谁"这样的问题来引导学生，让他们思考鞋匠、木匠、铜匠这类人的功用，最后他会问到"国家这只船应该找谁修理"。后来，斯巴达在雅典建立寡头政府，由三十僭主掌权，其中的领袖克里缇斯曾是苏格拉底的学生。他禁止苏格拉底再宣扬歪理邪说，他说："不要再讲什么鞋匠、木匠和铜匠了，他们都被你讲得烂熟了。"

至于柏拉图对苏格拉底的叙述，其真假性更让我们难以分辨，而且还会让人怀疑柏拉图是借用苏格拉底之口表达自己的观点。柏拉图想象力丰富，估计他本人也不会把《对话录》里的谈话情景当成真的。至少我认为，虽然别人可能无法创作出他笔下那位幽默风趣的苏格拉底，但他是有可能的。当然，他到底有没有创作，那是另外一回事了。不过，柏拉图也有真实性的叙述，《申辩篇》就是最真实的一篇，它是苏格拉底受审时为自己所作的辩护词。当时柏拉图也在场，虽然他是很多年后才做的整理，不过大体上他是力求符合事实的。

可以肯定的是，苏格拉底一定被判决受审过。他的罪名是"作恶多端""颠倒黑白"等，实际上是因为他被怀疑派和贵族派勾结，很多属于贵族派的他的学生都被证明会危害社会。但是，由于当时的民主制允许大赦，所以这种理由也就不能给他定罪。被定死罪后，苏格拉底本可以请求"合理"的从轻发落，但他提出了"过分"的轻度判决——对他处以三十个米尼的罚金，惹恼了法庭，最终被处死。显然，他是无论如何都不愿做出承认自己有罪的让步。

在柏拉图的叙述中，苏格拉底答复控诉的过程是这样的：

他说检查官以及其他人对他的控告都属于无中生有，他没有犯什么罪，只不过是说话的方式与法律规定的不一样而已。他还说，人们给他的罪名是"他具有智慧，对天上地下的事物都探究，而且把坏的东西说成是好的"，而这样的人是不相信神的存在的，然而他自己压根不是一个科学家，也不是一个收人学费的教师，另外他根本看不起智者，所以他很纳闷"人们为什么说我有智慧然后还让我背负这个恶名"。

检查官当然不肯就这么败下阵来，于是就举例说明苏格拉底的罪行。无疑，他们又被苏格拉底驳回去了。最后，一位"自称是好人和真正的爱国者"的名叫梅利德的检查官，竟然攻击苏格拉底是一个彻底的无神论者，且发表过"太阳是石头，月亮是土"这样的言论。苏格拉底回答说，梅利德恐怕以为自己在控诉阿那克萨哥拉的吧。他还指出，控诉他是彻底的无神论者和起诉书对他的控诉明显是矛盾的。

《申辩篇》有一些部分是叙述苏格拉底的宗教思想的，比如他说："雅典人啊！我爱你们，也尊敬你们，但是我将不会服从你们，而是服从于神。只要生命继续，我就仍会坚持实践和教诲哲学，感化每一个我所遇到的人……这是神对我的命令，而我相信，我听命于神所做的一切，是这个国家中发生的最好的事情。"他还指出，杀害他无损于他，只会使那些杀害他的人受损。他是上帝派来的，处死他，人们将会后悔。但是，不管怎样，他拒绝遵循惯例把亲人带到法庭上以获取法庭的同情，因为这样会使得他自己以及整个雅典都显得非常可笑。

苏格拉底的死罪确认后，他作了最后一次演讲，他预言那些决定处死他的人都没有好下场，他说杀人无法阻止别人对他们的责难，杀人不过是自我逃避，他们应该纠正自己。然后，他对那些赞成无罪释放他的法官说，死亡并非一件坏事，它可能是一场没有梦境的睡眠，也可能是灵魂去另外一个世界了……最后他说："现在我要和你们死别了，我将去死，而你们还在这个世界上。是你们有福还是我有福，唯有神才知道。"

《申辩篇》描述的苏格拉底是这么一个人：自信、智慧、超脱，相信有神圣的声音指引自己，相信思想清醒才能正确地生活。即便相信历史上的苏格拉底确实宣称过他受到神的声音的指引，但是，我们却无法得知，那种声音在他看来是一种真正的声音还是像基督徒所说的一种良心。圣女贞德也说有声音指引自己，其实那不过是精神不正常的表现。苏格拉底，有可能患有癫痫病。这么说的理由是，《筵话篇》中记载，他为了想通一件事，从某天早晨一直一动不动地站到了第二天早晨。当时有人出于好奇，还搬来铺盖睡在他旁边。类似这样的事，在《筵话篇》中还有很多。

众所认同的是，苏格拉底相貌丑陋，总是穿着破烂的旧衣服，光脚走路。另外，他耐饥耐寒耐热的能力让人惊叹。《筵话篇》里，阿尔西比阿迪斯说苏格拉底服兵役的时候曾光脚站在冰上，走路比谁都顺畅。

人们经常强调的是苏格拉底对肉身的驾驭能力。他不常喝酒，喝起来无人能敌，且他从不会让自己大醉。爱情方面，他能够抵抗最强烈的诱惑。他是奥尔弗斯教义的完美体现，他面对死亡时的淡然，是他灵魂驾驭肉身能力的最好证明。但是，他接受的只是奥尔弗斯的基本教义，其中的迷信和净化的仪式他不认同，所以，他并非一个正统的奥尔弗斯派。

柏拉图笔下的苏格拉底有未来斯多葛派和犬儒学派的影子，斯多葛派视德行为最高的善，犬儒学派鄙视财富，两者在苏格拉底的身上都有所体现。从《申辩篇》中苏格拉底说过的一句："我和物理学的探索是毫无缘分的"，我们似乎还可以肯定，他更关心的是伦理方面的事情而不是科学方面的。在柏拉图其他早期的对话录中，苏格拉底谈的也都是友谊、性格、勇敢之类的话题。他还始终坚持自己是无知的，而这正是他比别人聪明的原因。他认为追求知识很重要，因为那是使人的德行趋于完美的关键。

苏格拉底和柏拉图都强调德行和知识的重要，希腊思想也存在有这种思想，而这种思想和基督教伦理是对立。后者认为，内心的纯洁在无知或者有知识的人之中都可以找到。直到今天，希腊伦理和基督教伦理仍存在着这一区别。

柏拉图的叙述中，苏格拉底总是用一问一答的对话方式推导出真理。但事实上，这种辩证法并不是苏格拉底发明的，而是巴门尼德的弟子芝诺最先使用的，不过我们有理由认为是苏格拉底将这种方法推广开来的。他甚至在死前还想着到了另一个世界后仍可以自由地提问。但是辩证法并不是适合所有问题，比如说科学问题。以细菌传播疾病为例，在一个对这种疾病一无所知的人面前，用这种方法也很难推引出相关知识来。所以说，受苏格拉底广泛运用这种方法以及柏拉图对此的宣传的影响，后来的很多哲学也都曾为这种方法造成的局限所束缚。

辩证法所适用的，是诸如"正义是什么"之类的问题。对这种问题，我们的知识足够得到正确的结论，只不过由于缺乏分析能力或者思想混乱、逻辑不清等原因，我们未能很好地阐述出来。而一旦我们运用这种方法而得出结论时，我们也并非是发表了伦理学上的意见，而只是如同做了一场说话秀罢了。辩证法也有好处，就是有助于加强逻辑。不过，它不可能用来产生一种新见解。因此，即便我们认为柏拉图对苏格拉底的全部探讨也属于哲学范畴，但这种哲学的意义其实在于它对后世哲学家产生了影响。

第十二章 斯巴达的影响

斯巴达通过现实和神话两种方式，影响了希腊思想。现实使得斯巴达人赢得了对抗雅典的胜利，神话则影响了柏拉图及他之后的诸多作家的政治学说。普鲁塔克的《莱古格斯传》详细描述了斯巴达神话的发展，神话中所赞颂的理想有一大部分形成了卢梭、尼采和国家社会主义的学说。可以说，在历史中，神话比现实起到更重要的作用。然而，因为现实是神话的根源，所以我们还是先从现实方面谈起。

在多利亚人从北方侵入之前，斯巴达人就征服了拉哥尼亚这片土地。这里的居民沦为农奴，被称为希罗特（Helot）。斯巴达人认为劳动是可耻的，他们更宁愿服兵役。不过，这里的每个成年男子都多少会分得一些土地。土地和农奴都不能买卖，它们通过法律或者遗嘱的方式，在家族内部传承下去。农奴每年会给地主交出一部分收获的粮食，剩余的就属于他们自己。尽管如此，身为希腊人的农奴或者斯巴达平民，都十分痛恨自己的被奴役地位，他们会寻找机会反抗。斯巴达统治者为了应对这种不满，每年向希罗特宣战一次，让他们的青年人杀死那些没有被驯服的农奴。

拉哥尼亚其他部分的自由居民不想有政治权力，他们被称为“裴里欧齐”（Perioeci）。

成为士兵是斯巴达公民的唯一职业，天生体质好的男孩会得到部族的抚养，所有男孩在二十岁之前会在学校里接受军事训练。从二十岁开始，他们就必须服军役，他们也可以结婚，不过都是秘密的，像做违法事情一样。三十岁之后的男子尽管羽翼丰满，但他也只能从他所分得的土地中获取物质。斯巴达的治国方针是：不让一个人过于贫穷，但也不会让他富有。

斯巴达的女人也被要求接受训练，而且女孩子和男孩子通常在一起赤身裸体地共同训练。然而，这是一种激情的展示，不会被视为淫荡。斯巴达女人被其他希腊人一致认为是最有精神力量的，但是，如果一个斯巴达女人婚后仍无法生育的话，国家会命令她和她丈夫之外的其他男人生孩子，而她也不会反抗。因为，斯巴达崇尚生育。斯巴达的统治是世袭的，但它的王有两个，其中一个负责指挥作战。包括两个王在内的由三十人组成的长老会议的成员，都是由全体公民从贵族家庭中选出来的。长老会议负责审判罪案，它举行的公民大会通过或者否决公民提出的建议，但是最终决策权在长老以及行政官手里。斯巴达的政府组成部分，除了两个王、长老会议、公民大会，还有个独特的部分，也就是由公民选举出来的五个监察官，这五个人的存在是为了平衡王的权力。斯巴达的这一套宪法，据说是一个名叫莱古格斯的人在公元前885年颁布的。事实上，他只是一个神话人物，他的名字之意是“驱狼者”，这个神来自阿加底亚。

斯巴达最初和其他希腊城邦并无多大区别，但令人惊异的是，到了公元前七世纪或者更晚一些的时候，它的宪法就固定为我们目前所说的形式。斯巴达人将所有精力都投入到了战争上，以致希腊对世界的所有著名贡献，都几乎跟斯巴达无关。我们可以认为，如果纳粹取胜的话，它所建立的国家的雏形，就是斯巴达的样子。不过当时的希腊人却不这么认为。正如伯里[1]所说的，当时人觉得公元前五世纪的斯巴达是勇敢善良、纯朴严肃的。还有人觉得它不像其他希腊城邦那样总是发生革命，它的宪法保持了几百年不动摇。

必须承认，斯巴达人确实曾经创造了一个所向披靡的种族。公元前480年的温泉峡之战虽然失败了，却也能够证明他们的勇敢。在这场战争中，两个暂时失明的斯巴达人，一个人坚持作战而牺牲，一个名叫亚里提乌多姆的，从战场上退回来，一年后重上战场，参与了斯巴达获全胜的普拉提亚之战。斯巴达人在军事上的最高地位，结束于公元前371年的琉克特拉之战，这一战中，他们被底比斯人打败了。

---

1 J.B. 伯里（John Bagnell Bury，1861—1927）：《希腊史》作者，英国著名历史学家、古典学家和文献学家。

除了战争精神无可置疑，斯巴达的许多方面在理论与实际方面并不符合。生活在斯巴达鼎盛时期的希罗多德提到，斯巴达人对贿赂没有抵抗力。此外，斯巴达曾出现过废黜王位继承人的事件，原因是他们不是真正的皇室子弟。斯巴达王波比萨尼亚斯在普拉提亚之战胜利后，被波斯王薛克休斯收买，成为了叛国贼。斯达巴的政策也是狭隘的，因为它受地域限制。这种狭隘观念，阻碍了把希腊世界缔结成为一个联邦的每一次尝试。

出生于斯巴达衰落之后的亚里士多德，曾充满敌意地评价斯巴达的宪法。他还谴责斯巴达人的贪财、吝啬，并认为之所以会出现这种情况是因为财产分配不均。他说，由于贫穷，监察官也容易受贿，他们的生活已经完全跟宪法的精神背离。但是他们对普通公民的压制却非常严厉，以至于公民们只能在非法的秘密的肉欲快乐中寻找满足。然而，无论怎样，在人们的想象中，斯巴达并非亚里士多德所描述的样子，人们更相信斯巴达是普鲁塔克笔下或者柏拉图《国家篇》中的理想样子。这种理想的想象，将许多个世纪以来的青年引入了歧途。

斯巴达盛世距离普鲁塔克所在的时代，正如哥伦布距离我们的时代一样遥远。所以，研究制度的史学家应该慎重处理普鲁塔克所说的有关斯巴达的信息。不过，由于斯巴达的神话主要是由普鲁塔克确定的，中世纪和近代的读者们倒是可以认真对待。

希腊之所以在全世界范围内产生影响，是始于人们对它理想的想象。希腊人也产生英勇的战士，但他们的战争属于内部战争。他们在政治上不团结，致使他们的文化无法得到传播。然而，希腊具有诸多天才，他们影响了其他民族，并通过其他民族传播了自己的文化。希腊文化是人类保存的记忆的一部分，它产生于其党派争斗之中，这正如阿尔卑斯山的美丽日出是在一场风雪过后出现一样。希腊文化的辉煌，早期以基督教时期的柏拉图为代表，继而以中世纪的亚里士多德为代表，然后是文艺复兴时期的普鲁塔克。

普鲁塔克笔下的莱古格斯对希腊有很大的重要性。莱古格斯崇尚克里特的严明法律，到各地旅行学习回来后，将他所学得的法律用于斯巴达的治理中。

他的主要改革措施有：规范各行各业；将土地平均分给公民；禁止用金银货币；“扫除一切虚无无意义的学问”；禁止对外贸易；规定全体公民一起吃饭，且吃一样的饭菜；鼓励生育，以充实军事力量，规定孩子属于公共财产，主张“只有最正直的人才能生孩子”。

在斯巴达，男男之间或者女女之间的同性之爱都是被公认的。但是，无论是什么关系的一对情人，他们的生活是相关联的，如果其中一个建立了功劳或犯下懦弱之类的过错，那么另一个就会相应地受到赞赏或者惩罚。每个斯巴达公民从一出生就被铁的纪律和生活规范所束缚，他们犹如生活在军营里，没有自由可言，这是因为他们生来就是为了服务国家。而这，正是莱古格斯所建立的斯巴达秩序。

普鲁塔克说，莱古格斯就是以这种训练方式，使他的公民“既不会想要独立生活也不可能独立生活，他们只能彼此依靠，从属于一个集体，就像蜜蜂聚集在蜂王周围一样”。斯巴达人的法律允许他们可以杀戮自己的农奴，但是普鲁塔克不相信这条法律是莱古格斯创立的。抛开这条不说，他对斯巴达的宪法是完全赞同的。

接下来，我们就要谈谈斯巴达对柏拉图的影响。

第十三章 柏拉图思想的来源

柏拉图和亚里士多德是古今历史中最具影响力的两位哲学家，其中又以柏拉图的影响更大。一直以来，亚里士多德最多算是柏拉图的影子。

柏拉图哲学中最重要的五点是：他的乌托邦、尝试解决迄今仍无法解决的共相问题的理念论、灵魂不朽论、宇宙起源论以及把知识当成是回忆的观点。在讨论这些之前，我先谈谈对他产生影响的生活环境。

柏拉图生活于伯罗奔尼撒战争的初始阶段，他是一个贵族，和三十僭主统治时期的许多重要人物都有关系。他是苏格拉底的学生，而苏格拉底是被民主制处死。这就不难理解，他后来转向斯巴达去寻找理想国的影子。像许多伟大人物一样，柏拉图得到后世的诸多赞美。但我的目的在于理解他，而不是颂扬他。

大概说来，毕达哥拉斯、巴门尼德、赫拉克利特以及苏格拉底都对柏拉图产生了影响，所以注定他会偏爱斯巴达。他从毕达哥拉斯那里继承了奥尔弗斯主义的成分，这是他具有宗教倾向、出世精神、僧侣的气质以及信仰灵魂不朽、尊重数学的原因，也是他展现出理智与神秘主义的结合特质的原因。巴门尼德影响他相信实体的存在是永恒的；赫拉克利特又让他产生消极的观念，觉得没有什么是永恒的；苏格拉底则让他认识到伦理问题的重要性，使“善”成为主导他思想的根基。

柏拉图所受的这些影响，和他在政治上的观点是怎么联系起来的呢？

首先，因为他相信实体的永恒性以及“善”，所以他主张国家要把变动性降到最低，尽可能在静止中达到完美。

其次，他思想中奥尔弗斯的神秘主义部分，使他的信仰中有一种核心事物，也就是“善”。他相信唯有通过学习和道德训练，获得“善”，才能在政治中取得成功，不然政治也会被败坏。

再者，从第二点出发，柏拉图自然看重教育对统治的重要作用。他是一个彻底的毕达哥拉斯主义者，他认为不懂得数学就无法获得真正的智慧。这种观点是寡头政体产生的因素之一。

最后，他的贵族思想使他认为唯有那些拥有闲暇时间的不必为生活发愁的人，才是获得智慧的最主要人选。

拿近代思想和柏拉图的比较，会引发两个问题：“智慧”真的存在吗？假设它存在，可否设计出一种使之具有政治权力的宪法？

我认为，柏拉图把智慧等同于“善”，也就是强调凡是知道“善”的人所做的事情都是正当的。然而，我们认为这种观点偏离现实太远了。因为，人与人之间的冲突总是存在的，政治家的职责——同时也是他们最困难的工作，就在于协调各种对立关系。即便认为具有这种化解冲突的能力的人就是智慧之人，实际上也不会有任何一种法律，可以保证它选择的公民比全体公民更具有智慧。

也就是说，根本不可能找到一群可以让人们放心把政府托付给他们的有“智慧”的人，所以还是要拥护民主制。

第十四章 柏拉图的乌托邦

柏拉图的《国家篇》讨论了有关理想国的种种，他在里面首先描述了一个“正义”的国家的样子，然后才讨论哪种特性才称得上是“正义”的。在他的描述中，这个乌托邦的大致轮廓是这样的：

国家公民分为普通人、士兵和卫国者三个阶级，其中最后一个阶级的公民拥有绝对的政治权利。他们最初由立法者选举出来，后来便成为世袭。卫国者治理国家，也就是实现立法者的意图，这在柏拉图看来是主要问题，为此，他提出有关教育、经济、宗教等方面的建议。其中，教育是首要的，它分为音乐与体育两部分，这两项所包含的范围比我们今天所指的都要广泛。

教育要培养出的主要品质是威严、礼仪和勇敢。为此，孩子早期教育所能接触的文学、能听到的音乐，都是被严格限制的，被官方规定下来。荷马和赫西阿德的作品就不能讲，因为其中的神的行为不符合教育宗旨，他们的故事读了会让人怕死。另外，礼仪禁止人们放声狂笑，但荷马却提到过“那些快乐的神不停地大笑”。还有，荷马诗歌描写的一些纵情欢乐以及神的欲望，也都不符合教育所主张的节制。

柏拉图认为好人不会想模仿坏人，而戏剧包含对坏人的模仿，为此他决定把城邦内的所有戏剧家都赶走。音乐方面，唯有节奏简单，能够表现出勇敢、和谐、节制之类的地方音乐才被允许，诸如多利亚和弗拉基亚的音乐就可以。吕底亚的和爱奥尼亚的乐曲就被禁止，因为前者显得消极，后者则是靡靡之音。饮食方面，他要求节制，不准给食物添加任何作料，也不准吃点心。经济方面，他主张的是彻底的共产主义：军营生活，集体吃饭，卫国者不得拥有任何私人财产，财富贫穷都是不存在的。他甚至主张妻子和孩子也成为共有财产的一部分，同时提倡男女平等，认为女孩也可以接受教育，成为卫国者、士兵。

婚姻是由国家安排的，立法者选定某些男女作为卫国者，安排他们在某个特定日子，通过抽签结合在一起。孩子一出生就会被带走，父母和孩子互相不认识。男女性交自由，但未经国家批准而生的孩子是不合法的，国家可以强迫他们流产或者杀死婴儿。个人一开始就注定服务于国家，所以他们不会被平庸的感情束缚。然而，由于谁都不知道自己的父母和兄弟姐妹是谁，所以喊年龄适合的人作“父亲”“母亲”“哥哥”等都是可以的。

可以看到，柏拉图所追求的，就是减少私人感情，以利于让公共精神占统治地位。亨利·李的《僧侣独身制史》提到，僧侣选择独身，也是出于这样的动机。

最后谈谈柏拉图乌托邦体系中的神学。柏拉图说，撒谎是政府的特权。我们谈到的抽签结婚，就是一种欺骗。但柏拉图认为，政府的谎话是“一种高贵的谎话”。为此，他把“谎话”编造得十分逼真。他的最重要的一个谎话是关于神创造三种人的一个教条：神分别用金子、银子、铜铁造成了从高级到低级的三种人，也就是卫国者、士兵以及普通人。他认为，通过教育，后世子孙最终会相信这个神话。教育确实可以改变人们的信念，但是，这种强迫方式却是有损于人类智慧，并且它跟哲学智慧是冲突的。

柏拉图在第四卷中提到了“正义”。一个正义的城邦中，商人、辅助者和卫国者各司其职，人人都不干涉他人事务。每个人都专注于自己的事务，这个道理没有错，然而这跟近代人所认为的“正义”却搭不上边。当然，这也是因为我们无法找到一个合适的字眼，来说明我们称之为“正义”的柏拉图等人的一种观念——这个观念是希腊思想中很重要的一部分。回想阿那克西曼德所说的“命运规定了万物由它产生，消灭后复归于它，万物的存在是一种为彼此间的不正义而做的互相弥补”，我们发现，正是这种可称之为宗教或伦理的对宇宙的理论以及在它基础上产生的关于正义和斗争的观念，不知不觉中过渡到哲学中来，在希腊人心中产生了对自然、人世规律的信仰，而这也正是柏拉图的正义观念的根基。

现在，我们在法律上面提到的“正义”，比在政治上提到的更接近于柏拉图的观念。民主理论使得人们习惯于把正义和平等关联起来，然而，柏拉图的观点中却不包含这一点。《国家篇》的开头就定义“正义”就是偿还债务，这个定义自然不恰当，但其中柏拉图提到的有关几点倒是值得探讨。

第一点，他认为，正义会使每个人在权力和特权方面不平等，而这并不属于不正义之行。这是可能的。好比将最优秀的足球员放到足球队中，而他们也会因此获得好地位，没有人会认为这是不公道的。然而，柏拉图还认为，当其他级别的人比某些卫国者更具有智慧的时候，就会出现不正义。这个观点很难使人信服，因为事实是，很难知道谁才是政治方面的天才，并且很难保证一个政治家一定会将他的才能用在造福公众上，而不是用于他的私人利益或者他的党派利益上。

第二点是，柏拉图是预先假设在有一个“国家”的前提上去定义“正义”的，他还说其中的“正义”就是人人都各司其职。然而，在他所设想的这个国度里，不是法律来决定一切，最理想的状况是由国家来决定一个人的工作乃至一切。即便这样的国度成为可能，也就是所有的统治者都是哲学家，但是，这个哲学家也必须是一个理解并支持柏拉图的人，所以这样的国家也不会有任何革新。

基于此，如果要问柏拉图的“国家”能够成就什么的话，答案也只能是它具有作战的技巧和充足的粮食而已。柏拉图曾经历过雅典的饥荒和战败，可能正是因为这一点，使他不自觉地认为一个政治家所能取得的最高成就就是使他的国家避免这样的灾难。

显然，乌托邦明显必须会体现它的创造者的理想。所谓“理想”，我们可以把它定义成一种并非出于个人主观意念的愿望。一个有“理想”的人会希望别人也像他一样抱有同样的“理想”，即他希望什么，别人也希望什么。如此建立起来的伦理，实际上仍是以个人愿望为根据，因为愿望即使与他个人无关，却始终是他个人愿望。比如，一个人希望所有人都理解科学，另一个人希望所有人都能欣赏艺术。个体之间的差异，造成了两个人之间的愿望会有所不同。反之，一旦有所差异，个体性就会凸显出来。

另外，也可能存在一种非个人的理想冲突，比如尼采的信徒的理想和基督教徒的理想就不同。而判断这种理想选择的对错，无非也是凭借个人感情的好恶或者取决于哪一方的力量更加强大——也就是通过战争来解决分歧。可见，对于客观的事实问题，我们可以通过科学方法来解决，但伦理学方面的根本问题没有可用来公正解决的依据，于是，伦理的好坏最终也只能靠争论或者宣传力量的强弱来判定了。《国家篇》的第一卷就通过特拉希玛库斯之口提出了这样的观点。特拉希玛库斯是来自查尔斯顿的一个智者，他看见苏格拉底和众人争论"正义"问题，最后他听得不耐烦了，说："正义无非就是强者的利益。"

如果说个人所愿望的东西就是"好"的，除此之外没有任何判断"好""坏"的标准的话，那么就可以说，特拉希玛库斯的结论是对的。然而，人们却又从宗教上找到了关于"好""坏"的标准，也就是上帝说什么是"好"的它就是"好"的。问题是，上帝是神学家构造出来的，上帝的意志是由比它本身更高级且独立存在的某些人的意志规定的。所以说，类似"快乐是好的"这种判断，并不具有如"雪是白色"这种判断中的客观性。即便认为类似的伦理判断是正确的，那前提也必须是所有被提问过的人都给予了赞成的回答。正如，所有人都承认雪是白色，水是氢和氧构成的，那么"雪是白色的""水是氢和氧构成的"才是"真"的。但是，在伦理学中，有什么问题是可以得到如此客观的确定无疑的判定吗？如果没有的话，无论哲学的真理可能怎样，也无法阻止利益冲突，于是冲突双方就会借助武力或者宣传来解决矛盾。

柏拉图虽然引入了特拉希玛库斯的论点，但他却不认为上述问题能成为问题。因为，他始终相信"善"的存在，并认为可以确定它的性质，也就是他觉得自己可以证明他的国家是好的。在很长一段时间，几乎没有人反驳他的这种见解。

另外，我们提到的用意见的一致性来代替客观标准的做法也是有害的。某些人的见解可能无法取得同时代的人的认同，但后来却被证明是对的，比如像伽利略这样的科学革新者。

柏拉图的乌托邦中的许多规定，曾经被付诸过实践。毕达哥拉斯就试行过由哲学家来统治，而梭伦也曾在雅典试验过由贤人来制定法律。在殖民地区还很自由的时候，柏拉图主义者要想到在西班牙沿海地区建立起一个理想国，也是完全可行的。遗憾的是，柏拉图去到了正和迦太基交战的叙拉古，在这样一种氛围中，他的政治抱负也随之破灭。再之后马其顿兴起，诸城邦成为历史，这种政治试验的机会彻底失去了。

第十五章 柏拉图的理念论

柏拉图在《国家篇》的中间部分论述了与政治学相对的纯哲学问题，他是这么说的：

或者由哲学家来做统治者，或者使统治者具有哲学素养。唯有使得智慧与政治相结合，并且把那些只注重其中一点的政客驱赶走，城邦才能得到彻底的安宁。若不是这样，全世界都会遭殃。

如果真如他所说，那么我们首先得弄清楚：哲学家需要具备什么素质？也就是所谓的"哲学"是什么？关于这个问题的探讨，也是《国家篇》中最著名的一部分。从中我们可以看到，柏拉图的哲学以巴门尼德提出的实在与现象的区别为基础，是巴门尼德的逻辑与毕达哥拉斯、奥尔弗斯教派的出世思想相结合的产物。既崇尚理智又追求宗教情操的人都是这一哲学思想的追求者，所以，柏拉图哲学影响了黑格尔之前以及包括黑格尔在内的很多哲学家，甚至清教徒。

下面几段可以说概括了柏拉图的理念论：

一位哲学家是一个爱智慧的人，更准确来说，是一个热爱"洞悉真理"的人。这种"洞悉"，并非是出于一种兴趣爱好而去洞悉，而是出于一种对美的追求的洞悉——前者会得到"意见"，而后者则得到"知识"。知识是不会错误的，但意见会出错。柏拉图认为，事物存在着相反的特性，比如美中有丑，正义之事也存在不正义一面。具有这种矛盾性的事物，只能作为使人们产生意见的对象，而"那些洞察了绝对永恒之事物的人，才是有知识的"。照他的说法，感官所觉知的是意见，超乎感觉而得到永恒的世界真理才是知识。

联想赫拉克利特说过的："我们既踏进又不踏进同一条河流，我们既存在又不存在”，再结合巴门尼德关于实在与现象的区别，就不难理解柏拉图上述理念。

柏拉图的“知识”论——也就是他的理念论，一部分体现了逻辑性，一部分体现出了形而上学性。按照它的逻辑性主要体现它的意义上，如果没有“猫”这个字，就无法表达“猫”这种动物，它不受到空间、时间的限制，是一种“永恒的”的知识。而从它的形而上学观念来说的话，“猫”特指被神创造出来的唯一一只“猫”，它是真实的，而其他的猫则只是作为现象存在而已。

柏拉图是这么解释他的理念的：相同的个体具有共同的“理念”，这个“理念”是神创造的，它才是实在的。就如，世界上有许多张床，但关于床的“理念”才是一张实在的床，而实体的床不过是如同镜子反映的“现象”。从神创造的“理念”中获得的是知识，从现象中只能产生意见。他认为：“心智高的人，纵观历史和一切存在的事物，他怎能对人生生活思虑太多呢？”而这样的人就会被培养成一个哲学家、卫国者。

《国家篇》中，柏拉图借苏格拉底之口，说明了上述论点，阿代蒙图斯出来抗议，然而他最终被苏格拉底绕了进去，颠倒了自己的观念。不管是苏格拉底是怎么做的，我们可以看到，一个钻哲学牛角尖的人，简直就是一个十足的无赖，哲学可以把一个优秀的人变得一无是处。苏格拉底虽然也承认这种情形的存在，但他认为这只能归咎于一个人本来就没有智慧，而哲学家也唯有处在智慧的人群中，才能显出自己更高一筹的智慧。

如何才能通过受教育成为一个哲学家呢？柏拉图认为，哲学是“对真理的洞见”，不仅是智慧，还包括热爱智慧。

有过创造性工作经验的人，都应该有过程度不同的这种心灵体验：在劳动中沉迷太久后，会突然领悟真理或者说美，这种领悟可能是某种细微的领悟，也可能是关系到宇宙知识的领悟。我认为，人类在艺术、文学、科学以及哲学上取得的成就，很多时候都来自这一瞬间的领悟。这使我相信优秀的创造性的工作对获得智慧是必要的，但仅仅如此却不够。因为，这种突如其来的领悟，也就是柏拉图所说的洞悉所获得的知识，也有可能是误导人的东西。而柏拉图在《国家篇》所阐述的论点，完全基于他相信他所见到的事物。他引入各种讨论，使读者也相信他所提出的“理念论”，其中最著名的他所作的有关洞穴的比喻。

在他的理念论中，眼睛等同于灵魂，而知识就是人们用眼睛看到的被阳光照射到的真、善、美。没有哲学智慧的人所在的世界如同洞穴，在他和洞壁之间有一堆火。墙壁上什么也没有，但他们把投射在墙上的自己以及其他物体的影子当成了真实存在的东西。逃出洞外后看到真实事物的人才具有智慧，他们也就是哲学家、卫国者的最佳人选。不过，洞里面的人却不肯出来，他们觉得逃出去的这个人比待在洞里的时候更愚蠢，因为离开了阳光，他所见到的影子还不如在洞里面的人看得清晰。

柏拉图还认为，科学、真理都是属于“善”。“善并非本质，它比本质更具有尊严和力量。”辨证法能引导人们开启理智，实际上就是引导人们去觉知绝对的善。当假设绝对的善就是与现象对立的“实在”时，认识善也就是认识“实在”。这时候，辨证法也就不必借助数学家的逻辑了。

我认为，柏拉图的很多哲学言论缺乏语法，它们都类似于这种形式：“有人性的人是有人性的”“美就是美”。这种论点无疑是毫无意义的，柏拉图后来也看出了这一困难。如在《巴门尼德篇》中，就描写了苏格拉底的自我批判。苏格拉底肯定预先存在正义、美以及善之类的知识，但却说自己不能肯定关于“人”的理念知识是否存在，他尤其愤怒地反对那种认为头发、泥土、污垢之类事物也具有理念的说法。然后他又表明，有时候他也觉得，任何东西都有对应的理念。苏格拉底最后还是坚持理念论，因为他觉得，没有“理念”的话，心灵失去可以依据的东西，也就无法完成推理过程。

与巴门尼德主张只有“一”存在的形而上学不同，柏拉图的形而上学肯定了许多存在，也就是各种“理念”的存在。他所指的“理念”又不是一种思想，而是由神创造的思想的对象。

它的存在是没有时间性的。然而，没有时间性的东西是无法被创造出来的。如果神自己的思想中没有一张柏拉图式的床，他又如何以之为对象并创造出相关的理念呢？我们在此遇到了那个曾困扰许多有哲学思维的神学家的难题——所有存在的事物都是在这个偶然、具有时间性和空间性的世界创造出来的，而这个世界又被斥为虚幻的、充满罪恶的。某些彻底的诺斯替派索性坚持这种观点：造物主仅仅创造了虚幻和罪恶。柏拉图似乎没有觉察到这一难题。

按照柏拉图说的，那个走出洞穴的获得了智慧的哲学家，必须回到洞穴里去，和那些从未见识真理之光的人生活在一起，才能成为一个卫国者。这么说来，神要想改造他创造的成物，他也只能这么做。一个基督教的柏拉图主义者也可以这样解说基督的肉身何以降临尘世。这样的话又会引起人们的疑问：如果造物主真的存在的话，那他不是完全可以避免回到“洞穴”的吗？当然，我们也不能就此苛责柏拉图的观点。事实上，柏拉图认为神只是创造了美好的事物，而没有创造万物。对柏拉图理念论的一种可能的解释是：理念也不是神创造出来的，它是用来形容神的，神或者说“善”才是最根本的东西。

柏拉图接着论述了一个卫国者应该接受什么样的教育，他的描述很有意思。他认为一个被选为卫国者的青年男子应该兼备理智和道德品质，他要正直、好学、儒雅，还有一颗和谐的心灵。在他二十岁至三十岁之间要钻研毕达哥拉斯派学说，但不能抱着功利心态去学习，而应该是为了让心灵能够洞悉永恒的事物。比如，他学习天文学的时候，不应该着重研究实际的天体，而应该钻研理想天体运动的数学知识。柏拉图为什么会有这样的观念，这个问题值得我们探讨。

在人们深入分析之前，行星的运动被认为是不规则的、复杂的。然而，所有希腊人却都认为，天体应该体现出数学的美。强调善的柏拉图，很自然地也就会强调天体运动的美。那么，有没有一种假说，能说明从外表看是无秩序的行星运动其实是秩序和单纯的呢？萨摩的亚里士达克假设所有星球都围绕太阳做圆形运动的假说，满足了柏拉图的要求。然而，发现行星的运动轨迹是椭圆形的开普勒以及后来发现它严格来说甚至不是椭圆形的牛顿，证明了柏拉图所追求的几何学上的带有偏见的单纯性质是虚妄的。

荒谬的假说在某一时期可能会给人启发，但当它的这点作用消失后，它很容易会阻碍对新事物的发现。所以说，柏拉图以及亚里士多德在伦理与审美上的偏见，曾对希腊的科学起到了严重的损害作用，其中亚里士多德带来的损害更大。

柏拉图的哲学和算学、几何学之间的作用是互相影响的，而且这种影响作用对各自来说都是很大的。然而，近代的柏拉图主义者却几乎都没什么数学知识。这个例子很生动地表明了，专业化的研究知识是徒劳的：要想弄清柏拉图，就必须把精力都用在研究希腊文上，以致对他视为重要的部分却抽不出时间去探知了。

第十六章 柏拉图的灵魂不朽论

《斐多篇》描写了苏格拉底死亡前的谈话，为人们展现了柏拉图心中的苏格拉底——一个同时具有智慧、善良和勇敢的理想人物。苏格拉底面对死亡的泰然自若，是因为他相信灵魂不朽。《斐多篇》的重要在于，它不仅写出了苏格拉底的殉道者形象，还提出了许多后来成为基督教学说的理论。

较早的《克利陀篇》讲述苏格拉底的弟子和朋友们计划帮他逃脱，但是苏格拉底拒绝了。他设想了自己和雅典的法律进行了一场对话，其中，雅典法律演讲的最后有一句："你若是以怨报怨、以仇报仇的话，那就是破坏你和我们的协定，伤害你自己，也伤害你的朋友和你的国家。"苏格拉底说，这个声音好像是"在神秘者的耳边嗡嗡作响的笛声"那样，于是他决定留下来受死。

在《斐多篇》的最后，苏格拉底身上的枷锁被拿走了，他和弟子、友人们继续讨论。为了不让哭哭啼啼的妻子打扰他们，他让她离开了。卞哲明·周维德牧师说："古代以及近代的一切悲剧中，除了基督之死外，没有一件事情可以与柏拉图描述的苏格拉底之死相媲美。"

苏格拉底在一开始就表明，一个有哲学智慧的人是不畏惧死亡的，但是，他反对自杀。他的反对理由跟基督教的教义相似：唯有神才能召唤一个人的灵魂。他认为，死亡就是灵魂与身体的分离。在对苏格拉底的描述中，柏拉图的许多论点跟这一论点一样，都是一种二元论的体现，比如实在与现象、理念与意见、理智与感知。如同灵魂高于肉体一样，在这些对立中，前者总是比后者更优越。追求苦行式的道德的人都是这种二元论主义者，不过，基督教徒没有全部采用这种理念，摩尼教徒则贯彻得相对彻底。

《斐多篇》中所描述的苏格拉底的苦行主义，并不主张哲学家完全禁绝生活之快乐。苏格拉底不提倡禁食，他所谴责的是视酒如命而不是饮酒。他主张“尽量逃离身体的束缚而追求灵魂的满足”，这正是哲学家想要的。

苏格拉底的这一说法貌似不经意地支持另一类道德学家，这类人认为身体快乐是唯一的快乐，如果不追求这种感官快乐的话，一个人就等于彻底摒弃了快乐而过着有道德的生活。这无疑是错误的。我们看见，许多教士也是摒弃了感官快乐的，但他们却逃不过权欲快乐，以宗教的名义做出骇人听闻的暴行。今天的希特勒也是这样的例子。可见，脱离肉体的限制，可以产生伟人，也可以产生一个罪人。

回到苏格拉底的讨论上来，我们来看看柏拉图是如何讲述（无论是正确的还是错误的）在宗教方面的苏格拉底的。

苏格拉底说，身体会阻碍人获得知识，所闻、所见都不一定是真实的，因为灵魂不能从见闻中认识真正的存在，而只能是“实在”本身在灵魂中显示出来，使灵魂得到启发。也就是说，如果“实在”没有显现给思想，那么思想仍是一无所知。他还说，唯有当心灵摒弃了肉体而处于一种不为外界所干扰的境界中时，思想才是最好的。这时候，一个人才能拥有智慧之眼，看到绝对的正义、绝对的美、绝对的伟大、绝对的力量等万物的本质。这就否定了科学的观察和实验是获得知识的手段这一观点，它所表现出的是一种数学和神秘主义相结合的洞见。这也说明了，在柏拉图以及毕达哥拉斯学派中，这两者是紧密结合的。

柏拉图说，“仅仅从需要食物这一点来看，肉体就是我们所有烦恼的根源”，人的七情六欲、人与人之间的战争，都是肉体导致的，“要想获得真正的知识，就必须摆脱肉体”，唯有如此，人才可能是纯洁的，才可能接近真理之光。

“纯洁”这一观点出自奥尔弗斯派，原本有仪式上的意义，但从柏拉图的论点来看，它指的是脱离肉体限制后的自由。有意思的是，他还提到战争是因为金钱利益引发的，这点跟马克思的想法一致。不同的是，他又认为，金钱只是为肉体服务而已。他还说，如果一个人将自己的需求降到最低程度的话，那不需要钱也是可以生活的。这当然没错。然而，哲学家多半不会出现在一个很穷的国家中，雅典人的哲学研究就是出现在繁盛的白里克里斯时代。国家富裕才能产生精神产品，也就是说精神产品必须建立在经济基础上。然而，神秘主义否定了这点。柏拉图的观点在逻辑发展之下，导致了这种情况：一个印度或者西藏的圣人，一无所有，靠他人的布施生活，而他仍被认为是具有智慧的。

回到灵魂不朽的话题上来。《斐多篇》中，希比斯让苏格拉底证明灵魂不朽。苏格拉底提出了两个论证，其中一个是万物都具有对立面，所以生而有死，死而复生。第二个是知识都是回忆，是灵魂在生前就积累的。这两个论证都很拙劣。在后一个论证中，苏格拉底用以论证的事实是，我们具有的像"完全相等"这样的观念是根本不可能是从经验中得来的。既然如此，其只能来自于我们存在之前保留的记忆。然而，我们完全可以这样反驳：如果在现世之前的存在中，我们就有这种不是出自经验的超感觉知识，那么，在现世的生存中，我们为什么就没有了，而要说我们的知识是来自回忆呢？

希比斯继续反驳："你说灵魂是不朽的，即便能证明灵魂在生前就存在了，那又如何证明它在我们死后还存在着？"苏格拉底是这样辩驳的：灵魂如理念一样，是单一的、不可分解的，也就是永恒不变的。灵魂和肉体，好比"绝对的美"和"美的事物"，前者是永恒的，而后者不断变化，永恒的不会被我们看见，我们只能看见不断变化的暂时的事物。

他还认为，当灵魂以肉体为工具去感知这个世界的时候，就会被肉体误导，陷入迷乱之中。当它脱离肉体，"返回于自身之中进行思考""独自无拘无束"的时候，它就处于智慧的状态中，它是纯洁的。哲学家的灵魂超脱了肉体，所以他死后能跟神明待在一起。那些贪恋肉体快乐的人，其死后灵魂根据生前的作为而转世为牛马之类的动物。总之，哲学家的生活是节制的，对快乐如此，对痛苦如此，因为对他们来说，快乐和痛苦都是"把灵魂钉在身体上的钉子"，会使得灵魂沦为肉体，相信肉体所见的。

苏格拉底讲到这的时候，希比斯就借用毕达哥拉斯"灵魂是一曲音乐"的观点，质问道：琴损坏了，音乐何存呢？苏格拉底说，音乐很复杂，灵魂是单一的，灵魂不是乐曲。并且，把灵魂当成乐曲也不符合他提出的第二个论证，因为在有琴之前是没有音乐的。苏格拉底继而叙述了他自己的一套哲学理论的发展史，最后他总结道："理念存在，其他事物才得以从中获得它们的名字"。对于人死后灵魂归于何处，他是这么总结的：善者进入天堂，恶者入地狱，中间的入炼狱。

《斐多篇》中描述的苏格拉底诀别的最后一句话是："克利陀啊，我欠阿斯克勒皮乌斯一只公鸡，你能偿还给他吗？"后来，人们得病痊愈后，就会给阿斯克勒皮乌斯献上一只公鸡。这篇的结论是："他是他所在时代中最有智慧的、最正直善良的人。"

柏拉图笔下的苏格拉底，是后世哲学家的典范。从伦理层面来看，苏格拉底（我们指的是柏拉图所描绘的那个人）是不惧死亡、乐观、儒雅、关注自己的信仰的一个人。但是，他也有缺点。他的论证是一种诡辩，他把逻辑智慧用于证明自己所信仰的观点，而不是无私地追求知识。此外，他还具有小人的自得、油嘴滑舌这些缺点，看起来像一个不正道的传教士。他相信他死亡后会去到神明那里，享受永恒的幸福，这让他的勇敢大打折扣。他的言论不是科学的，而是自我的，这种做法是对真理的背叛，是罪恶的哲学形式。我认为他可以称得上一个伦理层面的神人，但作为一个哲学家，他的灵魂只能进入科学的炼狱中。

第十七章 柏拉图的宇宙论

柏拉图的宇宙生成论比他的其他许多学说都还要愚蠢，但是提出这一理论的《蒂迈欧篇》却比他的其他任何作品都有影响。从哲学角度来看，这篇并不重要，它为什么产生这么大的影响呢？事实上，《蒂迈欧篇》中的苏格拉底被描述成了一个毕达哥拉斯主义者，柏拉图采用了毕达哥拉斯学派的学说来作为这一篇的论点。他的论述大致是这样的：智慧认识永恒的事物，意见认识会变的事物；世界是神创造的，神是善的，善是永恒的，所以世界是永恒的。

柏拉图的神看起来与犹太教、基督教的上帝不同，它不是从无物中创造出世界来。这个神看见世界处于一种不规则的无序运动中，所以“从无序中创造出了秩序”。神创造人的时候，让智慧住在灵魂中，然后让灵魂住在肉体中。世界只有一个，它包罗万物，球形，是一个做着完美旋转运动的动物，所以不需要手脚。用以构成世界的火、气、水、土四种元素有着和谐的比例，也就是火气之比等于气水之比等于水土之比。所以世界是不可解体的，除非神想要它解体。

接着就是一段毕达哥拉斯派关于行星的解说，其中提到了时间起源：当神看到他创造的世界在运动的时候，就想让这个世界就如神所依据的理念世界一样永恒。然而，因为生物是无法永恒的，所以他便制造了一种运动影像。这种影像也就是我们所说的“时间”。时间和天体是同时出现的，有了日夜、年月，才有了数目知识，继而产生哲学。

世界这个整体有四种动物：神、鸟、鱼和陆地上的动物。神也是由造物主创造出来的，造物主同样可以毁灭诸神，但是他不会这么做。造物主负责不朽的神圣的部分的创造，他让众神去负责其他所有动物的非不朽的部分。

《蒂迈欧篇》中说，每一个星体在被创造的时候都得到了一个灵魂。克服灵魂中的感情和欲念等，是能够正直生活的前提。一个人如果一生表现良好，他死后就仍能够在他生前的那颗星体上继续幸福地生活，否则就会被惩罚。

导致创造的“因”有两种，一种是创造了美好事物的必然理智，一种是被其他“因”推动而只好去推动其他的无秩序的偶然作用。

土、气、火和水并不是一种实质，而只是实质的状态。要想从“水”“土”“火”“气”这些字眼上认识到它们的本质，关键在于心灵所知和意见所知是不是同一种东西。正如前面提到过的一样，意见人人都会，但心灵却只是很少一部分人才能拥有的神的特质。心灵理智所感知的本质世界与人们用意见所看到的这个变动的、可感的世界之间，就是“空间”。空间是永恒的，“它不用感官，而只需一种虚假的理性就可以认知，它就像出现在梦中的事物一样，很难说它是实在的——它既不在天上也不在地上。然而，一切被创造的存在又都占有空间。”

我坦白，我很难理解上述空间论，不过我认为康德一定会喜欢这种论点，因为它近似于康德自己的观点。

《蒂迈欧篇》还提到，两种直角三角形——现在几何学中的等腰直角三角形和等边三角形均分为二后的那一半三角形——是最美的形态。神使得土、气、火和水各种元素按照最美的形式和数量排列起来，又由于每一种元素的每一个原子都是正多面体——土原子是立方体，火原子是四面体，气原子是八面体，水的原子是二十面体——由此就构成了物质世界中各种不同形状的物体，两种直角形能构成五种正多面体的四种。

正多面体最早由一个叫泰阿泰德的年轻人发现的，他先后发现了正五面体、正八面体和二十面体。后来，欧几里得曾经详细描述正多面体。正十二面体的表面是正五边形，柏拉图认为的那两种直角三角形是构造不出来这一形状的。因此，他没有说四种元素的构成形状中包含有它，而是说："神创造宇宙还有第五种结合方式"。巫术中注重五角形，跟毕达哥拉斯学派有很大关系。毕达哥拉斯派还将这一图形作为其教派符号，在某种意义上，它代表的意思是宇宙。

《蒂迈欧篇》还将人的灵魂分为不朽的和可变的两种，前一种存在于思想中，后一种存在于人的胸腔中。此外，它还有一些奇怪的言论，比如：大肠储存食物，防止人贪吃；懦弱或者不义之人，来生会变成女人；不了解哲学的人会变成野兽；愚蠢者会变成鱼。

在我看来，《蒂迈欧篇》中关于神创造世界秩序、四种元素的比例关系以及关于多面体部分的讨论，是柏拉图认真对待的，对于轮回的述说则是他幻想的一部分。不过，这一篇对中世纪思想影响巨大，所以全篇的每一个细节都值得研究。

第十八章 柏拉图的"知识—知觉"论

我们大部分人会认为知识来源于知觉，柏拉图及其他一些哲学家却认为，知识并非来自感官，而必须是一个确切的概念。按照这种观点，"2 + 2 = 4"

是知识，“雪是白的”则不属于。这种观点起源于巴门尼德，不过是由柏拉图在他的《泰阿泰德篇》前半部分中明确下来。在这篇中，柏拉图探讨两者的区别，并试图给“知识”下定义，但最后并没有提出让人满意的一个概念。

泰阿泰德首先提出“知识不过是知觉”的观点。苏格拉底认为这样的说法等同于普罗泰戈拉的“人是万物的尺度”，即同样认为：同样一个事物，于我而言就是我看到的样子，于你而言就是你所见到的样子。随后就是对知觉的特性的长篇讨论，结果得出结论：知觉所得到的算不上是知识。

苏格拉底还引用了赫拉克利特关于万物处于变化之中的学说，他表明：感官所以为“真”的、“存在”的对象是变的，如果认为知识等于知觉的话，那就等于承认知识也是变化的，非实在的。然而，真正的知识却不是这样。他说，因为“6大于4而小于12”而得出“6既大又小”这种矛盾的观点，就不算是知识。此外，如果知识是变化的，它就有可能出现矛盾，这也是悖谬的。直到黑格尔为止的众多哲学家，都很难去辩驳他的这一论证，在此也就忽略过去。

对于知觉的论述，苏格拉底是这么说的：在身体健康的状态下喝酒会觉得酒是甜的，在疾病缠身的时候就觉得酒酸，人们对酒的味道感知就是一种知觉，知觉是会变化的。反驳者反对普罗泰戈拉“人是万物的尺度”的说法也被提了出来，由此说明苏格拉底以此为基础进行的关于知觉与知识的区别论证是站不住脚的。苏格拉底就暂时站到普罗泰戈拉的立场上，一一对反对意见做出了回答。对于反驳者的这个“如果‘人是万物的尺度’，那么人与人就没有智慧之分了”，苏格拉底是这么辩驳的：虽说不能论定不同的判断之中哪一个更接近真理，但就结果来看，却可以论定哪一个更好。这暗示了实用主义。

苏格拉底虽然对反驳普罗泰戈拉的意见进行了反驳，却仍然不能解释医生比病人知道得多，某些人比另一些人更具有智慧。于是他和泰阿泰德得出了一个结论：比起愚蠢的人，智者是衡量万物的更好的尺度。但是，他的论证过程，更倾向于反驳“人是万物的尺度”这一学说，而没有直接地去反驳“知识即知觉”这一学说。

以下，我们来谈谈赫拉克利特学说的不足。所有事物的变化方式都有两种，一种是运动变化，一种是性质变化。而赫拉克利特的流变学说认为，所有事物发生变化时都会同时在运动和性质两方面改变。按照这种说法，我们就会遇到一个尴尬的难题：我们不能说“白纸是白色的”，因为在说话的时候不能说自己正看见某个事物。看见的已经变了，看见就可以叫做不看见。同样，知觉也可以叫做不知觉。当我们说“知觉就是知识”时，也可以说“知觉就是非知识”。

柏拉图反对“知识即知觉”的最后论据是：视觉和听觉产生知觉，但是知识跟任何感觉器官却都是没有联系的。比如，对一个物体，我们的知觉能够判断它的软硬度，但对于它的本质存在，却是通过知识的发源地，即心灵来判断的。所以说，知觉是一种印象判断，而知识是思考后的判断，知觉“完全不能感知存在，它对于存在的本质也是无能为力的。”

在反驳“知识即知觉”的过程中，柏拉图从三个论题去论证，这三个论题是：知识就是知觉；人是万物的尺度；一切事物都处于变化中。下面，我们将一一来讨论这三个论题。

首先来看看知识与知觉的异同和关系：

让我们先讨论相似与不相似的问题。假设我正看到了两种颜色，就我而言，不管它们是否相似，它们的颜色是作为一种“知觉判断”来接受，而不是作为“知觉”来接受。我应该说，知觉并非知识，而只是正在发生的某种事件。“我看见一张桌子”是一次事件，在这个事件基础上所形成的影像就是一种不真也不假的知觉。但是，仅是由句子填充起来的知觉则可能是真的也可能是假的。这种时候，我们所作出的判断就属于“知觉判断”。由此，从正确的文法来说，“知识就是知觉”这个命题就应该改为“知识就是知觉判断”。

柏拉图认为，我们的感觉器官是无法知觉事物的相似性或者不相似。事实并非如此。比如说，当我们知觉两种颜色并判断它们相似或者不相似的时候，我们是从感觉与它的材料去判断的。此外，感觉器官并非只是在身体上而已，大脑皮质中也有感觉器官。正如“A 是一种红色的”是一种知觉判断一样，“A 与 B 相似”也是一种建立在知觉判断的“事实”上的知觉判断。

柏拉图强调“存在”，他说，没有“存在”就不会有真理。反驳他的这种观点，我们的论证是：他所说的关于“存在”的一切言论，乃至他的其他言论，都有严重的语法错误。通常来说，假设你告诉一个孩子“狮子存在，但麒麟不存在”之后，再把他带到动物园去时，你可以指着狮子告诉他：“看，这就是狮子”，从而证明你说狮子存在的论点。而按照柏拉图的说法，你必定得补充说：“看，这就是存在的狮子。”显然这毫无意义，而且这等于将“狮子存在”和“有狮子”混为一谈。

在对数的讨论上，我同意柏拉图所说的，算学以及一般的纯粹数学知识，并非来自于知觉。数学真理是一种非常特殊的真理，而且仅限于从符号去研究它。要判断一个数学命题正确与否，我们需要研究的不是世界，而是符号的意义。

然而，关于计数命题的讨论，我认为像“我有十个指头”的判断就属于另外的范畴了，而且这样的判断至少有一部分是靠知觉的，因为“指头”的概念很明显属于知觉的一种判断。也就是说，如果我把一只手的全部手指头改称为“指”的话，那我说“我有两个指”也是可以的。在这样的计数陈述中，仍存在知觉，只是它的成分较少，而概念的成分更多。由此，关于“十”这个计数命题，我们可以得到结论：类似这样的计数字眼，如果我们深入钻研分析的话会发现，它所针对的事物并没有包含任何成分是与它相对应的。也就是说，我们的指头中没有“十”这个元素，“十”是我们人为定义的。

严格来讲，数是一种形式。在某种意义上，我们可以认为，“两个”中的“两”并没有意味任何事物。即便是在一个确切的语句中，也不会有与类似“两”“十”这样的数相应的组成部分。因为，它们都只是一种逻辑的虚构。也就是说，逻辑、数学都是一种形式上的知识，它们不是源于知觉。柏拉图反对“知识即知觉”的观点是正确的，但是，他所作的关于知识的论证却是谬误的。

其次，我们来谈谈普罗泰戈拉所说的“人是万物的尺度”这一观点。分析这个论点，我们必须区别知觉和推论。就知觉来说，一个人总是被自身的知觉所限制着，一个人自以为知道的别人的知觉，也是通过他的视听来推出来的。至于推论，在某种意义上，也是很个人的、私有的东西。我相信某个东西，必定有某个理由。结合这两点后我们发现，普罗泰戈拉的“人是万物的尺度”这句话，并不包含有“我的永远是对的”这种见解，而它只是表明：如果我错了，也只能由我来说出我错在哪里。因为，正如我可以判断别人一样，我也可以判断过去的自己。只是，这需要预先假设有一个前提：与知觉相对立的推论，必须依靠某种非个人的判断对错的标准。如果我做到了的话，那么知识的无政府状态就可以存在了。

所以，柏拉图从这个点去反驳“知识即知觉”的论证，似乎是对的。不过，经验主义者可能会反驳说，知觉就是那个可以用来判断推论是对是错的标准。

最后，我们谈谈柏拉图关于“万物处于流变中”的论证。我认为，他歪曲了这个学说，赋予了它一种极端的假设。他认为，在我们说“我看见红色”的时候，这句话已经不是真的了。他把见和不见、知觉和不知觉的逻辑对立假设在一种不断变化的过程中，由此得到了他的结果。事实上，逻辑对立也是人为创造出来的，要想计算变化就需要一种计量工具。柏拉图忽略了这种可以计算的可能性，所以他所作的一切论证根本没有切中要害。

至于对文字的讨论，很明显，唯有承认了某个字词在一定限度内具有意义，讨论才有可能。然而，要求文字意义不会发生变化，却是不必要的。因为，字词、语句只能应用于命题的形式，而非决定命题内容。而柏拉图以及许多哲学家却过分地把这样的非数学的知识也等同于数学，这就是错了的。

第十九章 亚里士多德的形而上学

亚里士多德是个兼具突出的优点和缺点的人物。较之前人，他取得了伟大的成就；较之后人，他有所不足。他之后的两千年里，没有一位哲学家能够和他相提并论。十七世纪至今，由于他的权威性，任何一种新知识的确立都需要先和他的学说辩驳一番。他获得了过高的声望，也由此招来了更多的非难。

亚里士多德大概出生于公元前384年，他的父亲是马其顿王的御医。亚里士多德十八岁到雅典，追随柏拉图二十年，直到柏拉图去世，此后开始游历。据说亚历山大在十三岁到十六岁期间，曾师从亚里士多德，但这段师生关系不确定是否属实。可能是同时崇拜他们俩人的人，编造了这段关系。但是，黑格尔也说过亚历山大的事业中表现出了哲学思想。我更同意《希腊哲学》中阿·维·伯恩说的："如果亚历山大的性格是用来证明哲学用途的最好例子的话，那可真是哲学的不幸了……"我的观点是：亚历山大的功业对整个希腊文明传统所起到的保护作用，是不可否认的。只不过，他对雅典文明所怀有的敬意，是一种类似于十九世纪俄国贵族们对巴黎的那种感情，这种感情是在他的整个王朝都存在的。也就是，我看不出亚历山大有受到亚里士多德的影响，此外，亚历山大对亚里士多德的影响也是很小的，俩人如同身处两个不同的世界中。

自公元前335年开始，亚里士多德在雅典创立学园，专心著作。公元前323年，亚历山大去世，亚里士多德随之遭到雅典人的报复。他被判以不敬神的死罪，于是逃出了雅典，但在第二年就死了。作为哲学家，亚里士多德和在他之前的哲学家所不同的是，他的知识很系统，而且在他的著作中没有巴库斯的激情主义，也淡化了柏拉图思想中的奥尔弗斯成分，他的作品具有批判性、常识性，即便是很深刻的内容，也没有体现出宗教性。

讨论亚里士多德的形而上学，最好是从他对柏拉图"理念论"的批评以及他创立的共相论开始。

在《巴门尼德篇》中，亚里士多德反对理念论的一个最重要的论据是"第三个人"的论证。理念论说，先是有了人的理念才有了人，一个人之所以被称之为人，是因为他像理念中的"理想的人"。亚里士多德认为，按照这种观点，那么应该还有一个更理想的人，普通人和原本那个"理想的人"都应该像这个人。

至于他的共相论，在一定限度内是非常简单的。语言中有专名词和形容词，专名词汇适用于人事物，而且一个名词只适用于唯一的事物或人，比如"太阳""拿破仑""法国"之类所指代的都是独一无二的东西。另外还有像"猫""狗""人"这类的适用于许多不同事物的字词，以及如"白""硬""圆"

这类形容词。共相问题就是讨论这两类字眼的意义。在《解释篇》中他说："我所说的'共相'，是一种可以用来讲述多个主体的某种共同性质的东西，而'个体'则不能进行这种讲述。"

按照上述说法，一个专名词是某个"实体"的称呼，而一个形容词或如"人"之类的类名词则是指某些东西的"共相"。我们能说"这个"实体，共相不是实体，只能说"这类"。亚里士多德说："似乎不可能让任何一个共相的名词成为一个实体的名词……每个实体都是特有的存在，不属于任何别的事物，而共相正好相反，它属于一个以上的事物的东西。"

亚里士多德说："任何一个共相名词都不可能成为一个实体名词，因为实体是它特有的东西，而共相属于多个事物的某种东西。"我认为，举例来说，亚里士多德的意思是这样的：我们可以说"脸是红的"，但是"红"不是实体存在的东西，所以它不能成为一个实体名词。在这里，"红"的存在，必须依据"是红的"的那张"脸"的存在。但是反之却不是如此，脸不是红色的了，但它仍然存在。

亚里士多德的这种学说，其实是常识上的偏见混合了学究式的表现而得出的，事实上，要想区别专有名词和形容词的依存关系，我们应该从语法上去论证。比如，我们可以说："约翰聪明，詹姆士愚蠢，约翰比詹姆士更高。"在这里，专有名词是"约翰""詹姆士"，形容词是"聪明""愚蠢"，"更高"则是关系字眼。但是，自从亚里士多德以来的形而上学家们，在解释语法不同之处时都忽略了关系字词或者给予该字错误的解释。

"本质"是亚里士多德及其学派的后继者们注重钻研的内容之一，它和"共相"不同，它是每一个个体事物、每种类别事物都有的一种东西，并且存在于它们本身的定义中。我认为，这个概念的提出完全是头脑混乱的结果，在后面谈到亚里士多德的逻辑的时候，我再讨论它。

亚里士多德的形而上学论中还谈到了"形式"与"质料"。按照他的观点，就一个大理石石像来说，大理石是质料，石像的形状是形式；一个铜球，铜是质料，球状是形式；一片平静的大海，水是质料，平静是形式。他认为，质料要想成为某种东西，必须要凭借形式，形式构造了事物的实质。按照这一说法，一件“东西”是有界限的，如果你从一定体积的水中抽取了一部分，用瓶子装起来，那么这部分也变成了一件“东西”。但是，我们不会认为形式决定了事物的实质性。以石像来说，我们虽然认为雕像是一件“东西”，但不会认为构造成它的大理石也因为脱离了原来的本体———一块石头或者一片山石，就改变了性质。

亚里士多德认为，形式就是事物的实质，共相没有实质，又认为形式独立存在于它对应的质料之外。他原本是要反对柏拉图的理念论的，而他的这种观点却似乎反置他于理念论之中了。他说形式与共相不同，可两者却有许多共同点。他说形式是一种比质料的实在性更强的东西，这也让人联想到理念也具有唯一的实在性。看来，亚里士多德的形而上学，并没有在柏拉图形而上学的基础上走远。策勒尔也认为如此，他在所著的《亚里士多德》中说：

“亚里士多德在讨论这个论题的时候缺少清晰性——柏拉图具有把理念实体化的倾向，亚里士多德的论述虽然试图脱离这种倾向，但他只做到了一半。他的‘形式’正如同柏拉图的‘理念’一样，本身就具有形而上的存在特性，同样是规定个别事物的一种东西。说到底，两者都是一种源自于人类思想逻辑的超感觉世界的直接表象，也由此成为了一种理智知觉的对象。”

策勒尔的这段批判，应该很难让亚里士多德有辩驳的理由。就我来说，要想辩驳，就应该主张：两件事物可以有同一个形式。比如，两个铜球有着同样的球形，但它们又有着各自特殊的“圆性”。但是，这种解说，又很难跟亚里士多德的观点相符合。因为他的形而上学在本质的讨论上是这么说的：形式变多和质料变少的时候，事物就越发可知，每一种形式等同于本质。

亚里士多德的神学、灵魂说和他的形而上学有着密切关系。首先，他将实质分为三种：一种可感觉可毁灭，如动植物；一种可感觉不可毁灭，如天体；另外，就是不可感觉也不可毁灭，如灵魂和神。他认为，欲望、思想本身是永恒的，不动的，但会致使它们的对象产生运动。神就是纯粹的思想，它由于被爱而产生运动，它的现实表现为永恒不断的生命。在这里，亚里士多德的神并没有基督教的神明的那种特性。正如斯宾诺莎坚持的那样，亚里士多德也说，人要爱神，但神爱人却是不可能的。

亚里士多德关于原因的说法，跟他的神学论也有关系。他认为世界的构成和运动有四种原因：质料因、形式因、动力因和目的因。举塑像一事为例，大理石是质料因，石像的本质是形式因，塑像工具和大理石接触是动力因，雕塑家的目的就是目的因。这里所说的“因”跟近代术语中的“因”不同，后者只限于表述动力因。神作为一个不动的推动者，可以看做是一种目的因：有了这个目的之后，变化的本质就如同是一种奔着与神相似的目标而发生的演化过程。

总的来说，我们大致可以认为亚里士多德的神学论是这样的：神是永恒的存在，感官世界充满了不完美，而在这不完美之中的一切生物都因为敬爱神而被神推动着，所以，神就是一切活动的目的因；变化的发生，是由于赋予质料的形式不同；当世界的形式越来越大，它就越来越接近神，但它最终是不可能成为神的，因为质料不会被彻底消灭。

以上可见，亚里士多德像希腊人一样，偏爱静态的完美，且不喜欢运动。他的灵魂学说也证明了他的这一哲学特点。

关于亚里士多德是否赞成“灵魂不朽说”有很大的争议，我们所知的是，他在《论灵魂》中提到灵魂和肉体是结合的，且嘲讽了毕达哥拉斯派的轮回学说。他还认为，身体和灵魂的关系是质料和形式的关系，物体自有形式，而灵魂潜存生命，灵魂是肉体的目的因。他还把“灵魂”与“心灵”区别开来，他说：“心灵可能包含在灵魂之中，是一种独立的不可毁灭的实质”“心灵似乎是一种特殊的灵魂，它是唯一能独立存在于其他一切精神能力之外的东西，而灵魂的其他部分是不能独立存在的。”心灵可以不朽，但灵魂的其他部分不可以。

谨记亚里士多德提出的“灵魂是身体的形式”这一个观点，才有可能更好地理解他的灵魂学说。按照他的说法，一块大理石的某一部分是没有灵魂的，当它变成一座塑像的一部分而得以和大理石的其他部分区别开来后，它就有了形式、有了统一性，也就是有了灵魂。一个身体如果没有灵魂这种“形式”的话，那它不会成为一个具有统一性和具有目的的有机整体，所以说，灵魂是身体的形式。

《尼各马可伦理学》中也体现类似上面的学说，其中提到灵魂包含理性成分和非理性成分。理性重于沉思，使人尽可能获得完美的幸福，但这种生活是永远不可达到的。因为“较之于人，理性是神圣，那么理性的生活也就永远比人的生活更为神圣……”按照这种说法的话，人的个性和灵魂相关，而灵魂中的理性部分又是神圣的、非个人的，那么，将人和人区别开来的就是灵魂中的非理性部分，而理性的那部分就将我们结合起来。由此，个体的心灵不朽，不过是分享了神的不朽而已。

从上述来看，亚里士多德并没有相信“灵魂不朽论”。他相信的是，就人有理性而言，人最多只能做到使自己天性中的神圣成分增加，也就是不断提高自己的德行。但一个人永远不会达到最高点，因为如果他做到了的话，他就不是人了。

我认为，这是对他的论点的最自然的解释。

第二十章 亚里士多德的伦理学

亚里士多德的伦理学说著作有三篇，其中《尼各马可伦理学》(以下简称《伦理学》)最能作为其思想的代表。这本书所体现的他的伦理观点，没有柏拉图伦理学中的宗教气息，也没有表现出对财产、家庭的非正统理论的兴趣，它主要系统地阐述了普通公民用以规范自身行为的原则。一个具有激情和感情丰富的人，会讨厌这本书。

柏拉图把灵魂分为理性和非理性两部分，亚里士多德承认这一观点，并把非理性部分分为两部分：存在于一切生命的生长部分和存在于动物中的嗜欲部分。他提出，理性部分通过受教育产生理智的德行，非理性部分通过习惯产生道德德行。理智的德行是善，而立法者的职责就在于，使公民养成善良的习惯而为善。也就是说，我们的善良习惯是被迫养成的，但是我们在做出善良举动的同时会得到快乐。在这个观点的基础上，他提出，每一种德行的极端结果都是罪恶。比如，勇敢的两种相反的极端是怯懦和鲁莽，这两者都是不好的。他还说真理性这种德行处于自夸和虚伪之间，但这一观点无疑是荒谬的。

亚里士多德的道德论，受到当时贵族制的影响，是一些约定俗成的意见。比如，他认为正义只有在某些时候才包含平等，通常情况下它包含的是正当的比例。他还认为，不同类别的人之间，正义也是不一样的，父亲、儿子有各自的正义。父亲对儿子或者奴隶不会存在非正义，因为后两者都是前者的财产。父亲可以不认儿子，但儿子不能不认父亲。他们之间的不平等也是对的。此外，每个人得到的爱，也因为各自所作出的贡献不同而有所区别，丈夫、父亲、国王应该比妻子、儿子、百姓受到更多的爱，男女应该各司其职。

亚里士多德设想的“最好的人”就是有最高度的善的一个人，他可以适当骄傲，也应该去鄙视那些应该被鄙视的人。这样一个人和基督教的圣人不同，尼采正是因为接受了这种观点，才把基督教视为一种奴隶道德的产物。有一点很清楚，像亚里士多德所说的这种拥有最高的善的人，在社会上并不多。如果存在的话，那这个人的德行很大程度上是因为它享有着特殊地位。

在亚里士多德看来，伦理学是政治学的一个分支，而往往君主们和贵族们又比平凡的公民具有更高的善，所以他自然而然地就会认为君主制是最好的政府形式，其次是贵族制。这个可笑的结论引发了一个同时是伦理问题的政治命题，并让我们思考：如果一个社会根据自己的根本结构，让少数人享受最好的资源，而其他人满足于次等的东西，这符合道德情理吗？柏拉图与亚里士多德对此给予肯定的答案，而民主主义者、基督教徒、斯多葛派则认为这是不道德的，不过后三者的否定原因不同。基督教徒与斯多葛派反对是因为他们注重德行而不看重正义，注重权利和财产的民主主义者是因为坚持这么一个理念：一个社会最起码在政治领域内公平，否则就是不正义的。

按照亚里士多德伦理学附属于政治学的观点，如果两者关联的目的是为建立一个好的社会而非好的个人，那么，这个好的社会就可能是一个有着隶属关系的社会。在近代，即便是一个很民主的国家政府，这种隶属关系也是存在的。在一个民主国家中，一个被人们交予大权的人物，如总统，虽然不会被人们期待成是亚里士多德所说的那种最好的人，但他身上仍是承载了人们的理想和希望，人们会认为他具有更适合那个职位的优点。当然，这些优点也不会被认为是“伦理的”，因为，我们现在所说的“伦理”的意义要比亚里士多德用这个字时所赋予的意义狭隘。而这个变化，正是基督教影响的结果。

基督教中，一个人的文学天赋或者音乐天赋属于优点，但却不属于道德优点。唯有涉及意志行为时，才有道德优点可言。通俗来说也就是：面对两种选择的时候，良心会告诉我们什么是正当的，什么是罪恶的，而德行就在于避免罪恶，而不是专注于积极的东西。所以，在基督教看来，受过教育的人和没受过教育的人之间，聪明人和愚人之间，并不存在前者的道德就比后者优越的论断。基督教的这种伦理观点，不被许多近代哲学家所接受。他们认为应该先定义“善”，再去探索怎样实现善。这和亚里士多德的观点大体上相似。

关于伦理学和政治学的关系涉及的一个重要伦理问题：如果正直的行为应该追求一种对集体乃至全人类有好处的善，那么这种善是否也就是个人的全部的善？打个比方说，很多时候，一般而言快乐是对于整个人来说的，如果我说我因为闻到某种气味而感到愉快时，我能说单单有鼻子的话我也能享受这种愉快吗？很显然，答案是不可能的。当然，黑格尔这样的形而上学家可能会说，让国家来做善的主人，总比让个人来做善的主人，会更少出错。这种观点表明，伦理的谓语只能加以引申后才会属于个人，也就是产生这样的说法：当一个人属于一个美好的国家的时候，他不一定就是美好的。德国的很多哲学家们都接受了这个观点，但它并不是亚里士多德坚持的。

《伦理学》中还讨论了友谊和感情问题，其中提到：善人之间才存在完美的友谊；不能和一个比自己地位高的人做朋友，除非他的德行足以让我们尊敬；神不能爱我们，不能和神做朋友；如果自己不是善的，也不能和自己做朋友——恶人总是憎恨自己；在不幸的时候不应该让自己打扰到朋友，幸福时刻要和朋友分享；人是政治动物，天性要求和别人建立联系。这些话合情合理，但很普通。

对于快乐的探讨，亚里士多德和柏拉图主张的苦行快乐不同。他认为快乐必定是好的，因为痛苦是不好的。但是，他不同意一切快乐都属于身体的快乐，而认为，万物具有的神圣成分会使得他们能享有更高等的快乐，比如，处于不幸境遇中的善人感受到的那种快乐。在书中最后部分，他又改变了观点，认为快乐的好坏跟它对应的活动是好是坏有关系。比如，一个人选择孩子式的活法度过一生，他虽然也很快乐，但这样的快乐就是不好的，因为有些东西应该比快乐更重要。他还认为，每种动物的快乐都不一样，而人的快乐跟理性有关。

以上亚里士多德的观点都属于常识性的学说，接下来是他的关于幸福的学说，是唯一超越常识性的。他认为，德行带来幸福，最好的德行即静观，静观会带来最完美的幸福。静观带来心灵的闲适，比战争、政治或其他业绩之类活动带来的幸福都高等。但是，人是无法完全处于静观中的。哲学家能够“运用理性，并培养出具有理性的人，他们的心灵处于最美好的状态，与神最近”，所以是能达到最接近静观的幸福的一类人。

在有关幸福的讨论之后，《伦理学》最后的几段便是向下一章的过渡了。总结这本书的理论，我们提出三个问题，这三个问题同样可以用来提问其他哲学家的伦理理论，它们分别是：亚里士多德的伦理理论是否存在一致性？他的伦理理论和他的其他理论是否一致？他的伦理学说符合我们自身吗？以下，我们就针对这三个问题进行探讨。

对于第一个问题的回答是：他的伦理学大体具有内在一致性。其中，他对善和幸福的定义以及对两者关系的讨论，是很精彩的。“每种德行都处于两个极端中间”的说法，和后面提到的静观讨论不符合。按照前一种说法，德行应该是实践性的，而按照后一种说法最好的德行是理智的静观。当然，亚里士多德可以辩解说，不偏不倚的学说只是用来讲述实践的德行，而不是理智的德行。此外，他还可以站在立法者的角色来辩解称，这种实践是为了让人们养成好习惯而自觉为善。但是，除非立法者是一个柏拉图式的卫国者，否则他就难免会通过立法让青年人养成坏习惯，这样一来，“有德的生活才有快乐”这一论点就不成立。而关于这个问题，也就变成了政治学的了。

对于第二个问题的回答是：亚里士多德的学说都是形而上学的，他的伦理学学说虽然有一部分独立于他的形而上学之外，但其中的论点和他的其他论点相一致。他肯定万物变化，“形式”会增加，而德行的实践则有助于这种变化倾向。

对于第三个问题，我们首先想到的就是，亚里士多德“正义中也包含不平等”的说法，应该是近代人反感的。我们认为，当要解决具有利益冲突的双方时，如果能想出一种解决方法，能使得最后的结果是双方的幸福总和最大化，那么按照这种方法去做就是正义的。这种解决之道，通常会将幸福更多地分配给好人。然而，这种做法根本不是基于这样一种伦理学说：好人的价值就比坏人高。也就是说，这并不意味着正义中包含不平等。但是，包括柏拉图和亚里士多德在内的希腊哲学家们却不是这么认为，而且他们还得出结论：各人因为性格或者能力的缘故，享有范围不同的幸福，超越了这个范围，就是“非正义”的。

在《伦理学》中，我们发现亚里士多德并无仁爱思想，甚至可以说，他的感情是贫乏的，这一点跟希腊早期的哲学家不同。他的学说，对一个生活安逸而庸俗的人受用，对一个处于思想困境中的人却毫无用处。我认为，这本书缺乏一种本质的重要性。

第二十一章 亚里士多德的政治学

亚里士多德的政治学表现了古希腊有教养的人的偏见，直至中世纪末期，这期间的政治受到了很大影响。我并不认为他的学说对今天的政治家有多大用途，不过它们可以让我们弄清当今那些希腊化的地区的党派冲突。亚里士多德关注的是希腊化国家的政治，而他的全部讨论也是围绕城邦展开的。他根本没有料到城邦时代即将过去，而希腊这个政治实验室所适用的东西，也将自他所在的时代起就不再适用了。因此，他所引证的许多东西都更适用于近代世界。

在对政治的讨论中，亚里士多德说了许多有意思的事情，其中有这么一件：

幼利披底曾被一个名叫狄卡里库斯的人骂有口臭，马其顿王阿其老斯让他鞭打了狄卡里库斯，多年后，狄卡里库斯复仇，杀死了国王，但那时幼利披底已经不在人世了。亚里士多德还说：应该在刮北风的冬天受孕；不能说下流的话；唯有在神殿中才允许猥亵或者淫言秽语；早婚的女孩子将来会很淫荡，而她生下的女孩则弱不禁风等。

下面言归正传。亚里士多德的《政治学》开篇表明：

最高的集体是国家，善是国家的目的。男女组建家庭，家庭构成乡村（镇），乡村（镇）组成国家。国家比家庭、个人都重要，因为它是事物得到充分发展的结果，它是全体，全体优于部分，全体没了，部分就什么都不是了。就像身体毁灭后一只手就无意义了一样，因为它没法达成它的目的了。人也如此，必须从属于国家才能达成他的目的。人要靠法律来管制，而法律以国家为基础，这是一种“高贵的行为，而不是单单是为了使人和人能够相处”。

有家才有国，我们就先谈家庭再谈论政治。奴隶制是我们的讨论重点。这个制度告诉我们，有的人天生要做统治者，有的人要做服从者。希腊人不是天生做服从者的那种类型，那些天生下等的民族才是，而对于这些民族来说，被统治对他们更好。所以，如果那些天生该做服从者的人不肯服从统治者的话，打压他们就是正义的。这么说来，把战争中的俘虏当成奴隶也是正当的。

其次书中讨论了贸易问题：事物有两种用途，一双鞋可以用来穿，也可以用来做生意。但是，前一种用途是正当的，后一种则不是。亚里士多德认为，正当的发财方式应该是经营房地产，这样能控制所得财富，而零售贸易这样的方式则是不自然的、不艺术的。此外，高利贷是最不自然最让人憎恨的，因为它用钱生钱，而不是从钱的自然对象里赚钱。

在古希腊乃至现代，债权人多为商人，而地主多为债务人，很自然地，前者赞成借贷利息，而后者反对。古希腊哲学家也不赞成利息，因为他们不是属于地主就是受雇于地主。中世纪哲学家则都是教士，以土地为主要财产，当时还产生了反犹太主义，所以，他们也都支持亚里士多德的观点，并且还和贵族们联手。虽然犹太人曾贷款给他们，帮助他们渡过了收成不好的年头。宗教改革后，新教徒也做起了营生买卖，自加尔文开头后，很多教会包括天主教也都承认了利息。现在的哲学家靠大学养着，也支持了这种思想。可见，不同阶段的不同经济理论，都是为了私利。

亚里士多德批判了柏拉图的理想国，反对赋予国家太多的统一性以及那种“人子皆为子，人父皆为父”的废除家庭的理论。他认为，如果那样的话，一个人很容易被忽视，那种社会产生的爱情会化成冰的。他还提问说，如果妇女都成为公共财产了，那谁来管家？我倒是觉得，只要大家一起过着僧院式或者大公社家庭似的生活，同时实现共产主义和废除家庭还是可能的。亚里士多德还认为，柏拉图的乌托邦会导致人懒惰，但是如果施行私有制的话，必须让人们学会同情、慷慨和奉献，使得私人财产的大部分都能成为公共的。

我本不赞成柏拉图的理想国的，但亚里士多德反对他的论据，倒促使我同意柏拉图的观点了。

亚里士多德还认为：一个好的政府应该致力于让整个集体得到好处，而采用君主制、贵族制或者立宪制（共和制）的政府就是这样的好政府。只顾及自身，采用僭主制、寡头制和民主制的政府，就是坏政府。然而，好坏的标准却不是由宪法形式来固定，而是由当权者的道德品质来决定。

他认为，严格说来，德行和财富不可等同，“外在财物无助于拥有德行，而是要借助德行。幸福不管是一种快乐还是一种德行，它都只能在那种财富适度同时具有知识、教养的人身上才能找到，在那种富有但没有道德品质的人身上找不到。”他认为，贵族制和寡头制的区别就在于，前者由最好的人统治，而后者由最富的人统治。在他的观点中，共和制也包含有寡头制的成分，而君主制和僭主制之间的唯一区别则只是在政府伦理上。他指出，区分寡头制和民主制的要点在于统治政党的经济地位，由富人统治而不顾及穷人的就是寡头制，反之则是民主制。

亚里士多德认为，六种制度的好坏顺序依次是：君主制、贵族制、共和制、民主制、寡头制、僭主制。因为理想的统治必定是不太可能的，所以坏统治中的最好统治更接近现实。由此可以说，某种程度上，他为民主制进行了辩护。

希腊人所谓的民主比我们认为的要偏激，比如用抽签来任命行政官，公民大会高于法律等。可以认为，亚里士多德对民主制的批判，就是对这种极端的批判。

关于革命的主要原因，他认为那是寡头派与民主派的冲突：寡头制会让优秀的人在某些方面获利，而民主制则坚持自由的公民在任何方面都是平等的。他还说，相对寡头制，施行民主制的话更不易导致革命，因为寡头们内部也会产生冲突。政府的宣传教育、法律以及法律和行政的正义，是防止革命的三大要点。亚里士多德认为的正义，就是“每个人都按照一定比例平等地享有他该有的”，比例根据德行来衡量，德行又倾向于用收入来衡量。事实上，从长远来看，一切社会的不平等本质就是收入的不平等。以此来说，亚里士多德拥护民主制的部分原因就是——这种“按比例的正义”是不能通过财富之外的任何东西来规定的。这种观点无疑是荒谬的。

亚里士多德对僭主制的描述是：僭主们热衷财富，大多数是掌权的煽动者，为了保护权利，他们杀害优秀的人、禁止公众聚会、限制言论自由、防止人民互相了解、鼓动纠纷、使他的人民贫困、让人民从事巨大的建筑工程活动、鼓动女人和奴隶成为告密者、制造战争以使得他的臣民有事情可做，使得他作为领袖出现。最后，他总结说，在僭主眼里，什么罪恶都不算是太大的罪恶。他关于僭主的描述，虽然让人觉得骇然，但却适用于今天的形势。

关于战争，亚里士多德认为，征服“天生的奴隶”是正当行为，比如对野蛮人发动的战争就是正当的。希腊人天生就是征服者，对希腊人的战争就不正当。战争是手段，不是目的，一个孤立且没有征服能力的城邦也可以是幸福的。正如，神和全宇宙虽然征服外部，但仍是积极活动着。因此，一个国家的幸福就是和平，当然，战争有时候是达到这种幸福的必要手段。他还补充说，一个国家不能太大，大得足以自给自足但又不至于不好管理就行，在领土上应该小得可以在一个山顶上就可以窥见全貌。他还说国家应该有进出口贸易，这个说法跟他提到的自给自足的理论矛盾了。

亚里士多德的政治学理论中的其他观点是：

“工匠或者商人都不算是公民，那样的生活不是一个公民该过的，因为那是违背德行的不光彩生活。”公民应该有闲暇，所以他也不应是一个农民。公民应该有钱，还得像希腊人一样聪明和精力旺盛，如果他们团结起来就能统治全世界——说到这里，他还是没提到亚历山大。

教育方面，他认为唯有那些会成为公民的孩子才是教育的对象，而对他们施行的教育不同于教授奴隶烹调知识。不同的制度，教育的内容也不同。很明显，他的教育理论是在假设公民们都享有政权的基础上。他还补充说，对孩子的教育不能庸俗，比如教授赚钱能力就是庸俗的。他认为，可以锻炼增强他们的体能，但不能让他们走上职业化道路，参加奥林匹克运动就是错误的。总之，德行乃是教育的目的，而不是为了某种利益。

依亚里士多德在《政治学》中的论述来看，他认为国家的目的就是造就一种同时具有贵族精神和爱好文化艺术的人。

白里克里斯时代的雅典，曾出现过亚里士多德所说那种结合的完美形式。但那个年代的最后阶段却出现了暴行、暗杀的专制，然后是苏格拉底死后民主制顽固性的削弱。后来的整个古代末期，军人掌握权力，衰弱的希腊人甚至是一些奴隶级别的，掌握了文化，这种情况在西塞罗以前和在马尔库斯·奥勒留以后尤其明显。文艺复兴之后，希腊人那种“让有文化的君子执政”的政治观越发流行起来，到十八世纪达到了顶峰。后来，受各方面因素的影响，比如法国大革命、工业文明的兴起以及科学技术、教育的普及等，新的政治煽动者掌握了宣传力量，有文化的君子就越发不重要了。

第二十二章 亚里士多德的逻辑论

亚里士多德在逻辑学方面的影响是最大的，甚至在柏拉图的形而上学具有至高的地位的古代末期，他的逻辑学理论就已得到公认。他在这方面的权威一直持续到了文艺复兴时期，即使自此之后也只是丧失了部分地位而已。直到今天，他的逻辑理论由于其所具有的长久的生命力，仍然备受人们争论热议。

他最重要的逻辑学学说是一个包含有大前提、小前提和结论三个部分的论证，被称为“三段论”。其中一种最为人熟悉的被称为“Barbara”[1]，比如：

大前提：人都会死；

小前提：苏格拉底是人；

结论：苏格拉底会死。

此外还有其他的形式：

被称为“Celarent”的：所有鱼都缺乏理性，所有鲨鱼都是鱼，因此鲨鱼都没有理性；

被称为“Darii”的：所有人都有理性，有的动物是人，因此这些动物有理性；

被称为“Ferio”的：希腊人都不是黑色，有些人是希腊人，因此有些人不是黑色。

亚里士多德和他的后继者们认为，任何一种演绎的推论都可以化为三段论的形式，这样可以避免一切错误。三段论的体系开启了形式逻辑，从它的结局来看，它有三大不足。一是它本身形式具有缺点，二是比起演绎论证的其他形式，对它的估价过高，三是把演绎法作为论证的形式也估计过高。可以这么解释这三大不足是如何提出的：

关于它本身形式的缺点：

按照亚里士多德的说法，“所有金山都是山，所有金山都是金色的，因此有些山是金色的。”这句话前提可以说是真的。然而事实上它却是错误的，因为根本不存在“金山”。此外，关于“所有希腊人都是人”在形式上也存在谬误。这一陈述应该分为两次，一个是说“有希腊人存在”，另一个是“如果有什么东西是一个希腊人的话，那它是一个人”。后一种陈述就包含了一种对希腊人存在的

1 此处的三段都是全称肯定，即 AAA 的形式，其所以称为 Brabara，是因为这个字的三个元音都是 A。

假设。这种形式的复杂性用于区别“凡人都会死”和“苏格拉底会死”两者时，同样可以指出三段论的本身形式的缺点。若要考察“苏格拉底会死”这句话的真实性，人们可以通过认识苏格拉底其人以及见到他的尸体来确认这句话。但是，要想考察“所有人都会死”的真实性却是不可靠的，因为只要还有人活着，你就不能得到确切无疑的答案。

关于对三段论的评价过高：

三段论是演绎论证的一种，而数学知识都是演绎得来的，但在三段论中，几乎不曾出现数学方面的论证。当然，将数学论证写成三段论的形式也会显得牵强且不会使人信服。此外，不能用三段论来论证的逻辑推理还有其他，比如“马是一种动物，马的头是动物的头”之类。总之，这种逻辑论证只在有些时候成立，唯有这种时候它才属于有效的演绎法。也就是说，它没有在逻辑推理方面的优先权。

关于对演绎法的评价过高：

希腊人比近代人更看重作为知识来源的演绎法，亚里士多德虽然比柏拉图做得好，多次承认归纳法同样重要，但是他同样给予这种方法过高的地位。况且，事实上，他的三段论中的许多论证形式并非演绎法，而是归纳法。比如，“所有人都会死，苏格拉底是人，所以苏格拉底会死。”这种推理。另外，即便是从演绎法的角度来说，这一论证也是不严谨的，它的不严谨性正是我们在对它的第一种批评中提到的：我们不能说“所有人都会死”，更准确地说应该是“所有生于 150 年前的人都死了，而所有生于 100 年之前的人也差不多都死了”。

归纳法虽然只能提供偶然性，不如演绎法确切可信，但它能给我们新知识，这是演绎法做不到的。此外，一切重要的推论几乎都来自归纳法，逻辑和纯数学以及最初的法律和神学——它们最初都源自法典或者圣贤书之类不容置疑的条文。

亚里士多德一篇名为《范畴篇》的短著作也相当重要，但是无论是从亚里士多德还是康德、黑格尔的陈述中，我们都无法弄清“范畴”这个字眼的意义。我认为这个词在哲学“范畴”内是没有意义的。亚里士多德认为范畴有十种：

实体，数量，性质，关系，地点，时间，姿态，状况，活动，遭遇。在这里我们只讨论他所说的“实体”。

亚里士多德认为，那些无法用于讲述主词，也不会在主词中出现的东西就是“实体”。在这种意义上，它主要是指一个个体的人、事物或者动物，但不严格地说，“人”或“动物”也可以叫做一个实体。这种不严格的意义被后代的作家们所用，导致了许多坏的形而上学的发展。

“本质”就是指事物的性质，这种性质“一旦变化就会丧失事物自身的同一性”。就苏格拉底来说，时而出现的悲哀、疾病、快乐都不属于他的本质。苏格拉底的本质是“人”，但是，这一本质又是由许多一些性质组成的，没有它们就不会用“苏格拉底”这个名字。所以，关于本质的问题纯粹是个语言学的问题：事物不会有本质，一个字才有本质。

“实体”的概念和“本质”的概念一样，也只有在语言学上才有意义，如若认真考虑的话，它的概念定义也会遇到种种困难。通常，某些性质的主体就被认为是实体，但是，如果没有了这些性质，它也就什么都不是了。性质也是区别实体的关键，两种不同的实体必定有着不同的性质。比如，当我们能看到史密斯先生的某些特质：他展示的颜色、他说出的话、他为我们所知觉的思想之类，那么他对于我们来说就是一个确切的实体。如果没有了这些，他还是什么呢？“法兰西”也是如此，它是一些事件集合之后的一个名字，它的任何一个部分或者某些部分都能算是“法兰西”。

总的来说，“实体”就是一种形而上学的错误，而这种错误形成的原因是把由主词和谓语所构成的语句结构，用到世界结构来说。举例来说“苏格拉底是希腊人，所有希腊人都是人”，从语句结构上来说没错。亚里士多德以“‘人’是‘希腊人’的谓语，而‘希腊人’是‘苏格拉底’的谓语”，推出“人”是“苏格拉底”的谓语。但是事实上，“人”并非“希腊人”的谓语。他抹杀了名字与谓语的区别，从形而上学的语言来说，就是个体与共相之间的区别，所以给后来的哲学造成了混乱和各种不良后果。

一言以蔽之，亚里士多德除了三段论的形式理论有可取之处外，其他逻辑学说都是完全错误的。他的思想之所以能够成为权威并影响深远，乃是因为它们是在希腊思想的尾声阶段出现的。

第二十三章 亚里士多德的物理学

亚里士多德的《物理学》和《论天》对科学的统治直到伽利略时代，“第五种本质”“月球以下”这些名词就是源自于这两部书。虽然从今天来看书中的很多知识都是错误的，但研究哲学史却不能跳过这两部著作。

亚里士多德正如大多数希腊人一样有着丰富的想象力，认为除了世界所展示出来的正式体系外，还有不为人知的体系，在这一体系后面的东西才是他们所信仰的，也是不可反驳的。了解这一点的话，接下来就更容易了解亚里士多德的物理学观点了。

近代物理学者小时候关于物理学方面的想象和对物理知识的接触，源于跟机械有关的力学，比如汽车、飞机之类的东西。他们很少关注动物的运动。但是希腊人却专注于对运动作出科学的解释，其中最主要的又是动物的运动和天体的运动。另外，与近代科学对动物运动的观点不同，希腊人不会想到动物身体内包含有复杂的“物理一化学”结构的性能，他们很自然地将无生命的运动和动物的运动同化起来。他们认为，运动的规则性造成了天体和动物的不同。每个希腊哲学家在小时候都接受了一种教育：“日月是神，是活的。”阿那克萨哥拉宣称日月不是活物，他因此被人控诉为不敬神。

回到亚里士多德的物理论上，我们看看在这种认知背景下，他都说了些什么。

亚里士多德书中的“物理”被翻译成“自然”——希腊人称为“phusis”或者“physis”。这个“自然”与我们对“自然”的定义不同，它更倾向于“性质”的意思。比如，按照他的说法，一颗橡子的“自然”就是要成长为一棵橡树。他继而引申到，“自然”就是“目的”。

这就蕴含着目的论：有的事物自然存在着，如动植物，它们有内在的运动原则。而有些事物则是因为其他原因而存在，他们就是不“自然”的。“顺其自然”这个成语就适用于描述前一种事物，且唯有当其充分发展，成为自身完全的“自然”时，它才更加是它自己。也就是说，一颗橡子唯有长成橡树时，它才是符合“自然”的。由此还引发关于“自然是一种必然行动”的讨论。

亚里士多德的这一“自然”观，虽然很贴切地描述了动植物的生长，但却阻碍了科学的发展，甚至导致了伦理学方面的影响至今的错误。他对运动的定义：运动就是潜存的东西（如橡子）正在实现成为它本身，这种说法也与运动的相对性不相容。此外，从科学的角度来讲，物理学中也没必要有“目的”这一概念。

亚里士多德反对留基波和德谟克利特所主张的真空，在他的论述中涉及了对时间的讨论。他反对那种认为时间不存在的观点，他说时间是一种计数的运动，并帮助疑问者提出了问题：若非一个人在计数，任何事物怎可能计数而时间又包含着计数？另外，如果没有时间，灵魂能存在吗？看来，他把时间当成是许多的日子、年月。他还说过这样的观点：有些事物是永恒的，并不存在于时间的意义中；没有运动就没有时间，运动一直存在着，所以时间是一直存在的。

柏拉图是唯一认为时间是被创造出来的一个人，他肯定不会同意上述第二个观点。而亚里士多德的基督教后继者们也在这一点与他分道扬镳了，因为《圣经》上说宇宙是有一个开始的。

《物理学》的最后部分谈到了“不动的推动者”，我们在前面谈《形而上学》的时候讨论过这一论题。接下来看看他在《论天》中的理论，其中主要的有：

以月亮为分界，月亮之上的东西是永恒的，之下的则有生死；大地是位于宇宙中心的球形动物；月亮之下的东西由土、水、气、火四种做直线运动的元素构成的，此外还有第五元素，其自然运动是圆形运动，负责构成天体，比如恒星和行星；四种元素彼此互相作用而生产出来，并非永恒的。

这些理论同样阻碍了后来的科学发展。伽利略发现平行发射出去的物体做的是抛物线运动，后来开普勒和哥白尼逐步论证地球不是宇宙的中心而是围绕太阳转，都经历了亚里士多德学派的抵制。亚里士多德认为月亮之上的天体是永恒的，也被证明是错的。归根结底，对日月的宗教崇拜，是导致亚里士多德天体永恒论产生的根源。

第二十四章 希腊早期的数学和天文学

希腊的哲学和数学有着密切的关系，希腊人的卓越贡献突出表现在数学和天文学两个方面。正因为这点，而不是因为要讨论数学本身，所以我们本章才要讨论这两个学科。

数学的证明方法几乎全起源于希腊，一些有趣但可能没有历史真实性的故事可以说明这点。比如，传说泰勒斯为埃及国王测量了金字塔的高度，他所用的方法是：找一个自己身子影长等于身高的时间，在这个时间去测量金字塔的影子长度。又如，传说是阿加塔库斯为了研究怎么给伊斯齐卢斯的戏剧画布景，才最早发现了透视定律。而在希腊几何学中占有重要地位的一个问题——“如何将一个雕像增加一倍”，传说是神殿的祭司们在增大神像中出了意外，导致计算人工费纠纷，而不得不去寻求柏拉图学园中的人来研究解决，并由此才产生的。

这就涉及 2 的立方根问题。

另外，是毕达哥拉斯派最早发现了 2 的平方根是一个无理数。很多权威学者还相信，毕达哥拉斯还发现了直角三角形两个直角边的平方和等于斜边的平方，他的后继者们也都知道三角形的内角之和等于两个直角。在发现 2 的平方根是个无理数之后，狄奥多拉斯、泰阿泰德研究了其他无理数，德谟克利特写过一篇关于无理数的论文，柏拉图在“泰阿泰德”命名的那篇对话则提到过狄奥多拉斯和泰阿泰德的作品。

无理数的发现，推动了尤多索斯关于比例的算数理论，即 a 乘 d 等于 b 乘 c，则 a 比 b 就等于 c 比 d，这一理论是不受一个数是有理数还是无理数限制的，近代分析方法的前兆，它还在欧几里得那里得到了发展。另外，尤多索斯发明或者完成的“穷尽法”还是阿基米德积分学说的前奏，它的论证大概是这样的：一个圆内可以作出一个尽可能多边的多边形，当边数越多的时候，这个多边形也就越像这个圆。

虽然欧几里得的《几何原本》的很多学说都不是他自己的，但是他对这本著作的逻辑结构安排足以让人惊叹，这本书是希腊理智最完美的象征。不过，他的方法也具有典型的希腊局限性，它是一种纯粹的演绎方法，他所作的假设都被他认为是没有问题的，而十九世纪时，其中有的假设被证明是错误的。

欧几里得认为几何学没有什么实用价值，但是，这种鄙视所引发的论证却证实了它的实用性。由于希腊人对理论的热爱以及所做的工作，十七世纪才有了伽利略对抛物线运动的发现以及开普勒对行星做椭圆运动的发现。自此，几何学便成为解决战术问题和天文学问题的一把钥匙了。

天文学方面，虽说是希腊之前的巴比伦人和埃及人奠定了基础，但总的来说，这些基础的成就很少。

希腊在天文学方面最早的假说是阿那克西曼德提出的。他认为大地是漂浮着的，没有任何支撑。亚里士多德反对这种观点。他说，如果是这样的话，难以说明它为什么朝着一个固定的方向去运动，而不是另一个反方向。

接下来是毕达哥拉斯的发现，即他提出的“球形大地”的观点。我们必须假设，他提出这个观点乃是出于一种审美角度而非科学的角度。不过，不久之后，毕达哥拉斯学派便发现了关于这一论点的科学理由。他们借助了阿那克萨哥拉发现的月亮反光以及月食时地影的形状，论证了大地是球形的，并进一步判断地球是行星之一。他们还认为，包括地球在内的所有星球都在做圆周运动，但不是围绕太阳，而是“中心的火”——也叫“宇宙之家”或者“众神之母”。地球之外还有一个叫做“反地球”的物体，理由是：他们发现月食有时是在日月处于同一地平线上时发生的——其实这是因为折射，但他们不知道，便认为是有个“反地球”的物体导致的。另外一个理由乃是因为他们的神秘数学观点——对“十”这个数字的膜拜，认为有十个天体，除了日、月、五星、地球以及中心的火之外，还有“反地球”。

这些理论虽然具有幻想成分，非科学的，但它们为后来哥白尼进行的那些科学假设奠定了基础。此外，认为“地球不是宇宙中心”的观点，使人们摆脱了地球中心说，看问题更客观，也为科学发展创造了良好的环境。

再后来就是欧诺彼得发现了黄道斜角并知道了太阳和地球的大小关系，赫拉克利德发现了金星和水星绕太阳运动，并提出了地球每 24 小时自转一周。继而是大约生活于公元前 310—公元前 230 年的萨摩人亚里士达克提出了完整的哥白尼式的假说：包括地球在内的一切行星都围绕太阳旋转，且地球每 24 小时自转一周。与亚里士达克同时代但比他年轻的阿基米德，曾给叙拉古国王写过一封信，其中提到亚里士达克写成了“包含某些假说的一部书”。在普鲁塔克等人的书中也都提到这件事，这证明了确有其事。

在亚里士达克之后，是塞琉古明确接受了哥白尼式的假说。其他古代天文学家都没有接受哥白尼式的假说，因为他们受到了被汤姆斯·西斯爵士称为“古代最伟大的天文学家”的希巴古斯的影响。希巴古斯鼎盛于公元前 161 年—公元前 126 年，他的主要贡献是：最早系统地论述了三角学，发现了岁差，以不超过一秒的误差计算过太阴月的长度，完善了亚里士达克关于日月的大小和距离的计算，记录了八百五十个恒星并注出它们的经纬度。他在反对亚里士达克的太阳中心假说上，最大的贡献是，采用并改进了阿波罗尼乌斯（鼎盛期约在公元前 220 年）创造的周转圆的理论——后来的托勒密的体系便是由它发展而来的，它也因此得名。

实际是，正是几乎被遗忘的亚里士达克的假说，给后来哥白尼提出的假说提供了一个古代的权威，才使得哥白尼假说对后代天文学有所影响。

古代文学家在缺乏精确仪器的条件下，还能推算出天体运动以及天体大小，这无疑令人惊叹。伊拉托什里斯推算出的地球直径只比实际少五十英里；托勒密推算月亮的平均距离是地球直径的二十九点五倍，接近真实数据三十点二倍；虽然古代没有人大概推算出太阳的体积，但从亚里士达克到希巴古斯到波西东尼，推算结果一直在不断改进。

古代的天文学还有个特点：人们对它的研究都是从几何学上着手，不包含力学的知识。这是因为当时人还没有力的概念。爱因斯坦的广义相对论里有一种返回于几何学的观点，摒弃了牛顿学说中的力，这倒是很奇怪。阿基米德和阿波罗尼乌斯是两位伟大的人物，前者有卓越的数学、物理学奉献，后者的主要贡献是对圆锥曲线的研究。但是，他们对哲学的影响不是太大，所以在此不再多做说明。

这两人处于当时时代的末期，之后随着罗马入侵，希腊思想随着政治上的沦陷变得停滞。后人开始无限制地崇拜前人的学说，停止了继续钻研。

第三篇·亚里士多德之后的古代哲学

第二十五章 希腊化世界

古代希腊语世界的历史可分为三个时期：自由与混乱并存的自由城邦时期、屈服与混乱并存的马其顿时期和以屈服与秩序为特点的罗马帝国时期。第二个时期即人们所称的希腊化时代，在这一时期，希腊人在科学和数学方面取得了最优秀的成绩；哲学方面，这一时期出现了伊壁鸠鲁学派和斯多葛学派，此外，怀疑主义被明确为一种学说。虽然比不上柏拉图和亚里士多德时期的成就，但这一时期的哲学还是很重要的。在这之后，直到公元后三世纪新柏拉图主义以及罗马世界中基督教的兴盛，希腊哲学基本处于停滞状态。

自由城邦时期以腓力浦和亚历山大的统治为结束点。经过公元前 334 年至公元前 324 年的十年征战，亚历山大所到之处，哪怕是在阿富汗的深山、印度河的支流等地，都建立起了希腊城邦式的城市。这时候，他军队里面的士兵主要是马其顿人，绝大多数的欧洲希腊人也不愿臣服于他。然而，他在最初的时候仍视自己为希腊文化的使徒。所以，在他征服的地方都采用了希腊的制度。后来，他意识到光靠武力统治是不行的，便逐渐改变了方法，意图促使希腊人和野蛮人建立良好的合作关系。他这么做，也可能是因为觉得自己适合扮演东方政府中的那种神圣的君主角色。但是，我们并不知道他这是一种纯粹的政治手段还是他自己也相信自己是神。

亚历山大的作为使得他获得了埃及人和波斯人的尊崇，但是，他的部下即那些马其顿军官士兵却不是如此看待他。他们对他，就像西方贵族们对他们的立宪君主那样，监督控制他的行动，经常冒险规劝他，他们甚至曾经强迫他从印度河撤出，禁止他去征服恒河。不管怎样，亚历山大赢得了东方人的顺从，而他的方法很简单，就是尊敬东方人的宗教。

希腊人总是认为自己是优秀的民族，严格说来亚历山大并不全是希腊血统，他也就打破了这种自以为优越的态度。他娶了两个蛮族的公主，还逼令他的那些马其顿手下娶波斯的贵族女人为妻。在他征服的那些殖民地上，男人必定都多于女人，而那些男人也必定都以他为榜样，迎娶当地的女人。这样一来，一个稍有思想的人可能就会对此产生一种“世界一家”的观点，那种对城邦的忠诚，某种程度上来说也就是对希腊的忠诚，看来过时了。也就是从亚历山大时期开始，这种观点也被付诸到实践中。它带来的结果是，希腊人和野蛮人之间相互影响，希腊的科学传给了野蛮人，而希腊人也感染了对方的迷信。当希腊文明更普遍地传播开来时，它也越来越不像最初的、纯粹的希腊文明了。

希腊文明完全来自于城市，自从米利都学派创建以来，无论是在科学、哲学，还是文学、艺术上，做出优秀成就的那些人都是住在城内的，而在城邦外住的则叫野蛮人。当然，这种文明模式并非从希腊人开始，而是从腓尼基人就开始了。近代十九世纪后半叶的远东地区，如新加坡、中国香港特区、上海及中国其他一些开放对外贸易的城市文明，就是最好的例子：白人成为那里的贵族，他们靠当地的苦力养活自己。后来，当白人的地盘和势力削减乃至彻底失去时，他们创建的文化特别是工业文化却保留了下来。与此对比，我们会更容易理解希腊人在亚历山大帝国东部各个地区的地位。

在对亚洲的想象方面，亚历山大所产生的作用是巨大且恒久的。写成于亚历山大死后好几个世纪的《马加比书》，开篇就讲述他的功绩：“马其顿人腓力浦的儿子亚历山大，离开了柴蒂姆，后来打败了波斯人和米底亚人的王大流士，成了第一个统领全希腊的君王。再后来，他又四处征战，扩张领土，他无处不到，全世界都臣服在他脚下。他取得了至高的地位，他的心也飞腾而起。”

回教的传说一直视亚历山大为一个英雄，今天的喜马拉雅山下，一些小酋长还认为亚历山大是他们的祖先。

亚历山大有两个儿子，不过在他死时他们都还太小，所以被废除了继承权。

自此之后，分裂的马其顿帝国时期来临：安提帕特的后人统领了欧洲部分，托勒密统治了埃及部分，亚洲部分最后落到了塞琉古手里。

埃及的托勒密王朝比较稳定，亚洲的塞琉西王朝经过两个世纪的战乱后，最后被罗马人消灭。而在此期间，波斯也逐渐被安息人征服，于是大夏的希腊人越来越处于孤立无援的状态中。塞琉西王朝还未衰落之前的最后一个王叫米南德，在他的统治时期，佛教已经在亚洲蓬勃发展。现今保存的巴利文古书中，还记载了他和佛教圣人的两篇对话。据现存的碑文记载，佛教的圣王阿育王（公元前264年—公元前228年）曾遣使拜访所有马其顿国王。遗憾的是在西方记载中没有任何关于这次遣使的记录。

巴比伦地区受希腊的影响最深，文学家塞琉古就是巴比伦人，而他是古代唯一一个支持亚里士达克太阳中心说的。据记载，他的家乡塞琉西亚直到一世纪还保留着古希腊的城邦制，由人们选举出有钱或者有智慧的人组成元老院。在美索不达米亚的全境内，希腊语已成为学术与文化的常用语言，在该地区以西的地区也是如此。直到后来回教入侵，巴比伦地区所受的希腊影响才被回教文化所取代。

叙利亚的城市在语言与文学方面完全希腊化了，不过他们的农村人仍保存自身的宗教和语言习惯。这种同化结果，一方面是因为它们受到邻居小亚细亚的影响，而另一方面是亚历山大的势力渗透。但是，叙利亚地区内的犹太地区则是个例外，那里的人非但不接受希腊思想，还进行强烈的抵制。后面谈到基督教时再讨论这一点。

至于小亚细亚沿海岸的希腊城市，它们的邻居虽然野蛮，但却是受过它们影响的，且被影响了好几个世纪。马其顿的政府，使得这种影响变得更加深刻了。

抵抗希腊化的是犹太人，《马加比书》提到希腊主义与犹太人之间的第一次冲突，这是一个特殊的有趣的故事。我们将在后面谈到基督教的起源与成长时再讨论它。

从希腊化文化的观点来看，亚历山大港是公元前三世纪取得成就最辉煌的，其原因是它受到战乱影响很小，再加上商业发达，于是便成为了文化中心。当时许多领域的人才都被吸引到了这里，阿基米德在亚历山大港学习过，伊拉托斯底尼是著名的亚历山大港图书馆的负责人。公元前三世纪中，那些和亚历山大港多少有些联系的数学家们和科学家们，和此前各个世纪里的任何希腊人才都有所不同，像欧几里得、亚里士达克、阿基米德和阿波罗尼乌斯都只一心一意地研究数学，不像前人一样从事多领域研究。

不仅学术走向专业化，其他各方面也是如此。在公元前五世纪至公元前四世纪的希腊自治城邦中，一个人才通常是全才，如苏格拉底还曾是士兵、政客，研究过物理科学；教授怀疑主义的普罗泰戈拉还起草过法典；柏拉图同时涉猎哲学等各领域，也参过政。公元前三世纪后，马其顿控制了希腊，政治已经变成了地方性的事务，统治者唯一关心的就是领土的分配，在其他方面如行政、技术的事务上面，就雇佣希腊人来专门负责。于是，专业化职业就出现了，形成军人、政客、医生、数学家、哲学家等分门别类的行业，不再有那种身兼多职的人才。

如果没有野蛮的军队入侵的话，这个时代中那些有钱而无心于权势的人总可以让日子快乐无忧。然而，这个时代仍蕴藏着不安的因素。一场宫廷内乱就会导致改朝换代，加拉太人可以摧毁富人的庄园，自由城邦也可能因为一场战乱而毁于一旦。在这种情况下产生对“幸运”女神的崇拜，就是自然而然的了：人们相信命运，相信上天的安排没有任何理由。而如果有人要坚持找出道理来的话，他最后还是回归到自己身上去思索，然后像弥尔顿那样相信：

> 心灵存在于它自身的园地中，
> 它可以把地狱变成天堂，
> 也可以把天堂变成地狱。

人们对公共事务基本失去了兴趣，而唯有那些唯利是图的冒险者除外。亚历山大征服的辉煌过后，政权分崩离析，希腊陷入了混乱。比他们愚蠢、粗野的罗马人，却更擅长创造秩序。在自由的时候，每个公民都还是可以容忍那种无秩序状态，但是，马其顿式的这种无秩序却是在无能的统治者下出现的，是无法容忍的，甚至比后来对罗马的屈服都难以容忍。

社会还充斥着对革命的恐惧，这些情绪传播得越来越广泛。由于东方奴隶也参与到了竞争中来，自由劳动力的工资下降了。与此同时，生活必需品的价格却在上涨。当人们发现所得难以维持生活最低需要时，自由劳动力中那些身强力壮的，为了糊口便去当雇佣兵了。虽然雇佣兵的生活也好不到哪里去，但总归更可能有前途，他们等待着掠夺某个富裕的东方城市的机会，或者进行一次抗议，夺取物质利益。如此一来，战乱不断。任何一个统帅都不敢解散他的军队，因为那样太危险了。

以前，一个新城市往往是某一旧城市的殖民地，它不会和自己的旧邦脱离关系，而是维持着感情的关联。这种关联自早就有。例如，公元前196年，蓝普萨谷城面临被塞琉西王安提阿古三世征服的危险，于是派出使者前往罗马，请求保护。然而，被派出的使者并没有直奔罗马，而是先去了距离遥远的马赛。马赛和蓝普萨谷一样，都属于弗西亚的殖民地，罗马人对他们的态度都很友好。马赛人了解到蓝普萨谷的情况后，决定派遣他们的外交团，和使者一起到罗马去。住在马赛内陆的高卢人也参加了这场援助，还给他们在小亚细亚的同族加拉太人写了一封信，建议他们和蓝普萨谷保持友好关系。后来，罗马也帮助了蓝普萨谷，这座城市因此得以保住了自由。在亚历山大新建的城市中，包括亚历山大港，都见不到这种和旧城的精神关联。

在被允许的范围内，亚洲的统治者们在政策、军事方面都会和旧希腊的城市保持友好关系，他们一般都自称是“亲希腊派”。他们之所以向这些城市让步，是因为这里的政治是民主自治的形式，不用纳贡，也不受朝廷禁军的干涉，这些城市还极其富有，可以提供雇佣兵以及重要的贸易港口。但是，一旦投靠的对象错误，在内战中他们也会跟着靠山倒下去。大概说来，塞琉西王朝以及其他逐渐兴起的王朝，是以包容宽阔的胸怀对待他们的，不过也有例外的时候。

新城没有旧城的那种传统，新城的公民来自于各地，他们不像如同虔诚的香客一般的早期希腊殖民者，也不像新英格兰的开拓者，他们大多数都类似冒险家，如同来自西班牙的美洲征服者或者南非洲约翰内斯堡的移民。旧传统的缺失，导致亚历山大的城市无法建立起一个稳固的政府。虽然这对王朝政府的立场有好处，但是却不利于希腊化的继续传播。

大致说来，那些非希腊的宗教与迷信对希腊化世界产生了坏的影响。然而，这种影响本可以避免发生。希腊人本来可以学习犹太人、波斯人、佛教徒的宗教，而他们却独独对巴比伦人或迦勒底人有好感，学习了他们的占星学与巫术。他们选择后者的原因，是因为后者比希腊人更早地预言了月食。

吉尔伯特·穆莱教授在其《希腊宗教的五个阶段》中说："占星学对于希腊化世界的影响，就如同一种新的疾病对一个偏僻小岛的影响一样。根据狄奥多拉斯的描述，欧杰曼蒂亚斯的陵墓以及康马各所发现的安提阿古一世的陵基中，都画满了占星学的符号。君主们相信自己被星辰注视着，这可以理解。但是，其他普通人也都被这种病菌感染了。"确实如此，就连当时很多优秀的哲学家也都信仰起占星学来了。这种信仰其实是对必然性、命运的信仰，与当时流行的对幸运的信仰对立。不过，虽然两者是对立的，绝大多数人却是同时信仰两种文化。

混乱所导致的，不仅是知识文化的衰弱，还带来了更严重的道德败坏。虽然在长久的乱世中，仍有极少数人保持着高尚的情操，但是这种混乱动荡的状态毕竟会让德行难以保持。勤奋努力变得没有意义，因为第二天你的一切可能都会化为灰烬。诚实也无益于己，因为它换不来同样的诚实。没有任何一种原则可以确保生活的安然无恙，于是也就不必坚持什么原则了。拥护真理也不必了，因为现实的生存不需要真理，而只需得过且过，保护好自己的财产就行了。

如果一个人的德行全部关注于现世中自己的得失，那么只要他有足够的勇气，在这样的一个时代中他就会成为一个冒险家，而如若没有勇气的话，他就会安于做一个默默无闻的混日子的糊涂虫。属于那个时代的米南德说：

> 我知道有很多人，
> 并非天生就是无赖，
> 但不幸而成为了无赖。

他的话道出了公元前三世纪的道德特点。当然，也有极少数的人，将恐惧变成了希望。由此看来，生命的目的与其说是创造积极的善，还不如说是逃避不幸。如《剑桥古代史》中说的："形而上学隐退于幕后，个人的伦理变成了最重要的东西。哲学不再是引领勇敢的真理追求者前进的火炬，而更像是为现世生活救死扶伤的一辆救护车。"

第二十六章 犬儒学派和怀疑派

不同时代里，优秀人才与其所在社会的关系不一样。幸运的话，他们会成为受人欢迎的改革者，又或者会处于一个自己所满意的世界中。次之的是，他们是先行者，他们主张的改革是在他们死后才实现的。最不幸的是，他们的才能施展受到束缚，心生绝望。这种情况下，他们会消极悲观，寄希望于来世或者某些神秘事情。当然，在某些时代里，这几种态度会同时出现在不同的人身上，如十九世纪早期，积极的歌德、改革者边沁、革命者雪莱以及悲观主义者李奥巴第就同时并存。但大多数时候，伟大人物在同一时期的格调基本是一致的。

在五世纪到十五世纪的教会统治期间，"生命是一受苦难过程"这一观点曾广泛流传。但是这些作家们几乎都是教士出身，喜欢教会的权势，具有统治阶级心理。这种奇怪的现象是中世纪二元论的一部分，它是由教会的特殊性质造成的：它具有出世观，但教会制度又是当时生活中最重要的一部分。基督教的出世观始于希腊化时代，跟城邦衰落有关。

以亚里士多德为分界线，在他之前的希腊哲学家们的思想大体上是积极的，对政治充满热情。即便是毕达哥拉斯或者柏拉图之类的人，虽然不参与政治，但也具有"使统治者都圣贤化"的理性。然而，马其顿人掌握政权后，希腊哲学家便由对政治的关注改变为对个人德行的关注。当然，这种关注在此前也有，但是在失去政权后，这种关注发生了一种本质的变化。除了罗马时期斯多葛主义稍有不同之外，哲学家们的思想变得主观、个人主义了。宣扬拯救个人的基督教会出现后，他们便栖身于教会制度，对权势的爱好再次得到了满足，同时他们的思想也被局限了。所以，希腊化时代的哲学家们，与往日的哲学家不可同日而语。

在希腊化时代之前的亚历山大时代有四大哲学流派：斯多葛派、伊壁鸠鲁派、犬儒派和怀疑派，本章先讨论后两种，前两种将在下一章谈。

犬儒派的思想源自苏格拉底的弟子安提斯泰尼（第欧根尼创立了该派别），他和托尔斯泰一样，在不再年轻时鄙弃了他之前信仰的东西，一心追求善。其中的原因，可能是雅典的失败、苏格拉底之死或者他对哲学的诡辩不感兴趣，认为那没有价值。他主张“重返自然”，废除政府、婚姻、宗教，并谴责奴隶制。他不奉行苦行主义，但鄙视感官快乐。

安提斯泰尼的弟子第欧根尼的名声更大，根据穆莱的《希腊宗教的五个阶段》记载，他曾蹲过监狱，罪名是涂改货币。安提斯泰尼起初不愿收他为徒，还杖责他，他却没有就此退缩，因为他对“智慧”有着强烈的追求渴望。他的志向是更大规模地“涂改货币”，因为它们不过是一堆“破铜烂铁打上了假印戳”的东西而已。他拒绝一切世俗的东西，包括宗教以及饮食起居各方面，决心过一种狗一般的生活。这就是“犬儒”的由来。在第欧根尼还活着时，关于他的传说就有很多。有人传说他蜗居在一个桶内，穆莱说所谓的桶其实是原始时代埋葬死者的大瓮。另一个广为人知的传说是，亚历山大拜访过他，问他想得到什么恩赐，他说“只要你别挡了我的阳光”。

我们现在把“犬儒”认为是“玩世不恭”的，但是，第欧根尼的教导并非如此。相反的，他极力主张“德行”，认为摆脱财富的诱惑就不会有恐惧而获得自由。斯多葛派也采用了他的这些学说。虽然与亚里士多德同时代，但第欧根尼的学说有着希腊化时代的气质，他在某方面和道家、卢梭与托尔斯泰相似，且甚于他们。这种学说带着一种听天由命的消极，被那种对生活失望、感到身心疲惫的人喜欢。但是，它不能促进艺术、科学或者政治方面的任何进步，而只是对罪恶起到了强烈的抗议作用。

犬儒派学说发展到公元前三世纪早期时最为流行，但是已经简化得非常幼稚了，比如延伸出了这一观点：没有物质财富会很轻松，为死去的亲朋好友悲伤很愚蠢。据记载，当时一个名叫德勒斯的犬儒派人物说："我的儿子或妻子死了，我难道就应该不顾自己的死活和财产了吗？"德勒斯还认为施舍是一件你情我愿的事情，所以他在接受富人的施舍时"既不卑躬屈膝，也不会有不快"。从这种变化中，我们可以发现"玩世不恭"是怎么和"犬儒"扯上关联的。

犬儒派学说中的精华，由斯多葛主义继承下来，并在后来发展成一种更加完备的哲学。

最早提倡怀疑主义的，是一个追随过亚历山大名叫皮浪的人。不过，他并没有创立学说，而只是整理了早于他存在的怀疑主义理论。巴门尼德和柏拉图认为感官不会获得知识，只会获得意见，这种就属于感官上的怀疑主义，也是最困扰希腊哲学家的。后来，皮浪又加入了道德怀疑主义与逻辑怀疑主义。据说，他提出不存在某种合理的因素，可以让人在做出选择的时候知道要选择哪一项。以生活中的真实例子来说，也就是任何一个地方的人们，都不过是习惯地去做一件事情。比如，一个信徒在礼拜日去教堂就是如此，并不是因为有某种宗教信仰激发了他这么做。

对于很多不具有哲学思维能力的人来说，怀疑主义无疑很符合他们的胃口。因为只要人与人之间、党派之间一出现分歧争端，便可以用怀疑主义来捍卫自己的观点。怀疑主义安慰了懒人，证明了无知的人和著名的学者一样具有智慧。它还成为了一种消除忧虑的药剂——为什么要为明天担忧呢？明天也是无从把握的。

作为一种哲学来说，怀疑主义的怀疑并不是简单的存有怀疑而已，这种怀疑是武断的。抱有这种主义的科学家会说不能确定某个知识，哲学家会说真理是没法知道的。当怀疑主义者武断地否认知识的可能性时，他们的怀疑主义也反过来证明他们的否认也是不可信的。这种环环相扣的不可信，也正是怀疑主义体系的弱点。后来，皮浪的弟子蒂孟提出：每一个证明都得用另一个证明来证明，所以不存在可证明的普遍性原则。由此为怀疑主义找到了一种难以推翻的论据，并戳到了统治着整个中世纪的亚里士多德哲学的痛点。

今天有些人所宣扬的某些形式的怀疑主义，如怀疑现象，并不属于皮浪的怀疑主义的范畴。蒂孟仅流传于世的两句话，一句说："现象永远有效。"另一句说："我决不肯定蜜是甜的，我完全承认蜜看来是甜的。"一个近代的怀疑主义者会指出，现象仅仅是出现了，它既不有效也不无效，他会说"蜜看来是甜的"仅仅是一种高度符合现象的陈述，而不是绝对确实可靠的。

公元前235年蒂孟死后，怀疑主义学派告一段落。奇怪的是，柏拉图传统的学园接受了他的一些学说，造成这一哲学革命的是与蒂孟同时代人阿塞西劳斯。他认为，柏拉图笔下的苏格拉底认为自己一无所知，但是柏拉图在许多对话篇的最后都没有给出结论，从这些可以看出柏拉图的怀疑主义。阿塞西劳斯在学园中宣扬怀疑主义，在教学时他会提出两个矛盾的命题，并证明它们都是对的。他认为这可以让学生学到智慧，事实上，这使得他的学生对真理一无所知。

阿塞西劳斯使学园被怀疑主义笼罩了大约两百年，这期间还发生了一些趣事。公元前156年，雅典派使团出使罗马，其中的三位哲学者中的一个就是继阿塞西劳斯之后成为柏拉图学园首领的卡尔尼亚德。他在罗马讲学，吸引了诸多青年。他首先讲了柏拉图笔下的苏格拉底的一个观点：对别人不公道比忍受别人对自己的不公道更痛苦。接着他就反驳这种观点。他举例说，如果你后面有敌人在追，你又没有马，这时你看见一个受伤的伙伴骑马走过，如果你具有理智的话，你才不管正义是什么，你会抢了他的马。这个观点让头脑和近代人相似的罗马青年大为振奋。然而它却让一个人不高兴了，这个人就是要求罗马人必须具有德行的老卡图。

老卡图和卡尔尼亚德，一个对道德有严格的要求，以至于传统得有些粗暴，另一个则过分受到希腊化世界社会道德腐败的影响，以至于道德堕落。奇怪的是，后来的罗马人却同时接受了这两人的诸多缺点。

卡尔尼亚德之后，迦太基人哈斯德鲁巴接任了学园领袖，他自称为克来多马柯。克来多马柯著书四百多部，他和卡尔尼亚德一样，都反对当时流行的占星术、巫术。他们发展的一种有关必然性的学说比较具有建设性，为近代哲学家所赞成。这种学说是：真理虽然不可得，但是，有些东西似乎比其他东西更可信，在各种假设之中，选择那种显然更可信的，也就是必然性更大的东西，乃是合理的。遗憾的是，他们关于这些学说的著作都已经失传。

自从克来多马柯之后，怀疑主义消失了很长一段时间，有好几个世纪，它和斯多葛学派的学说毫无差别。后来，来自挪索斯的克里特人阿那西狄姆复兴了怀疑主义。现存的古代怀疑学派的唯一著作的作者萨克斯托·厄皮里库斯以及二世纪时的诗人卢西安，就是阿那西狄姆的追随者。阿那西狄姆的影响很大，他使得怀疑主义持续瓦解那些有教养的人的信仰，这种情况持续到了公元三世纪。然而，由于怀疑主义除了让人学会怀疑，并不能带来任何积极的东西，所以文艺复兴后它逐渐被摒弃，被科学的信仰取代。不过，在此之前的古代世界中，怀疑主义根深蒂固。当奥林匹克的神不再为人所信，东方宗教这才得以入侵，直到基督教取得胜利。

第二十七章 伊壁鸠鲁派

伊壁鸠鲁派的创始人是伊壁鸠鲁。关于他的生平记载，比较具有权威性的是生活于公元三世纪的第欧根尼·拉尔修的著作。但是，第欧根尼·拉尔修的叙述中有对伊壁鸠鲁的诽谤，我们无法得知他只是在转述别人对伊壁鸠鲁的诽谤，还是他本人也在肯定这些诽谤。

伊壁鸠鲁生于公元前 342 年或者 341 年，他从 14 岁开始研究哲学，18 岁去了雅典，那时正逢亚历山大逝世。公元前 322 年，雅典的殖民者被赶出了萨摩，伊壁鸠鲁全家逃到了小亚细亚。公元前 311 年他开始创立学校，校址先后设在米特林、蓝普萨谷，公元前 307 年搬到雅典，他于公元前 270 年或公元前 271 年死于那里。

在雅典的最后几十年，伊壁鸠鲁的生活是平静的，来听他讲学的人很多，甚至有他朋友的孩子、奴隶以及妓女。这些妓女后来成为他的敌人攻击他的借口。在感情表达方面，他并没有古代哲学家那种严肃与深沉。他曾说：“即便只有面包和水，我的身体依然充盈着快乐。我不屑于奢侈的快乐，不是因为它本身让人讨厌，而是因为它带来诸多不便。”“让弟子们给我送捐助的钱来，哪怕他们在很远的地方。我希望你们每人每年给我二百二十个德拉克玛就好了，不用多给。”

伊壁鸠鲁终生受病痛折磨，但他很勇敢，他是第一个提出“一个人被鞭打的时候也可以感到幸福”的人。他在去世前的一周内写了两封信，信中都嘱咐人照顾好“梅特罗德罗的孩子”。其中一封信是他去世的当天写的。梅特罗德罗是他最早的弟子之一。他对大多数人都和蔼可亲，而对哲学家，尤其是那些人们认为对他产生了影响的哲学家却不友好。他把自己的老师诺斯芬妮比喻为一个“软体动物”，对诺斯芬妮的老师德谟克里特，他也加以否定。他甚至否认留基波曾作为一个哲学家存在过。

除了无法包容其他哲学家外，伊壁鸠鲁的另一个缺点就是他的教条主义，他要求他的弟子不能怀疑他所教授的任何一套信条。他的弟子也遵守了这一原则，没有补充修正过他的任何理论，即便是两百年后当卢克莱修把他的哲学改写成诗时，也是这么做的。伊壁鸠鲁流传下来的著作，只有几封书信、一些只言片语以及一篇关于“主要学说”的叙述。

伊壁鸠鲁的哲学追求和当时大多数哲学家的一样，都想要获得恬静。他坚持认为快乐就是善，他在《生命的目的》一书中提过一句话，第欧根尼·拉尔修引用并加以修补：“如果没有兴趣爱好的快乐、爱情的快乐、听觉视觉带来的快乐，我不知道如何去想象善。”他还认为肉体的快乐是心灵上快乐的根基，不同的是肉体快乐不可控，心灵快乐可以控制，而“德行”就是“追求快乐时的谨慎权衡”。他的这种快乐观和他之前的相关快乐学说不同。此前，快乐被快乐主义者分为动态快乐和静态快乐，即积极的快乐和消极的快乐。举例说来，饥饿的时候吃上食物就是动态快乐，吃饱之后的状态就是静态快乐。按照伊壁鸠鲁的观点，他所追求的快乐倾向于第二种，也就是追求节制、平衡的而不是过激的快乐。他以面包度日，就是最有力的实践证明。

伊壁鸠鲁的其他的快乐观是：财富、荣誉会让人不得安宁；善比哲学还可贵，哲学是为生活存在的，不需要逻辑或数学这类训练；公共生活带来权势的同时也会带来他人的嫉妒，从而导致灾难，所以有智慧的人努力让生活普通平凡；“性交从不会有益于人，它不会给人带来伤害就算不错了。”——但他却很喜欢别人的孩子，这不就是要别人违背他的劝告了吗？最后，他认为友谊是最可靠的社会快乐。据西塞罗说，伊壁鸠鲁说过“友谊与快乐不可分，没有友谊我们就不能勇敢地生活或者快乐地生活，因此必须培养友谊”。但在友谊这个话题上，他也有言行不一的时候，他曾说过友谊的愿望之所以产生是因为我们可以从友谊中得到帮助。

伊壁鸠鲁的伦理学虽然看起来粗俗，不具有道德的崇高性，但他却非常真诚。他对受苦难的人类怀有一颗坚定的悲悯之心，他的哲学也是一种减轻苦难的弱者的哲学。他主张的节制、不参与政治、不结婚生子以免遭受失去之苦等，都是他这种悲悯情怀的体现。最重要的是，他提出了恐惧的问题，他的学说也因此被引到了理论哲学的层面上来。他认为，宗教与死亡是恐惧的两大根源。如果有一种学说可以证明神不能干预人事以及灵魂会随着身体消亡，那么这种学说就是他追求的。与人们把宗教当成一种安慰的做法相反，他认为正是超自然对自然的干预，才让人产生了恐惧感。他的目的正在于创造一种可以治疗这种病态信仰的学说。

伊壁鸠鲁相信德谟克利特说的，世界由原子和虚空构成，但他不同意原子受自然律控制这一说法。可见，他是唯物论者，但不是一个决定论者。他否定希腊的必然论，因为它出自于他所否定的任何宗教信仰。在他看来，由原子构成的灵魂遍布全身，人死后，原子还在，灵魂消失了，我们不再感受到它，“而凡是无感觉的都与我们无干”。

至于神，伊壁鸠鲁相信他们的存在，但认为他们不管人世间的事情。因此，通神、占卜以及信仰天命之类都是迷信的事情，害怕触怒神或者死后被神惩罚是不必要的，在有限的范围内，我们仍然可以做自己命运的主人。他说，不可避免的死亡不是什么坏事。

至于科学，虽然他不感兴趣，但却十分看重，因为科学能够破除迷信。不过这种注重并未促进任何科学或者自然知识上的进步，原因在于伊壁鸠鲁以及他的后继者们在运用科学的解释时，并不在乎某种解释和另一种解释有何不同，也就是不在乎谁真谁假，而只在乎只要这种解释不会引出神来。不过，伊壁鸠鲁派抗议晚期的异教徒，消减了巫术、占星术以及通神之类的迷信影响。这也算是件有益的事情。

诗人卢克莱修是伊壁鸠鲁唯一著名的弟子，他生活于公元前 99 年到公元前 55 年，因文艺复兴而被挖掘出来的他的《物性论》一诗使得他名声大作。到了近代，他的优秀也被广泛认可。他虽然是伊壁鸠鲁的追随者，但表现出来的却是热情的气质。他极力赞美伊壁鸠鲁，把他当做一位救世主。

我们如果没有接受希腊宗教文化关于欢娱的说法，就很容易理解伊壁鸠鲁和卢克莱修对宗教的反对。虽然我们不是完全清楚当时的宗教，但可以确定的是，其中包含有残酷成分。比如，直到公元七世纪或者公元六世纪时，还有人要求用人来献祭给奥林匹克的神。此外，研究表明，当时希腊的许多野蛮的宗教信仰，后来凝聚到奥尔弗斯派中并流传了下来。后来的基督教中关于地狱的说法，就是被这些传播者发明出来的，这使得人们产生了对死亡的恐惧。直到伊壁鸠鲁时代，这种残暴的活人献祭以及对死亡的恐惧，都还存在着。把传染病、地震、战争的失败等都归咎神怒或者未能注意到凶兆，也都是加剧人们恐惧的因素。

我认为，希腊的文学和艺术导致了人们对那个时期的通俗信仰的一种认识错误。因为，它们大多属于贵族阶级的产物，无助于我们认识当时的群众的宗教。出身于平民的伊壁鸠鲁，对宗教的极端仇视，一部分原因也是他不屑于遗传下来的贵族文化。

文艺复兴之后，通过卢克莱修的诗歌我们认识了伊壁鸠鲁。对于一个普通的读者来说，伊壁鸠鲁派的唯物主义、否定天命、反对灵魂不朽，与基督教信仰对比起来无疑是消极的，然而它们是当时一些困难者的福音。伊壁鸠鲁所在的时代只有疲倦和苦难，在那种情况下，死亡如若也能成为一种解脱，那必定是让人倍感欣慰的。但是，人们对死亡的恐惧根深蒂固，所以伊壁鸠鲁的福音也只为少数一部分人所接受。

伊壁鸠鲁死后，伊壁鸠鲁主义还存在了六百年。在此期间，现实生活的压迫使得人们一部分转向宗教或者哲学，而哲学家们大多数又都逃到新柏拉图主义去寻找安慰，那些没有文化的人则转向东方各式各样的迷信中，后来，更多的人又投入到了与伊壁鸠鲁的福音相反的基督教中，将幸福寄托在死后的美好世界中。经过这个过程之后，在十八世纪末，一种与伊壁鸠鲁学说相似的福音被法国哲学家们提出来了，并被边沁及他的后继者们带到英国。这种福音的出现，完全是因为这些人对基督教的敌对情绪。

第二十八章 斯多葛主义

斯多葛主义和伊壁鸠鲁主义创立于同时代，前者存在的历史更长，变化也更丰富。

斯多葛主义的创始人是芝诺，他是唯物主义者，他的学说结合了犬儒主义和赫拉克利特的学说。后来，斯多葛派掺杂了柏拉图主义后，唯物主义在其中就不见踪影了。伦理学说是斯多葛派最注重的，但改变得很少。在发展过程中，斯多葛派还逐渐将重点转移到伦理学以及和伦理学有关的神学部分。早期的斯多葛派没有什么作品流传下来，直到公元后一世纪到二世纪，才有塞涅卡、爱比克泰德和马尔库斯·奥勒留的作品完整地流传了下来。

早期的斯多葛派大部分是叙利亚人，晚期的大多数是罗马人。创始人芝诺则是腓尼基人，大约生于公元前四世纪一个商人家庭。芝诺后来到了雅典研究哲学，主要接受了犬儒学派的观点。因此，在后来的整个斯多葛派的历史中，苏格拉底都被当做圣人。但是，柏拉图的理念说以及灵魂不朽论，开始并不为斯多葛派所接受，在晚期的时候情况才稍有好转。芝诺对玄虚的形而上学和物理学都不感兴趣，他重视的是德行问题。他试图运用唯物主义的常识观来反驳当时的形而上学，结果却像很多人一样，反倒让自己陷入另一种形而上学中。

斯多葛派中一直坚持的一个学说，主要是关于宇宙决定论和人类自由的问题：不相信偶然，而相信自然规律带来的必然性；认为先有火，才有气、水、土，并认为宇宙万物最终会归于火，且这场燃烧不会终结，而会不断重复；相信所有存在的万物在以前都存在过，在将来也仍会反复存在。

关于自然，斯多葛主义同意十八世纪的神学观点，认为那是一个“立法者”创造的，自然万物的目的都是被设定了的，各有其职，比如一只臭虫的存在就是为了熏醒我们以免我们懒惰于床上。有至高无上的“神”的存在，它有时被称为宙斯，它是世界的灵魂。“自然”是个单一体系，一切事物都属于这个体系。当个体生命与“自然”和谐时是最好的，当个体意志遵循“自然”的内在目的时就可以达到最好的状态，而德行就是符合自然的意志。坏人如若有德行那也是被迫的，穷人或者监狱中的囚犯也可以有德行，他们也可以高贵地活着，或者像苏格拉底那样高贵地死去。圣贤的判断才是准确真实的，因为他能坚守德行。

上述观点明显在逻辑上有不通之处。既然德行是唯一的善，为什么最高的神不是一心创造德行，而让自然规律设定诸多恶人呢？如果说这是为了锻炼德行，那为什么又要反对罪恶呢？或者说这是自然规律定的，那为什么又要谴责罪恶呢？另外，按照斯多葛主义把德行当目的之观点，看得够长远的话，那么结果就是现存世界被火毁灭，然后再次重来，如此反复循环，令人痛苦的东西也是如此。对于这样一个世界，难道上帝不会感到厌倦吗？与此相关的是，斯多葛派的道德观还表现出冷酷无情的一面，认为同情心、友谊、参与公共生活的崇高心理等都是不必要的，因为那与你的德行无关。斯多葛派重视德行，然而他们不是主张行善带来德行，而是主张因为有德行才行善。

回到斯多葛主义的历史上来，我们继续谈谈芝诺。根据现有的、芝诺流传下来的一些残篇可知，他将“神”定义为世界的灵魂，认为“神”有实质，也就是整个宇宙，“神”存在于万物中，决定万物的命运，此即“自然”“天意”。斯多葛派相信占卜，正源于此。据说芝诺曾预言过一些准确的事情。

来自阿索斯的克雷安德是芝诺的直接继承人，他以两件事情著称，一是认为把太阳当成宇宙中心的亚里士达克犯有不敬之罪，二是他写下了极具基督教性质的《宙斯颂》。

克雷安德的继承人是生活于公元前280年到公元前207年的克吕西普，他把斯多葛派系统化和迂腐化了。据说他认为罪恶并不是由最高的神制造出来的，但我们很难明白他如何将这个观点和其他观点调和起来。而在其他地方，他又用赫拉克利特的逻辑说，强调善恶必须对立存在。然而，在论证的时候，他却引用了柏拉图的理论。他的其他观点是：好人会获得跟“神”的幸福相同的幸福；唯有智者的灵魂在宇宙被火毁灭而进入轮回时才能被“神”吸走。

克吕西普在逻辑学方面做了很多研究，使得斯多葛派曾有过一套完整的知识结构，同时也将逻辑变成了斯多葛主义中最根本的东西，这与斯多葛派早期以及后来以伦理学研究为主要内容是不一致的。不过从中也可以说明，斯多葛派中有许多人在数学方面以及其他的科学方面都有所突破。

克吕西普之后的潘尼提乌和波昔东尼对斯多葛派进行了一定的修改，俩人对西塞罗都有过影响，而西塞罗又是把斯多葛主义传播给罗马人的重要人物。潘尼提乌还引入了柏拉图主义，摒弃了唯物主义。

波昔东尼生活于公元前约 135 年到约公元前 51 年，出生地为叙利亚，他不是希腊人。他曾师从昔尼提乌，除了属于斯多葛派，还同时是一位科学家、天文学家、历史学家。前面我们提到过，他估算出的地球与太阳间的距离是最接近实际的。不过，他主要是作为一个折中的哲学家存在的，他的学说结合了柏拉图的许多教训。他认为人死后灵魂仍然生活在空气中，直至宇宙被下一场大火所烧毁。他还认为恶人的灵魂相对浑浊，离地面更近，会受轮回之苦，而有德行的灵魂是纯洁的，会升到星球上面。

毕万在《斯多葛派与怀疑派》中提到，波昔东尼复活了奥尔弗斯的观念并吸收了新毕达哥拉斯派的信仰，在某种程度上为诺斯替主义铺平了道路。他还说，来自哥白尼的理论是对波昔东尼这类哲学的最致命打击。这个说法相当正确。

在斯多葛派的历史上而不是哲学上，塞涅卡、爱比克泰德和马尔库斯·奥勒留这三位与罗马有关的人物，有着至关重要的影响，他们一个是大臣，一个是奴隶，一个是皇帝。

塞涅卡大概生于公元前 3 年，活了将近七十岁。公元 41 年，他因触怒了皇后梅萨林娜而被罗马皇帝克劳迪乌斯流放到科西嘉岛，七年后他被克劳迪乌斯的第二个妻子安格丽皮娜召回来，当了皇子尼罗的老师。作为一个斯多葛派，他公开鄙弃财富，背后却大肆收敛财富。他最后是被赐死的，罪名是意图谋反。他在临死前想写遗嘱，因为时间紧迫，他最后大概只说了这样意思的话："你们不要伤心，我给你们留下的是比财富更具价值的东西——一个有德的生活的榜样。"后代人对他的评判，正是因为他这句值得深思的箴言，而不是我们不敢肯定的他那些生平行为。

爱比克泰德大概生于公元 60 年，活到四十岁左右。他原本是个奴隶，后来被释放，当上了大臣，在罗马教学。公元 90 年，罗马皇帝多米提安把所有知识分子包括哲学家都驱逐出境，爱比克泰德从此隐居尼科波利斯，并死于那里。

马尔库斯·奥勒留生活于公元 121 年至公元 180 年间，他是个罗马皇帝，推崇斯多葛主义。他最重要的作品是著名的《沉思录》，他不是为发表而写，只是为自己而写。这本书虽然谈的只是他自己肩负的压力、负担以及他的苦恼、愿望，却能让人看到他是个悲悯天下的君主，因此这是本伟大的书。马尔库斯·奥勒留最后死于常年劳苦的征战。

最让人吃惊的是，爱比克泰德和奥勒留的许多哲学观点是相同的。这表明，虽然一个时代的哲学受环境影响，但个人哲学受环境的影响并没有那么大。哲学家们的心灵广阔深远，不为个人境遇所束缚。

奥勒留所在的时代，经济制度腐坏，意大利日渐衰弱，罗马居民都要靠外省的救济。皇帝和大臣掌握了一切主动权，在整个辽阔的帝国土地上，人们只有屈服。不过，偶尔也会发生将领叛变。除了追忆美好的往昔，人们毫无希望，觉得最好的未来也会让人厌倦，最坏的也只是引发恐怖。爱比克泰德曾经说，人人都是灵魂被囚禁在肉体上的犯人。马尔库斯·奥勒留则说，人的灵魂载着肉体，每个人灵魂中都有一部分宙斯赋予的神性。

爱比克泰德主张爱我们的敌人，他还认为每个人的角色都是神规定好了的，我们只需好好演自己的角色。爱比克泰德的教训，真诚而简洁，由他的弟子记录了下来。他的道德是崇高超凡的，比如，他承认"天下一家"，宣扬奴隶平等。他的这些思想，比我们能在柏拉图、亚里士多德或者任何推崇城邦制的哲学家那里所找到的思想都要进步得多。

马尔库斯·奥勒留在《沉思录》中一开始便提到有很多人帮助过他，不过他的感谢很有意思，如感谢卢斯提库教会他不写诗，感谢萨克斯托教会他不动情。他还感谢神明对他的眷顾，使他家庭幸福，并有幸得以钻研哲学而不是历史学、天文学等。在书中，马尔库斯·奥勒留的观点有很多与爱比克泰德一致的地方，他的一些话还表明了斯多葛学派同神学之间存在矛盾：第一个矛盾是，一方面认为宇宙是个被规定了一切发生的单一整体，另一方面还承认有个人意志自由的存在；第二个矛盾是，一方面认为唯有有德的意志才是善，而有德的意志又与外界无关，也就是对别人既不能行善也不能施恶。如此说来，仁爱不过是一种幻觉罢了。下面我们来详细讨论这两个矛盾：

由古至今，关于自由意志与定命论的矛盾都是哲学上的难题。在不同时代里，这一矛盾的形式都不相同。在斯多葛派中，一个斯多葛主义者也许会辩护说：宇宙是一个有生命的实质，是有灵魂的，它作为一个整体，仍是自由的。宇宙是被我们称为“神”或者“灵性”的存在，他按照那种能够产生最好结果的法则走，正如人类的法典是按照最好的结果来制定的，但有时候结果并非如我们所愿。因为每个人都具有一部分神性，当这部分神性能够有德地体现在意志上时，个人便跟神一样，此时人的意志也是自由的。

这个解释只在一定限度内有效，如果考虑到意志作用的起因，它就没有说服力了。经验告诉我们，身体疾病如消化不良，或者药物作用、极度的折磨等，都可以摧毁人的意志。当然，也有少数特例，如一些斯多葛式的英雄，或者坚决不屈服于某些暴君的英勇人物。另外，那些支持无生物界的决定论的种种论证，在人类意志中同样存在。我认为，在一个领域中接受它们，而另一个领域又排斥它们，也会让这种解释站不住脚。以马尔库斯·奥勒留为例，他自己的事实就无法证明他的观点。他说唯有有德的意志才是自由的，然而他还说他的德行是受了父母等人的积极影响。事实上，坏的意志也同样如此。

现在来谈谈第二个矛盾：

斯多葛派一方面认为有的意志不受外界影响，一方面又主张没有谁可以对别人行善或者作恶。这个观点的矛盾性更明显，但它却为斯多葛派以及某些基督教的道德家所推崇。他们没有觉察到这一矛盾性的原因是：

斯多葛派也像其他许多人一样持有两种伦理体系，一种是针对自己的高等伦理，一种是对一些没有文化教养的人的低等伦理。一个斯多葛派自身虽然会鄙弃幸福以及世俗所认为的美好事物，但他站在那些“不知法度、没有教养”的庸俗大众的立场上，却会接受世俗的标准。比如马尔库斯·奥勒留作为一个斯多葛派，虽然也认为幸福包含着对神的意志的违背，但是作为一个执掌帝国大政的皇帝，当他看到自己国家的苦难时，他必须接受世俗的善恶标准，如若不是如此，他就不能尽到一个执政者的职责。

这种职责来自于斯多葛派圣人认为是根本错误的一种伦理学中，然而，事实上，它却是他们应追求的更高境界里的东西。这让人觉得很奇怪，如若要解释的话，我能想到的唯一答案来自于康德。康德的伦理体系类似于斯多葛派，康德认为善的意志是唯一的善，它具有目的，但目的是什么无所谓。比如，一个男子如若是有德的，那么善的意志会使得他变得富有或者幸福、博学、健康等，但他所获得这些结果并不重要。在斯多葛派的伦理学中，这种表述变成了：世俗认为这个男子所获得这些东西是美好的，这其实是个错误，因为它们不过是假的美好，真正美好的是善的意志，因为是它带来了这个结果。

即便可以这么解释而不出现逻辑上的矛盾，但是，如果我们认同了那种认为被世俗视为美好的东西都无价值的学说的话，那么这种解释同样会站不住脚。因为，在这种情况下，我们便可以质问：为什么有德的意志不朝着相反的目的去指使人类呢？由此，我们认为斯多葛主义实际上包含有“吃不到葡萄说葡萄酸”的嫌疑：当不可以拥有幸福的时候，就以拥有善来安慰自己。这种大胆的观点虽然对存在于一个恶劣世界中的人们有用处，但它却是不真实的，从根本上来说也是不真诚的。

伦理是斯多葛派的主要方面，这个方面的教导对斯多葛派的知识论和关于自然律和天赋人权的学说，产生了重要影响。

在知识论方面，他们反驳柏拉图，认为他提到的感觉具有欺骗性的判断是错误的，理由是人可以进行判断，区别出知觉可以确切知道和所不能肯定的事物。后来，芝诺的及门弟子斯非鲁斯在一件事情上实践了这种区别方法。斯非鲁斯曾被国王托勒密请去宴会，国王听了斯多葛派的知觉说后给了他一个蜡做的石榴，斯非鲁斯想吃了它，遭到国王取笑。他就辩驳说，虽然自己无法确认石榴是真是假，但他认为王宫的宴会上不会拿不能吃的东西上来。

总的说来，斯多葛派的知觉说是健康科学的，但他们在知识论方面的学说影响更大，引发的问题也更多。他们相信先天的观念和原则，认为希腊演绎逻辑中的源头就有普遍的无法证明的原则，这些原则是透彻的，被世人所认可的，它们是演绎的基础。这种先天观念还可以解释一切事物的定义。中世纪的时候，这种观点被广泛接受，就连笛卡尔也接受了。

斯多葛派的学说，是十六到十八世纪欧洲兴起的天赋人权、人人平等这些学说的基础。经过演变后复活的斯多葛派，已经与以前大为不同。人人平等的观念在罗马帝国时期不可能实现，到了近代它却影响了立法，使得妇女和奴隶的地位有所改善。基督教也受到了斯多葛派学说中这一部分的影响。到了十七世纪，专制主义横行，斯多葛派关于自然法和天赋人权、人人平等的学说彻底为基督教所用，基督教因此获得了一种甚至是古代皇帝也无法赋予的实际力量。

第二十九章 罗马帝国与文化的关系

罗马帝国对文化的影响是通过多种方式产生的，影响的程度也各有不同。

它首先对希腊化思想产生了直接影响，但这一影响不是很重要；其次，希腊和东方对罗马帝国西半部产生了深远的影响，包括基督教；再者，罗马的和平有利于传播文化，促使了人们习惯于那种单一政府的文明；最后是，希腊文明通过回教传到了西欧。

我们先大概了解一下政治史，再来讨论这些影响。

公元前三世纪初，西地中海为迦太基和叙拉古这两个强大的城邦所控制。公元前 264 年至公元前 261 年以及公元前 218 年至公元前 201 年的两次布匿战争，使得罗马征服了叙拉古并削弱了迦太基。之后的两百多年间，罗马又先后征服了马其顿王朝的各个国家、西班牙、法兰西以及英格兰。最盛极的时期，罗马帝国的疆土在欧洲直抵莱茵河与多瑙河，在亚洲直抵幼发拉底河，在北非到了大沙漠。北非在罗马帝国的统治下，由一个荒芜地区变成了一个人口众多的富饶之地，保持了和平稳定的局面达两百多年之久，直到公元三世纪的动乱。

罗马国家的体制发生了重大的变化，它从一个很小的城市国家，逐渐发展成为一个在政治中加入民主成分的国家。斯多葛派的班尼提乌认为，在罗马帝国对外扩张之前，它的政治是君主制、贵族制与民主制三种成分的理想结合。然而，政府打破了这种平衡，使得元老院和以骑士为代表的中层阶级获得了巨大财富，并由此任意妄为。公元前二世纪后半叶的格拉古兄弟所发起的一场民主运动，导致了僭主制的确立。尤里乌斯·恺撒的继承人，即其养子奥古斯都，结束了内战和对外战争，古代世界也第一次获得了安宁。

在一系列的战乱中，希腊的政治体系被摧毁了，其中的原因有二：一是每个城邦都要求拥有绝对的自主权，二是很多城邦内部的贫富争斗。奥古斯都的胜利彻底结束了一切纷乱，这场让人意外的胜利让少数元老党之外的人都振奋无比，他们认为这是一场深沉的苏醒。希腊人、马其顿人和奥古斯都之前的人都极力追求而不得的稳定与秩序，由奥古斯都实现了。

奥古斯都统治的时期是罗马历史上一个幸福的时期。这一时期，居民的福利被政府注重，人们不再为那种纯粹掠夺性质的体制所担忧。奥古斯都在生前和死后都被很多地方的人当做神。然而，在幸福的同时，罗马帝国也失去了一些生趣，比如冒险精神。希腊世界丧失了青春，开始进入了犬儒状态或者宗教状态，就连最优秀的人也失去了追求理想的热情。这种状态在后来的罗马历史中也曾出现过，但是罗马人并没有表现得那么痛苦。因为，奥古斯都是一个罗马人，而大多数罗马人是甘愿臣服于他的。

罗马人的心情如同经过冒险的恋爱之后终于获得稳定的婚姻那般心满意足，他们也因此失去了创造性。奥古斯都的统治政策也是造成这一局面的原因。为了稳固国家，他努力恢复古代信仰，排斥自由研究的活动。在他之后的各个皇帝，仍或多或少保留了这种政策。此外，最初继承他帝业的一些皇帝，还对元老们以及那些威胁到他们帝位的紫色黄袍者[1]，采取了残酷的压制。但总的来说，奥古斯都创立的一套行政制度保持得还较好。

公元98年，图拉真即位，罗马帝国迎来了一段更好的时期，该时期延续到了公元180年马尔库斯·奥勒留逝世。进入公元三世纪后，罗马帝国的军队意识到了自己的力量而不再对政府顺从。与此同时，来自北方和东方的野蛮人入侵，专注于金钱利益的军队无心抵抗。政府财政瓦解，军队耗资巨大却在战场上失利，民间疫病横行，人口大大减少。罗马帝国眼看就要灭亡，这时，两个历史性人物出现了：戴克里先和君士坦丁。

戴克里先生活于公元286年至公元305年间，他采用了一个危险的方法来改革军事：用野蛮人，主要是日耳曼人来组建。公元五世纪时，这个方法产生了一种必然的结果：野蛮人意识到与其为罗马效力不如为自己作战。戴克里先的行政改革也只是获得了短暂的成功。繁荣时期，罗马的体制允许各城市有地方性自治政府，但规定地方必须向中央上缴一定的税额。帝国经济衰退时期，如果不采取压榨手段，地方政府根本无法完成供应中央规定的数额，民众因此纷纷逃亡。戴克里先采取的策略是：强令公民担任市政职务，惩罚逃亡者，强制农民如奴隶一样必须耕种土地。他的这些政策被保留了下来。

君士坦丁于公元312年至公元337年在位，这时罗马帝国已经分为东西两部分，也可以说是希腊语部分和拉丁语部分。君士坦丁在拜占庭建立了东部帝国的首都，取名为君士坦丁堡。他最重要的措施是确立国教为基督教，这一措施使得五世纪西罗马帝国被日耳曼人摧毁时，日耳曼人因它的威信也接受了基督教，从而保留了其中的古代文明。1453年，土耳其人征服君士坦丁堡，东罗马帝国也宣告灭亡。此时，包括非洲和西班牙在内，以及那些东部的罗马省份，已经被回教文化所主宰。阿拉伯人接受了被征服者的文明，因此东罗马帝国的文明得以是希腊文明而不是拉丁文明。自七世纪到十一世纪为止，是阿拉伯人

1 在古罗马，紫色是尊贵的颜色，只有皇帝和元老院的议员才能穿紫色衣服，紫色黄袍者意指元老议员和权贵者。

保留了希腊文学以及一切残存的与拉丁文明对立的希腊文明。自十一世纪后，西方世界才恢复了它丧失的希腊遗产。

我现在就来谈罗马帝国是如何对文化史产生影响的。

第一种即罗马直接影响了希腊思想，这主要始于公元前二世纪的历史学家波里比乌和斯多葛派的哲学家班尼提乌。

希腊人鄙视又恐惧罗马人，但在公元前二世纪的时候，有少数希腊人认识到并承认了罗马的伟大正是由希腊人所瞧不起的那些优点创造的。波里比乌正是这样一个人。他大概出生于公元前 200 年，后来作为囚犯被送到罗马，曾多次跟随小塞庇欧征战，并学习了拉丁文。布匿战争使得罗马征服了全世界，他便写出了布匿战争让希腊人学习。他这么做自然会让罗马人高兴，但希腊人是否高兴就难说了。

班尼提乌是波里比乌的朋友，在塞庇欧于公元前 129 年逝世之前，他曾多次到过罗马。这之后他作为斯多葛派的领袖，仍然受到罗马那种参与政治活动的激情的影响，因而他的学说中有着更多的政治性，而少了犬儒派的特征，他甚至放弃了斯多葛派前人所坚持的那种教条主义。在他的影响下，斯多葛主义也打动了严肃的罗马人。

班尼提乌之后的爱比克泰德虽然是一个希腊人，但他一生主要居住在罗马，也受到了罗马的影响。不过，我们不清楚他受到的影响在多大程度上影响了希腊人。普鲁塔克也是受罗马影响的人之一，他的《名人传》就致力于使人们同时接受希腊和罗马的思想。

罗马对其帝国中说希腊语的那部分产生的影响，大体说来是恶劣的，它通过上述提到的人物所产生的良好影响只是很小的一部分。在罗马的影响下，希腊思想和艺术都衰退了。虽然公认的很多哲学流派还都存在着，但自马尔库斯·奥勒留时代开始，除了三世纪产生的新柏拉图派之外，其他任何流派都死气沉沉，也没有被罗马影响到。于是，帝国中拉丁语部分和希腊语部分脱离得越来越彻底。

希腊和东方对罗马的影响，要从两个方面来叙述：

一方面，希腊化的艺术、文学与哲学等对那些有教养的罗马人产生了影响。罗马人一开始接触到希腊人的时候，就觉察到了自己的粗鲁、野蛮。他们承认希腊人在手工业、农业、文化艺术等各方面都比他们优秀，而他们自己只是在军事技术上更胜一筹以及更具有团结力。罗马人对希腊人产生了一种崇敬之情，且这种感情是持久的。自布匿战争之后，罗马人一直在学习希腊语，甚至把自己的许多神等同于希腊的神。罗马人完全吸取了希腊文化，但他们自己没有创造出任何文化和艺术出来。

老卡图非常痛恨罗马的希腊化，因为它带来了一些恶劣的后果。罗马之前虽然没有文化，但这个具有悠久的农业传统的民族之前是勤劳严肃的，当它希腊化之后，大量流入的财富使得人们变得放纵堕落起来。原本处于附属地位的妇女，变得放荡了，离婚率高涨，富人不再生育孩子。然而，罗马人并未认识到这种消极的影响，即便罗马帝国处于最堕落的时期，大部分罗马人仍然认为罗马是对抗希腊的堕落文化的中流砥柱。

三世纪之后，整个文化都在衰颓，希腊文化对西罗马帝国的影响也逐渐减弱。到了西罗马帝国末期的时候，政府的军事专制越发昭然，组成军事力量的野蛮人对文化毫无兴趣。国家不重视教育，私人因贫困而不能接受教育，这导致除少数有学问之人以外，几乎无人能看懂希腊文。

另一方面，非希腊的宗教、迷信日渐在西罗马帝国取得了地位，这首先依赖于当年亚历山大将巴比伦、波斯、埃及的文化引入了希腊世界。目前，我们只谈谈异教迷信是如何影响了西罗马帝国的。

传入罗马的各个教派与每个先知，都会派出代表进入最高的各个当政的派系中。据卢西安说，当时有一位与亚历山大同名的先知，马尔库斯·奥勒留就曾向他询问过如何打胜仗，而罗马名人鲁提利安努也曾向他请教过很多事情，包括选择什么样的妻子。伯恩的《希腊哲学家》中讲述了这个故事的结尾：六十岁的鲁提利安努，听从神的谕令，娶了这位先知和月神的女儿，向那位天上的岳母献祭了整整一百头牛。

皇帝阿罗加巴鲁的故事，更能表明异教迷信对西罗马帝国的影响。他本身是叙利亚太阳神的一位祭司，后来被军队推举为皇帝，在奔赴罗马的途中，他的画像被先送到了元老院，画中，他的长袍是“米底亚人和腓尼基人那种宽大的款式”，是“用丝线和金线织成的”“头上是一顶古波斯式的高耸的冠冕。”元老们看到他的画像后叹气承认：“在经历本国人的残酷暴政后，现在又要在东方专制的奢靡前卑躬屈膝了。”在军队的狂热支持下，他把东方宗教的做法搬到了罗马。但是，他的母亲或祖母将其废黜了，另立了她的侄子亚历山大（公元222年—235年），此人的东方倾向并不算过分，在他私人所设的教堂中，有亚伯拉罕、奥尔弗斯、提安那的亚波罗以及基督等神像，从中可见他对各种信仰的包容。

起源于波斯，后来成为基督教的激烈竞争者的米斯拉教，是西罗马帝国吸收的异教之一，它是皇帝为了控制军队而引入的一种新宗教。米斯拉是主宰战争的太阳神，它代表了波斯对正义战争的信仰，因此迎合了当时的军人。

东方的君士坦丁大帝在政治上采用基督教是成功的，不过这种成功可能同样地是因为罗马世界的疲惫和衰退。希腊和罗马的传统宗教，已经不适合这个充满灾难的世界中的人们，而来自具有悠久的苦难历史的亚洲宗教，则成为了这个世界的良药，其中，基督教无疑又是最能慰藉人的一种。只是，当基督教成为东罗马帝国的国教时，它已经吸收了太多的希腊文化中的东西和犹太教的成分，并将它们都传给了西方的后代。

罗马对文化的第三种影响是将政府和文化统一了起来：

希腊时代的许多成就能够保存下来，其中有亚历山大和罗马的功劳。设想，如果是成吉思汗或者薛西斯的话，希腊文明很可能被毁于一旦。从伊斯齐卢斯到柏拉图这一时期，虽然希腊的成就为少数人创造——这些人所在的城邦基本无法抗衡入侵的敌人，但所幸的是，它们的征服者即马其顿人和罗马人并没有毁灭他们的文明，而是极力地尊崇它，保存它。正是由于这个原因，更好的政治与伦理方面的学说才得以产生，推崇人类平等与博爱的斯多葛派才得以产生。

但是，在罗马的长久统治之后，人们已习惯了一种在单一政府之下的单一文明。虽然世界仍有很多重要的地方是在罗马的统治之外，但罗马人并不以为然，他们觉得只要自己愿意，可以随时征服这些地方。罗马人心中这种世界一体的观念，传给了基督教会。因此，基督教能够从佛教、儒教、回教等众多教派中脱颖而出，成为“公教”，他甚至从晚期斯多葛派那里挪用了一条格言：坚决审判全世界。

正是因为罗马帝国这种大统一的文化特性，这条格言才能打动人心。在这种全世界性的观念驱动下，罗马军队发动的征服，使得意大利北部、西班牙、法兰西等许多地方都开化了，野蛮人因此从文明的暗区中走出来。虽说罗马给这些地方和野蛮人带去的文明，在“质”上不如白里克里斯时代的雅典文明那样优秀，但它保证了“量”，而从长远来看，在一个充满战争和随时可能毁灭的世界中，“量”无疑也很重要。

回教徒作为希腊文化的传播中介，是罗马与文化的关系中的最后一部分。

自七世纪起，回教的先知穆罕默德的信徒们先后征服了叙利亚、埃及、北非、西班牙等地。但是，回教徒并没有为难基督徒和犹太人。阿拉伯人很快就接受了东罗马帝国的文明，并研究起希腊学说来。我们现在所知道的“代数”“酒精”“炼丹”等这些具有启发性的名词，都是阿拉伯人研究并完善希腊文明的成果。但是，如果专注于这种字词的起源的话，则会阻碍我们认识那些相关的希腊哲学知识。

作为哲学上的注释家，阿拉伯人要比作为创造性的思想家更优越。更重要的是，他们还是被东罗马帝国保存下来的希腊传统的直接继承人。正是通过他们的回教文化，西班牙以及西西里的少部分地区，乃至整个西方世界才认识到了亚里士多德、阿拉伯的数字、代数学与化学等。如不是这样，文艺复兴时期的人也许就无法知道复兴古典学术的重大意义了。

第三十章 普罗提诺

普罗提诺是古代最后一个伟大的哲学家，他创立了新柏拉图主义。他生活于公元 204 年至公元 270 年间，这一时期是罗马历史上最悲苦的时期。军队掌控了权力，皇帝成为傀儡，国家内忧外患，人口大大减少，赋税加重，国家财政崩溃，著名的文化城市深受创伤，公民纷纷逃亡。直到普罗提诺死后，戴克里先和君士坦丁才使罗马帝国得到了拯救。

普罗提诺的作品没有去描述他所在时代的悲惨景象，而是寄希望于一个充满真善美的永恒世界。这样一个世界，就是基督徒幻想的死后的天国，柏拉图主义者所谓的永恒的理念世界。普罗提诺的哲学为基督教的神学家们所吸收，基督教的很多东西都来源于他。印格教长[1]说，普罗提诺是“柏拉图再世”，并认为如果普罗提诺晚点出生的话，如果改动几个字，就会是一个基督徒了。可见，普罗提诺对中世纪的基督教以及天主教神学，产生了重要的历史影响。不过，基督教在发展过程中经历了很多的变化，且即便是在同一个时代中，它的表现形式也可能是不同的。就这点来说，我们不能同意印格教长所说的关于柏拉图与普罗提诺的影响的话。

提到普罗提诺，我们会想到但丁神曲中的《天堂篇》。在他幻想的永恒世界里，“那首悠扬的天籁之歌，在我们的美妙幻想里传来，在绿玉宝座前永远歌唱着，向着那坐在宝座之上的人而歌唱。”美，是我们能在普罗提诺身上总能找到的东西。在他所生活的年代，感受幸福并不容易，唯有脱离日常生活的世界，深入地去想象、思考，才能在一个悲苦的时代感受到幸福，而这种幸福中还会夹杂有紧张的成分。这不是一种本能的幸福，而是形而上学的乐观主义者的幸福。那些在世俗中遭受不幸，转而到理论世界中寻找安慰的人，追求的正是这一高级幸福。普罗提诺在这些人之中占有极高的地位。

从纯粹的理智方面来说，普罗提诺具有极大的优点。他澄清了柏拉图的许多学说，他提出的反对唯物主义的论证是最好的，他比柏拉图或亚里士多德更清楚地诠释了灵魂与身体的概念和关系。从感性方面来说，他思想纯洁、道德崇高，还十分真诚简单。即便只把他当做一个人而不是理论哲学家，人们也会非常喜欢他。

1　英文原著中为“Dean Inge”。

我们所知的普罗提诺的生平，主要来源于同时是他朋友和弟子的普尔佩里（真实名字是马尔库斯，闪族人）为他所写的一本传记，不过这本传记具有很大传奇成分，可信度不大。

普罗提诺出生于埃及，青年时到亚历山大港求学，师从安莫尼乌斯·萨凯斯——因此也有人认为安莫尼乌斯·萨凯斯才是新柏拉图主义的创立人。普罗提诺参与了罗马皇帝高尔狄安第三次对波斯人的远征，后来皇帝被军队谋杀，他放弃了东征计划，去了罗马讲学。他曾想在罗马附近的康巴尼亚城按照柏拉图的理想国的样子去建立一座新城，但这一计划最终没有得到皇帝的支持。他的写作是从四十九岁之后才开始的，后来由普尔佩里编纂成为作品。

普罗提诺卡尊敬那些“有福的古人”，尤其尊崇柏拉图，但程度不及原子论者。他反对斯多葛派和伊壁鸠鲁派，特别是后者。另外，亚里士多德和巴门尼德对他都有影响。

对于柏拉图的学说，普罗提诺更为欣赏的是理念论、神秘学说以及《筵话篇》中关于爱情的讨论。他自己的《九章集》中提到的柏拉图学说，也只是包含了这几个方面，而没有涉及柏拉图的其他东西，如关于政治、数学和德行的讨论以及柏拉图个人的性格。

普罗提诺的形而上学中有三个概念：太一、精神、灵魂。三者是一体的，太一的地位最高，灵魂的最低。太一可称为“神”或者“善”，除了可以说“太一存在”，不能对它做其他描述，甚至不能说它是“全”的，因为它超于“全”“有”之上，是独立的，既存在又不存在于任何地方。总之，不可定义太一的概念，沉默就是对它最好的诠释。

“精神”在普罗提诺那里原为“nous”，在字典中这个词被解释为“心灵”“心智”，但这样的解释用在哲学中并不恰当。印格教长提出的“精神”最为可取，但这样的翻译忽略了自毕达哥拉斯以后的希腊宗教哲学中包含的理智成分。nous 的活动，大致是指在数学、观念世界以及其他并非源自感觉的事物这方面的一切思想。毕达哥拉斯、柏拉图和普罗提诺都认为这些思想是神圣的，在柏拉图的宗教中，这些思想包含的理智成分也就是基督教认为的 Logos

（道）。在我的讨论里，用“精神”来表示nous的时候，仍不能排除这种理智成分的存在。

在普罗提诺看来，nous是太一的影子，也唯有太一才可以看到它，认识它。这个概念等于告诉我们，见者与被见者是同一个东西。如果按照柏拉图“神是太阳，在神里面发光的和被照亮的是同一东西”这种比喻的话，可以认为，nous就是太一用以看见它自身的光明。他在《九章集》中说，当我们把握住“纯粹的nous”时，我们就可以像那些有智慧的、被神性充满的人一样，创造出知识，通过这些知识，我们将会看到在背后推动我们去创造的那种力量。这种力量比创造了“有”以及属于“有”的其他东西的“神圣的心灵”的力量还要强大，它就是太一的力量。当这个过程发生时，我们便得以和神明接触了，然而这个过程也是不为我们所知的。

至于“灵魂”，普罗提诺认为，当它被来自太一的nous照亮时，它看见了某些东西，并后知后觉，根据这些东西进行推理。如果灵魂不被照亮，它就不会有所追求。所以，灵魂的目的就在于：把握住nous，以此窥见至高无上的太一。正如太阳照亮自身而让人们看见它一样，至高无上的神以它自身的光亮让我们窥见了它。按照普罗提诺的观点，灵魂是双重的，这种把握住神的光亮的灵魂是内在的灵魂，另一种则负责与外界保持联系，它处于一种向下的运动中，并投射出影像，于是有了日、月、星辰以及整个可见的世界。

诺斯替派认为可见的世界是罪恶的，可能是因为他们受了普罗提诺的一种学说的影响，这种学说把自然划归为最低级领域。但是，普罗提诺本人并不认为可见的世界是罪恶的。他还反驳了诺斯替派的这种观点，并提出论证：物质世界之所以处于最低级，并非因为它的低等堕落，而是因为它是通过灵魂根据其对神明的记忆创造出来的；此外，感觉世界中所感知的事物是美丽的，也没有罪恶之说。一个人只要稍微有些音乐感，他必定会感受音乐的美。他的这种感觉也是美丽的，因为，他之所以能够产生这种感觉，首先是因为他真正知觉了理智世界的和谐，他的感觉是一种对真理的记忆的苏醒。

诺斯替派又提到，一切神明的东西和日、月、星辰都是没有联系的，而日、月、星辰是由罪恶的精灵创造的。普罗提诺是这么反驳的：天体是一些和神明相似的生物的身体，它们比人类还要更具有神性。如果说人类的灵魂是神明的、不朽的，它们比人类的灵魂还要纯洁、神圣，但却不是“不朽原则”可以一言以蔽之的。这种说法让人觉得，人类并非孤苦伶仃地存在于物理世界中。

阴郁或者丑陋的东西，不属于普罗提诺的神秘主义的一部分。他认为，由灵魂创造出来的物质并没有独立的实在性。个体的灵魂都会在某个时刻下沉到它的肉体中，促使这个过程发生的动力并非理性，而是一种类似性欲的因素。当灵魂脱离肉体后，它将会在下一个轮回中得到相应的善报或者恶报。生命在轮回中永恒，但记忆却会越来越少，越来越淡。最后，我们仍回到最原始的空白状态，静观那个理智世界。关于普罗提诺对灵魂不朽这一问题的讨论，可见《九章集》第四卷第七篇。

亚里士多德说过，灵魂是身体的形式。普罗提诺反对这一观点，认为如果按照他这么说的话，那根本就不存在理智的行为。斯多葛派认为灵魂既不是物质的也不是某种物体的形式，而是永恒的“本质”。柏拉图的观点和斯多葛派的相似，但这种观点是普罗提诺首次明确诠释出来。普罗提诺提出，欲望让灵魂从高级的理智世界中进入了身体内。欲望虽然不高尚，但也有高尚的时候。当它相对来说最高尚时，灵魂就会具有一种“按照它通过 nous 所见的来创造出美好事物的愿望”。举例来说，在这种欲望状态下，一个音乐家会想要演奏出一首他原来想象的美好音乐。

普罗提诺还认为，灵魂的这种创造愿望同时会带来不幸。因为，一旦它下沉到肉体中，它就会和内在灵魂脱离开来，然后被身体所束缚，而身体是会蒙蔽真理的。

普罗提诺和柏拉图关于灵魂的学说，似乎很难避开这种观点：创世说是错误的。创世说认为，被创造出来的世界，从逻辑上来说可能是最好的，但它具有的美也只是一个摹本所具有的美而已。而按照普罗提诺的观点，灵魂在被 nous 照亮的时候是最好的，这时候它并没有下沉到肉体中，也就是没有去创造。

普罗提诺是这么调和他的学说和诺斯替派的创世观的：

灵魂为什么要创造宇宙？这个问题等于问为什么要有灵魂，创造主为什么要创造。有人提出，永恒也有一个开端，创世就是把一个多变的‘生命’转化为另一种形式的行为。持有这种观点的人，并没有领会“至高无上”的真谛，也诽谤了至高无上者的庄严权力。呈现生命的宇宙，虽然只是神明清楚而美丽的影像，它是一个摹本，但若说它只是一副不确切的摹本那就大错特错了。这个复制品是不可少的，它包含了一个以物理秩序为限的美的画面所能包罗在内的一切东西。

对于某种抽象的美，普罗提诺的感受很独特。在他论述“nous 处于太一和灵魂中间”时，他说过这样的话，大意是：至高无上者搭乘灵魂的车前进，它不会搭乘没有灵魂的车，也不会直接搭乘灵魂。在这个伟大的王行进的过程中，某些美好的东西在前面引领着，走在最前面的行列最小，往后就越来越伟大、高贵，越具有至高无上者的气质，最后就出现了至高无上者的君主。他还在《论理智（nous）美》中说过：“所有的神都如此庄严美丽，以至于我们无法形容，而正是理智，尤其是在他们（日月星辰）内部运行的可见的理智，使得他们如此美丽。”

关于罪恶，普罗提诺认为那是由自由意志产生的，他反对决定论者的观点，尤其反对占星学家。但是，他觉得占星学也并非完全没有可取之处，为此，他想设定占星学的范围，以便它的其他部分可以和自由意志调和起来。他对巫术的态度也是如此，认为圣贤不会被巫师控制。在他所处的时代，他身上的迷信成分是最少的，他的弟子们都比他迷信。

总结普罗提诺学说的优缺点，我认为，值得肯定的是，他信仰的那种寄托了理想与希望的学说，具有道德和理智的成分在里面。自三世纪之后的几个世纪中，西方文明几近被摧毁，幸运的是，由于斯多葛派以及新柏拉图主义的这些学说，当时仅存的神学方面的文明才得以保存了希腊文明中的理智部分。而这也使得后来经院哲学的兴起成为可能，并为文艺复兴时期哲学的复苏打下了基础。

缺点方面，普罗提诺的学说在后来的发展过程中衍生出这么一种观点：只需关照内心，不必管外面的世界，因为关照内心可以看到神明的nous，而向外只会看到可感知的世界中的种种不美好。这种主观性倾向是一个逐渐成长的过程，在苏格拉底、柏拉图、斯多葛派以及伊壁鸠鲁派的学说中都有体现。在最初的时候，它只是会让人倾向于养成一种气质，并未阻碍科学的发展。但它后来逐渐被主观主义所侵染，使得人们视德行为最重要，放弃了科学上的探索，导致越来越少的人会想要通过认识物理世界来改善人类环境。基督教在伦理方面的缺点也是这一点。

总的来说，普罗提诺的学说是一个转折点。它既代表了希腊文明的终结，也预示了基督教世界的到来。它虽然为被失望、绝望折磨了几百年的古代世界所接受，但却不会带来力量。不过，对一个新到来的世界来说，它却能够恰如其分地教导那些野蛮粗鄙、精力过剩的野蛮人。由此看来，是罗马末期的基督教哲学家们将他的学说发展下来，原因也在于此。

卷二

天主教哲学

导言

我所探讨的天主教哲学，指的是从奥古斯丁到文艺复兴时期为止的十个世纪中，支配着欧洲思想的哲学。虽然在这前后也曾出现过不少哲学家，且有的相当伟大，但我认为，唯有此期间的最伟大的哲学家，才跟天主教思想的综合体系的建立有关。在奥古斯丁之前，斯多葛学派和新柏拉图主义者胜于教父，而在文艺复兴之后，就没出现过一个可以继承经院学派或者奥古斯丁传统的伟大哲学家。

本卷中针对这一时期所作的讨论，涉及了哲学和其他方面，其中关于教会的权力是最重要的。在中世纪即大约公元 400 年至公元 1400 年间，教会还只是建立在包含部分哲学的一个教义之上的社会组织，然而当它获得了权力和财富后，它和俗界统治者发生了冲突。其中，罗马和日耳曼的传统是它必须对抗的两大力量，前者根深蒂固地存在于意大利，尤其是法典中，后者则在兴起的封建贵族中获得了支持。不过，最终教会胜利了，原因是这些传统没有在任何恰当的哲学中体现出来。

从思想史上去讨论中世纪的话，我们的讨论不免是片面的：僧侣是这个时期在精神发展方面做出贡献的主要力量；世俗之人此期间在政治方面所做的努力是盲目的；中世纪后期产生的一种与教会文学截然不同的世俗文学非常重要，出现了第一个有充分当代宗教哲学素养并从事写作的世俗人——但丁；一直到十四世纪，为教士所垄断的哲学都是从教会立场上写作的。所以，我们唯有先了解教会制度的成长，尤其是教皇制的形成，才可以进入对中世纪思想的探讨。

与古代世界相比，中世纪存在着僧侣与世俗之人的二元对立、天国与人间的二元对立、灵魂与肉体的二元对立等。所有这些对立都是有历史渊源的，比如灵魂与肉体的对立在柏拉图的著作中就可以找到。无论如何，这一切对立在中世纪的时候都集中表现为教皇与皇帝的二元对立。在这种对立冲突之下，天主教哲学的黑暗时代来临了，西欧的精神活动因此几近停止。

在黑暗时代到来之前，有过两个重要的时期。一是从君士坦丁改宗到鲍依修斯逝世期间，这时候罗马帝国仍然支配着基督教哲学家的思想，社会还是文明的，一个哲学家除了要投合僧侣，也要投合俗众。第二个时期始于大格雷高里之时，即六世纪末。由于他凌驾于蛮族国王之上，导致了僧俗之间的矛盾越来越大。封建贵族制兴起后，其与教会的冲突和纷争持续到了十一世纪，之后，教会才摆脱封建贵族制，欧洲也才走出了黑暗时代。

在此期间，最初的时候，天主教哲学中占统治地位的是奥古斯丁学说，而异教徒主要尊崇柏拉图。第二阶段中，推崇亚里士多德胜过柏拉图的圣托马斯·阿奎那主导了天主教哲学，这时候哲学家们主要借助理性来和那些不相信基督教启示的人进行抗争。不过，这种抗争直到十三世纪才显露出了效果。

十三世纪时，各种思想的综合体系形成，但最终却由于多种因素而遭到破坏。其中一项最重要的因素，是富商的成长。在此之前，封建贵族多是无知的，普通民众则倾向于服从罗马教会，而新兴的商人既有着僧侣的智慧，又精通世俗之事，所以能够与贵族阶级对抗，并受到下层人民的欢迎。他们先是帮助教皇击败了皇帝，然后又试图使经济生活摆脱教会束缚。除了新兴富商这一因素，中世纪时期的结束，跟法兰西、英格兰等强大的民族君主国家的兴起也有关。这些国家联合新兴富商抗击贵族，继而和教皇抗衡。在这种情况下，教皇只得在政治中寻找靠山。到了十五世纪，他们竟卷入意大利权力政治的斗争中，沦为与意大利诸侯无异的一类人。文艺复兴和宗教改革的到来，彻底瓦解了中世纪的综合思想体系。本卷讲的正是这种综合思想体系的成长和衰落。

经历了漫长的中世纪动荡之后，人们对宗教的感情增长了，渴望拥有一种单纯的现世幸福。然而，一直到文艺复兴，这种幸福都不曾出现。而当幸福来临的时候，人们对宗教却没有了那种深切的感情。天主教哲学是这段历史中一个很重要的方面，它属于天主教会的哲学，和近代哲学以及基督教的道德、天主教的伦理、政治有着密切的关系。为此，我决定详细介绍天主教哲学的起源和发展及其意义。在这个过程中，教会和当时的政治发展也有必要提一下，这样才能更好地了解当时的哲学背景。

第一章 犹太人的宗教发展

基督教从后期罗马帝国的文化中吸收了三大元素：柏拉图和新柏拉图主义的哲学观、犹太人的道德观和历史的概念、某些关于救世的学说。我认为，基督教中最重要的犹太成分可以从以下几个方面来说：

第一，基督教中的《圣经》是一部描述了从上帝造物到未来结局，并表明上帝之公正的圣书；

第二，犹太人认为有一部分人是上帝的选民，基督徒同样认为有一部分人为上帝所宠爱；

第三，基督徒从犹太人那里继承了美德的观念，并发展为慈善；

第四，基督徒对待使徒信条的感情，如同犹太人对待律法。这表明，他们同样信仰出自希腊的那种学说：正确的信仰和道德行为一样的重要。此外，基督徒的选民排他性也源自犹太人；

第五，基督徒和犹太人一样信仰弥赛亚，只不过改称为耶稣；

第六，犹太人、基督徒和后期的柏拉图主义者们都相信天国的存在。

下面，我们先考察犹太历史，再回过头去理解基督徒以上信念的起源。

以色列民族最早期的历史我们无从得知，但这并不妨碍我们相信的确存在过大卫和所罗门。不过，在旧约全书里，国王亚哈才是第一个被独立记载的人，在一封公元前853年亚述人的信中曾提到过他。犹太王国自公元前722年被亚述人征服后，便保存了以色列的宗教和传统。公元前606年，亚述国灭亡。犹太国王幸存了一段短时间。之后的半个多世纪，巴比伦国王尼布甲尼撒攻陷耶路撒冷，犹太人被掳到巴比伦，巴比伦被米底人和波斯人的王居鲁士[1]所灭，居鲁士发令允许犹太人返回巴勒斯坦。在尼希米和伊斯拉的领导下，许多人回到了巴勒斯坦，重建圣殿，犹太正教开始形成。

动荡的历史让犹太教发生了很大的变化。最初，以色列和其他部落一样属于多神崇拜，但是后来以色列人公认信仰的神只有亚威了，亚威是一个保护以色列子孙的神。十诫第一条中说："除我之外，你不可信仰其他神。"这表明，在犹太人被掳到巴比伦前，以色列的宗教有了革新，早期先知们的各种经文中对此也有记录。异教崇拜从此被认为是有罪的，会受到主的惩罚。《耶利米书》中还记载了一个故事：在埃及的犹太人敬拜其他的神，先知耶利米去到那里后告诉他们说亚威会惩罚他们。这种只承认一种宗教而认为其他宗教都是邪教的观点，是这些先知所创，是极端民族主义的。这些先知们总是期待他们的主将会帮他们灭掉所有的外来人。

被掳后，以色列人更加相信先知的警告，相信了亚威是至高无上的全能之神。他们还认为，是自己的罪恶给自己带来了苦难，唯有通过惩戒才能使自己得到净化。在这种观念之下，那些流亡的犹太人的宗教观念也变得更加严苛，更加排斥其他的宗教。但是，留下来的那部分犹太人却没有发生这种变化。

犹太人和其他古代民族有个突出的不同点，那就是他们的民族尊严感特别强烈。在被征服后，他们仍保持那种唯我独尊的信仰，不会像其他民族一样，从内到外都表现出对胜利者的服从。他们相信，他们的苦难不是其他原因造成的，而是因为上帝惩罚他们不坚贞的信仰。旧约中有关历史的部分，大部分都是被掳后编成的，让人误以为，以色列在最早前有一种严谨保守的宗教习俗，所以才反对其他神崇拜。事实并非如此。从历史眼观来看的话，犹太教的先知们都是些革新家，这是以非历史的眼光读《圣经》的不同之处。

流亡期间的一些事情，后来成为犹太教的特征。当然，这些事情的一部分

1　居鲁士：圣经上称之为古列。

来源于他们自身已有的根源。流亡期间，犹太人的圣殿被毁了，改建立起了犹太人会堂，安息日和割礼也因此被强调起来。另外律法、禁止与外族人联姻的习俗，也是在这一时期形成的，这样是为了维护民族的统一性。《以赛亚书》由两个先知写成，其中一个是在被掳后写作，他被称为“第二以赛亚”，是犹太先知中最卓越的一位。他关于弥赛亚的预言，被后世引以证明先知们预见了基督降临。

伊斯拉和尼希米死后，犹太人隐匿于历史背后，但他们的国家并没有消失，只是仅仅占据着耶路撒冷四周十至十五英里的地方。马其顿帝国的分裂时期，托勒密王朝和塞琉西王朝为争夺这块小地方而冲突了很久。然而，战争基本没有发生在犹太人的疆土上，因此犹太人的宗教得以保存了下来。他们这一时期的道德戒律记载在《智慧书》中。

《智慧书》大约写成于公元前 200 年，最先发现了希腊文的版本，最近又发现了一部希伯来文的版本，两者稍有出入。大体上来说，书中讲述的道德见解都是很世俗的，诸如教导人诚实、施舍。从书中对医药的赞美还可知希腊对他们的影响。严酷对待奴隶，蔑视妇女，也是书的观点。

犹太人的安宁只持续了短暂的一段时间。安提阿古四世成为塞琉西王朝的统治者后，于公元前 175 年在耶路撒冷兴建了一座体育场，意图通过体育文化，使得全部国土希腊化。犹太人强烈抗议这种行为，并引发了暴动。安提阿古四世大为震怒，决定根除犹太教。他下令废除了安息日、用猪肉献祭以及禁止男孩受割礼，规定处死所有抵抗者。在这场冲突中，服从的人很多，抗议的人也很多，死去的也很多。《马加比一书》记载了这段历史。

在这时，灵魂不死的教义已经普遍深入犹太人的信仰中。然而，现实中有德的人却也会遭到杀害。犹太人因此认为善恶不会在今生得到报应，他们便改信来世才会得到相应的奖罚。在这种情况下，犹太人中一个名叫犹大·马加比的人领导了叛变。他最后同罗马谈判，获得了完全的自治权。他的家族在希律王时开始世袭大祭司的职位。

安提阿古四世对犹太人实施迫害的这段时期，犹太人表现了可贵的英勇，这一时期在犹太历史上极为重要。流亡在外的犹太人日趋希腊化，而在犹太的犹太人为数不多，在他们中间也有部分权势者接受了希腊式的变革。如果不是哈西第姆党人抗议这种希腊化趋势，犹太教可能早就不存在了，基督教或者伊斯兰教的历史也会改变。正如汤森德说的，是马加比家族拯救了犹太教，这一家族的殉道者流的鲜血成了教会的种子。

然而，后来的犹太人并不尊崇马加比家的人，因为他们在有了权势后，和世俗妥协了。唯有殉道者，才会印刻在人们的心中。马加比第四书就讲了这样一个故事，说的是安提阿古拷问反叛的一个老人和七个兄弟，但他们都没有屈服，宁死也不吃猪肉，最后都被杀害了。国王借此教育他的士兵，他说自己希望他们也能像那几个人一样勇敢。以上叙述当然有润色成份，但迫害的残酷和表现的英勇却是真实的，割礼与吃猪肉问题则是主要争论点。

马加比第四书大约写于基督时代的亚历山大港，这本书的作者显然是个正统教派的犹太人，但书中却包含有斯多葛派的哲学。亚历山大港的犹太人，虽然愿意学习希腊哲学，但这却不妨碍他们继续严格地保持自己的律法，尤其是受割礼、守安息日以及禁止吃猪肉之类。自尼希米到公元 70 年耶路撒冷陷落，他们对这些律法重视到以至于造成了对新事物的排斥，这破坏了他们的创造性。犹太民族的这种顽固性，凸显了反对律法统治的圣保罗的优秀。

如果不了解基督降生之前的犹太文学，很容易认为新约全书是犹太文化的一个崭新的开端。事实上，从描述犹太先知的热情这方面来看，以诺书则有趣得多。以诺书是一部作品集，其中最早的著作完成于比马加比时代还要早的时期，最晚的大约写于公元前 64 年，书中大部分讲述的是长老以诺在神的启示下所见到的异象。从犹太教转向基督教的一派人、新约全书的作者、早期基督教的教父等，都把这部书视为正典。但由于它遭到圣杰罗姆和圣奥古斯丁的鄙弃，所以渐渐失传。直到十九世纪，人们才在阿比西尼亚发现了三部用埃塞俄比亚文写成的稿本，然后又发现了希腊文和拉丁文的部分文稿。据说，原书一部分由希伯来文写成，一部分用阿拉姆文写成。

以诺书的作者有一些是哈西第姆党人，也就是法利赛人的祖先，因此书中出现了对国王和亲王——哈斯模尼亚王朝和撒都该人的攻击。此书的写作体裁主要是“寓言”式的，从写作质量来看良莠不齐。在内容上，它讲述了天堂、地狱、天文学、罪恶和正义等。书中最后一段话是：“上帝不会欺骗正义的信徒。当他们发出正义的灿烂之光时，会看到那些心灵黑暗的人被带到黑暗中去。即便他们拼命呼救着，但仍是要到那早就为他们预定好的黑暗之地中。”

犹太人和基督徒是一样的，关于罪恶想得很多，但很少会想到自己的罪恶。后来，基督教进行改革，提出了自己也是罪人，而基督徒也努力去适应这种谦卑思想。然而，犹太人仍然保持原样。不过，在基督降临不久前，正统犹太人中也有例外。写成于公元前 109 至公元前 107 年间的《十二位先祖的遗书》的作者就是一个法利赛人，他的伦理教训就和福音书中所讲的相似，诸如“你们要彼此相爱，要平心静气地对待得罪你的人，不能想着欺诈报仇”“我爱主，也爱每一个人”“愤怒会遮蔽你的双眼，让你看不清他人的真面孔”“仇恨是一种恶，它还经常带来谎言”等。

是《福音书》让基督徒憎恨法利赛人的，然而这本书却是受了一个法利赛人的影响而写成。为什么会这样呢？原因就是，写作了《十二位先祖的遗书》的作者是特别的。在他所在的年代中，以诺书里面的教义才是广泛被接受的，然后如我们所知，事物是会僵化的。视律法为绝对真理的法利赛人，思想感情日趋保守。如查理士[1]博士所说，这种保守使得他们日渐专注于对律法字词的研究，以致《十二位先祖的遗书》没有了伦理体系发展的空间。早期哈西第姆党人真正的继承者和信徒由此都脱离了犹太教，转向基督教。

回到犹太历史中来。在经过马加比家族作为大祭司的统治后，马可·安东尼任命他的朋友希律作了犹太人的王。希律热衷冒险，常生活于罗马，基本没有犹太人的那种虔诚信仰。虽然他的妻子有犹太背景，但因为他是一个伊都米亚人，所以犹太人并不信任他。屋大维战胜安东尼后，希律背叛了安东尼。

希律曾努力想让犹太人服从于他，他还重建了圣殿来迎合他们。但是，他

1　以诺书原文的英译本的作者，他在书中的序言很有价值。

的圣殿是希腊式的建筑风格，且正门上方雕了一只巨大的金鹰，这违反了犹太人的第二条诫命。法利赛人听闻他即将死去后，就去拆了那只鹰，但是，传闻是假的。希律后来处死了一些法利赛人。公元前4年，希律去世，不久，罗马人就废除了国王制，犹太国由此被一个总督统治。公元66年，犹太人发动叛变，结果失败了，耶路撒冷于公元70年被攻陷，许多犹太人再次逃亡。

这个时候，那些早在好几个世纪之前就开始流亡的犹太人已经具有了很大的势力。被掳到巴比伦的犹太人，有许多人留在了那里，并学会了经商，他们变得富有起来。在亚历山大港建成之后，他们又迁居到那里，并形成了一个和今天的犹太区有所不同的犹太人区域。这个指定区域的设置，本来是为了避免受到外族人的侵染。然而实际上，在亚历山大港的犹太人越来越希腊化，且情况比在犹太境内的犹太人还要严重，他们甚至忘了希伯来语。这也是为什么《旧约全书》会被犹太人翻译成希腊文以及《旧约圣经》为什么会有七十人译本的原因。

希腊文化对犹太人的影响，最明显地体现在和基督同时代的哲学家费罗身上。费罗在宗教上是个正统的犹太教派，但在哲学上是个柏拉图主义者，此外，斯多葛主义以及毕达哥拉斯主义都影响了他。他还试图找出一个使希腊哲学和希伯来经典可以相融的方法。在古代，犹太人分布在各个大城市中，犹太教的影响因此越来越广泛，区域甚至延伸到了俄罗斯南部。

正统犹太教因耶路撒冷失陷于尼布甲尼撒而变得越发正统、越发狭隘，基督教在一世纪之后也变得狭隘起来，并和犹太教形成一种彻底的敌对关系。整个中世纪，犹太人受到了基督教国家的迫害，他们也无力去发展文明了。回教成为了他们的避风港，他们和回教徒建立了良好关系，并得以钻研哲学，犹太人的启蒙性思辨也是在这时候产生的。在摩尔人统治下的西班牙，犹太人还做出了一些学问上的贡献。曼梅尼德斯就是一个最好的例子，他被认为是促使斯宾诺莎哲学产生的主要人物。当西班牙被基督徒征服时，也主要是犹太人将摩尔人的学问传给了西班牙人。

犹太学者通晓希伯来文、希腊文和阿拉伯文，并将亚里士多德等人的哲学传授给了其他学问不深的经院学者。这种影响是深远的。但自中世纪以之后，犹太人即便对文明有很大贡献，但也仅仅是个人贡献，算不上民族意义的贡献了。

第二章 基督教最初的四个世纪

基督教来源于犹太教，是犹太人对犹太教革新之后的产物。圣雅各、圣彼得都曾希望它不会超出犹太人的范围。后来，圣保罗允许外族人入教，且允许他们不受割礼和遵守摩西的律法。基督徒社团就是在这种情况下成立起来的。该社团中，一部分是主张改革犹太教的犹太人，一部分是接受了犹太教这种改革的外族人。

犹太教的割礼习俗以及在食物方面的清规戒律，是妨碍希伯来宗教普及的主要元素。圣保罗的做法，使得犹太教保留了吸引人的地方，去除了外族人难以接受的条件，在一个宗教信仰崩溃的时代产生了一种新的宗教，即基督教。

希腊人极其厌恶把犹太人视为上帝的选民这种观点，诺斯替派尤甚。他们或者他们中的一部分人认为，感性是劣等神创造出来的，这个神就是旧约全书中犹太人崇拜的亚威。诺斯替派虽然憎恨犹太人，却又尊崇基督，他们的这种观点，为哲学的异教主义和基督教找到了一个折衷方案。后来的摩尼教也运用了这种方法，圣奥古斯丁就是通过摩尼教转入了天主教的信仰。

在基督教未成为国教之前，诺斯替教和摩尼教是主流教派。在政府改信基督教之后，这两个教派隐匿于背后，仍具有一定的势力。诺斯替教义中的一个观点说，耶稣也是一个凡人，他在受洗时被上帝之子附身，当他受难时，神之子离开了他。穆罕默德曾采用这一观点，但他认为耶稣不是神，而是先知。他还认为先知的结局不应那么悲惨，于是又借用了幻影教派（Docetics，属于诺斯替教一支派）的学说，称被钉在十字架上的只是一个幻影。伊斯兰教的正统教义中，就这样混杂了诺斯替教义的一些成分。

基督徒和犹太人的敌对由来已久。基督徒因为犹太人不承认基督降世的预言而仇视犹太人，基督徒废弃摩西的律法而改以爱上帝和爱邻居这两条戒律，这也不符合犹太人的做法。基督教成为国教后，反闪族主义[1]盛行，但在基督教罗马帝国时代，这样的结果究竟引起了多大的效应，我们无从得知。

犹太人的神学发展很单纯。亚威原本是一个部落神，后来发展成为全能的上帝，但因为这个上帝并没有关照现世，所以犹太人信仰起了天国、灵魂不死以及来世报应。在整个发展过程中，都没有任何复杂的形而上学的东西在里头。犹太人神学方面的这种单纯性，在马太、马可、路加三福音书中仍可以看出来，但在约翰福音中就没有了。这是因为，当基督教越发希腊化时，它也就越发神学化，于是约翰福音书中的基督就和柏拉图、斯多葛等学派的逻各斯等同了。

奥利根是促成希腊哲学和希伯来经典结合起来的一个重要人物，他和普罗提诺同时代，两个人曾一起师从安莫尼乌斯·萨凯斯，他们的学说也非常相似。奥利根认为只有上帝才不具形体，星辰有生命、有理性、有上帝赋予的灵魂，太阳也能犯罪，人的灵魂自创世就有，精神（nous）堕落就会变成灵魂，所有灵魂最后都归顺于至高无上者，都会得救。奥利根的观点中，有几点都属于邪说性质，如这一条：所有灵魂都会得救，哪怕是魔鬼的灵魂。为此，他虽然被视为教父之一，但却受到后世的谴责。圣杰罗姆原先崇拜他，后来也驳斥他。

奥利根最重要的著作是《反希尔萨斯论》。希尔萨斯提出基督教出自犹太人，犹太人是蛮族，蛮族的教义只有希腊人才能体会。奥利根反驳说，任何人都可以判定福音书中的真实性，因为它本身可以论证自身，且“比一切希腊辩证法所证实的还要神圣”，而它的使徒称这种神圣是“圣灵和权能的显示”。这种说法表明了基督教哲学的一个特征，也就是有关信仰的双重论证：通过正确运用纯粹理性，就可以具有基督徒信仰的本质；圣经已经充分地证明了这些本质。直到文艺复兴时，基督教哲学家仍承认这种论证是对的。

1　闪族包括许多民族，阿拉伯人和犹太人都属于闪族，但“反闪族主义”主要反对犹太人。

奥利根的一些论证很奇怪，比如他认为魔法师用不同的语言来向上帝祈求会得到不同的效果，要知道，在魔法中，名称是很重要的。当他们说的是“亚伯拉罕的上帝”时，祈求最有效。虽然这种言论很怪诞，但这表明当时很多著名的宗教符咒都为魔法师所用。不过，按照奥利根的观点的话，施魔法时用源于希伯来的符咒才是最有效的。

政治上，奥利根认为基督徒不应参政，但可以在教会里承担工作。这种教义在君士坦丁之后有所变革，但其中一部分保留了下来。今天还保存有这种教义的痕迹，比如认为政治事务是世俗的。

最初的三个世纪，基督教发展缓慢。君士坦丁确立基督教为国教后，主教选举制确立，教会有了自己的中央集权行政机构，还曾被授予司法权和行政权。这样，曾让君士坦丁倍感烦恼的天主教派和阿利乌斯教派的争端也得到了解决。为了继续联合两者，君士坦丁还召开了万国基督教尼西亚会议，制定了尼西亚信条，规定正统教义永远不变。东西罗马帝国分立后，虽然教皇权威不为东罗马帝国所承认，但万国基督教会议仍得以照常召开。关于教皇的权力问题，在以后的章节我再讨论。

关于君士坦丁对基督教的改革，众说纷纭。吉朋[1]《罗马帝国衰亡史》中列举了君士坦丁之前的基督教有五大重要特征，并认为这是促使君士坦丁改革宗教的因素：

> 基督徒继承了犹太人那种不屈不挠的顽固，对罪恶绝不宽容，但没有犹太人的狭隘和保守；
>
> 基督教关于来世的教义有所改进；
>
> 原始教会行奇迹的权能在基督教展示；
>
> 基督徒都是纯洁严肃的；
>
> 基督教的团队精神使得他们形成了一个日益独立壮大的组织。

1 吉朋（1737—1794）：英国近代杰出的历史学家。

大概说来，这种分析是正确的，但有必要做一些补充说明：

第一，在第一条提到的基督徒那种绝对不宽容的热情，在现在更为严重。如今的大多数基督徒都认为，如不是基督教的忠实信徒，死后就无法进入天堂，还会受到惩罚；

第二，“来世”教义是源自于犹太人，而犹太人是从希腊人那里继承过来的，希腊人又是从奥尔弗斯教徒那继承过来的；

第三，关于神的奇迹，是很多宗教都有的说法，这只是作为一种宣传。基督教之所以能够充分利用这种宣传，是因为他们有一部讲述世界由来和结局的圣书，也就是圣经；

第四，第四条中吉朋对基督徒道德的肯定，总的说来是正确的。在君士坦丁之前，基督徒屡遭迫害。他们坚信唯有有德的人才会升天，无德之人会下地狱。这种信念一直在基督教中保存了下来。

吉朋提到的第五条尤其重要。即便是从政治观点，团结和纪律也是一个组织要想强大而必不可少的。君士坦丁看中了这点，认为拉拢基督徒十分有必要，因为那样他就可以获得这个强大组织的拥护。在近代社会中，这种做法就叫拉票。当然，当时也有人反对基督徒，但这些人零零散散，并未形成一个组织，在政治上不会产生什么影响。可以说，基督教当时的组织形式，在今天来说虽不足为奇，但在当时却是崭新的。

然而，当基督徒获得政治权利后，他们却陷入了内部的争斗中，僧侣们为了争夺权力和财富互相攻讦。君士坦丁在世的时候，他对神学家的争论保持中立态度。在他死后直到公元 379 年狄奥多修斯继位为止，除叛教者朱利安以外，其他皇帝都在不同程度上倾向于阿斯教派。在这期间，大约生活于公元 297 年至公元 373 年间的阿萨那修斯比较重要，他坚定不移地维护着尼西亚正统教义。

在阿萨那修斯所处的时代，引发基督徒争议的两个问题仍然存在着：三位一体的问题以及道成肉身的问题。对于第二个问题，亚历山大港的祭司阿利乌斯的回答是，圣子是圣父创造的，两者并不相等。他的这种观点大体得到了普遍认同，但到了四世纪，很多神学家都反对这一见解，改认为圣子和圣父本质上是一样的。在公元 325 年的尼西亚会议上，神学家还各自提出了不同的修正意见。这个问题一直遗留到了公元 451 年的卡勒西顿会议。在这个争论过程中，阿萨那修斯从公元 328 年起直到他去世，都一直担任亚历山大港的主教。他坚决拥护尼西亚正统教义，为此还多次被流放，他获得了埃及人的支持。

这场神学争论的结果是：君士坦丁堡和亚洲倾向于阿利乌斯教派，埃及追随阿萨那修斯，西罗马坚决奉行尼西亚会议的决议案。后来，类似的新争论时不时还会出现。在整个过程中，埃及和叙利亚都属于异端的代表，并为此受到正统教派的迫害。东罗马帝国，也正是因为不同地区的信仰不同而分裂了。

叛教者朱利安生于公元 361 年至公元 363 年间，他对基督徒内部的争端保持中立。公元 379 年，全力支持天主教的狄奥多修斯继位，争论随之结束。阿利乌斯教派转移到西方，获得了西方统治者的支持，但他们在西方的势力只保持了一个世纪。在该世纪末的时候，属于正统教派的查士丁尼、伦巴底人和弗兰克人灭亡了该教，天主教由此获得了决定性的胜利。

第三章 教会的三个博士

圣安布罗斯、圣杰罗姆、圣奥古斯丁是同时代的人，在朱利安的统治时期，他们还都很年轻。三人都被称为西方教会的博士，其中圣奥古斯丁是最重要的。

安布罗斯在四世纪末时任西罗马帝国首都米兰的主教，经常出入皇宫，在皇帝面前毫无低等感。他和皇帝的往来可以说明当代政治和宗教的关系中的普遍特征：当国家衰弱，统治者无能时，君王也只能采用权宜之计，屈从于教会。刚兴起的教会的领导却能从长远利益出发，哪怕牺牲自己一切利益也在所不惜。他们的政策长远，因此为现世带来一千年间的胜利，当然，教会行为中必定有某种狂热和迷信成分在里头，但如果没有前人们所做的这些丰功伟绩的话，宗教改革也不会获得成功。

安布罗斯的父亲曾是高卢人的总督，这使他更有机会服务于国家。十三岁直至成年时，他在罗马接受教育，学习了希腊语和法律。三十岁他被选为利古里亚和以米里亚两个城市的总督，四年后他打败了一个阿利乌斯派的候选人，荣升为米兰市主教。自此之后，他将余生都献给了教会事业。在他任主教的头九年间，西罗马帝国的皇帝是格雷萨。格雷萨不务政事，死于暗杀。之后，在西罗马帝国权势很大的马可希穆斯篡位。但在意大利，西罗马帝国先皇瓦伦提尼安一世的另一个儿子，也就是格雷萨的弟弟瓦伦提尼安二世继承了王位。瓦伦提尼安还未成年，最初由其母亲，即瓦伦提尼安一世的皇后查士丁娜摄政。查士丁娜属于阿利乌斯教派，和安布罗斯是敌对的。

本章中所述的三位圣徒都留下了很多书信，使我们对他们的了解较为详尽。奥古斯丁的信主要是关于教义和教会的戒律问题，杰罗姆的信主要写给妇女，劝告她们保持贞洁，安布罗斯的最有趣，主要写给皇帝，指出他们为政的对错，让他们恪守皇帝职责。

安布罗斯任主教后，第一个要解决的问题就是罗马的胜利女神祭坛与塑像的问题。神像曾被君士坦丁的儿子君士坦丁乌斯撤销，后被叛教者朱利安恢复，复被格雷萨撤销，以罗马市市长西马库斯为首的、有着顽固的异教信仰的元老院代表们，提出了恢复神像的要求。基督徒元老院议员反对这一要求，安布罗斯和教皇达马修斯自然倾向于他们这一边，他们说通皇帝格雷萨，拒绝了恢复神像的要求。格雷萨死后，西马库斯和异教徒的元老院议员们又向新皇帝瓦伦提尼安二世提出了同样的要求，安布罗斯于是写信给皇帝，让他拒绝这一要求。

他在信中指明，如果所有罗马人都应该为皇帝服兵役的话，那么皇帝也应该为全能的上帝服兵役。他还列举了基督教教会基金的正当用途，并带有威胁性地说，如果皇帝同意了异教徒元老们提出的要求，那么当他走进基督教会的时候，“必将找不到一个祭司，即便找到也必定是反对陛下的。”圣安布罗斯再次说服了皇帝，但之后偏袒异教徒的尤吉尼乌斯篡位，再次恢复了胜利女神祭坛及其塑像。公元394年，狄奥多修斯打败尤吉尼乌斯，关于神像的问题才最彻底如基督徒所愿地得到解决。

安布罗斯最初和皇室保持良好关系，但是，在皇太后查士丁娜提出把米兰的一个教会交给阿利乌斯派后，这种友好关系就破碎了。阿利乌斯教派的哥特人队伍和支持安布罗斯的群众在巴希里卡[1]对峙，当局命令安布罗斯交出巴希里卡，还同时向军队下达命令在必要时动用武力。但是，安布洛斯拒绝使用武力。当别人斥责煽动群众时，他回答说："我的权限可以使他们不至于激动起来，但是，只有上帝才能让他们平静。"由于市民中没有一人是阿利乌斯教派，所以阿利乌斯教派也无人敢行动。最终，皇帝作出了让步。安布罗斯再次取得的胜利证明了在某些事务上教会比政府更有权力，这项原则直到今日仍具有重要性。

在狄奥多修斯统治期间，安布罗斯曾和他有过两次冲突。一次是因为一座犹太人会堂被烧毁事件。狄奥多修斯命令严惩纵火犯，并责令案件主谋即当地主教重建犹太人会堂。他的做法让安布罗斯觉得他是在偏袒犹太教，仇视基督教。安布罗斯认为，烧毁犹太人的教堂不是什么罪行，不必惩罚任何人。他的见解表明，教会获得权力后开始煽动反闪族主义情绪。另一次冲突发生在公元390年，当时因为帖撒罗尼迦的军官被暴徒杀害，狄奥多修斯下令屠杀当地至少七百名群众，进行了一次骇人听闻的报复。安布罗斯劝阻他，但他没有听从。安布罗斯在事后写信给狄奥多修斯，让他忏悔认罪。这次，狄奥多修斯听从了他，在米兰教堂脱下紫袍，在众人面前进行忏悔。此后，直到狄奥多修斯逝世，俩人都不再有过矛盾。

作为一个学者，安布罗斯不如杰罗姆，作为一个哲学家，他次于奥古斯丁，但他具有卓越的政治才能。和另外两位相比，安布罗斯以自己的智谋巩固了教会权力，从这方面来说，他无疑是最优秀的。

杰罗姆主要是一名著名的翻译家，今天天主教会公认的圣经，就是他翻译的拉丁语圣经版本。基督徒认为，自基督教兴起后，犹太人篡改了希伯来文原典中的关于预言弥赛亚的部分。杰罗姆不认可基督徒的这种批评，他的翻译依照犹太人视为正确的希伯来文原典，他因此在最初的时候被很多人敌视。但是，

1　巴希里卡：一种长方形会堂，为古罗马断案、集会的场所。仿照这类形式建筑的教堂通用此名字。

由于其译本中的大部分都无可挑剔，所以世人最终承认了他的译本。

杰罗姆比安布罗斯小五岁，出生于公元345年。杰罗姆的家境一般，在二十一岁的时候他来到了罗马，期间犯过道德罪。之后他游历高卢，并回到家乡阿奎利亚短暂定居，成为一个禁欲主义者。后来他又到了叙利亚的偏僻之地，隐居五年后又开始游历生涯：到过君士坦丁堡，在罗马生活了三年。在罗马期间，他成为教皇达马修斯的朋友兼顾问，也正是在达马修斯的勉励下，他翻译了圣经。

杰罗姆的显著特征有两个：容易争论；经常用书信劝告他人。他和多人有过争论，和奥古斯丁争论圣彼得的某些问题，和他的朋友卢芬纳斯争论奥利根的问题，达马修斯去世后，他和新教皇似乎也有过争论。他写信劝告罗马城中的一些笃信的妇女过禁欲生活，这引起新教皇和许多罗马人的不满。由于这件事以及其他一些事情，他离开了罗马。从公元386年到公元420年间，他一直居住在伯利恒城直到去世。

有两个女人跟杰罗姆的关系十分亲密，她们是一对孤寡母女，是被杰罗姆劝说禁欲的对象，母亲名为保拉，女儿名为尤思特希穆。杰罗姆离开罗马去伯利恒的时候，出身贵族阶级的这对母女一直在路上陪伴着他。保拉去世后，杰罗姆为她写墓志铭，称她是“塞庇欧的孩子”“为了基督而选择伯利恒城的人”[1]。

杰罗姆写给尤思特希穆的一些信内容繁杂，有劝她保持童贞的、有解释旧约圣经的、有用一种神秘主义来说明性爱生活并借此来赞扬修女的，还有叙述他和亲友断绝关系以及他自己的苦恼的。

杰罗姆的书信，比他的其他任何作品，都更为显著地表达了他对正在衰亡的罗马帝国的感情。他在一封信中说：“罗马正在衰落，我们却不会低头，反要高昂起头来。”在写这封信的十七年后，也就是罗马被劫掠之后的第三年，他在给一个朋友的信中说：“世界就要灭亡，是的！然而，真可耻啊，我们的罪还在继续着……我们跟没有明天似的活着，又好像我们永远不会死一样在忙碌地建

1　这两句引用的话出自《尼西亚会议以来诸教父选集》。

设着，我们把建筑装饰得辉煌无比，而基督却像一个走投无路的穷人般在我们面前赤裸裸地饿死掉。”

杰罗姆对世界的衰亡有一种沉重的历史感，但即便是这样，他还认为劝服人们禁欲的事业比获取民族战争的胜利更为重要。他从未真正地关心过国家的历史，在实践中也总是远离世俗事务。不仅他是这样，安布罗斯和我们以下提到的奥古斯丁也是如此。一个时代中的思想精英都无心拯救民族于危亡时刻，罗马帝国的衰亡也就不足为奇了；教人忍耐、给人希望的基督教在这时得以更加稳固根基，也就可以理解了。

圣奥古斯丁比杰罗姆晚出生九年，他是非洲本地人，大半生都是在非洲度过的。他的母亲是个基督徒，父亲不是。奥古斯丁最初信仰摩尼教，后来改信天主教，并在米兰接受了安布罗斯的洗礼。大概从396年起，他在距离迦太基不远的希波地区担任当地主教，此后一直在那里生活到公元430年直到去世。

在《忏悔录》中，奥古斯丁详尽地叙述了他的青少年时代。《忏悔录》是他最重要的作品，也是直到他为止的历史中最优秀的一部著作。后世许多有名的作家都效仿他的这种写作方式，卢梭和托尔斯泰就在其中。《忏悔录》中有关奥古斯丁的第一件事，是当他和伙伴去偷邻居家的梨时他的思考。他认为在自己不饿的情况下，这种偷窃行为就是由一种对邪恶的爱好使然，是罪恶的，因此他请求上帝的宽恕。对这件事情，他用了七章来反省。这在现代人看来几近病态，但从他的年代来说，这种长篇大论的反省则代表了心智的神圣。

当时，犹太民族也有非常强烈的罪恶意识，这种意识是他们抚慰失败后的自尊心的一种方法。他们认为，自己身上体现了上帝的所有目的。唯有经历苦难，才能达到最高的善，即公义。接受惩罚是必须的，上帝对他们的惩罚是基于仁爱。

由于教会和犹太人一样经历了各种苦难，所以也具有犹太人那种强烈的罪恶意识。但是，这时候的罪恶问题已经发生了根本性的变化。

犹太人认为，自己民族的自负导致他们犯了罪并受到惩罚。基督教继承了这种罪恶意识和自负心，但他们认为自负是个人的，与教会无关。基督神学中也把教会和个人灵魂分开来讲，后世天主教徒和新教徒就分别注重前者和后者。但奥古斯丁认为这两者是同等的，他认为灵魂和神虽有直接关系——上帝预先拯救谁，但仍不可缺少教会这个媒介。一个人是否罪恶，就决定了他会被神如何处置。

奥古斯丁在《忏悔录》中叙述了他的学习经历。他说他轻松愉快地学会了拉丁语，但因在学校学习希腊语时受到过残酷的惩罚，所以他非常讨厌希腊语。他讲述这个经历，并不是为了得出“温和教育的方法可以更鼓励人学习”这样的结论，而是为了说明，学习上帝的律法也是靠“可怕的义务感”，这个过程必然会有痛苦，但痛苦是有益的，所以他最终远离了那“有害的快乐”，回到了上帝的面前。他所说的“有害的快乐”，就是那种出于个人喜好所追求的快乐。按照他的这种说法，逼迫、鞭策也是教育工作中的一种重要手段。那些认为人天生有罪的人，应该会接受这种逻辑。奥古斯丁在接下来的讲述中就提到，他在儿童时期的说谎、偷东西吃也都是犯罪，他甚至认为婴儿的贪食、嫉妒等都属于罪恶。

他的罪恶意识在进入青春期后经历了不同阶段的发展。他说，刚进入青春期时，他被“人世间那邪恶的情欲”支配了，他不知道距离天堂的快乐有多远了。他的父亲不关心他的情欲困惑，只关心他的学业，他的母亲则劝他保持童贞，原因是害怕家庭负担会妨碍他的前途。但这些毫无成效。十六岁时，他去到了迦太基，和一个妇人相爱了。他说自己的周围“沸腾着狂妄的爱情”，他在享受自己的爱人时虽然感到甜蜜，却又自责“竟以污秽的淫欲玷污了友谊的清泉，让淫猥的地狱挡住了它的光芒”。他的迦太基恋人为他生了一个孩子，但他的母亲没有允许这段爱情，而是让他娶另一个少女。他的爱人回到了非洲，把孩子留给了他。在他和那个年幼的未婚妻结婚前，他又隐秘地爱上了另一个女人。他的良心使他越发不安，请求上帝赐给他贞操和克制的毅力，最终，宗教在他心中获胜了，他谁也没有选择，自此过着独身生活。

下一节中，我将对奥古斯丁的哲学和神学做详细讨论。在此，先大概说一下他是如何投身于哲学和神学中的。

奥古斯丁是在 19 岁学成修辞学的，也是在这个时期，他通过西塞罗的作品接触了哲学，并信奉起摩尼教。当了修辞学的专业教师后，他还热情地钻研起了占星术。不过，他后来还是摒弃了摩尼教和占星术。有意思的是，他最初反对摩尼教的一些理由中还含有跟科学有关的成分。他说，摩尼吉乌斯的与天文有关的许多学说，都不符合他自己验证的结果。为此，他还找来了当时摩尼教中一位学问很高的主教和他进行辩论。但他发现这位主教只略懂语法，对其他学科一无所知。该主教也承认了自己的无知，这倒让奥古斯丁对他有了好感。他说："正直、谦虚的精神，比我要探求的知识更具有魅力。"这种豁达在那个时代极为少见，也和奥古斯丁晚年对异端者的态度形成强烈对比。

摒弃了摩尼教后，奥古斯丁去到了罗马做老师。在罗马生活一年后，罗马市市长西马库斯长官派遣他到米兰做老师，他因此得以结识了在米兰的安布罗斯。最初，由于持有的一部分怀疑主义，他还没有信奉天主教的决心。后来受安布罗斯的影响以及他母亲的教化，他最终信仰了天主教。

第四章 奥古斯丁的哲学和视觉

圣奥古斯丁的著作涉及神学、时事、哲学等，在此只讨论我认为重要的三大部分：他的纯粹哲学、他的《上帝之城》中所展示的历史哲学以及他提出的反对裴拉鸠斯教派的救赎理论。

一、奥古斯丁的纯粹哲学

在纯粹哲学方面，奥古斯丁的见解是最重要的。他的《忏悔录》第十一卷是他最好的纯粹哲学作品，其中他针对《创世纪》第一章提出了质疑，并假想出一个反对者来和他展开论证。

柏拉图和亚里士多德论及创世时，都认为世界是一种永恒的原始物质，并非为上帝所创，但由上帝赋予了其形相。奥古斯丁和正统基督教徒一样，认为世界是从无中创造出来的，上帝是创造者，并且负责了安排整顿。这一观点为希腊人所反对，希腊人后来运用一种泛神论来进行反驳。泛神论认为上帝与世界是一体的，世界万物皆为上帝的一部分。斯宾诺莎和几乎所有的神秘主义者都赞同泛神论，基督徒中的神秘主义者却为此感到困惑，因为泛神论和正统教义所说的明显不同，前者认为上帝和世界一体，而按照后者所说，世界是存在于上帝之外的。奥古斯丁却没有这个困惑，他运用了一种时间论来说明。

他认为，上帝是超越时间的永恒存在，时间和创世是同时被创造出来的。对上帝来说，任何时候都是“现在”，所以，对他来说，世界就是“现在”创造的，无所谓“更早”创造出来。对于他自创的这一“时间相对性理论”，他自己在解释的时候也有困难。他认为：时间无所谓过去或未来，就是当下，一瞬间。如果非要说有过去或者未来的话，那只能说前者代表了回忆，后者代表了期望，而回忆和期望都是当下的现实。时间是主观的概念，唯有创造之物才有时间概念，讨论创造之前的时间是没有意义的。

我虽然不同意奥古斯丁把时间说成某种精神产物的理论，但不可否认，他的这一理论相比于希腊哲学中的有关时间的任何理论都更加进步，比康德的主观时间论也更明确。他的这一理论是康德时间论和笛卡尔的“我思故我在”以及伽桑狄的“我行走所以我存在”的先导，从这一点来说，他作为一个哲学家是很重要的。

二、奥古斯丁的《上帝之城》

公元410年，罗马被哥特族劫掠。异教徒把罗马受难的原因归结为罗马皇帝不再信奉朱庇特[1]，所以朱庇特不再保护罗马。《上帝之城》就是奥古斯丁对异教徒们这种讨论的答复，该书写于公元412年到公元427年间，最后以一部有关过去、现在和未来的全部基督教历史纲要的内容形式成型，其中最令人深思的部分是有关世俗之城与上帝之城的对比。

奥古斯丁试图找出证据，表明在基督教之前的时代中曾发生过比罗马遭劫更悲惨的事情。他反对异教徒把基督教认为是灾难根源的说法，还说明哥特人

1　朱庇特：即希腊神话中的宙斯，罗马统治希腊后将宙斯更名为“朱庇特”。

是信奉基督教的，而罗马被劫时教堂没有遭受很大的破坏，正是因为基督教的缘故。但是，他又说，那些牺牲基督徒来发财致富的哥特人会在来生受到报应，有德行的基督徒即便死无葬身之处，也会复活。他还讨论了罗马遭劫时发生的处女被强奸问题以及异教诸神的邪恶。他说，贞洁是一种内心德行，不会因为被强奸而失去。基督徒无需为罗马的遭劫而烦恼，因为他们在“上帝之城”中有自己的避难所。

他提出，世俗之城和上帝之城是一体的；在今世，谁将成为选民是不可知的，但神早就安排好了每个人的来生。基督徒和一些优秀哲学家心中有这样根深蒂固的观念：灵魂不死和上帝创世，所以他认为很难对哲学家进行反驳，只能说那些同时信仰异教诸神的哲学家的教训是不足为训的。他觉得异教诸神确实存在着，而且都是想害人的恶神。他一再强调，在基督教时代之前，更具体地说是自罗马人强奸了萨宾[1]妇女开始，罗马帝国就已经造孽太深了，邪恶的占星术就是罗马人堕落的证明之一。

奥古斯丁在《上帝之城》中的其他观点还有：反对斯多葛学派关于命运之神的看法，认为天使和人类都有自由意志；反对道德会给人带来不幸的说法；认为一个基督徒皇帝即便遭遇不幸在今生也是快乐的；认为柏拉图是所有哲学家中地位最高的，因为他是唯一不属于唯物主义者的哲学家，他有关“知觉非知识”的观点是正确的，他的逻辑学和伦理学也都是最卓越的，和基督教义相近；赞成激情，认为面对愤怒或悲悯应该寻找原因，而不是谴责；认为那些不承认道成肉身的哲学家是错误的；赞同柏拉图的看法，认为感性世界不如永恒的世界。

直到第十一卷，奥古斯丁才开始讲述上帝之城的性质。他认为：

上帝之城中居住的都是上帝的选民，他们通过基督认识上帝，学习圣经是唯一进一步认识宗教知识的手段。世界被创造之前不存在时间和空间，人们不必去探讨。凡是被祝福的，都是永恒的，但永恒的事物却不一定都被祝福，如地狱和撒旦。魔鬼自有存在的必要，因为上帝知道它们能够改善宇宙。奥利根

1　据说罗马建国之初男女比例失调，缺少年轻女子，国王罗缪鲁斯用诡计使得罗马青年掳掠了邻族萨宾人的女孩子，导致了萨宾族和罗马的交战。萨宾女孩与罗马人产生了感情，因此奔到交战双方中间哀求停战，最后罗马和萨宾结成了一个国家。

关于身体是对灵魂的惩罚这种说法是错误的，因为这无法解释为什么魔鬼的身体比人的还要高级。

上帝选择在六天内创造世界是因为“六”是一个完全数。天使有好有坏，这都是出于上帝的安排。和上帝为敌的事物，乃是因为它自身具有缺陷的意志。《创世纪》中认为基督代我们受罪而死，这是错的。因为惩罚是万劫不复的，假若我们祖先真犯错了的话，那他们的后代也该死。普尔佩里认为圣徒没有身体，这一观点是错的。圣徒有身体，他们的身体是精神的，没有质量的，男女有别。人类的罪恶来自灵魂，所以柏拉图主义者以及摩尼教把罪恶归结于肉体是错的。亚当犯下的错使得全人类遭受惩罚，这种惩罚是正当的，因为，就是这个错误让人的灵魂因肉欲而染上了罪恶。

就性欲问题，奥古斯丁还做了一番探讨。他认为，有德之人不会受到色情诱惑或欲望的引诱而进行性交。性交之所以可耻，是因为它一开始就是因为亚当夏娃受到了这种诱惑。这种诱惑表明个人的欲望是不受意志控制的，禁欲主义反对的正是这种意志的软弱。如此，有德就可以看做是一种可以控制意志的能力。但是，因为即便极具德行的人也难以控制性欲，所以无论如何，性行为和完美的道德是不相容的。

此处有一处专门论述上帝之城和世俗之城的缩写。

接下来，他做了一番论述，表明反对司法刑讯是正当的。他还驳斥怀疑派的观点，认为我们应该相信圣经，并认为如果离开了真正的宗教就不会有真正的道德。关于复活，他说分为死后灵魂复活和最后审判时的肉体复活两种。肉体复活后，有罪的人会被定罪，他的肉体将被无休止的焚烧，但不会消亡。他在地狱的受难不会洗清他的罪过，也不会因为圣徒为之求情而减轻。因此，那些极端的异教徒和罪孽深重的天主教徒会遭受永远的惩罚。

上述的观点可能无法说明《上帝之城》一书的重要性，事实上，该书最有影响的一点在于它关于教会与国家的分离的表述：一个国家，唯有教会掌握了跟宗教事务有关的各个方面的权力，它才能成为上帝之城。这种观点一直为教会所坚持，以致教皇权力在整个中世纪不断变大。但是，东罗马帝国的历史却是特例，因为东罗马的教会不如国家政权有势。西罗马帝国宗教改革后，奥古斯丁的这种关于宗教和国家关系的理论被摒弃。伊拉斯特派主张教会必须服从国家的教义，这一观点更容易为人接受。不过，奥古斯丁的救世教义却得以复活了。伊拉斯特主义缺乏热诚，宗教心强烈的一些新教徒便更接受奥古斯丁的观点，所以，他的理论原则仍有所保留。

三、奥古斯丁与裴拉鸠斯的争论

奥古斯丁的神学论部分，最有影响的是关于反击裴拉鸠斯异端的学说。裴拉鸠斯是威尔士人，僧侣出身，他最主要的观点是：相信自由意志，不相信原罪之说，认为人类的道德是靠努力形成的，如果中规中矩地活着，就可以在死后进入天国。这些观点在现在看来很普通，但奥古斯丁认为这是异端学说，还写信给耶路撒冷的教会长老，让他警惕裴拉鸠斯。之后，半裴拉鸠斯派的人曾以比较缓和的形式鼓吹裴拉鸠斯。又经过长期争斗后，奥古斯丁相对纯粹的教义才获得了全面的胜利。公元529年，奥兰治宗教会议时最终审判半裴拉鸠斯派为异端。

奥古斯丁教导说，自由意志只在亚当堕落之前存在过，并可以避免犯罪，而亚当夏娃偷吃禁果后，他们道德开始败坏，并遗传给了后裔，因此后裔的意志也是腐坏的。人人都是罪恶的，受到上帝恩宠才会有德，受到洗礼的一部分人会被上帝预选为上帝之城的选民。上帝的选择是随机的，永远的惩罚体现了上帝的公正，拯救谁则表明了上帝的悲悯。

由于内心那种根深蒂固的罪恶信念，奥古斯丁相信新生婴儿也是充满罪恶的，必须要接受洗礼。他这种阴暗的罪恶感，普遍存在于中世纪，这就不难理解为什么中世纪教会中发生许多凶狠残暴的事情。令奥古斯丁困扰的是，他无法想通这个问题：如果承认原罪，相信它是由亚当遗传下来的，那么，跟肉体来自父母一样，那么灵魂必定也有一个母体。而这个母体是谁呢？他并未讨论这个问题，理由是圣经上也未涉及。

在黑暗时刻即将到来之际，最后几个优秀的知识分子所关心的，并不是拯救文明、改革政治等现实问题，而是将精力放在保持贞操和未受洗礼的婴儿的罪恶上，这看起来有些匪夷所思。但如果我们清楚了这就是教会给蛮族改宗者遗留下的偏见时，那么我们就不难理解为何下一代比任何时代都要残酷和迷信。

第五章 公元五世纪和六世纪

公元五世纪，西罗马帝国在蛮族入侵之下走向衰亡。在该世纪中发生的重要事情还有：英吉利人入侵不列颠，英格兰诞生；法兰克人入侵高卢，法兰西诞生；汪达尔人[1]入侵西班牙，更其名为安达卢西亚；圣帕垂克成功劝爱尔兰人改信基督教；整个西欧世界中，罗马帝国中央集权的官僚政治被日耳曼人诸王国继承了，西罗马帝国政治、经济崩塌，仅在教会之中存在的中央集权的威信也面临着诸多困难。

哥特人从属于日耳曼部族，是入侵罗马帝国的一支最重要力量。他们被匈奴从东方驱逐到西方，曾和东罗马帝国交战，战败后转向意大利，从戴克里先时代起成为罗马雇佣兵，并在此期间学会了许多独特的战术。公元 476 年，在东哥特族国王奥都瓦克的带领下，哥特人消灭了西罗马帝国。奥都瓦克统治罗马十七年后，被另一东哥特族人德奥多利克谋杀。德奥多利克从公元 493 年开始直到公元 526 年间，一直是意大利的王。他是重要的传奇人物，稍后将提到。

在这个时候，汪达尔人定居在非洲，西哥特人定居在法兰西南部，弗兰克人定居在法兰西北部。

匈奴人是日耳曼入侵罗马中期时的另一支力量，他们原是蒙古族，最初经常与哥特人结盟，公元 451 年双方闹翻，在沙隆被哥特人和罗马人的联合军打败。不久他们的首领安替拉死去，匈奴势力也随之衰弱。

在这一动乱期间，教会关心的仍是关于道成肉身的争论，争辩中出现了两

1 汪达尔人：古代日耳曼人部落的一支，曾在罗马帝国的末期即公元 455 年洗劫过罗马，并以迦太基为中心，在北非建立一系列的领地。

个代表人物，一个是被称为圣徒的赛瑞勒，另一个是被判为异端的奈斯脱琉斯，他们分别任亚历山大港和君士坦丁堡的大主教。对于基督的神性和人性的关系问题，他们各自有不同的意见。奈斯脱琉斯提出基督有两“位”——一人一神，而赛瑞勒则主张神人一体。

赛瑞勒是一个反犹太的狂热分子，曾几次利用大主教的职位煽动对犹太人的屠杀，最让他得名的一件事是他对一位信仰新柏拉图哲学、并从事数学研究的贵妇人施加死刑。据吉朋《罗马帝国衰亡史》记载，这名妇女被拉到教堂中，一群残暴的狂心之徒用尖锐的蠔壳将她身上的肉一片片地剥下来。自此之后，亚历山大港就不再有哲学家了。

依照奈斯脱琉斯的观点，基督既然有另一个身份是人，那么把童贞女称为“神的母亲”便是错的；作为神的基督，即上帝，是没有母亲的。苏伊士以东的主教们赞成他的这一观点，而以西的主教们则反对他，赞同赛瑞勒。公元431年，双方在以弗所召开的一次会议，赛瑞勒一派以强势获得了争论的胜利，结果奈斯脱琉斯被判为异端。奈斯脱琉斯并未就此屈服而撤回自己的主张，而是发展自己的观点，形成了奈斯脱琉斯教派。在叙利亚和整个东方，该教派的信徒很多，中国、印度都曾盛行奈斯脱琉斯教。

公元449年赛瑞勒死后，以弗所宗教会议进一步完善了原有的结论，却又陷入了与奈斯脱琉斯方向相反的另一异端观点，即主张基督只有一个本性。这个观点得到皇帝的支持，但被教皇列奥所反对。列奥曾劝阻匈奴首领安替拉，让他别去攻打罗马，也就是在沙隆战争的那一年即公元451年，他在卡勒西顿召开了万国基督教会议。会议反对了以弗所宗教会议的基督一性论，确定了道成肉身的正统教义。由此可见教皇的影响之大。

卡勒西顿会议后，基督一性论的信徒们并没有就此屈服，而是继续发展他们的观点。后来，几乎整个埃及乃至尼罗河上游、阿比西尼亚[1]地区，都有同类信徒。后来，墨索里尼以这一异端学说为借口，发动了征服阿比西尼亚的战争。

1 阿比西尼亚：埃塞俄比亚的旧称。

阿拉伯人后来发动对埃及、叙利亚的征服，也是以它们各自存在的基督一性论和奈斯脱琉斯学说为借口。

进入六世纪后，文化史上的重要人物有四位：鲍依修斯、查士丁尼、边奈狄克特和大格雷高里。本章的以下部分以及下一章，都是对他们的讨论。

鲍依修斯是罗马元老院的议员，生活于德奥多利克统治时期。德奥多利克是哥特人，同时也是个意大利人，他做了意大利的王时仍保留了罗马的法律，并继续推行元老院制度。他信奉的虽然是阿利乌斯主义，但在公元523年皇帝查士丁公布查禁阿利乌斯教派之前，他和意大利的天主教教会一直相安无事。查禁事件后，他担心自己会受害，又认为是自己的政府人员参与了这次事件，所以他找了个替罪羊，这个替罪羊就是鲍依修斯。鲍依修斯领罪入狱，在狱中写成了他最重要的著作《哲学的慰藉》。

鲍依修斯被推崇为虔诚的基督徒，被人们当作教父，但这本书却明显透露出了一种纯粹的柏拉图主义。从书中可以看出，异教哲学比基督教神学对他的影响更大。这本书使用诗歌和散文交替的形式写成，在讨论到哲学时用诗歌，讲述跟自己有关的事情时用散文。这种写作方法被后来的但丁借鉴，在但丁的《新生》中可见其受鲍依修斯影响的痕迹。

在《哲学的慰藉》中，鲍依修斯一开始就表达了自己对苏格拉底、柏拉图和亚里士多德的推崇以及对斯多葛派、伊壁鸠鲁派的贬斥。他在书中表达的主要观点有：他追随上帝，是因为听从了毕达哥拉斯的命令；幸福和蒙受幸福是善，快乐不是；友谊是神圣的；不完善意味着完善的原形的存在；上帝只有一位，但每一个得到幸福也就是得到善的人都是上帝；恶是不存在的，即便是恶人也向往着善；恶人逃避惩罚比接受惩罚更加不幸；智者心中没有仇恨。

从内容来看，书中呈现的哲学是纯粹宁静的。更令人赞叹的是，它是作者被判死刑后在狱中完成的。从这点来看，鲍依修斯和柏拉图笔下的苏格拉底一样，在死亡面前都非常坦然无畏。书中展示的世界观，自他之后直到牛顿之前，都没有人再呈现过。书中有一首诗所透露的哲学含义，和波普的《人论》非常相似。诗歌以“假若你以最纯洁的心，观看上帝的律令”开头，中间有这么一段：

万物璀璨，
阳春绽放芬芳的花朵，
酷夏产出成熟的五谷，
凉秋带来累累的硕果，
天降暖雨
为严冬增添湿度，
所有地上的生命
无不是在这样的韵律中成长、开化。

事实上，鲍依修斯和德奥多利克一直是朋友。鲍依修斯的父亲和两个儿子都做过执政官，他的岳父在宫廷中也是显赫人物，而鲍依修斯本人曾帮助德奥多利克改革币制。鲍依修斯并不迷信，且学识渊博，热衷于公益事业，他是那个时代无人可比的优秀人物。即便在他之前的两个世纪以及在他之后的十个世纪内，也找不到一个欧洲学者能如他一样不囿于迷信和宗教狂热。他逝世后的两三百年间，有人把他封为阿利乌斯教派的殉教者，他因此在中世纪享有声望。而在帕维亚他也被视为圣徒，事实上他从未受过教会的册封。

鲍依修斯死后的第二年，德奥多利克也逝世了，翌年，查士丁尼登基。查士丁尼在政治上的成就以他的法典著称，其他方面则有功有过。他是个虔诚的信徒，在他即位的第二年就封闭了雅典所有属于异教的哲学学校，哲学家们被迫逃亡波斯，但因受不了那里的多妻和乱伦的习俗而重返家园，并隐匿起来。

公元 532 年，查士丁尼建了闻名于世的圣索菲亚教堂。公元 535 年，他侵入意大利，在对哥特人的战争中获得了初步胜利。哥特人坚持抵抗，以致这场战争打了十八年之久。这时，罗马和意大利大部分地区被掳掠，其程度比蛮族入侵时期更加严重。罗马共有过五次沦陷经历，三次是被拜占庭攻陷，两次是被哥特人攻陷，一度沦落为一个小城镇。查士丁尼的军队在一开始的时候受到欢迎，但他的军队腐败，给人们带来了沉重的苛捐杂税，引起了人们的不满。

不过，由于他本人信奉正统教义，所以他一直得到罗马教会的支持。

公元568年，也就是查士丁尼死后第三年，意大利再次遭劫，入侵者是日耳曼新兴部族伦巴底人。伦巴底人和拜占庭帝国即东罗马帝国断断续续打了二百年之久，直到查理曼大帝时才终结。在这两百年间，拜占庭逐渐失去了意大利，但罗马在名义上仍属于拜占庭，罗马教皇们对待东罗马帝国的诸位皇帝也仍是恭顺的。不过，皇帝们在意大利基本没有什么领土，也没有什么权威了。也就是在这一时期，意大利文明毁灭了，为躲避伦巴底人，难民建立了威尼斯新城。

第六章 圣边奈锹克特和大格雷高里

自公元六世纪起的几个世纪中，古罗马文明几乎被毁，所幸教会保存了残留的部分。这时期，教会的活动有三种特别值得注意：第一，修道运动；第二，教廷产生的影响，特别是在大格雷高里统治下的影响；第三，通过布教让奉信异教的蛮族也改信了基督教。以下我们将依次论述这三点。

修道运动始于四世纪初的埃及和叙利亚，主要有两种形式：隐士独居和僧侣住在修道院中。第一位虔诚修行的隐士是圣安东尼，他大约于公元250年出生于埃及，约公元270年开始隐居，于公元305年前后出世讲道。在他晚年的时候，已经有了很多效仿他的信徒。第二个独居隐士也是埃及人，名叫帕克米亚斯。他创办了第一所修道院，还建立起相关制度，诸如没有私有财产、共同吃住、遵守相同的宗教仪式等。以这种方式，修道院得到了基督世界的认可。大概也是在此时，叙利亚和美索不达米亚也出现了修道院制度，且制度更为苛刻。

最初，修道院制度是独立于教会组织之外的，后来由圣阿萨那修斯将其和教士融合在一起，同时也是受他的影响，修道僧必须身兼祭司之职的规定才被确立了下来。阿萨那修斯于公元339年将修道运动传到了西欧，在圣杰罗姆的推进下，又由圣奥古斯丁将它传到了非洲。在修道僧未被纳入教会组织前，关于他们的两个问题曾总是引发宗教纠纷。这两个问题是：一、如何判断入修道院的人都是虔诚的苦行者；二、修道僧对他们所喜爱主教的狂热崇拜，使得地方宗教会议陷入了异端。确定基督一性论的以弗所会议就是一个例子。

修道僧在一开始的时候只顾遁世修行，他们中的很多人既不从事劳动，也不真正关心道德问题，而只是单纯地认为，道德是规避犯罪尤其是肉欲之罪的一种东西。后来他们才开始做了许多更为有益的事情，有的专精于农艺，有的还维持或者复兴了学术。

边奈狄克特是西方修道僧制度中非常重要的一个人物，他大约出生于公元480年，家庭属于贵族阶级。二十岁的时候他放弃奢靡的生活，在一个洞穴中隐居了三年。公元530年左右，他创立了修道院，取名为蒙特·卡西诺修道院，并为该院起草了“边奈狄克特教规”。该教规中，边奈狄克特对修道僧的苦行要求不像一般流行在埃及和叙利亚地区的那样严格，反倒规定，如果要进行超过规定之外的苦行，必须先向修道院院长申请。修道院院长有至高无上的权力，在修道院中实行专制般的统治。

任何一个组织的发展都有其自己的生命，都不会固守其创造者的意志，天主教教会就是一个明显的例子，边奈狄克特教团也是如此。修道运动最初兴起时，僧侣们只能读宗教指定的书籍，边奈狄克特却在自己的蒙特·卡西诺修道院内建立起了图书馆。晚期的边奈狄克特教派修道僧们热衷学术，在学术方面做了不少贡献。也正是因为有蒙特·卡西诺图书馆，我们才知道了边奈狄克特的许多事迹。

从大格雷高里写于公元593年的对话集中，我们了解到，边奈狄克特在离开家后不久就获得了行奇迹的本领。他的第一个奇迹是通过祈祷修好了一个破筛子，在这之后，他开始了洞穴隐居。在他修行的时候，撒旦曾欲迫害他，但未能得逞。在他的修行达到上帝的旨意所要求的天数后，某一位祭司得到上帝的指令，上帝要求他和边奈狄克特共进复活节的筵席。与此同时，牧羊人发现了洞穴里的边奈狄克特。边奈狄克特出名后，曾被修道院的僧众邀请去当院长。他接受了邀请，但由于他实行严格的管理，引起了众僧的愤怒，被设计饮毒酒。但他识破了众人的诡计，又重返荒野中去。

格雷高里还记述了边奈狄克特的其他奇迹故事，比如他帮助一个善良的哥特人捞起了掉到水中的一把镰头，又如他一再识破一个嫉妒他的祭司对他的陷害。当这个恶毒的祭司遭横祸死去后，他还表示了哀悼，并责令那些替他幸灾乐祸的修道僧修以苦行。

边奈狄克特生平中的其他事情，格雷高里也有所记述。从总的叙述来说，圣边奈狄克特的教规，后来被除爱尔兰修道院之外的所有西欧修道院所效仿。格雷高里所描述的一些关于边奈狄克特的对话，向我们生动地展示了六世纪末最文明的民族精神领域的画面。下面，我们就要说说格雷高里。

格雷高里被人认为是六世纪最伟大的人物之一，在整个六世纪，只有查士丁尼、边奈狄克特能和他相匹敌。查士丁尼最重要的是他的法典，边奈狄克特的是教规，格雷高里带来的最大影响则在于他使得教会的权力更大了。

格雷高里大约出生于公元540年，家庭是罗马一个贵族之家，其祖父曾鳏居，后来可能做过教皇。格雷高里年轻时就拥有巨额财产，也曾接受过良好教育，但没有学会希腊语。他在三十多岁的时候就做了罗马市市长，后来为了宗教事业辞去市长职务，为建修道院捐出了个人财产，然后变成了一个边奈狄克特派教士。他具有卓越的政治才华，被教皇裴拉鸠斯看中，并被派往君士坦丁堡充当教皇的全权公使。从公元579年到公元585年间，格雷高里在君士坦丁堡虽然取得了宗教方面的成功——使得东罗马帝国的皇帝没有远离真实信仰，但在政治上他却失败了——他出使的主要目的是劝服东罗马不要向伦巴底人开战，但他没有完成这一目的。

从公元585年开始，之后的五年里格雷高里都在自创的修道院内做院长，直到教皇去世，他才做了教皇。时代的混乱让他一开始需要面对诸多困难，但也给了他很多的机会，让他施展自己的政治才干。在他成为教皇之前，罗马主教虽然被公认为教会中最具权力的人，但其权力只限于其管辖的区域。继任教皇职位后，他想方设法扩大自己的权威，其中最重要的一个方法就是和其他主教以及国家的掌权者通信。

他的信札展露出了他的性格，也描绘了他的那个时代，总的来说非常有趣。

除非收信人是皇帝或者拜占庭宫廷外的贵妇人，他很多时候都是以一个校长般的口吻在信中果断地发号施令，有时候也会给予称赞或者斥责。比如，他在公元599年写给一个道德败坏的主教的信中有这样的话："你头发花白了，我们原谅你。如果你能体察到我们对你的宽恕，那么，老头儿，你应该好好检讨检讨，不要那么鲁莽冲动、蛮横骄纵。"不过，如果信是写给皇帝或者拜占庭宫廷的贵妇人的话，那么他就不是这种口吻了。

他给蛮族男女统治者们也写了很多信，其中有一封明显极尽恭维。收信人是西哥特王查理，他曾是个阿利乌斯教派，在公元587年改信了天主教。格雷高里为此写信表扬他，还奖励了他一把小钥匙，信中他说那把小钥匙上含有当年用来锁圣彼得的锁链上的铁，从圣彼得最圣洁的身上带来了祝福，所以可以解除查理一家人的一切罪孽。

由此可知，他为什么抽不出时间来进行宗教默想了——他在一封信中也曾这样感叹过。格雷高里对世俗学问是很不屑的，这使得自他之后一直到盖尔伯特，亦即赛尔韦斯特二世时期为止，整整四个世纪，教会都以一种敌视态度来对待异教学术。进入十一世纪后，教会才对世俗学说有了好感。

格雷高里对皇帝的态度比对蛮族诸王的态度更为崇敬。他的一封信中曾这样说过："凡是我们最虔诚的皇帝想要什么，只要在他的权力范围内，那么就都按照他吩咐的去做，让他随心所欲。只要他的行为不危及正统派主教就行。他合乎教规时，我们要追随他；他不合乎教规时，我们就要忍受他，但前提是自身不犯罪。"甚至对一个通过谋杀皇帝和皇子而篡位的暴徒，格雷高里的信中也极尽奉承，让人作呕。

异教徒改宗，使得教会产生了更大范围的影响。四世纪末之前，乌勒培拉斯使哥特人改了宗，结果他们改是改了，但信的却是汪达尔人信仰的阿利乌斯教。德奥多利克死后，哥特人才逐渐改信了天主教。所以我们看到，在格雷高里那个年代中，西哥特人的王采用的是正统教派的信仰。弗兰克人是从克洛维斯时代起就改信了天主教，爱尔兰人则是在西罗马帝国灭亡前经圣帕垂克的影响改信了天主教。根据伯里所写的关于帕垂克的传记，我们知道帕垂克是一个萨摩塞特郡的乡绅。爱尔兰人变更宗教信仰后，先后在苏格兰和英格兰北部做了很多布道工作。在此期间，最重要的两个人物是传教士圣科伦巴和曾写信给教皇格雷高里询问复活节日期和其他事宜的格伦班。

格雷高里最关注的改宗地区，除了诺桑布利亚就是英格兰。他在当教皇前曾在罗马奴隶市场上看见过两个金发碧眼的男孩，有人告诉他这两个男孩是盎格鲁人[1]，他说他们是安琪儿。任职教皇后，他便派圣奥古斯丁前往肯特（英格兰东南部郡）劝化他们，他还给盎格鲁王爱狄尔伯特写了许多信。英格兰变更宗教信仰时，他下令保留了英格兰的异教庙宇，用以作为教堂使用。但是，那异教庙宇中供奉的偶像，却被摧毁了。圣奥古斯丁之后还向格雷高里请示了各种细节问题，如表亲之间是否可以结婚等。据我所知，英格兰变更宗教信仰很成功，今天我们依然是基督徒就是证明。

在查士丁尼、边奈狄克特和格雷高里所在的时代，他们三人所创造的文明对未来产生了深远的影响，他们的成就虽然比不上前人，但他们之后的四个世纪都无人可及。总的来说，他们所做的一切，成功地找到了一套驯服蛮族的制度。值得一提的是，这三个人中，唯有格雷高里在某种意义上来说是最后一个罗马人。他那发号施令的爱好，来自于罗马贵族中的自负本性。在他之后，罗马城很久都没有再出现过伟人。不过，在罗马城的衰落期间，罗马人的自负也是束缚入侵者的灵魂的原因。正因为此，那些征服者们才畏惧恺撒的宝座，同时对彼得的圣座产生一种崇敬之情。

1　盎格鲁人：来自丹麦半岛南部，与撒克逊人形成不列颠的主体，公元四世纪到六世纪期间，两者一起征服了英格兰，使之成为殖民地。

第七章 黑暗时期的罗马教皇制

自大格雷高里到赛尔韦斯特二世的四百年间，也就是从公元600年到1000年间，教皇制发生了很大的变化。了解这个时期的教会发展以及它与国家的关系方面的变化，十分必要。

大约在八世纪和九世纪中，一些精明强干的教皇开始摆脱希腊皇帝，建立起教皇权力的传统。然而，与其说是教皇让他们自己获得了独立，不如说这是伦巴底人的功劳。当然，教皇们对伦巴底人是不会抱有感激之情的。

七世纪时，统治罗马的权力仍掌握在皇帝手上，教皇们只能屈服于皇帝。他们如果不顺从，就会遭到迫害。马丁一世因反抗皇帝而遭到囚禁就是一个例子。此外，教皇在大主教面前也没有什么权力。主教们对待教皇的态度，甚至都不如皇帝对待教皇的态度友好。大约在公元751年，伦巴底人攻陷了拜占庭意大利的首都拉温拿。这虽然使得教皇受到伦巴底人的威胁，但同时也让他们脱离了希腊皇帝的统治。值得一提的是，各个教皇由于一些原因更喜欢希腊人，而不喜欢伦巴底人，其原因有四：希腊皇帝的权力是合法的，而蛮族国王被视为篡位者；希腊人比蛮族人开化；伦巴底人是民族主义者，而教会则仍保持罗马的国际主义；伦巴底人改宗不彻底，仍有阿利乌斯教派的痕迹。

拜占庭被伦巴底人攻陷后，恐惧的教皇们与已经征服了意大利和德意志的法兰克人结成了同盟，由此产生了神圣罗马帝国。自加洛林王朝衰颓后，教皇的权力逐渐增大。到九世纪末时，在尼古拉一世的政策下，教皇的权力得到了前所未有的提高。这期间的发展是这样的：

公元 754 年，教皇司提反三世为了躲避伦巴底人而越过阿尔卑斯山，向法兰克王国的当权者丕平求助，俩人达成了一项对双方都极为有利的协定。按照协定，丕平会给教皇提供军事保护，而丕平会得到只有教皇才能赐予的权力，即承认他取代莫洛温王朝[1]最后一个君主，成为法兰克王国的国王。实践协定后，教皇还得到了丕平赠予的拉温拿辖区以及过去拜占庭总督在意大利的全部辖区。这次协议自然没有经过君士坦丁堡当局的认可，所以它意味着教皇自此从东罗马帝国的政治中独立了出来。

在西罗马帝国，教皇的威望本来就不亚于皇帝，此外，皇帝的即位也必须通过教皇给予加冕后才被认可。东罗马帝国的教皇脱离拜占庭的政治统治，这件事情带来的一个重大影响是：使教会独立于世俗王国在这之后又建立起了用以管理西方教会的教皇政治。而这一时期产生的一些重要文件，如“君士坦丁的赠予”和伪教令集等起到了至关重要的作用。以“君士坦丁的赠予”来说，它是由教士们伪造的谎称是君士坦丁皇帝颁布的一项假文件，该文件声明君士坦丁皇帝将旧罗马及其所有的西方领土都赠送给了教皇。这个教令被人们信以为真，直到文艺复兴时的公元 1439 年它才被指出为赝品。

在丕平和教皇联手后，法兰克军队开始抗击伦巴底人，双方的战争一直持续到了丕平的儿子查理曼继任父位。公元 774 年，法兰克人大获全胜，打败伦巴底人，占领罗马称王。查理曼还在罗马确认了其父亲丕平此前对教皇的赠予。当时的教皇哈德里恩和列奥三世认为和查理曼联手对他们有利，于是继续达成了合作。后来，查理曼又征服了德意志的大部分地区，还迫使撒克逊人[2]改信了基督教，恢复了西方帝国。于是，公元 800 年的圣诞节，查理曼获得了教皇的加冕。

查理曼事实上并非一个虔诚的基督徒，他在政治上和教会结盟，不过是为了利用传教士的热诚来扩张自己的势力。不过，正是这样一个既不会读又不能写的野蛮人，却掀起了一次文艺复兴。他使得孤身无助的教皇不得不听令于他，

1　莫洛温王朝：法兰克王国的一个王朝，在七世纪时已经失去了国家的政权，由大宰相查理 · 马特尔当权。查理 · 马特尔曾帮助格雷高里三世抵抗伦巴底人，查理 · 马特尔之后就是丕平。

2　撒克逊人：日耳曼人的一支，最早居于波罗的海沿岸和石勒苏益格地区，后内迁至德国境内的尼德萨克森（Niedersachsen）一带，称为萨克森人。公元五世纪初，萨克森人北上渡海，在高卢海岸和不列颠海岸登陆入侵。史学界把在不列颠定居的萨克森人称为撒克逊人。

而他似乎也重建了秩序，但最终他只留下一套理论。

查理曼死后，加洛林王朝随之衰颓，查理曼帝国也逐渐分裂。在教皇尼古拉一世的努力下，教廷在这种形势下获得了利益。尼古拉在公元858年至公元867年间任教皇职位，他和东西罗马帝国的皇帝们以及法兰西秃头王查理、洛林王罗塔二世乃至几乎全体基督教国家的主教们，都有过争执，而他几乎都取胜了。他陷入的最大的两次争端，一是关于罗塔二世的离婚事件，另一件是关于君士坦丁堡大主教伊各那提乌斯遭非法罢免的事件。通过这两件事情，他把教皇的权力提高到了前所未有的高度。

在中世纪，因为只有教会才有权缔结神圣的婚姻，所以整个中世纪的教会势力都有权处理皇室婚姻问题。罗塔二世向本国主教们提出离婚请求，获得了同意，但尼古拉一世却否决了他的申请。刚愎自用的罗塔二世认为，教会中关于不可解除婚姻的规定只限于臣民，自己不在受约束范围内。于是，他让自己的兄弟路易二世为此对罗马发兵，意图恐吓教皇，结果因为迷信恐惧而撤退。教皇的意志不战而胜。

君士坦丁堡大主教的非法罢免事件则是这样的：大主教伊各那提乌斯与摄政王巴尔达斯交恶，巴尔达斯免去了他的大主教职位，然后向尼古拉一世申请让一个名叫弗修斯的世俗之人担任大主教。尼古拉派两位使者去调查真相，两位使者在巴尔达斯的威迫下，在汇报时欺骗了尼古拉。尼古拉同意了弗修斯担任大主教，过了一段时间后才发现实情。他大为震怒，召开宗教会议，严惩两位使者，还罢免了弗修斯，恢复伊各那提乌斯的教职。皇帝米凯尔三世认为尼古拉藐视政权，于是写信谴责他，他在回信中说道“国王兼任祭司，皇帝兼任教皇的日子不复存在了，基督教已将政权和教会权力独立分开了。基督徒皇帝可以询问教皇有关永生的问题，而如果不是有关世俗事务的话，教皇不必过问皇帝。”

为了报复，米凯尔三世召开宗教会议，宣布罗马教会为异端。不久，米凯尔三世被暗杀，他的继任者巴希尔公开承认教皇权限，并恢复伊各那提乌斯的职位。但是，在这不久前，尼古拉已经死了，所以说这一胜利完全归功于宫廷革命的爆发。而在伊各那提乌斯死后，弗修斯又重新当了大主教，东方教会和西方教会间的裂痕由此扩大。这么说来，从长远来看，尼古拉在这次争端中也不算是胜利者。

在尼古拉提高教皇权力的过程中，最大的困难并非是让国王屈从于教皇的意志，而是让主教们服从。大主教们通常都是些自以为是的人，根本不把教皇看在眼里。尼古拉在世的时候，虽然成功普及了“主教的存在依赖于教皇的存在”这种观念，使得教皇的权力提高到最大的程度，但在他死后，教皇的权力又降低了。

进入十世纪后，教皇的权力就更有限了。当时，教廷完全被罗马贵族掌控，由谁担任教皇可能取决于群众意见，也可能取决于皇帝或者当权者的意愿。这时候还有来自匈牙利人、诺曼底人以及撒克逊人的外敌威胁，很多地方不是呈现无政府状态，就是那里的入侵者根本无视教会。比如，撒克逊人就拒不接受基督，还藐视教会。而他们在九世纪末时，还征服了全部西西里。在混乱和衰败下，几乎全体基督教国家都被毁灭了。

几乎整个十世纪，教皇职位变成了罗马贵族阶级或诸侯用来作为赏赐的礼物。十世纪初的时候，教皇的职位几乎就是由最具权力的“元老院议员”德奥斐拉克特一家世袭的。他的女儿玛伊谢尔有过几次婚姻，还有很多情夫，她将其中的一个情夫提为教皇，他们俩的儿子是教皇，而她的孙子还是教皇。她可能就是女教皇朱安（Pope Joan）传说的根源。之前教皇们在东方所具有的一切势力，包括尼古拉曾拥有的对阿尔卑斯山以北的主教们行使的统治权，在这一时期都不复存在了。各地的宗教会议也不再受教皇控制，但仍受专制君主和封建领主的管辖，主教们因此逐渐为世俗封建领主们同化。

自圣保罗[1]以来，基督徒就相信有世界末日的存在。由于十世纪是基督教的黑暗时期，曾有人认为公元 1000 年是世界末日之年。这种说法无疑是错误的，但准确地说，这一年是西欧文明衰退到极点的一年。不过，从这之后一直到公元 1914 年为止，文明又逐渐恢复并处于上升趋势。值得一提的是，公元 1000

1 圣保罗：第一代基督徒的领导者之一，最具影响力的早期基督教士之一，大约生活在公元 3 年至公元 67 年，是具有犹太血统的古罗马公民。

年之所以成为历史的转折点，很重要的一个原因是当时西欧处于单一的宗教文明中。回教徒和北方蛮族从西欧战场撤离，入侵的哥特人、伦巴底人、匈牙利人和诺曼人相继改信了基督教，但这种分裂的状态同时也削弱了文明的传统。西方帝国沦为众多蛮族统治者的殖民地，丧失了统治权，大小规模的战争不断爆发，整个西欧都处于无政府状态。

此外，用“黑暗时期”这个字眼来形容公元600年到公元1000年这一段时期也是有所偏颇的。因为，这一时期正是中国的唐朝盛世，而从印度到西班牙，伊斯兰教文明也正处于鼎盛时期。这一时期，基督教世界的文明虽然破损，但世界文明却没有就此倒退，光辉反而更胜从前。所以说，“唯西欧文明是文明”的见解是很狭隘的。而且，西欧文明很大部分都来自地中海东岸，特别是来自希腊人和犹太人。

自文艺复兴以来，西欧那种源于科学技术的发达和中世纪建立的政治制度的优越性，也是没有理由继续存在的。因为，通过当前的大战，我们已经看到了俄国、中国和日本这些东方国家的力量。很显然，如果世界文明得以继续发展的话，在未来的几个世纪中它必定会呈现出比文艺复兴时更多彩多样的画面。然而，自西罗马帝国灭亡直到宗教改革为止，欧洲文化还保留那种自大的西欧帝国主义气息。我认为，当前的大战过后，如果我们不在思想上承认亚洲在政治和文化方面的平等，我不知道会引发世界格局的什么变化，不过我相信这些变化将具有深刻而重要的意义。

第八章 约翰·司各脱

爱尔兰人约翰·司各脱是杰出的希腊学者，如果他生在五世纪或十五世纪的话，可能是个不足为奇的人。他是个裴拉鸠斯派、柏拉图主义者、泛神论者。为了了解这个人物，有必要先大概了解一下圣帕垂克之后数百年中的爱尔兰文化。

帕垂克是英格兰人这一事实已足以令人不快，不仅如此，关于他的另外两点同样让人不快：其一，基督徒在他到达爱尔兰之前就已经出现在那里了；其二，正如高卢某作家所说的，他并非爱尔兰文化的发起人——不管他对爱尔兰基督教做出了多大贡献。事实上，爱尔兰文化起源于狄奥多任坎特伯雷大主教之时，当时已经有通晓希腊文的爱尔兰人了。据蒙塔各·詹姆士在《剑桥中世纪史》中所说，七世纪下半叶时，爱尔兰的文化气息已经很浓，那里的教学工作是当时世界上开展得最活跃的。后来，那里的学者出于传教的热诚，同时迫于家乡的困境，向欧洲大陆大迁徙，从而挽救了他们尊崇的却又几近被毁的欧洲文明。

关于爱尔兰人，我们所知甚少。从他们的悔罪书中，我们只知他们的学问和修道院有关，充满了宗教的虔诚，但跟神学似乎又没什么关系。他们这种来自修道僧的而非主教的学问，没有受到大格雷高里行政观点的影响，又因为和罗马没有确切的联系，所以仍以圣安布罗斯时代对教皇的看法去看待教皇。了解了这些，我们就容易弄清为什么约翰·司各脱的思想显得独特而新奇。

约翰·司各脱生平的最初阶段和最后阶段无从考证，可以确定的是，在他生平的中期，他曾被法兰西国王雇佣，而当时的教皇是尼古拉一世。他和尼古拉一世有交际关系，和尼古拉一世有关的重要人物，如秃头王查理、米凯尔皇帝，他也都认识。他大约是在公元 843 年被法兰西国王查理雇佣的，在法兰西宫廷学校任校长。在此期间，他参与了修道僧高特塞勒克和拉姆斯天主教之间一场关于预定说和自由意志的争论，他在《论神的预定说》一篇论文中支持了天主教的自由意志论。他的论点引起了当时很多人的愤慨，原因并非他和神学对立，而是因为他的议论体现了一种纯哲学的性格。

他提出了一个论点：那些独立于启示之外的哲学同样具有权威，其权威性甚至可能更高。他说，理性和启示都会产生真理，两者并不矛盾，即便会有矛盾，那时候也该相信理性。他认为，真正的宗教和真正的哲学是同一回事。他的这些学说在公元 855 年和公元 859 年的两次宗教会议中都遭到了谴责，公元 855 年的那次会议贬斥他的学说为“司各脱杂粥”。不过，由于得到国王的袒护，他没有受到惩罚。他和国王的关系不错，据记载，有一次他和国王共进午餐，国王问他:“什么东西能使一个爱尔兰人（Soot）和一个酒徒（Sot）区别开来?”他回答说:“只有食前方丈。”自国王于公元 877 年逝世后，约翰也就下落不明了。

约翰的另一个值得一提的重要工作是翻译了希腊原文伪狄奥尼修斯文集。这部书调和了新柏拉图主义和基督教教义，在中世纪前期享有盛名，后来在东方也流传甚广且同样负有盛名。不过，在西方，一直到公元 827 年希腊皇帝米凯尔将它送给了虔诚王路易（Louisthe Pious），它才为人所知。这本书中的观点也是约翰的观点，这些观点对西方天主教哲学产生了重大的影响。

用希腊文写成的《自然区分论》是约翰最大的著作，这本著作放在经院哲学时代的话，可能会被视为是一部讲述“实在论”的著作，因为它传达了和柏拉图一样的观点，即主张所有的共相都先于一切个体。在书中，约翰提出了“自然”包括存在“有”和“非有”两种，而从大体上来说，“自然”又可分为四类：非被创造的创造者，即上帝；同时是被创造者的创造者，即上帝的（柏拉图主义的）各种理念；不会创造事物的被创造者，即存在于时间与空间中的事物；非创造者也非被创造者的上帝（不同于创世意义中的上帝），即一切事物的终极和目的。

约翰认为，一切事物源自于上帝，复归于上帝，万物的终极就是开始。始于上帝的万物，正如始于“一”的“多”，而连接“一”和“多”的桥梁是逻各斯。上帝的本质是人类，但天使乃至上帝本身都不知道这一本质，在各个事物中都能看到上帝的存在；在各个事物的秩序中能看到他的智慧；在各个事物的运动中看到他的生命。他的存在是圣父，他的智慧是圣子，他的生命是圣灵。他还说，把上帝说成是真理、善、本质等这些神学观点虽然真实，但只是象征性的而已。上帝不存在对立面，而真理、善之类都存在对立面。上帝的意义存在于知识之外，而它又从“无”中创造了万物。因此，若要定义的话，“无”就是上帝，一切有限事物的实体也都是上帝，因为上帝存在于他所创造的事物之中。

关于罪恶，约翰认为自由是其根源，但自由不是上帝的一部分，上帝没有恶的概念，它是人们想脱离上帝而只听从于他自己的一种愿望以及该愿望所引发的行为。罪恶属于“自然”的“非有”部分，它没有根源，它是善的缺乏。

逻各斯是负责将“多”带回“一”，将人带回到上帝那里，因此可以说它就是救世主。一个人的身上能够通过逻各斯与上帝结合起来的那部分，那就是神圣的。

从约翰对“自然”的分类中，可以看到他受到了亚里士多德和狄奥尼修斯的影响，此外还明显可见他的非正统教义性。他对基督教义的违背以及他的关于从“无”中创造万物的解释，显示了他精神思考的独立性。在九世纪，他的这种思考无疑令人诧异。不过，相比于他翻译的伪狄奥尼修斯产生的影响，他的《自然区分论》因为被视为异端，影响并不大。这部著作还差点儿在公元1225年被销毁，因为教皇霍诺留斯下达焚毁该书所有抄本，不过这个命令最终未得到有效执行。

第九章 公元十一世纪的教会改革

西罗马帝国灭亡后，加洛林王朝时的文艺复兴带来了一次进步，但这次进步并不巩固。直到十一世纪，西罗马帝国才出现了一次自灭亡以来的持久和多方面的进步。这种进步始于从修道院扩展到教廷、教会机构的一次改革，改革的结果是，在该世纪末产生了第一批经院哲学家，僧侣以及俗界贵族的教育水平也有了明显的提高。

一开始，改革纯粹出于道德动机，为的是督促腐化堕落的僧侣严守清规戒律。后来，在道德动机之外还产生了另一个无意识的、后来越发显著的动机，这个动机就是：将僧侣和群众彻底分开，借此增强僧侣势力。结果，教会改革胜利了，但也直接引发了教皇与皇帝之间的剧烈冲突。

在埃及、波斯和巴比伦，祭司早已形成一个独立的阶层，且势力强大，但在希腊和罗马，原始基督教中僧侣和俗众间的区别，是在教义和政治两个因素的影响下才逐渐发生的。僧侣因为具有行奇迹的能力而获得了一些权力，比如作为婚礼中不可缺少的见证人，或者在赦罪礼和俗众临终时给他们涂油。中世纪时，化体[1]尤其重要，行弥撒的奇迹唯祭司才可以。

祭司们具有行奇迹的权力，可以决定一个人在死后是进入天国还是地狱，还可以通过为一个罪人的灵魂做弥撒来缩短他在炼狱中的时间。这样一来，金钱交易就产生了，祭司们也欣然接受。这不仅仅是公开的信条，而且是僧界和俗界都认同的。

僧侣们这种行奇迹的权能，甚至强于拥有强大武力的皇帝的权力。不过，有两种情况会导致这种权能无效，一是俗界暴乱，二是僧侣内部分裂。每当这种时候，即便是教皇，也会被俗众绑架、攻击乃至杀害。教皇格雷高里七世时，罗马就发生过这样的事件。这种事情自然和暴动者的信仰是相悖的，但由于人的克制能力的缺陷以及他们相信临终前悔改会得到宽恕等原因，所以，即使是僧侣们那种强大的权能也无法阻止这种事情发生。为了加强僧侣权力，必须确立教会纪律以及建立一个统一的教会管理机构。十一世纪，这成为了僧侣道德改革中的重要一部分。

此外，僧界中的两大弊端——圣职买卖和蓄妾，也是被僧侣改革家共同抨击的。

圣职买卖的出现，是因为得到信徒捐献的教会变得富有了。主教坐拥巨大财产，在主教之上的国王于是开始出售主教职位，同时，主教也可以利用权限出售其权限之内的高级圣职。事实上，这种交易已经秘而不宣。塞尔维斯特二世就曾仿主教口吻说过："我拿黄金来换主教职位，只要我在自己权限内行事，不怕捞不回这笔钱。"公元1059年，米兰的彼得·达米安发现，米兰城内每一个僧侣都有涉及买卖圣职。

改革家反对买卖圣职，除了因为它是一种罪，还因为：它使得俗界的权威介入到教会事宜中，使得主教沦为世俗统治者之下，而通过交易得到主教职位的人也不会关心教会方面的精神事务。

至于"蓄妾"，其实就是我们所说的"结婚"。按理说，僧侣是不能结婚的，

1　化体：天主教的信条之一，指行圣餐时面包和葡萄酒变为基督的肉和血。

但在这件事情上却没有过一个确切的禁婚令。这就引发了一个问题：有的僧侣结婚了，还企图将财产留给自己的子嗣，而要实现这个目的只需让他们的子嗣当上僧侣。僧侣结婚与否的问题，跟买卖圣职的问题一样，同样关系到教会财产的分配。所以说，针对这个问题的改革也是出于相似的政治动机，而获得势力的改革者对此采取的首要措施就是禁止僧侣职位的世袭。不过，这一措施的成效并不大，因为堕落的僧侣总能想到其他非法占有教会田产的方法。在这种情况下，那种自五世纪起就存在的“独身生活高于婚姻生活”“圣人都是克制的”之类的观念就被利用上了，改革家意图利用这些观点重建教会的道德权威。

以下，我们就来谈谈十一世纪教会改革中的一些重要历史事件。

改革运动的最早历史，可以追溯到公元 910 年克律尼修道院的建成。它是由名叫威廉的虔诚者建立的，只受教皇管制。这个修道院强调教会礼法，但没有实行极端的禁欲主义。它的第二任院长奥都曾受到罗马统治者阿勒伯里克的邀请，管理罗马的几处修道院，但总的来说不太成功。到了十二世纪，克律尼的改革激情也消减了。

公元十一世纪时，教会改革家创立了很多教团，其中重要的有罗姆阿勒德创立于公元 1012 年的卡玛雷多力兹教团、布鲁诺分别创立于公元 1084 年和公元 1098 年的卡尔图斯教团和西多教团。布鲁诺创立的两个教团都严守教规，西多教团还恪守边奈狄克特的教规。公元 1113 年，圣伯纳德加入了西多教团。

改革要想获得成功，得到俗界当权者的支持是必不可少的。在由教廷改革到整个教会改革的过程中，具有勇气和魄力的修道院改革家起到了最重要的作用，他们的俗众信徒所带动的力量也不可忽视。比如，教皇制的革新能够取得进展，最初就是依靠皇帝的功劳。

亨利三世是十一世纪的一位皇帝，也是一位重要的教会革新家。在改革中，他一边保留任命主教的权限，一边坚决杜绝圣职买卖。1046 年，二十二岁的他去到了意大利，当时的教皇是格雷高里六世。格雷高里六世的教皇职位也是通过买卖得来的：他是最后一位世袭教皇边奈狄克特九世的教父，当荒淫堕落的边奈狄克特为了结婚而辞去教皇职位时，就将职位卖给了他。亨利三世到了意大利后，就以圣职买卖的罪名废黜了格雷高里六世。

在位期间，亨利三世始终保持任免教皇的权限。由于各种原因，在废除格雷高里六世后，他还先后选任了三个教皇：日耳曼籍主教苏德戈尔、号称列奥九世的布鲁诺——他是亨利三世的亲戚、爱贺史塔人哥布赫尔德，号称维克多二世。从长远来看，任免教皇的权力的保留对皇帝政权来说缺乏预见性，却促使了教皇的独立。在亨利三世去世后，皇帝和教皇的关系不再如以前和睦，得到亨利三世支持的教皇在拥有了道德威信后，先是要求脱离皇帝的控制，继而要求高于皇帝的权能。在那之后的两百年中，教皇和皇帝一直处于对立冲突中。

亨利三世的继任者亨利四世（1056—1106）刚即位时还年幼，他掌权的母亲安格丽思在教皇司提反九世死去后，选用了红衣主教选出的教皇尼古拉二世。尼古拉二世虽然只当了三年教皇，但做了非常重要的事情，其中有两件：一是和诺曼人建立关系，减轻了对皇帝的依赖；二是颁布了一项教令，规定选立教皇之事的步骤——这项教令将僧侣与选民以及皇帝都排除在外了，实质上等于确定只有红衣主教和其他主教们才有权选举教皇。它并非一开始就得以通过的，但经过一番斗争后它最终成的一项明文规定，这意味着教皇制迈出了脱离俗界控制的重要一步。此外，尼古拉二世还规定并严格执行了这一条：以后一律不承认那种通过交易获得的圣职。

尼古拉二世任教皇期间，米兰同时发生了两场运动：一是当地大主教联合僧侣要求独立，反对革新；二是一场支持僧侣独身的运动。尼古拉二世请圣彼得·达米安前往米兰去说服僧侣和民众。在此提一下，达米安的主要著作是《论神的全能》，他在书中提出：上帝是全能的，可以撤销过去，也可以创造出有悖于矛盾律的事物。他的这种见解明显不属于正统教义。此外，他反对辩证法，认为哲学不过是神学的侍女。达米安听从了尼古拉二世的劝说，前往米兰。激愤的民众一开始抗议圣彼得·达米安，但最终还是被他说服乃至感动、认罪。尼古拉二世这次获得了胜利，在后来他与皇帝的一次争端中，他也获得了胜利。

公元1061年，尼古拉二世去世。此时成年的亨利四世已经掌政，他不承认尼古拉二世颁布的那项关于教皇选举的教令，于是又引发了一场长达三年的争执。结果，皇帝失败了，但原因并非是在实力较量中皇权势力不如教廷势力，而是因为这期间的教皇是一个品德优秀的人。这个人就是亚历山大二世。

亚历山大二世于公元1073年去世，在他去世后，希尔德布兰得，即格雷高里七世当上了教皇。格雷高里七世任教皇十二年，是历代最杰出的教皇之一。他同时是格雷高里六世和列奥九世的朋友。格雷高里六世当初从边奈狄克特九世中买到教皇职位，其实本是为了当上教皇后杜绝买卖圣职，结果他却被亨利三世以买卖圣职之罪名给废黜了。在格雷高里六世被废后，希尔德布兰得流亡了两年。

希尔德布兰得崇拜大格雷高里，他从大格雷高里那儿学到了圣奥古斯丁的教义。格雷高里七世当上教皇后，自认是圣彼得的代言人。他的这种自信，若是以世俗眼光去看自然难以给予肯定。他认为是神授予了皇帝权威，教皇和皇帝如同一双眼睛。不过，这是他最初的想法。后来，当他和皇帝起了争执后，他就修改了原先的比喻。他说，教皇和皇帝，一个是太阳一个是月亮。他还认为，教皇具有道德方面的最高权威，如果皇帝无德，教皇有权废除他。他还表示，最不道德的行为莫过于反抗教皇。

当上教皇后，格雷高里七世竭力强化僧侣独身制，他做了比他之前任何一个教皇做得都要多的事情。当时，德意志教士们倾向于皇帝一边，俗众倾向于支持格雷高里七世。格雷高里七世煽动俗众抵制已婚的祭司以及那些不听从他的祭司，同时发布声明：由有家室的僧侣举行的那些圣礼一律无效，禁止已婚僧侣进入教会。自然，格雷高里七世遭到了僧侣们的抵抗，但他也同时得到了俗众的拥护，甚至在曾经多次发生迫害教皇事件的罗马，他也得到了群众的支持。

格雷高里七世还在“授职礼”一事上争夺教皇的权能。所谓“授职礼”，当一个主教被授予圣职之时，皇帝或者一个地区的国王会授予他一个指环和一支手杖。格雷高里坚持，此后应该由教皇“授职礼”。这无疑也是他争取让教会脱离封建体系的重要一步。在经过长久的争执后，教廷获得了全面胜利。

关于格雷高里七世，卡诺萨事件的纷争也很重要。导致这一纷争的是公元1075年米兰任命大主教一事。当时，未经教皇格雷高里七世的同意，皇帝亨利四世就任命了一个大主教。格雷高里认为皇帝之举侵犯了他的特权，因此想废黜皇帝。皇帝在沃尔姆斯召开宗教会议，联合与格雷高里对敌的主教们进行反击。结果，格雷高里和皇帝互相宣布自己已经废黜了对方。然而，这只是闹剧的开端而已。

支持亨利四世的撒克逊人，之前就背叛过他。这次纠纷中，他们再一次背叛了他。与此同时，德意志的主教们与格雷高里讲和了。因此，皇帝在第一次较量中败给了格雷高里。但出乎意料的是，他在第二年，也就是公元1077年带着妻儿和少数随从，去到了教皇面前忏悔。他赤脚在格雷高里居住的城堡外等了三天，让格雷高里对他的忏悔之心信以为真，于是恢复了他的教籍。格雷高里这么做后，他的德意志支持者们，即亨利的德意志敌对者们，认为他出卖了他们。亨利借此削弱了格雷高里的力量，公元1080年，他带着由他的僧侣拥护者选出的一位教皇攻入罗马，让这位教皇给他加冕。曾经得到格雷高里恩惠的诺曼人前来营救他，他们劫掠了罗马，然后将格雷高里带走。格雷高里成为了他们的俘虏，在第二年就死去了。

看起来，格雷高里结局好像很不幸。但是，他所用的那些政策仍为他的后继者们所用，只不过他们采取的方式比较缓和。关于这次冲突之后的发展，我们的下一章会论及到。下面，我们大概说一下十一世纪的哲学复兴。

十一世纪中，最重要的哲学人物同时也是支持教会改革的修道僧，其中有阿瑟勒姆、洛瑟林、彼得·达米安以及图尔人贝隆格（死于1088年）等。关于圣彼得·达米安，我们已经在前面叙述过。至于贝隆格，他的哲学学说主要是主张理性高于权威以及否定化体说。

阿瑟勒姆是意大利人，曾担任坎特伯雷的大主教。他奉信格雷高里七世的教规，在哲学方面倾向于奥古斯丁。使他出名的是他的“本体论论证”：如果定义上帝是最大可能的思维对象，那么，当假设一个思维对象不存在时，就必定有另一个和它相似，但比它伟大且确切存在的对象。也就是说，思维对象中的那个最伟大者必须存在，如不是这样的话，就会有代替它存在的另一个更伟大对象。因此，上帝是存在的。他还推出了另一个论证，他宣称这个论证不仅证明了上帝存在，还证明了三位一体。阿瑟勒姆的论证从未被神学家公认，因此到了十三世纪下半叶被人遗忘了。从十三世纪下半叶开始，包括笛卡尔、康德在内的哲学家们才开始重新讨论并发展他的论点，。

很明显，阿瑟勒姆的论证是很出色的，即便它本身可能并不妥当。它涉及这么一个问题：我们是否可以说，任何我们想到的东西，只凭我们会想到它，就足以证明它存在于我们的思维外？对于这个问题，每个哲学家都愿意给予肯定回答，因为哲学家的工作本质就是一种思维工作——凭着想象力去发现世界的真相。给予肯定回答就表明，在纯粹的思维和事物之间有一座桥梁。反之，那些给予否定回答的人则认为没有这么一座桥梁。为了证明理念的客观实在性，柏拉图就提出了本体论的论证，然而他的论证用的是一种概括的形式，他的后继者们也没有完善他的论证。阿瑟勒姆的功绩就在于，他用一种简单明了的纯粹逻辑来阐述了这个论证——即便这种逻辑的纯洁性使得论证失去了合理性（plausibility）。

洛瑟林比阿瑟勒姆晚生十七年，他被认为是经院哲学的源头，但他带来的哲学影响却比阿瑟勒姆重要得多。关于他，我们将在下一章中讨论。

第十章 回教及其哲学

回教徒是东罗马帝国的主要入侵者，回教纪元始于公元纪元的622年，这一年名叫海纪拉（Hegira），意即穆罕默德由麦加（Mecca）逃亡麦地那（Medina）。公元632年，穆罕默德逝世。不久，阿拉伯人就展开了迅猛的征战，先后征服了叙利亚、波斯、埃及等地。公元732年，他们在图尔战役中失败，于是停止了对西方的征战。

阿拉伯人的扩张之迅速，其中有很多原因，比如波斯和东罗马帝国长期战争过后的衰弱、叙利亚人从回教徒这里得到了不同于天主教的迫害的宽容、埃及占人口大多数的基督一性论者对他们的欢迎。从宗教来说，这都归于穆罕默德的宗教的本质：它是一个单纯的一神教。穆罕默德没有自命是神，还恢复了犹太人原来禁止雕刻偶像的戒令。回教徒相信《可兰经》中说的，基督徒、犹太人以及拜火教徒，和他们一样，都是“圣经之民”，所以他们在为伊斯兰教去征服广阔的世界时不会迫害他们。

阿拉伯人最初的征战是为了抢夺当地的财物，当他们发现自己可以轻易征服敌人后便改为长期占领征服地区。即便他们之后变得富有了，他们也不像那些北方蛮族那样企图施行变革。无论是在征服之时还是征服之后，他们都保留了当地的古代文明，对于当地复杂的民政，他们也未加改动，而是让原来的负责人继续管理。如此，他们也征服了当地的民心。又因为他们要求的课税比以前的还轻，所以很多民众都抛弃了基督教而改信伊斯兰教。

穆罕默德的直接继承者是哈里发[1]，他的职位名义上是通过选举而得，不久就变成了世袭，他所建立的乌玛亚德王朝延续到了公元750年。乌玛亚德王朝的当政者都是一些出于政治理由而认可穆罕默德教义的人，他们反对那些狂热的忠实信徒。也正是因为这些人没有宗教的狂热，所以才比较顺利地统治了文明水平比他们高而宗教信仰又各不相同的广大民众。

部分回教徒却不认可乌玛亚德王朝，还称之为篡位者。这部分人追随的是穆罕默德及其女婿阿利，在阿利逝世于公元661年后，他们便和与他们对立的那部分人划清了界限，分别名为什叶派和逊尼派。什叶派得到了改信伊斯兰教的波斯人的支持，最终推翻了乌玛亚德王朝，建立起了代表波斯利益的阿拔西王朝。与此同时，首都也从大马士革迁到了巴格达。但是，乌玛亚德王朝的影响仍在，因为乌玛亚德皇室中的一支逃到了西班牙，成为那里的合法统治者。正因此，西班牙于是自那时起独立在了其余回教世界之外。

阿拔西王朝初期，哈里发的地位很高。那期间最著名的哈里发是与查理曼大帝和伊琳女皇同时代的哈伦·阿尔·拉希德，《天方夜谭》中记载了他的相关事迹：他统治期间，国家富强，文化灿烂，他权威至高。然而，他死后不久，这种盛况就灭迹了。他的继承者以桀骜不驯的土耳其人作为军队主力，结果反

1　哈里发 (Khalifah)：伊斯兰政治、宗教领袖的称谓。

被军队制服，成为傀儡。不过，哈里发的统治依旧延续了下来，直到公元 1256 年蒙古人屠杀了阿拔西王朝末代一位哈里发及巴格达八十万市民。

政治方面，阿拉伯人的统治和罗马帝国有着一个相似的缺点，就是一个统治者的死去会引发一场改朝换代的内乱。此外，内乱过后，战败一方产生的无数奴隶还会容易导致叛乱。在这种动荡不定的形势下，阿拉伯帝国逐渐分裂了，西班牙、波斯、北非以及埃及相继获得了完全或者几近完全的独立。

经济方面，阿拉伯的农业是最突出的。此前长期干旱缺水的沙漠生活，让他们学会了灌溉。直至今日，阿拉伯人的水利工程仍然给西班牙农业带来了好处。

文化方面，阿拉伯的回教文化起源于叙利亚，盛行于波斯和西班牙。阿拉伯人在征服叙利亚的时候，受到了崇尚亚里士多德的叙利亚人的影响，从一开始就认为亚里士多德比柏拉图更重要。不过，他们当时所理解的，是披着新柏拉图主义外衣的亚里士多德。在九世纪的时候，出现了第一位也是唯一一位阿拉伯人出身的哲学家——金第。金第首次用阿拉伯文写哲学，他翻译了普罗提诺《九章集》的一部分，改名为《亚里士多德神学》刊登出来。这使得阿拉伯人对亚里士多德的学说产生了误解，直到数个世纪后，这种误解造成的混乱才得以消除。

波斯人从回教文化中获得了天文学、数学方面的知识，如今我们所使用的“阿拉伯数字”，就是源自一个波斯翻译家在十二世纪译成拉丁文的一本书《印度记数法》。从这点来看，“阿拉伯数字”本应叫作“印度数字”的。波斯文明中出现的著名学者，还有诗人兼数学家奥玛·卡亚姆、伟大的诗人费尔杜西——他的主要著作《莎那玛》，堪比荷马史诗。另外，阿维森纳也值得我们注意，他和西班牙人阿威罗伊同属于回教哲学家。不同的是，阿维森纳在回教徒中有名望，而阿威罗伊则在基督徒中闻名。

阿维森纳生活于公元 980 年至 1037 年间，其出生地是波卡拉。从二十四岁开始，他先后游历了基瓦、克拉桑、伊斯巴汗，最后定居在德黑兰。他的名声在医学界更大，十二世纪到十七世纪的欧洲医学界奉为他医学导师。他热衷酒色，为正统教派所不容。他凭借自己的艺术，结交了一些君王，但土耳其雇佣兵敌视他，使他的生活颇为动荡，他甚至蹲过监狱。他在东方受到神学家的敌视，他著作的一部百科全书因此湮没于东方世界，不过西方世界却受到了这本书的影响。

哲学上，阿维森纳比他之前的回教哲学家们更倾向于亚里士多德，他曾专心研究过共相问题。按照他的观点，共相既存在于万物之前，也存在于万物之中和万物之后。举例来说就是："猫"的概念在上帝创造猫之前就有了，当猫被创造出来后，猫性必然存在于每只猫之中，当人们看到许多猫后，猫的概念从此也就深入人心了。

阿威罗伊生活于公元1126年至1198年间，曾做过哈里发的御医，并得到他的眷顾。在这位哈里发去世后，他的继任者，即他的儿子也一直优待阿威罗伊，直到十一年后，由于正统教派的反对而不得将其流放。时人对阿威罗伊的控告罪名是：他丢弃真正的信仰，反倒发展古代哲学。在流放了阿威罗伊后，哈里发焚烧了当时所有涉及逻辑和形而上学的书籍。之后不久，阿威罗伊的哲学思辨结束。与此同时，西班牙境内摩尔人的领域由于受到基督徒的侵入，那里的回教哲学也因此销声匿迹了。

德国哲学史家宇伯威克曾为针对阿威罗伊的控告进行过辩解，他说，《可兰经》的字面意义只是为愚昧的俗人准备的，不同的哲学家有正当的理由对其中的内容作出各自的解释。这并非是异端，但总被那些愚昧之人所指责。

阿威罗伊比阿维森纳更加崇敬亚里士多德，将其视为宗教创始者。他改进了阿伯拉人对亚里士多德的解释，认为上帝的存在是可以被证明的——以一种独立于启示的理性。关于灵魂，他支持亚里士多德的主张，认为灵魂会死，但理智，即nous不会死。这种观点自然为基督教哲学家所反对。回教正统教派也不认可他。当时有一个纯属正统教派的神学家团体，该团体认为哲学会损害信仰，其中一个名叫阿拉格则勒的成员还写过一本书，书中指出《可兰经》内包含了所有必要的真理，其他一些独立于启示之外的哲学以及哲学家都应该被毁灭。阿威罗伊则写了一本反驳阿拉格则勒的书。

阿威罗伊代表了回教哲学的终结，但他对基督教哲学来说却是个开端。他的著作在十三世纪被译成拉丁文，此后他的学说影响了欧洲的经院哲学家，甚至还出现了支持他否认灵魂不死的“阿威罗伊主义者”。此外，职业哲学家中也有极其仰慕他的人，起初多是一些弗兰西斯教团僧侣和巴黎大学中的人。

总的来说，阿拉伯哲学的独创性不大，缺少独立思辨的能力。阿拉伯最重要的在于化学和数学领域。在伊斯兰教文明达到鼎盛之时，它在美术和技术方面也取得了较高的成就。从传播文明的角度来看，伊斯兰教文明的功劳也是不可抹去的。由于它的刺激，西欧才摆脱了野蛮状态，产生了一种超越伊斯兰教思想的哲学，即经院哲学。此外，留在西班牙境内的犹太人还在翻译方面做了巨大的贡献。在他们之中，还产生了一位重要的哲学家曼梅尼德斯。他在其主要著作《迷路者指南》中调和了亚里士多德和犹太神学的关系，据说意在引导那些迷路的哲学家。

第十一章 公元十二世纪

公元十二世纪里令我们感兴趣的有四点：帝国与教廷的冲突、伦巴底诸城的兴起、十字军以及经院哲学之发展。这四件事情都延续到下一个世纪，除了结局可耻的十字军之外，其他三项在十二世纪都得到了很好的发展，并预示了它们可能发展到的最高状态：教皇在其与皇帝的纷争中取得了决定性的胜利，伦巴底诸城独立并稳定了下来，经院哲学在十二世纪达到了它的顶点。

帝国与教廷间的冲突

自教皇格雷高里七世起直到十二世纪，帝国与教廷的冲突仍集中在教会与世俗国王之间的权力斗争中，有时候法兰西国王或者英格兰国王也会参与进来。格雷高里七世的教皇生涯以不幸告终后，乌尔班二世（1088—1099 在位）以一种相对不激进的方式继承了他的教会文化。他允许僧侣和群众参与选举主教——可以肯定，群众参与也仍只是走形式而已。不过，在实践中，如果俗界推选出来的人有德行的话，他也不会反对。

一开始，诺曼是乌尔班唯一的安全驻地。公元1093年，亨利四世的儿子康拉德叛变，乌尔班与康拉德联合征服了意大利北部，他这才得以走出诺曼。以米兰为首的伦巴底诸城都拥戴他，他的权威越来越大，甚至法兰西王腓力浦在申请离婚时也不得不屈服并听从于他。公元1095年，在克勒芒宗教会议上，乌尔班发动第一次十字军。这件事引发了一阵宗教热潮，教皇的权力随之增长，不过它也导致了一场凶残的犹太人大屠杀。令人意外的是，乌尔班最后竟然能在罗马安度晚年。这对过去的教皇来说是很少有的。

乌尔班去世后，他的继任者帕斯查勒二世同样为了僧职的权益而斗争，并在法兰西和英格兰取得了胜利。不过，在亨利五世即位后，他和皇帝的斗争失败了，原因是在他争取僧职续任权的时候，因自觉亏欠亨利五世而提出让主教和修道院院长放弃世俗财产，这就触动了教士们的利益，他因此被逮捕。不过，十一年后，在教皇卡列科斯图斯的努力下，亨利五世最终放弃了僧职的续任权，并交出了在勃艮第和意大利境内选举主教事务中的管辖权。自此之后，教皇的地位和皇帝不相上下了，并成为教会中一个至高无上的统治者。由于摆脱了俗界的控制，僧侣们也比之前更有德行了。

伦巴底诸城的兴起

伦巴底诸城的兴起跟皇帝弗里德里希·巴巴罗萨（1152—1190）有关。他精明强干且极其自信，知识也相当渊博。但因为是个德意志人，他在意大利难以取得众人的信服。那些不乞求他的保护的伦巴底诸城抗议他干涉他们的内政，米兰还发起了带有民主倾向的帕塔林运动。后来，意大利很多城市也加入到了反抗行列中，其中一个就是罗马。

在巴巴罗萨即位两年后，罗马市要求独立自主并派出了一个名为阿诺德[1]的圣人般的异端者来支援斗争。当时，教皇是刚上任的哈德里恩。为了对付共同的敌人，教皇和皇帝合作了。阿诺德鼓动罗马群众暴动，哈德里恩下令停止罗马地区的一切宗教活动。此时恰值复活节前一周，迷信的罗马市民出于恐惧，

1　据说他是阿贝拉德的学生，然而这都是值得怀疑的。

最终屈服，放逐了阿诺德。阿诺德藏了起来，但最终为巴巴罗萨的军队擒拿，后被烧死。由于民众中很多人认可他的虔诚，为了防止他的骨灰被人们当做圣物保存起来，巴巴罗萨的军队将他的骨灰扔到了河里。

然而，教皇和皇帝的冲突并未因为这次成功的合作有所改善。公元1155年，哈德里恩为皇帝举行加冕礼，此行为遭到信徒的奋起反抗，原因是巴巴罗萨曾在教皇下马时不给教皇抓缰绳扶马镫。这次反抗遭到了一场屠杀式的镇压。两年后，教皇和诺曼人重归于好，然后跟皇帝决裂。自此之后，教皇和伦巴底诸城形成了盟友关系，共同对抗皇帝。诺曼人支持教皇，而伦巴底联盟即以米兰为首的诸城市的联盟，则发起了很多次反抗皇帝的战役。纷争持续了二十年，虽然最后无论是皇帝和教皇都没有获得彻底的胜利，但为“自由”而战的诸城市却兴起了，且最后它们也获得了自由——巴巴罗萨在公元1176年的雷格纳诺战役中惨败，被迫答应给这些反抗他的城市以自由。公元1189年，巴巴罗萨参加第三次十字军东征，第二年死去。

当皇帝的威胁不复存在后，教皇的权势也随之减弱。但是，由于经济在这种情况下会得到发展，所以诸城市并没有停止兴盛。此外，新的政治形态也开始形成了。当然，这种景象在十二世纪的时候还没有展现出来。不过，在不久之后的意大利城市中却出现了一种非僧侣的文化，包括文学、艺术和科学等方面都发展到了极高的水平。而这跟反抗巴巴罗萨所获得的成功是不可分的。

十字军

十字军的战争意义和我们讨论的无关，和我们有关的是它们在文化方面的重要性。由教皇发动的十字军具有宗教目的，至少表面上如此。从结果来看，它也达到了它的目的：战争的宣传造势和它激起的宗教狂潮，增强了教皇的权力。十字军之前犹太人几乎垄断了全欧的东方物产贸易；十字军之后，由于大批犹太人遭到屠杀，这种贸易成果几乎全部落入基督徒手中。

十字军的另一影响是，它促进了基督文明和君士坦丁堡的学术交流，使得十二世纪和十三世纪初时出现了许多由希腊文翻译而来的拉丁文文献。在此之前，忙于经商的意大利人可不会去研究希腊古典，正如上海的英美籍商人不会传播中国的古典知识一样——也是传教士让中国古典知识传到了欧洲。

经院哲学的成长

早在十二世纪初，狭义的经院哲学就出现了。它具有四个鲜明的特征。第一，经院哲学家总自以为属于正统教义，他们服从宗教会议，如同法官之服从上级法院。第二，十二、十三世纪里，正统教义的范围内亚里士多德的地位得到提高，柏拉图的权威却被动摇了。第三，经院哲学家都十分相信“辩证法”和三段论法的推理，他们是不厌其烦的好辩者。第四，虽然时人提出了亚里士多德和柏拉图在共相问题上存在不同意见，但共相问题却不一定是当时主要探讨的问题。

经院主义者的缺点是过分强调“辩证法”，漠视事实与科学，偏信推理而不注重观察，还钻语言的牛角尖。在论柏拉图时，经院哲学家的这些缺点表现得更极端。

第一位真正的经院哲学家是洛瑟林，阿贝拉德是他的学生。洛瑟林留下的，只有一封写给阿贝拉德的讨论三位一体的信。不过，从阿瑟勒姆和阿贝拉德的论战性的文章中，可以得知洛瑟林的一些观点。据阿瑟勒姆所述，洛瑟林认为共相是声息，从字面来看，他意指一个共相是一个物理事件。按照这个解释，人只是一个共名，而非一个个体。阿瑟勒姆认为，洛瑟林的这种见解源于其本人坚持只有可感知的事物才具有实在性。洛瑟林还认为三位一体中的三位是三个不同的实体，圣子、圣父与圣灵也都化为肉身。在公元 1092 年的莱母斯宗教会议上，他撤销了这些异端辩解。

阿贝拉德比洛瑟林更著名。他曾师从唯实主义者，还学习过神学。公元 1113 年，他在巴黎作教员的时候，和教会参事弗勒伯特的侄女恩罗伊斯有染，因此被弗勒伯特阉割。从他后来和恩罗伊斯的书信中可以想象这对他来说是个重创。之后，他又经历了颇多的挫折艰辛。

阿贝拉德最有名的著作是《是与非》，在书中，他传达了“辩证法是除圣经之外通向真理的唯一道路”这一观点。这自然不被任何一个经验主义者接受，但这种观点却能很好地调和当时存在的各种偏见，同时鼓舞人们大胆地运用理智。现在看来，他对逻辑的这种评价无疑过于极端了。阿贝拉德的哲学多半偏重于语言的批判分析，他认为“共相”这个词语并不能用来表述许多不同事物，而是只在表述一个词语。他显然是个唯名主义者。为了反驳洛瑟林，他甚至说过普遍概念不是基于事物的本性，而是众多物体掺杂形成的影像。

圣伯纳德认为，阿贝拉德关于三位一体的观点属于阿利乌斯教派，关于神的观点属于裴拉鸠斯教派，关于基督的观点属于奈斯脱琉斯教派，而当他极力讨论证明柏拉图是个基督徒时足见他是个异教徒。在他所处的时代，他过于争强好胜的论辩以及他那爱好批评知名学者的习气，是他被人指控为异端的主要原因，也是他不受欢迎的原因。总之，当时的大部分学者都不像他一样热衷于辩证法。

伯纳德曾领导了一次强大的神秘主义热潮，来反对枯燥无味的经院主义。伯纳德的父亲当过骑士，死于第一次十字军东征。伯纳德本人也鼓动了第二次十字军，他算是一个顽固派政客，但却具有纯粹的宗教气质。他以及他的追随者们，追求主观经验以及在沉思默想中寻求宗教的真理。作为一个宗教神秘主义者，他厌恶俗界的权力，也厌恶教廷热衷俗事这种习气。他总是感慨道：“人们醉心于‘查士丁尼法典’，而不是上帝的律法。”有意思的是，他所做的各种活动，结果反倒提高了教皇在俗界事务中的权力。

另外值得一提的一个人是萨里斯伯利人约翰，他虽然称不上一个重要的思想家，但他的一本随笔记录却有助于我们了解他所处的时代。他曾三任坎特伯雷大主教的秘书，晚年做过沙尔特的主教，并于公元1180年在那里去世。他同时崇敬圣伯纳德和阿贝拉德，却又认为伯纳德的观点最终站不住脚，同时还讥笑阿贝拉德的共相论。他认识当时许多有学识的人，并经常参加一些经院哲学的辩论。他有一次到一所哲学学院去参观，发现里面的人讨论的问题和他三十年前在这所哲学学院听到一样，于是暗自讥笑起来。

十二世纪的希腊文翻译事业，以君士坦丁堡、帕勒尔摩和托雷多最为兴盛，其中最重要的是托雷多，而出自这里的译本是由阿拉伯文转译，并非直接由希腊原文翻译。该世纪上半叶的时候，托雷多大主教雷蒙德还创办了一所翻译学院。大致说来，十二世纪中，学说气氛比我们想象的要宽松。只是，当时大多数哲学家都是法兰西人。因此，在反对皇帝权力的斗争中，法兰西这支力量对罗马教廷说来至关重要。当时的神学哲学家，即使被视为异端，他们在政治上也属于正统派。当然，只有阿诺德是个例外。从这点来讲的话，整个初期经院哲学，其实相当于教会争夺政治权中的一个派生物。

第十二章 公元十三世纪

公元十三世纪是中世纪最鼎盛的时期，这时期的卓越人物有尹诺森三世、圣弗兰西斯、弗里德里希二世和托马斯·阿奎那等。除这些伟大的人物之外，代表这个世纪的巨大成就的还有法兰州哥特式大教堂、查理曼大帝、阿瑟王和尼伯龙根[1]的浪漫主义以及大宪章、众议院中的立宪政治的创始等。不过，我们讨论的主要是经院哲学，尤其是阿奎那阐述的部分。但这个重点将在下一章谈到，本章先大概讲述十二世纪的一些有重要影响的事件。

伊诺森三世是该世纪初的中心人物。他在公元1198至1216年间担任教皇，他认为教皇是“万王之王，万主之主”。他利用了一切有利的条件，来实践他的这一观点。唯有一件事情，让他的这种强势遭受了打击。这件事情发生在十字军第四次东征之时。当时，十字军打算攻打耶路撒冷，这样就得走威尼斯的水道，而十字军的船只又不够，必须借助威尼斯商人的船只。后者为了自己的商业利益，提议说攻打耶路撒冷不如攻打君士坦丁堡。伊诺森本来极不情愿采取威尼斯商人的建议，但想到如果胜利的话就可以联合东西两方的教会，所以就答应了。不过，他的这个希望最后落空了。

尹诺森三世是第一个没有神圣素质的教皇。在他之前，改革过后的教阶制

1　尼伯龙根：指当时一部名为《尼伯龙根之歌》的诗歌作品，用高地德语写成，讲述古代勃艮第国王的故事。作者不祥

已经使教会不用再担忧自己的圣洁问题，由此建立起了它的道德威信感，从那时起，教廷便被一种权力动机所支配了。伊诺森三世将这种权力动机展露无疑，这引起了虔诚的教徒的抗议。伊诺森三世又将教规编入法典，进一步加固了教廷的权力，这就为后来教廷的衰败埋下了种子。

在尹诺森三世刚接任教皇一职时，西西里的新王弗里德里希二世只有三岁。弗里德里希是罗马皇帝亨利六世（死于公元 1197 年）和诺曼族诸国王的女继承人康斯坦斯结婚所生的儿子，亨利六世又是弗里德里希·巴巴罗萨的儿子。弗里德里希继任皇帝后，他的母亲康斯坦斯执政。康斯坦斯想要摆脱日耳曼人，于是借助了伊诺森的力量。日耳曼人为此非常愤慨，德意志皇帝奥托打算攻打西西里。最终，奥托败给了弗里德里希二世。公元 1212 年，弗里德里希接任奥托的皇位。

弗里德里希精通六种语言，对阿拉伯哲学有很深的认识，因此得以和回教徒保持友好关系，不过这引起了基督徒的愤慨。从身份来说，弗里德里希算是个日耳曼人，不过从文化和感情上来说他却是个意大利人，具有阿拉伯和拜占庭的气质。最初，他让人们感到惊异，后来他渐渐让人觉得恐怖。所幸伊诺森三世没能够活着看到他培养了这么一个教廷的敌人。

公元 1216 年，伊诺森三世去世，之后，皇帝弗里德里希最初还能够和新任教皇霍诺留斯三世保持友好，不久，俩人便就起了争端。弗里德里希先是拒绝参加十字军，继而和伦巴底诸城为敌。公元 1227 年，霍诺留斯去世后，接任他的教皇格雷高里九世给予了弗里德里希破门处分[1]。这时，弗里德里希娶了耶路撒冷王的公主兼王位继承者，并自称为耶路撒冷王。公元 1228 年，教皇对他的惩罚还没有结束，他就率领军队前往耶路撒冷。军队岂能被一个已被教皇开除教籍的人来领导？这又引起了格雷高里的愤怒。更令格雷高里的愤怒的是，弗里德里希到了巴勒斯坦之后，竟然和基督徒的对敌回教徒和解了，并成功说服他们将耶路撒冷还给了他。之后，弗里德里希在耶路撒冷被正式加冕。两年

1　破门处分：这是按照破门律给予的一种教会惩罚措施，包括开除教徒教籍、废黜教徒和放逐教徒。

后，他和格雷高里九世和好。到了公元 1237 年，弗里德里希和伦巴底诸城联盟开战，站在伦巴底一边的教皇再次和他决裂，开除了他的教籍。自此之后直到 1250 年弗里德里希死去，国王和教会之间的战争从未停止，冲突越演越烈，最后也未决出胜负。

在和教皇的斗争中，弗里德里希试图创立一个由他自己充当弥赛亚的新宗教。他的这个计划虽然没有正式向外宣布，但他在写给首相彼得·维格纳的一封信中透露过。后来，他怀疑彼得出卖他，于是挖了彼得的双眼，迫使其自杀。从政治上来说，他的宗教野心目的本质上类似于要恢复一个异教的罗马帝国。按理说，异端者本应该成为支持他的力量。但由于他在政治上没有文化上的开明，而是迫害一切在政治上抱有自由主见的人们，所以他不可避免地失败了。

十三世纪中的诸异端不仅遭到尹诺森三世的十字军的讨伐，还遭到包括弗里德里希二世在内的统治者们的迫害。这种现象值得我们研究，而作为那个时代大众感情的代表主体，即异端者本身，也很值得我们研究。异端教义之所以传播甚广，主要是因为对僧侣阶级的富有和道德败坏的憎恶，另外还因为战败的十字军所产生的消极思想的影响。十二世纪导致的宗教改革俗界和教会的矛盾，在十三世纪同样是主要原因。而直到这时，还没有一种哲学可以把异端教义和国王们对统治权的要求调和起来。

卡萨利派是当时最庞大的一个异端派，这一教派又以在法兰西南部的阿勒比杰西斯派著称。他们的教义来自于亚洲，在意大利北部盛行。从教义上来看，卡萨利派犹如诺斯替教派一样，相信旧约中的耶和华是个邪恶的造物主，新约全书中的上帝才是真正的造物主。他们认为性是罪恶的，因此结婚比奸淫更坏；他们不反对自杀，却严禁发誓；他们是身体力行的素食主义者，但是会吃鱼肉，理由是鱼类是无性生殖而繁衍的。这些严格的教规，也并非人人都必须遵守，唯有那些圣洁得被称为“完人”的成员才务必遵守。对卡萨利派追本溯源的话，我们会发现它的教规源于保加利亚波各米勒斯教派的教义，而波各米勒斯教派是摩尼教派和保罗教派二者混合的产物。

十三世纪另一个流行颇广的异端是瓦勒迪教派，该教派的创始人是彼得·瓦勒迪，他是个狂热的信徒，在公元1170年发动了一次遵守基督律令的十字军。正是由于过分狂热的宗教热情以及他对道德败坏的僧侣的严苛斥责，他被维罗纳宗教会议所谴责，从此走上了异端之路。该教派认为，凡是善良之人就有资格传道讲经，他们还自行委派传教士、废除天主教祭司的仪式。后来，阿勒比杰西斯派遭到迫害，他们也受到了牵连，很多成员逃到了丕德蒙特，在密尔顿时代他们又在那里受到迫害。今天，在阿尔卑斯山谷和美国还有该教派的信徒。

异端引起了教会的恐慌，伊诺森三世和格雷高里九世都曾迫害制裁过异端教派。阿勒比杰西斯派就是在公元1209年因伊诺森三世的大屠杀命令而失败的。相比于诸教皇和皇帝，维护正统教义的圣弗兰西斯是最为可爱的。

圣弗兰西斯出身于一个富裕的商人之家，成年后他放弃家产，献身传道和慈善事业。据说一天他骑马时看见一个麻风病患者，忽然心生怜悯，于是跳下马来和患者亲吻。弗兰西斯并非是最圣洁的一个信徒，但他所具有的乐观、博爱和诗人的才华以及浑然天成的善良，使得他超越了其他圣者。大多数基督圣徒的仁慈源于他们想要使自身得救，而弗兰西斯却是真正地关心别人，且从未在任何人面前有过道德优越感，即便是在那些最恶劣的坏人面前他也是如此。

遗憾的是，弗兰西斯创立的教团在他死后为他那穷奢极欲的兄弟以利亚所继承。在圭勒夫派与基波林派的血腥斗争中，该教团扮演了募兵官的角色。以利亚背离了弗兰西斯创立的教规，教团中为数不多的遵守弗兰西斯遗训的信徒被斥为异端，其中有的人被宗教裁判所烧死。宗教裁判所成立于弗兰西斯死后的第七年，主要为弗兰西斯教团领导。公元1323年，这些追随弗兰西斯的自称为属灵派的信徒，被约翰二十二世正式判为异端。圣弗兰西斯一生的努力，只不过导致了一个腐败教团的产生，这个结局令人啼笑皆非。

和圣弗兰西斯一样狂热地信仰正统教义的另一个人是圣多米尼克，只是后者不如前者有趣。多米尼克生活于公元1170年至1221年间，他是卡斯提亚人。在讨伐阿勒比占西斯异端时，他全程参与了作战。公元1215年，教皇伊诺森三世支持创建了多米尼克教团。该教团奉信多尼克攻击异端的宗旨，并且迅速取得了成功。多米尼克教团的名声比弗朗西斯教团要好一些，原因是他们在学术方面做了一些有价值的贡献——但这却不是圣多米尼克的本意。在哲学上，多米尼克教派致力于调和亚里士多德和基督的关系，其中阿拉比尔图斯·马各努斯和托马斯·阿奎那两人的成就较为突出，后者的成就同时是在多米尼克教团历史中最高的。不过，到了下一个阶段时，弗兰西斯教团的成就又超越了多米尼克教团，出现了诸如罗吉尔·培根、邓斯·司各脱和维廉这些著名的僧侣。

第十三章 圣托马斯·阿奎那

圣托马斯·阿奎那生于公元1225年或者1226年，逝世于公元1274年，他被视为最伟大的经院哲学家。自列奥十三世在公元1879年颁布敕令以来，圣托马斯·阿奎那的哲学体系便被所有天主教文教机构采用为唯一正确的教材体系。因此，他的影响是深远的。天主教僧侣唯有承认圣托马斯的哲学，才有可能进入哲学研究中。

圣托马斯先曾在弗里德里希二世创办的那不勒斯大学学习了六年，之后他作为多米尼克教团的僧侣来到科伦，在那里师从阿拉比尔图斯·马各努斯，后来他又去了巴黎，在那里住了一段时间。公元1259年之后直到去世，他大部分时间都住在意大利。在巴黎时，巴黎大学的阿威罗伊派的学说使得亚里士多德的名声败坏。托马斯指出，回教徒和基督教的阿威罗伊主义者都曲解了亚里士多德，他最终说服教会，使之相信亚里士多德的哲学比柏拉图的更符合基督教哲学的基础。

《异教徒驳议辑要》是圣托马斯最重要的著作。在书中，托马斯在讨论到“智慧”时指出，一切智慧都与宇宙的目的有关，宇宙的目的是追求真理，所以追寻智慧就是一种最崇高且有益的事业。然后他表明，他的目的就是要阐明天主教宣扬的真理，但因为教义的权威不为教徒所接受，所以他只能从自然理性去证实这种真理。他认为，有必要将已被理性证实的信仰和未被理性证实的信仰区别开来。

他的《辑要》分为四大部分，在第一部分中，托马斯谈到了上帝。他否定了那种认为不必证明上帝存在的观点，并提出了以下观点：

那些能被证实的宗教真理，通过信仰也是可以得知的。证明上帝的存在虽然困难，但博学之士总是会了解的。而对于那些远离哲学的普通人来说，只需要有对上帝的信仰就足够了。但是，上帝绝非只能通过信仰来感知到。通过有关上帝的其他感知作用，人们同样可以认识到上帝。亚里士多德著作中提出的"非受动的始动者"的论证[1],就可以证明上帝的存在。如果追溯到造成推动力量的始发点的话，可以说，上帝就是那个非受动的始动者。

另外，有关上帝的其他事实在某种意义上来说也都是错误的，诸如上帝是永恒不变的、上帝与原始物质是一体的。正确来讲，上帝的本质就是他自己，这样他才是单一的，他不属于任何类别，也不能被定义。万物各有某些方面像上帝，但我们不应该说上帝像某个事物。上帝是善，也是智慧，两者都是他的本质。上帝能够理解万物，但其认知中却没有这些事物的实体概念，他有的只是"神性理智的概念"。他根据他自己所有的概念，将每一个事物的固有性质包含在他的本质之中，由此得出了关于事物的本质定义。例如，植物的本质是生命，而不是知识；动物的本质是知识，而不是理智——植物有生命，所以像上帝，而没有知识，所以有别于上帝；动物有知识，所以像上帝，因为没有理智所以它就有别于上帝。

针对有的人提出的"上帝并不了解万物而只知道共相"这一观点，托马斯还假设了这些人的七种理由，然后一一予以了反驳。在反驳中他指出：上帝是万物的根源，所以可以认识每个个体，包括我们心里的各种想法；上帝的本质是神性的，他的意志就是他的本质，是自由的，但他不能通过意愿来实现矛盾的事情，比如他不能使一个人成为一头驴[2]；上帝有快乐和爱，但没有恨，他本

1 亚里士多德认为，世间有些事物起到推动作用，有些只是受动，另外有些事物既能受动又能始动。所有起推动作用的事物都是被另一事物推动的，但我们追溯到最后，会发现起始点上的那个事物是不受动的，是所谓"非受动的始动者"，即为上帝。

2 donkey，在英语中有蠢人的意思

身就是幸福。

在第二部分中，也就是《辑要》的第二卷中，他的讨论主要涉及人的灵魂的问题，其中还有一些关于被造物的看法，诸如上帝不能改变他自己，也不能使一个人具有灵魂。这些观点在某种程度上驳斥了关于上帝的一些谬论。关于灵魂，托马斯认为，灵魂只有一个，存在于人的肉体中，而天使没有肉体。另外，人的灵魂不会死，但动物的会。他还否定了阿威罗伊所说的智慧性是唯一的说法，他说每个人都有智慧性，因为那是人的灵魂的一部分。由此，他就不能不讨论到跟智慧性有关的共相问题。对此他提出，共相只存在于灵魂内部，但智慧在了解共相时，会同时认识到灵魂之外的其他事物。

在第三部分中，他讨论了伦理问题。他说，罪恶不是神故意安排的，它不是本质的东西。神意中不排除罪恶，也不排除偶然性和自由意志、机会和幸运之类的东西。道德行为只是一种手段，不能决定一个人的幸福。决定人类幸福与否的不在于感官，而在于他对上帝的思考。

他还提到天使也有级别之分，应该摒弃、斥责占星术。他说，只有异端主义者才用“命运”这个词，它本质上是指上帝规定的秩序。只有上帝才能够行奇迹。人们应该爱上帝，同样也要爱邻居。在神的法律之下，奸淫和节育违背了自然规律，是神所禁止的。独身主义或者婚姻，却是神所允许的，所以性交并非都是罪恶。此外，他还认为一夫一妻制是最好的。

大体来说，托马斯的观点属于奥古斯丁的，两者有许多相同的观点，诸如相信犯死罪者必受到永远的惩罚，相信上帝并非有意造就罪恶，相信上帝并没有事先预定谁可以死后升天堂谁会下地狱，也没有规定不受洗礼的人不能升入天堂等。

在第四部分中，他的讨论主要是神学方面的东西：三位一体、道成肉身以及教皇的权力、圣礼、肉身复活等。他的主要观点大致如下：

1. 理性、启示以及事前经由启示就能认识事物的直觉，是认识上帝的三种途径；

2. 谴责希腊教会对圣灵双重发源[1]以及教皇至上权的否定，提醒人们注意，基督虽由圣灵受胎，但他却不是圣灵的儿子；

3. 圣礼都是有效的，即便行圣礼的祭祀是邪恶的；

4. 肉体的同一性不在于原有物质微粒子的保持，人生前的吃和消化过程，导致构成肉体的物质总是不断变化。当他复活的时候，是按照身体最初的样子复活的。

以上，就是《辑要》这部分的简介概述。总的说来，托马斯的哲学大体上类似于亚里士多德。他具有一点独创性，即稍微改动了亚里士多德的学说，使之和基督教教义相调和，他为此被他所在的时代视为一个大胆的革新者。同时也正因此，他的学说遭到谴责。在他死后，巴黎大学和牛津大学指出他学说的许多弊端。比他的独创性更出色的，是他在体系化方面的能力，即他能够逻辑清晰地去论证他的观点。从这方面来说，即便他的《辑要》里的许多观点都是错误的，这部书也不失为一座宏伟的大厦。

托马斯并无真正的哲学精神，他也不像柏拉图笔下的苏格拉底一样热衷于辩论。他探究的，总是那些事先就能预知结论的问题。也就是说，他的哲学思索讨论的是他事先知道的天主教信仰中被大众认可的真理。如果他的论证是合理的，那自然不错，但如果他没有合理的论据，而只能求助于启示，那么我认为，这种给预先下的结论去找论据的做法是诡辩，不是哲学。从这点来说，他不配和任何一个一流的哲学家相比。

第十四章 弗兰西斯教团的经院哲学家

弗兰西斯教团是多米尼克教团的竞争对手，前者不像后者那样严苛地遵守正统教义。罗吉尔·培根、邓斯·司各脱以及奥卡姆的维廉，是弗兰西斯教团最重要的三位哲学家，他们不认可圣托马斯的权威。

1 圣灵双重发源：指圣灵发源于圣父与圣子的一种教义。

罗吉尔·培根（1214—1294）不仅是个哲学家，还是个热衷数学和科学的大博学家。他所在的时代，科学和炼金术是挂钩的，因此科学被认为是妖法，热衷科学的培根被视为异端。公元1257年，他被弗兰西斯的教团总管圣伯纳凡图拉（1221—1274）监视于巴黎，无法写作。在此期间，教皇驻英国的使节找到他，让他为了教皇的利益去写作，他由此写出了《大著作》《小著作》和《第三著作》三卷书。公元1268年，他被释放，回到牛津。三年后，他写了另一部书《哲学研究纲要》。公元1278年，他再次被弗兰西斯教团总管监禁，而后又入狱十四年。公元1202年他出狱不久便死去了。

培根的学识缺乏体系性，是百科全书式的。以下我将抽取《大著作》中他的一些观点，以便大概认识他的学识和方法。

他认为导致愚昧的因素有四个：不恰当的权威的引导（因为此书是为了教皇而写，所以他在书中很谨慎地说明教会不属于这种权威）、习惯、没文化的群众的意见、虚伪的智慧外表下掩饰的愚昧。他表明，这四种愚昧因素引发了人间的罪恶，而最后一种因素的愚昧害人最深。

他似乎觉得一个人不应尊重权威，如果要支持某种见解，不该从祖先智慧、习惯或者共同信仰去论证。他对亚里士多德是最尊重的，称其为“大哲学家”，但他的尊重仍有所保留，他把亚里士多德之后的阿维森纳称为“哲学的君王、领袖”。

在议论中，培根时而说些具有正统教义气息的话语，诸如“唯一完备的智慧，跟教规、哲学启示是一样的，都存在于圣经之中”。不过，他同时又说从异教徒那里获得知识也未尝不可。这听起来更像是他的心里话。在引证时，他举例了阿维森纳、阿威罗伊，也举例了金第的追随者阿拉弗拉比和天文学家阿勒布马克及其他人。他还赞扬数学，说它是唯一具有确实性的真理源泉，天文学和占星术都离不开这门学科。此外，他还认可阿威罗伊关于理智的看法：理智本质上是一个与灵魂区分开的实体。

培根认为实验比论证更能作为知识的来源，这使他受到近代的赏识。从他百科全书式的著作可以看出，相比于基督教哲学家，他更多地受到了阿拉伯著作家的影响。这是他和中世纪许多基督教哲学家的不同之处。

和培根相比，禁止他出书的弗兰西斯教团总管圣伯纳凡图拉是个完全相反的人。伯纳凡图拉追随圣阿瑟勒姆，相信柏拉图的各种理念，他的著作中经常出现一些来源于奥古斯丁的引文。伯纳凡图拉的追随者马太（约 1235—1302）和新兴哲学有接触，因此和培根有共同之处，比如他也极力推崇亚里士多德，并认可阿维森纳。不过，他认为圣奥古斯丁才是最重要的权威者。他说，柏拉图的理念建立智慧却不建立知识，亚里士多德的则相反，这导致我们的知识处于低级和高级之间、外在物体和观念理性之间。

邓斯·司各脱大约生活于公元 1270 年至 1308 年间，他和伯纳凡图拉、马太一样推崇奥古斯丁，不过他没有后两者极端。他是个踏实的实在论者，他对那些不必经过验证就可以得知的事物尤其感兴趣，并且认为这样的事物共有三种：一、不言自明的真理；二、通过经验可确认的事物；三、个人自身的行动。同时他又指出，得知这些事物的前提是必须有神的照耀。

关于本质，邓斯·司各脱认为既然存在就是本质，使事物有所区别的是形式而不是质料，因为形式总是有区别的，所以两个物体之间在本质上永远有区别。这跟圣托马斯的观点不同。托马斯认为，对有实体的物质来说，它们本质上是相同的，而对于非物质的实体，它们虽然属于同一种类，在本质上却是不同的。显然，司各脱的观点比圣托马斯的观点更加接近于柏拉图主义。对于我们来说，如果在探究这个问题时忽略“实体”概念的话，我们的结论更偏向于司各脱。

圣托马斯之后一个最重要的经院哲学家是奥卡姆的维廉，他在巴黎的时候曾师从邓斯·司各脱，后来变成了他的竞争者。他的出生年份不确定，大概是公元 1290 年至 1300 年间，去世的时间可能是公元 1349 年或者 1350 年。有人说他生于苏黎的奥卡姆，另有人认为他出生于约克郡的奥卡姆。由于不可知，人们干脆称之为奥卡姆。弗兰西斯教团与教皇约翰二十二世之间因安贫问题而产生争端时，奥卡姆卷入了其中，他们三人于 1328 年一并受到破门处分。他逃到了阿维农，投靠了路易皇帝。路易皇帝曾和另一个人争夺帝位，最终他得到德意志的支持而胜出，但支持他竞争对手的教皇开除了他的教籍。有意思的是，他向宗教会议控诉了教皇，使得教皇本人被指控为异端。

奥卡姆出逃的时候，有一个同伴是巴都阿人，名叫马希格里欧。自得到路易的庇护后，他就和马希格里欧在慕尼黑定居下来了。在此期间，他们写了一些非常重要的政治论文。马希格里欧在政治方面的影响比奥卡姆重要，他认为人民的大多数才是立法者，并且这大多数民众有权惩罚君王。他还将这种群众主权理论应用于全教会议，认为各地应该成立包括俗众在内的地方宗教会议，使得每个信徒都有权发言，并且有权决定是否要对某人施行破门处分。

奥卡姆的政论性著作用哲学论辩体裁写成，他曾写过一篇名为《关于教皇权力的八项问题》的论文，还写过一篇讨论未经教皇允许君主是否有权获取教会财产的论文。后一篇文章的写作目的，是说明爱德华三世向僧侣征税以筹措对法战争的经费这一事是正当的。他的另一篇名为《一个婚姻事件的商榷》的论文，讨论的是皇帝与他的堂妹结婚是否正当。奥卡姆在避难时曾对路易说过："请你用刀剑保护我，而我将要用笔保护你。"从他的著作看来，他为了得到皇帝刀剑保护，的确尽了最大的努力。

奥卡姆的哲学，可以通过欧内斯特·伊·穆迪著作的《奥卡姆的维廉的逻辑》一书得知。我以下讲的关于奥卡姆的纯哲学，也都出自于这本书。在书中，穆迪指出，人们曾认为奥卡姆导致了经院哲学的崩塌，他是笛卡尔、康德等视为近代哲学的先驱——这些说法都是错误的。他认为，近代史学家不过是试图将奥卡姆当成是经院哲学到近代哲学的过渡，所以将近代的许多学说附会给他，而其实奥卡姆关心的不过是亚里士多德的阐述。

奥卡姆有一句著名的格言："如无必要，勿增实体"。用他的另一句话来解释这句格言就是："用较多的精力去做较少的精力就能完成的事情是徒劳的。"他的意思就是：在一门学科里，如果无法用任何假设的实体去解释某一事物，那么就不必要做出假设。后人把他的这层意思称为"奥卡姆剃刀"。我认为这把"刀"在逻辑分析中是很有成效的一个原则。

在逻辑层面上，奥卡姆是个唯名主义者，并且被十五世纪的唯名主义者尊为创始人。他认为，司各脱主义者受到奥古斯丁和阿维森纳的影响以及被波尔菲力所著的论亚里士多德的《范畴论》这篇论文误导，因此误解了亚里士多德，使得逻辑以及认识论依附于形而上学和神学。他的目的就在于解除这种依附关系。他认为，逻辑是独立于形而上学之外的，它属于推理科学的分析，虽然科学和事物有关，但逻辑却非如此。和逻辑有关的，是作为有意义的而非作为心理状态的词语或概念。他举例说，“人是一个种类”就不属于一个逻辑命题，因为它涉及和人有关的知识。“人是一个种类，苏格拉底是一个人，所以他是一个种类。”这样的就属于逻辑命题。

奥卡姆认为，形而上学的词语只有六个：存在、物、某物、一、真实、善。这六个词语介于指物的词语和指词的词语之间，即科学用词和逻辑用词之间。它们可以互相表述。逻辑的词语属于指词的词语，逻辑所理解的事物不是由精神产生的，诸如共相、类、种就属于逻辑词语或者概念。关于共相，奥卡姆和托马斯的观点相同，认为一个共相只是许多事物的一个符号。比如，说苏格拉底和柏拉图相似的时候，不存在一个叫作相似的东西才使得他们相似。这个观点和阿威罗伊、阿维森纳的不同，这两人和奥古斯丁派一样，认为只存在个别的物、个别的精神和理性行为。

对于“某个人中的感性灵魂与智性灵魂是否根本不同”这个问题，他的回答是：两者截然不同。他的其中一个论证是：我们悟性所拒绝的东西，我们的食欲却要求，所以说，食欲和悟性是不同的。他还辩驳说，感觉主观存在于感性灵魂中，而不会主观地存在于智性灵魂中；感性灵魂具有拓展性和物质性，但智性灵魂却不是。他还反对了四种神学理论，认为个人的智力属于个人，而非来源于神。

奥卡姆的这些观点主张人类探索知识和逻辑的时候摆脱形而上学和神学，由此鼓舞了科学研究。他和托马斯一样都认为奥古斯丁关于人类获取智力的观点是错误的，不同的是，托马斯从一个神学家角度去论证，而他从逻辑方面去论证。他的这种治学态度，可以鼓舞那些研究特殊问题的学者。比如，欧利西姆人尼古拉（死于 1382 年）就受到他的鼓舞，研究过行星。从某种程度上说，尼古拉是哥白尼的先导。

奥卡姆是最后一个伟大的经院哲学家，直到文艺复兴的后期，才出现了一个新的大哲学家。

第十五章 教皇制的衰落

十三世纪时，哲学、神学、政治和社会完成了整合。纯粹希腊的哲学，特别是毕达哥拉斯、巴门尼德和柏拉图、亚里士多德等人的哲学，是促成这一整合的最初因素。在亚历山大的征服战争过后，这些人的学说和东方的各种信仰通过奥尔弗斯教的神秘主义调和在一起，改变了希腊语世界以及最后的拉丁语世界的世界观。与此同时，虽然出现了异教哲学，但它发展到了普罗提诺和普尔佩里时就终止了。

面对东方信仰的入侵，思想中具有浓厚宗教色彩的希腊人也曾发展过一些和东方信仰相调和的观点，在有关奥尔弗斯教义、毕达哥拉斯主义以及柏拉图的一些著作中，可以看到这些人的努力。然而，这种程度的努力是不够的。况且，这些人的思想过于保守，他们竭力维护希腊的传统宗教。这导致在东方信仰和各神学的入侵下，希腊宗教日趋衰亡。早在三世纪时，人们就预见到罗马世界将被某种亚洲宗教征服。结果，结合了各个有利因素的基督教脱颖而出。

基督教从犹太人那里接受了一本《圣经》，同时接受了其中一种被其他宗教认为是虚妄、邪恶的教义。从波斯人那里，基督教则继承了他们的二元论。无论是吸取犹太人还是波斯人的文化，基督教都不会全盘照收，而是进行完善，最终才战胜了竞争对手。在基督教的发展之初，哲学上属于半基督教的奈斯脱琉斯教派相对于正统教派发展得也更快。不过，自奥利根之后，基督徒另发展了一种来自于新柏拉图主义的更适用于基督教的哲学。到了圣安布罗斯时代，基督徒之间最初那种不明确的宗教仪式，已经发展到了深入人心的程度。有赖于罗马帝国的实践，教会的发展也越来越成熟，并且获得了一种此前任何社会组织都无法拥有的巨大力量。

西方教会的发展很缓慢，它的制度最初是共和制，最后变成了君主制。在整个发展中，教皇权柄的成长先后经历了大格雷高里、尼古拉一世、格雷高里七世、伊诺森三世，最终在霍恩施陶芬王朝的圭勒夫派和基波林派的纷争中衰微。

造成天主教综合体系在十四世纪中期崩溃的因素，并非只有哲学方面的，一些外界事件的影响也很重要。从公元 1204 年至 1261 年间，拜占庭帝国都由征服了它的拉丁人统治。在此期间，拜占庭政府认可的是天主教，不是希腊正教，即由源于东罗马帝国的传统基督教。后来，法兰西、英格兰等施行君主政体的民族兴起。在与神圣罗马帝国的冲突中，教皇虽然取得了胜利，但教会没有一丝获益。到了十四世纪，教皇在政治上基本成为了法兰西王的一个棋子。与此同时，更为致命的是，富商阶级崛起，俗众变得越来越有学识。教廷变得更加世俗化了，沦为一个税收机构，教皇的权力和威望减弱。自 1261 年，教皇彻底失去君士坦丁堡。到了十四世纪，就连虔诚的人也被迫和教廷抗争。

十四世纪初，造成教廷衰落的因素并不明显。如果追溯教廷衰落的确切日期的话，可以认为是公元 1300 年的第一次大赦年祭典之日。这次祭典跟卜尼法斯八世有关。卜尼法斯八世是个意大利人，他被选为教皇时曾遭到教会内部强大的法兰西派红衣主教们的反对。他和法兰西王腓力浦四世也有激烈的争端，原因是两人在关于国王是否有权对法兰西籍僧侣征税这一问题上存在异议。由于主张教会要尽可能掌握经济来源，他被指控为异端。他颁布了布纳姆·萨克拓教令 (Bull Unam Sanctam)，并于公元 1300 年建立大赦年制度，规定到罗马游历并在此举行某种仪式的天主教徒都可以获得大赦，同时规定每一百年举行一次大赦年祭典。同年，他举行了第一次大赦年祭典。大赦年祭典的周期后来缩短到五十年一次，最终缩短为二十五年一次，该项制度沿用到了现代。带来巨大利润的大赦令，是教皇的成功达到巅峰的标志，同时也是教廷走向衰落的标志。

卜尼法斯八世最终被法兰西王通过全教会议废黜，为了躲避追捕，他逃亡罗马，最终死在了那里。自此，无人再敢对抗法兰西王。经过一段过渡期后，公元 1305 年，波尔多的大主教被红衣主教们选为教皇，号称克莱门特五世。他在里昂接受加冕礼后，于公元 1309 年在阿维农定居，自此之后的七十年，教皇们都定居于阿维农。

克莱门特五世在任期间，和法兰西王结成同盟，大肆掠夺财产，富有的犹太人因此遭到迫害。拥有巨额财富的圣殿骑士团成员被指控为异端，他们的财产被教皇和国王私吞。公元 1307 年，法兰西境内所有首要圣殿骑士团成员被逮捕，他们遭到严刑逼供。公元 1313 年，教皇正式下令镇压骑士团，并没收了他们所有财产。对于克莱门特五世对圣殿骑士团的迫害，亨利 · C · 李在他的《异端裁判史》中经过缜密的调查后表明：对圣殿骑士团的指控完全没有根据。

教皇与国王在整个圣殿骑士团事件中的一致立场，并不代表基督教世界中两者的冲突消除了，相反，大多数情况下他们始终存在利益冲突。不过，这个时候教皇倒是已经完全控制了主教们，越来越有权任命谁是主教，即便是修道院性质的诸教团或者多米尼克教团也只能服从教皇了。只有弗兰西斯教团例外，所以这也导致了该教团和教皇约翰二十二世之间发生了一场冲突，即奥卡姆卷入其中的那场冲突。这场冲突的结果是教皇被废黜，在罗马被加冕的皇帝选了另一个属于弗兰西斯教团的教皇。

这一系列事件导致人们对教廷的尊敬减弱了，反对教廷统治的叛乱由此不断发生。在不同地区，叛乱的形式有所不同。比如，在罗马城中，采取的是仿古的民主主义运动形式。在克莱门特六世（1342—1352 年在位）时，罗马的杰出人物克拉 · 迪 · 里恩齐领导群众反对罗马贵族，使他们纷纷逃离罗马。在取得成功之后，他获得护民官的称号，于是进一步寻求脱离教皇统治的办法。他宣布了罗马人对神圣罗马帝国的自主权，在实践中采用民主主义的方式。他成立了代表议会，并试图通过民主选举的方式选出罗马皇帝。然而，他的行为最终引起了教皇的压制，他被捕入狱两年，在克莱门特死后才获释。他回到罗马，想重建功业，但最后被暴徒杀害。诗人佩脱拉克和拜伦都曾为他写过颂扬的诗歌。

很显然，教廷唯有回到罗马，才能保住天主教会的首要地位。公元 1367 年的时候，乌尔班五世做过尝试，但他苦于意大利复杂的政治，所以死前又回到了阿维农。继任乌尔班五世的格雷高里十一世也做过尝试，甚至采取了反对法兰西籍红衣主教的手段，他的做法导致了教廷内部罗马派和法兰西派的争端，乃至引起了长达四十年之久的分裂。这场分裂从继任格雷高里十一世的乌尔班六世开始，他得到罗马派的支持当选为教皇，但不被法兰西派所认可，后者于是选出了另一个教皇。该教皇号称克莱门特七世，居住在阿维农。

站在法兰西一边的国家自然支持阿维农的教皇，它的敌对国家则承认罗马的教皇。在这种支持下，每个派别每一任的教皇都由内部选出，分裂似乎导致了独立。为了解决这种状况，公元 1409 年，在比萨召开了一次全教会议。然而，会议的结果却让人啼笑皆非：两位教皇被以异端和分裂罪名同时废除，会议选出了另一个教皇，然而这个新教皇不久便死了，于是他的红衣主教们又选出了另一个教皇——这个人曾是海盗。这样一来，就相当于有三个教皇了。直到 1414 年康斯坦斯召开的一次新会议，废黜了“海盗教皇”，同时劝辞罗马和阿维农的两位教皇，这场闹剧才逐渐拉上帷幕。公元 1417 年，由全教会议选出的教皇无人再反对，该教皇号称马丁五世。自此之后，教廷内部明显的分裂结束，在名义上归顺了罗马。教廷在政治上声威大震，但它的道德声威却已经几乎不复存在了。

十四世纪的教廷衰落过程，被威克利夫（约 1320—1384）记录了下来。威克利夫是个俗世祭司，也是最后一位重要的牛津经院学者、柏拉图主义的实在论者。他的思想发展很缓慢。获得神学博士学位时，他还信奉正统教义。即便最初他也会攻击教廷，但却不是从教义方面取攻击。他反抗教廷是被迫的，而后就明显成为了一个异端。

公元 1376 年，威克利夫在牛津所作的“论公民统治权”的一系列讲义上提出：唯有正义者才配享有统治权和财产权，只有俗界政权才能判定一个教士是否可以保留其财产。他的这些教义触动了托钵僧以外的所有教士的利益，这是他脱离正统教义的标识。英格兰一度须向教皇送钱，威克利夫的教义驳斥了这种行为，所以他无疑为英格兰政府所欢迎。理查二世年幼时，英格兰的当权者，名为约翰的刚特人就关照了威克利夫。同时，和法兰西属于同一盟线的教皇格雷高里九世自然谴责他的种种论点。他被召到法庭上，由主教们审判，但女皇和暴民保护了他。之后，威克利夫又写了一些学术性的论著。这时候，他的观点已经明显异端了。比如，在大分裂之时，他指出教皇根本就是基督的敌对者，他还攻击祭司权，称化体说是一种欺骗和渎神的行为。这个时候，就连刚特人约翰也觉得他过分了，于是禁止他发言。

公元1381年，瓦特·泰勒领导农民起义。起义军中一个名为约翰·鲍勒的领袖曾是个被剥夺了僧职的祭司，且受到了破门处分。他赞扬过威克利夫，这使得这时还信奉正统教义的威克利夫陷入了困境。不过，因有牛津大学对他的倾力保护，他并没有受到更多的灾难。直到去世，他也没有被正式判罪。在他死后，他的英格兰追随者们，即洛拉德派，全部遭到了残酷迫害。所幸的是，由于查理二世的皇后是波西米亚人，他的学说在波西米亚流传了下来，并在这里出现了一个追随他的著名门徒——赫斯。在波西米亚，威克利夫的学说以及反对教廷的思想一直延续到了宗教改革时期的到来，为新教的成长准备了土壤。

十五世纪，由于教廷的衰落以及其他原因，政治文化也发生了变化。封建贵族的势力削弱，中央集权的政治得到加固。在法兰西和英格兰，政府主要和国内的中产阶级联合。在意大利，由于战乱影响较小，经济和文化得以迅速发展。不过，新文化本质上是异教性质的。在这种文化中，充斥着对中世纪的鄙夷以及对希腊、罗马的仰慕，从文学、建筑都仿照古代典型来创造就可以看出这一点。这时候，人类世界已经不再是一个朝圣者途中要寄居的处所。在历经多个世纪的禁欲主义后，人们重新回到艺术、诗歌和快乐、名誉、冒险之中。总的来说，那些古老的吓人的文化不再有影响力了，人们陶醉于新的精神自由中。虽然这种陶醉只是暂时的，但它却消除了当下的恐惧。也就是在这种陶醉的解放时刻，近代世界诞生了。

卷三

近代哲学

第一篇·从文艺复兴到休谟

第一章 总说

通常，在被称为“近代”的这段历史时期，人们的思想见解和中古时期的思想见解存在许多差异。这些差异主要体现在两方面，一是教会逐渐失去威信，二是科学的威信日益上升。

近代的文化是一种世俗文化，国家逐渐取代教会的统治势力地位，掌握了文化支配权。在一开始的时候，国王就拿回了本民族的统治大权，后来，如同在古希腊一样，国王的权力又因民主制或僭主制而被回收。民族国家的力量以及它所行使的职权，尽管经历了一些小波折，但在整个这一时期中是稳步发展、逐渐扩大的。不过，从大体上说，这段时期内国家对哲学家的思想所起到的影响，比不上中世纪时的教会所起到的影响。

在阿尔卑斯山以北的封建贵族，在十五世纪之前都能够和中央政权平分秋色。进入“近代”后，他们先后丧失了政治地位和经济地位，其统治权被国王和富商的联盟取代。在不同国家，国王和富商分享权力的比例是不同的。富商大有并入贵族阶级的趋势。然而，自美国独立和法国大革命后，近代意义上的民主制获得了很大的政治权威，社会主义也在1917年初次获得了政权。社会主义制度如果蔓延开来，必然会带来一种新的文化，但我们以后要讲到的不是这种新文化，而是一种“自由主义”的文化。这是一种自然而然地和通商贸易有关的文化，但是，也并非每个国家的哲学家都倾向于这种文化。德国就是一个特例，费希特和黑格尔的见解就与商业无关。不过，如他们之类的特例之人也并不代表他们所在的时代。

近代的消极特征是否认教会威信，积极特征是承认科学，前者比后者更早地显露了出来。直到意大利文艺复兴时，科学还不具有什么威信。对教会的反对却是源于人们对比初期教会与中世纪还遥远的古代文明的依赖。1543 年哥白尼学说的发表，象征了科学的第一次大入侵，但是科学并未就此得势，而是等到十七世纪后。十七世纪时，开普勒和伽利略改进了哥白尼的学说，科学和教义之间的斗争才拉开了序幕，战斗的结果是守旧派败给了新知识。

科学的威信是理智上的威信，因此为近代大多数哲学家承认。当然，承认它的人决心是很大的，但否认它的人也不会被惩罚。科学威信在本质上求理性裁断，它属于一种片段不全的威信，它不像天主教那套教义一样以一个包罗万象的体系去说服人，而是仅仅针对当时似乎已被科学判明的事情发表意见。此外，它与教会威信还有一点不同：教会威信宣称自己的论断永远不可更改，但科学论断却允许被修正。这种通融性使得人们产生了一种不同于中世纪教义学者的心理气质。

以上我所谈的是理论科学，理论科学是企图了解世界的科学，它不同于实用科学。实用科学企图改变世界，它一向很重要，且变得越来越重要，以致理论科学几乎都被人们给遗忘了。实用科学的重要性，首先是从战争方面被认识的。自伽利略和雷奥纳自称会改良大炮和筑城术并因此获得政府职务后，科学家在战争中发挥的作用就越来越大。机器生产的发展，让人们先后习惯了使用蒸汽和电力，这些习惯反过来促使科学家在这些方面做出了更大的成绩。到十九世纪末，科学家们在这些方面所起的作用给政治带来了重大的影响。科学在实际方面的功用使之逐渐和它本身的理论分离开来，变得技术化，而不再是原来那种关于世界本性的学说。这种改变在眼下也渗透到了哲学家当中。

在教会的威信衰落的同时，个人主义也得到了发展，甚至发展到了一种无政府主义的程度。

在文艺复兴时期，人们认为的“修养”，无论是从智慧、道德，还是政治层面来说，总是和经院哲学及教会统治有关的。经院哲学中，又以亚里士多德的学说为典范。亚里士多德的逻辑虽然狭隘，但当它不再时兴后，取而代之的也不过是各种古代典范的折衷模仿而已。这种模仿持续到了十七世纪，期间哲学领域并无突破，即使意大利文艺复兴运动也不算。因为，宗教改革运动和反宗教改革运动以及意大利对西班牙的屈服，使得这一运动功过相抵了。不过，当这个运动传到阿尔卑斯山以北的时候，它的混乱性质消失了。但是，近代哲学大部分却保留了其中的个人主义和主观倾向，笛卡尔就是具有这些特征的代表人物。

笛卡尔认为，全部的知识都以自身存在的确实性为前提，他把“清晰”和“判然”（这两样也都属于主观性质的）当成真理的判断标准。笛卡尔之后是斯宾诺莎沿承了这种倾向，但他的倾向表现不算突出。通过主张“没有窗口的单子”的莱布尼兹，这种倾向又露面了。原本是彻底的客观主义者的洛克想要摆脱主观倾向，但他却让自己绕进了一个主观论调中：认识就在于观念的相符与否。他很厌恶这一见解，于是干脆无视自己的自相矛盾，避开了这一论调。贝克莱摆脱了完全的主义，他的做法是废弃“物质”这一概念，改用“神”的概念。后来的大多数哲学家认为他的这一做法不合理。休谟将经验主义哲学发展到了顶峰，使之成为了一种让谁都难以反驳也难以相信的怀疑主义。康德和费希特则无论是在学说上还是个人气质上都是主观的。黑格尔凭借斯宾诺莎的影响拯救了他自己。主观主义发展成为彻底的无政府主义全赖于卢梭，他本人及其发起的浪漫主义运动把主观主义从认识论扩张到了伦理学和政治学里面，使主观主义走向了极端。

与此同时，作为技术的科学使得务实的那些人逐渐产生一种见解。这种见解不同于理论哲学家的见解，它的来由是因为技术带给了人类一种能够与环境抗衡的自信。然而，科学作为技术给人类带来的能力是社会性的，而非个人性的。科学技术是需要多人协作的，这些人往往是在一个有指导的组织下配合起来的。也就是说，科学技术的发展是以一个强大的社会结构为前提。由于这种组织性，所以它的趋向是反无政府主义甚至是反个人主义的。宗教在道德上不是中立的，科学技术却必须保持中立，因为它的宗旨在于使人类能够做出奇迹。不过，科学技术用于什么具体的目的，关键在于它得到了什么偶然的机会。它必然会造成各个庞大组织的成立，这些组织中的领导者在某种程度内具有左右科学技术方向的支配权，这就为权力欲的发泄开辟了另一条道路。

科学技术还滋生出了各种权能哲学，这类哲学通常把人类之外的所有事物仅仅当做有待加工的原材料。它的目的不再是探索、考究这个世界，而只是追崇最好的方法。这种哲学是另一种病狂，它是今天最危险的一种哲学。理智的哲学是它的解毒剂。

古代世界的混乱状态最终以罗马帝国的终结而终结，但是这种终结方式是冷酷的，并非人们想要的。旧教世界试图通过教会来结束自己的混乱，这倒符合了人们的理想，但是在实践中却不如人所愿。总的来说，古代的和中古的终结都不圆满，前者非人所理想，后者虽灌注了人们的理想却未能实践。就目前来看，现代世界似乎正朝着古代终结方式的道路发展：它的社会秩序的维持是以暴力压制为前提，这种秩序代表了权贵们的意志，而非平民的意愿。唯有同时具备罗马帝国的那种巩固以及圣奥古斯丁的“神国”理想精神，圆满、恒久的社会秩序才有可能。要实现这一点，需要一种新的哲学。

第一章 意大利文艺复兴

文艺复兴运动在意大利兴起，它产生了一种不同于中古见解的近代观念。最初的时候，只有佩脱拉克等少数人抱有这种见解。十五世纪时，意大利教会和俗界的绝大多数有教养的人接受了这种见解。文艺复兴运动发源于意大利是很奇怪的，因为在十五世纪的意大利，几乎找不到一个敢对抗古代传统或者教会教义的人。要想理解这一点，首先须简单回顾一下意大利的政治情势。

自 1250 年弗里德里希二世死后，意大利基本处于独立状态，这种状态一直持续到了 1494 年查理八世入侵。在此期间，意大利的米兰、威尼斯、佛罗伦萨、教皇领地和那不勒斯这五个主要城邦各自经历了不同的发展。当时，除了这五大城邦，意大利还有诸多依附于大城邦的小城邦。

米兰的政局发展，经历了反抗封建制度、受维士孔提家财政集团控制、作为法兰西人和西班牙人交战的战场以及在 1535 年为查理五世皇帝征服兼并这几个阶段。

威尼斯是个贸易城市，虽然它从未被蛮族征服过，但却在 1509 年被一个由各强大城邦结成的同盟击败了，最后又被拿破仑剥夺了独立自主权。

文艺复兴的主要发祥地佛罗伦萨，是当时世界上最文明的地方。十三世纪的时候，这里形成了贵族、富商和平民三大阶级。三个阶级对立抗衡，结果，依附于皇帝的贵族阶级在 1266 年输给了依附于教皇的其他两个阶级，在十四世纪的时候，平民阶级取得了比富商更多的优势。但是，稳定的民主政治并未由此出现，而被希腊人称为“僭主制”的制度却死灰复燃了。最终，美第奇家族成了佛罗伦萨的统治者。在这个精于发财致富之道的家族统治下，佛罗伦萨逐渐昌盛起来。不过，这种昌盛只持续到了 1737 年。自这年起，佛罗伦萨也像意大利的其他城邦一样，逐渐走向了衰弱。

美第奇家族统治佛罗伦萨期间，使得这个城邦走向昌盛的一个重要人物是科基莫·德·美第奇（1389—1464）。他虽然没有官职，却善于凭借势力去操纵选举。他的孙子罗伦佐和他一样，同样依靠财力而得到了至高的地位。罗伦佐的儿子没有其祖辈父辈的这种特长，于 1494 年被驱逐。之后的四年，意大利僧侣，教会改革者塞万纳罗拉主宰了佛罗伦萨。在这一时期，一种反对欢乐奢华、崇尚纯朴思想的信仰重新流行起来。由于政治原因，塞万纳罗拉最后被他的敌对派处死，其尸体被烧毁。不久，美第奇家族又复辟了，罗伦佐的一个十四岁的儿子当上了枢机主教，第二年，即 1513 年，他的这个儿子当选为教皇，号列奥十世。

教皇俗权在文艺复兴时期有了很大的扩张，但同时，教皇们所采取的手段也导致了他们的宗教威信大跌。无论如何，教皇的胜利意味着意大利的胜利，其次意味着西班牙的胜利。十五世纪后半期，意大利人非常注重文化，道德和守教相对被忽视了。

在整个文艺复兴期间，第一个推崇人文主义的教皇是尼古拉五世。他于 1447 年至 1455 年任教皇，他看重那些有学问的人，将教廷的职位派给他们。在他之后，罗伦佐·维拉将奥古斯丁指为异端，施行奖励人文主义政策。罗伦佐是个伊壁鸠鲁主义者，他并没有做过教皇，而只是任教皇秘书。虽然他做的事情无益于改变那些腐化的教皇，但也算是一件有功德的事情。他对人文主义的奖励一直延续到了1527年罗马遭到大洗劫，也就是在这一年，查理五世率领一支由新教徒组成的军队侵入，使得教皇们重返虔诚，这就宣告了意大利文艺复兴运动的结束。当然，查理五世的入侵只是其中一个因素，导致文艺复兴运动告终的，还有此前西班牙入侵意大利的胜利和反宗教改革运动的兴起。

意大利的强权政治很复杂。它的大小城邦众多，且彼此之间的关系复杂多变。虽然彼此之间经常交战，但在1494年法兰西人到来之前，它们的战争几乎是不流血的，因为他们的士兵是雇佣兵，必须尽可能地降低他们的职业危险。这种内部的战争对意大利本身的经济、政治并无多大影响，也未给它带来任何经验，所以当它此后面对法兰西人和西班牙人的先后入侵时，感到了一种从未经历过的痛苦。然而，这时候，它的内部诸城邦却不是团结起来对抗外敌，而是仍旧内斗，最终致使意大利崩塌。所幸的是，意大利文明受到的破坏性较轻。

文艺复兴在哲学上取得的成就算不上伟大，但却是有用的，比如摧毁了束缚智慧的经院哲学研究，恢复了学说研究的自由。最重要的是，它鼓励人们探索知识而不是固执于某个此前的正统学说。作为一种非民众性运动，文艺复兴运动如果没有一些重要人物的支持，取得成功的可能会较小。从这点来说，那些施行文艺奖励的俗界政权者和崇尚人文主义的教皇们，是功不可没的。也正是因此，文艺复兴时期的学者对教会的态度很复杂。历史学家贵茨阿迪尼曾在1529年说过这样的话："还有谁比我更加憎恨贪婪放荡的祭司呢……然而，几任教皇授予我位置，使我不得不为了切身利益而希望他们是伟大的。"

文艺复兴的学者无法在正统信仰和自由思想之间找到一个折衷的方法，这是他们无法发起宗教改革的原因，也是他们无法拥有马丁·路德那种立场的原因。路德的立场是：否定炼狱，同时保留大部分天主教教义。另外，罗马的财富主要来自一个主张教皇掌握着天国钥匙的体系，因而能以天主教世界敛集献金。意大利人只有肯定这一主张，罗马才能富有，意大利才能保住它在西方世界的地位。总的来说，这一时期意大利的异端，没有做出任何宗教上的改变，他们如若是异端，充其量也只是纯粹精神上的异端。若说有特例的话，也唯有塞万纳罗拉，而他从精神上讲还属于中世纪的。

文艺复兴在哲学之外产生的其他影响也有消极的。比如，伊诺森八世在1848年下了一道反巫术的敕令，导致德意志和其他地方的女巫惨遭毒害。道德方面也如此，当旧的道德戒律被人们丢弃之后，各种无情的毒杀事件层出不穷。当时的枢机主教受邀赴教皇加冕礼宴时，为了防止饮用到毒酒，都是自己带着酒去赴宴的。文艺复兴时期，几乎所有的罪行都是频频出现的，唯有在毁坏古代抄本这件事情上例外。

文艺复兴的功绩主要体现在建筑、绘画和诗歌文学等方面。这一时期，出现了雷奥纳多·达·芬奇、米开朗基罗、马基雅维利等伟大人物。在这些伟大人物之外，还有一些具有教养的人从偏狭的中古文化中解放了出来。总的来说，文艺复兴创造了一种追求知识的自由气氛，在这种气氛里有可能产生一种堪比希腊文明的成就。然而，这种伟大的成就背后，同时充斥着凶杀和混乱。个人成就的取得和时代的稳定似乎总是存在冲突，在现代，这种冲突可能要少得多了。但是，这个矛盾并未得到彻底的解决，时至今日仍然如此。

第三章 马基雅维利

尼克洛·马基雅维利（1469—1527）是文艺复兴时期一个卓越的政治哲学家，他是佛罗伦萨人，家庭属于中产阶级。在他二十多岁的时候，萨万纳罗拉主宰了佛罗伦萨。萨万纳罗拉的悲惨下场对他造成了深刻的触动，他说："一切有武装的先知都胜利了，没有武装的就失败了。"他举例说萨万纳罗拉就是后一种的鲜明例证。在举例前一种时，他提到的不是基督，而是摩西、居鲁士、泰修思和罗米尔鲁斯，这正是文艺复兴的表征。

在萨万纳罗拉被处死后，马基雅维利任职于政府内部。1512年美第奇家族复辟，他因一贯对抗这个家族而被捕，后又被释放。他被准许退隐于佛罗伦萨附近的乡下。在退隐期间，他写下了他最出名的著作《君主论》。他这本书题献给了罗伦佐二世，本欲用来讨美第奇家的欢心，但他的希望落空了。直到罗马遭到洗劫，也就是可视为标志文艺复兴运动结束的那一年，他都没有停止著述。《罗马史论》也是在此间写作的。

《君主论》的主旨在于根据史实以及当时的现实，阐述公国即城邦的来源以及如何保住城邦。在书中，他指出君主的任选大多时候都是不合法的，某些时候教皇的任选也是如此，通过贿赂就可以得到教皇职位。马基雅维利的这些观点，或许为当代的我们所赏识。当代中的一些成功，也是依据文艺复兴时期的意大利所使用的一些卑鄙方法来取得的。在书中，马基雅维利还颂扬了亚历山大六世的儿子凯瑟·鲍吉亚。即便深知凯瑟的种种恶行，他还如此结论说："在公（凯瑟）的一生中，我找不到他有什么行为可指责的。正如我此前说的一样，所有依靠命运并凭借他人武力而获得大权的人，都应该效仿他。"

《君主论》中《论教会公国》一章颇有意思，不过，从《罗马史论》来看，马基雅维利并没有在这一章里将自己的全部思想体现出来。他说，关于教会公国，获取是唯一的困难。获取之后，他们有传统的宗教习惯的庇护，很容易得到大众的支持，所以他们根本不需要军队。关于教皇，这一部分没有《罗马史论》议论得详尽和真诚。在此，他将知名人物按照道德来分级，由高等到低等依次为：宗教始祖，君主国或共和国的奠基者，文人，破坏奠基者的成绩的恶人，建立专制政治的非善类之人。关于教会，他从两个方面给予谴责：第一，教会的恶行损害了宗教信仰；第二，教皇在俗界的权势以及相应的政策，妨碍了意大利的统一。

对于公认的道德，《君主论》的态度是明显直接的否定。马基雅维利称，做君主的如果心地善良就会被灭，所以他必须如狡猾的狐狸和凶猛的狮子一样。他直言不讳地以亚历山大六世为正面例子——即便这个人除了会骗人什么都不会，他仍然获得了成功。他最后结论说："所以说，做君主并不需要各种传统美德，他唯一要做的，就是使自己显得好像拥有这些美德一样。"

《罗马史论》的语调与《君主论》大不相同，其中有许多章整体看起来就像出自孟德斯鸠的手笔。在这本书中，他阐述了"制约与均衡说"，他认为君主、贵族和平民都应该体现在宪法中，让这三个势力互相牵制以求平衡。继而他指出：体现了完美的均衡的，是莱古格斯确立的斯巴达宪法；梭伦的宪法过分民主，因此造成了比西斯杰塔斯的僭主政治；罗马存在元老院和平民的冲突，针对此制定的共和政体倒也不错。

书中通篇还谈到了“自由”，但我们不清楚他使用的这个词所指的究竟是什么宝贵的东西。希腊人和罗马人在共和时代的政治思想中曾探讨过“自由”，然而，随着城邦时代成为过去，城邦政治制度也已经完全绝迹。之后的新柏拉图主义者、阿拉伯人、经院哲学家们都忽视了古代政治思想。在意大利城邦制的成长与文艺复兴并起之时，人文主义者重拾共和时代的政治理论，探讨“自由”。这种探讨和“制约与均衡说”的探讨，实质上都是源自于古代的东西，它们通过文艺复兴传给了近代。就此来说，马基雅维利在这方面所做的讨论，跟他在《君主论》那种较知名的“不道德的”主义，同样重要。

前面提到，马基雅维利在探讨教会的时候观点有所保留，以下我们就看看与他相关的其他一些观点。其中有的他已经说明白，而有的是他未曾明确表述过的。

他说，政治上有三样特别重要：民族独立，安全和有规章可循的政治组织。最良好的政治组织，可以根据君主、贵族和民众各自的实力，来给它们分配适应的法权。在这种政治组织之下即便会发生革命，也很难成功，所以社会是稳定的。从这一点来说，多给民众一些权力是明智之举。

关于“成功”，他认为，达到你所愿望的任何目的就是成功。从这一点来说，恶人的成功也是可取的，而事实上，在成功的案例之中，恶人比圣贤往往更多。因此，如果有一种专门研究恶人成功之道的学问，也是好的。成功的关键是力量，从政治目的来说，道德宣传是最强大的力量，所以说，要想取得政治成功，必须在表面上显得比敌手要有道德。

我们认为，显得有道德的一个方法就是有道德。但是，马基雅维利却只强调了要表现出具有美好品德的样子。他说，这一成功因素就是十六世纪宗教改革能取得成功的原因，也是十一、十二、十三世纪当中教会权力增长的重要原因。如果展开来看的话，不难发现马基雅维利持这个意见：文明人几乎一定是不折不扣且无所不用其极的利己主义者。

如同大部分古代人一样，马基雅维利的政治思想推崇的都是莱古格斯和梭伦一类的大制法者，他想当然地认为：只要有这样的人，无论如何都能创立出一个完整的社会来。自进化论出现后，马基雅维利那样的社会概念又被强化了。但是，近代的社会概念已经不同了，近代把社会看作是有机生长体，政治家对它的影响只是一部分。或许应该这么说：即便进化论的社会观符合过去的情势，但却不符合今天了。造成这种区别的关键是，古代的制法者来源于浪漫的神话，而现代的制法者来源于残酷恐怖的现实。然而，这世界比以往任何时候都更像马基雅维利的世界。因此，现代人如有谁想驳斥他的哲学，必须作一番超越十九世纪的深思。

第四章 埃拉斯摩和莫尔

北方各国的文艺复兴晚于意大利，兴起之后又逢宗教改革。不过，在十六世纪初曾有一个适合新学问快速传播的短暂时期。在这段时期内，新学问在英法德等北方国家的传播没有受到神学争论的干扰。相比于意大利文艺复兴，这些国家的文艺复兴更注重将学问标准和圣经结合起来，且更注重传播学问而不是炫耀个人学识。

埃拉斯摩和托马斯·莫尔爵士可算是北文艺复兴运动的典型代表，他们是朋友，有着许多共同点：轻视经院哲学、志向于从内部实行教会改革、文笔老练等。他们的结局也有相似之处：莫尔殉教，埃拉斯摩落魄潦倒。事实上，从严格意义上讲，他们俩都不算哲学家。但是，他们可作为说明革命前时代性格的实例，且他们体现出的对经院哲学乃至哲学一切体系性东西的对抗，是很典型的。因此，有必要谈谈这俩人。

埃拉斯摩于 1466 年出生于鹿特丹，活到七十岁。他是个私生子，因此，关于自己的出生委细，编造了一套浪漫性的假话。实际上，他的亲生父亲是个祭司，在他未成年时其亲生父母便都死去了。后来他的监护人侵吞了他的钱财，并诱骗他当了修士。1493 年，他当上了冈布雷地方主教的秘书，得以离开修道院，开始了游历生涯，但是最终没有如愿去到意大利，而是进入了巴黎大学。那时，巴黎大学的黄金时代已经过去了，遗留下来的传统争论枯燥无趣，而在大学之外的人文主义潮流却越来越热。埃拉斯摩厌恶经院哲学，对柏拉图和亚里士多德也不感兴趣，但为了取得博士学位，他在巴黎大学里尽力不谈人文主义的东西。

1499 年，埃拉斯摩去到英国，认识了莫尔，在他的劝导下开始在《圣经》和希腊语知识方面下功夫。1516 年，他完成了编订圣杰罗姆的著作的工作，并出版了一部附有新拉丁译文的希腊文新约圣经。他还发现了《拉丁语普及本圣经》里的许多错误，这个发现使得新教徒在后来的宗教争论中占据了优势。

埃拉斯摩所著的书，如今还有人读的只有一本《愚神颂赞》。在 1509 年从意大利去往英国的途中，他经过阿尔卑斯山时构思了这部书。在莫尔的住宅中完成这部书后，他把书题献给了莫尔，他认为题献很适合，因为“Moros”还作“愚人”解。这部书相当于一个愚神的自白，自白的内容涉及人生的方方面面。

书中的愚神把女人说成是一种愚蠢而无害的动物，可以使男人阴郁的心情得到舒缓。但是，与女人结婚得到的幸福是同样愚蠢的。唯有像一个动物一样，丢弃理性，才能成为一个最幸福的人。埃拉斯摩还借愚神之口，指出了教会的各种弊端。他认为祭司的职责不过是“计算每个灵魂在炼狱中的居留时间”，然后发放赦罪符和免罪券。他取笑礼拜圣玛利亚的习俗以及神学家们关于三位一体和道成肉身的争论、化体说、教皇等。他最猛烈的攻击指向修道会僧侣，贬斥他们根本没有一点儿宗教气质，而只是一些“精神错乱的蠢货”。对于教皇，他说他们唯一的武器就是圣神，并且以这武器发布赦令，打击他们的敌手——除非是这种情况，他们也绝不会频频发布赦令。

从上面来看，埃拉斯摩应该会欢迎宗教改革，然而事实并非如此。他在书中的结尾郑重提出，真正的信仰是一种愚痴，但分两种，一种是虔诚受到真心颂扬的愚痴，一种是受到嘲讽的愚痴。就他自己来说，他只是厌恶前一种颂扬而已。以他的观点看，精心建造的神学是多余的，因为真正的宗教信仰不是由知识而生，而是由心而生。这种排斥希腊崇尚知识主义的见解目前已被新教徒普遍接受。

埃拉斯摩第二次到访英国的时候逗留了五年，自 1509 年至 1514 年。期间他对激发英国的人文主义起到了不可忽视的影响，他最重要的成就是将人们的好奇心从文学方面拉到科学上来，从理论上转到实践中来。

埃拉斯摩具有文字癖，且到了无可救药的地步。他写了一本叫作《基督徒士兵须知》的书，奉劝没受过教育的军人读《圣经》以及柏拉图、安布罗斯、杰罗姆、奥古斯丁等人的著作。为了教人们学会正确使用拉丁语，他还编著了一部内容丰富的拉丁语格言书以及一本有关拉丁语日常对话的名为《对话》的书。拉丁语是当时唯一的国际语言，可见埃拉斯摩对拉丁语的普及作用是相当大的。

宗教改革后，埃拉斯摩最初既不站在旧教派一边，也不站在新教派一边。不过，后来由于和马丁·路德关于自由意志的分歧很大，且马丁·路德表现出蛮横的强势，埃拉斯摩最终只得投靠了旧教，并逐渐走向反动。他的声望日渐衰微，这跟他的怯弱有关。那个时代是不需要懦夫的。一个正直的人要想将光荣维持到底，不是殉教就是获得胜利。他没有选择任何一项，而他的朋友托马斯·莫尔爵士则选择了殉教。从品格上来说，莫尔比埃拉斯摩更可敬佩，然而，他的影响却大大不如埃拉斯摩。

托马斯·莫尔爵士生活于 1478 年至 1535 年间，他曾在牛津大学学习希腊语，但这被校方认为是对意大利的不敬，他因此被开除。后来，他迷上了卡尔图斯教派，践行苦行生活。与此同时，他遇到了埃拉斯摩，受他的影响，最终没有加入卡尔图斯教团。再之后，他选择如他从事法律的父亲一样在政府部门任职，当上了下院议员。

1504 年，莫尔带头反对亨利七世的增税决定，这触怒了国王，连他自己的父亲也被牵连入狱，不过缴纳一百磅罚款后被释放了出来。1509 年，亨利七世逝世，接任英国王位的亨利八世十分器重莫尔，屡次召他入宫，莫尔总是拒绝。最后，国王竟不待他邀请，亲自到他家中和他共餐。有人祝贺他得到国王的宠信，他说："假使我的人头能够给国王换来一座法国城池，我人头保准落地。"果然如他所言，不久他就因反对亨利八世离婚再娶的决定而失宠，失宠辞职后由于俩人之间的纷争依旧不断，他最终被亨利八世处以死刑——1534年，他拒绝对承认亨利八世是英国教会首领的“治权法案”宣誓，因此被亨利八世判以叛逆罪处死。他死后，其财产一直被伊丽莎白公主保管。

《乌托邦》是莫尔最著名的著作，也几乎是人们记得他的唯一理由。他描绘的乌托邦和柏拉图的理想国是一样的。在这个岛上，财物共有，岛屿中心是首都，首都之外的其他五十三个城市格局都是一样的。人们的穿着也是统一的，但男女有所不同，已婚和未婚的有所不同。衣服样式一成不变，一年四季如此。人们每天的生活都是固定的，社会里没有闲人，但妇女、祭司、富人和奴仆、乞丐干的活是不重要的。如果被选出的学者能够有所作为，他就可以避免做其他工作。岛上施行的是代议民主政体，一切与政务有关的人都是选举出来的。如果最高位的主公专制暴虐，人们可以将他废黜。

书中还论述了家族生活、城市发展、人们共餐问题以及婚姻、伦理、贸易、战争、道德等方方面面，本质上体现出的思想跟柏拉图的差不多，诸如对基督教的肯定，强调共产制度的重要等。在书的将近末尾处，莫尔说，在别的国度里，他看到的只是狼狈为奸的富人们假借国家之名去为自己牟利。

《乌托邦》一书在很多点上是具有进步性的，诸如关于战争、宗教、信仰自由的观点以及他反对滥杀动物、支持刑法宽容等这些方面。不过，不得不承认，莫尔所描述的乌托邦生活是枯燥无味的。人生的幸福本来在于生活的多样性，然而在乌托邦中完全不可能有多样性，这多半让人受不了。一切计划性社会制度，都有这个缺陷，而这个缺陷不仅仅是体现在制度中，在实践的时候同样会表现出来。

第五章 宗教改革运动和反宗教改革运动

宗教改革运动和反宗教改革运动，都属于文明较低的民族反抗意大利的精神统治的一种运动。前者的反抗兼具政治性质和神学性质，它否定了教皇的权威；后者主要是针对文艺复兴时期意大利的精神自由、道德自由所进行的反抗，它增长了教皇的权力。大致说来，前者是德意志的运动，后者是西班牙的运动—— 一直以来的宗教战争实际上就是西班牙和其他帝国之间的战争。

在这两场运动中，出现了三个重要人物：路德、加尔文和罗耀拉。整体说来，相比于在他们此前不久的意大利人或者埃拉斯摩、莫尔之类的人物，他们的哲学思想属于中古式的。路德和加尔文保留了圣奥古斯丁教义中关于灵魂与神的关系的学说部分，去掉了其中关于教会的部分。他们的神学说削弱了教会权力和教皇权威，但同时也阻碍了各种新教教会的发展，使它们无法取得旧教教会在旧教国家中那种势力。

关于国家在宗教事务中的权限这一问题，新教徒内部一开始就存在分歧。路德承认任何一个信奉新教的国君为该国的宗教领袖。在英国、德意志等国的国君支持这种作法，于是他们的王权得以加大。然而，另一部分新教徒却既不愿屈从于教皇，也不愿屈从于国王。德意志的再洗礼派[1]就被镇压了，但该派教义却传到了荷兰和英国。英国的克伦威尔[2]与国会在神学方面的斗争结果是，人们疲于宗教纷争，宗教宽容的信念倒滋长起来了，这信念促成了十八、十九世纪自由主义派运动的发展。

新教徒的发展后来之所以受挫，主要是由于罗耀拉创立了耶稣会。耶稣会的神学与新教神学对立，该会成员信奉自由意志，反对认为灵魂的宿命与祭司的举措无关的预定说。他们认为，除了信仰，功德也会决定一个人是否得救。耶稣会的观念在远东地区很受欢迎，特别是它注重教育的观念。如果不考虑其教育内容中神学方面的东西，他们的教育是相当好的。在政治上，他们是团结且勇敢的。然而，他们尾随着西班牙人的战火在意大利所做的一切造成了恐怖氛围，且恐怖程度不亚于异端审判的那种恐怖。

总的来说，无论是宗教改革运动还是反宗教改革运动，它们在知识界造成

1　再洗礼派：兴起于十六世纪，旨在否认一个人年幼时所接受的洗礼，认为它无效，主张成年后再次接受洗礼。政治上该派主张政教分离。

2　奥利弗 · 克伦威尔：十七世纪英国资产阶级革命家，新贵族集团的代表人物，信奉清教思想。1649 年，他处死了国王查理一世，宣布成立共和国。1653 年，建立军事独裁统治，自任“护国主”。

的影响最初都是坏的，不过最终都变为了有利结局，使得十七世纪出现了许多伟大人物，特别是科学方面的伟大人物。下一章将就此进行讨论。

第六章 科学的繁荣发展

与此前各世纪相比，近代世界的不同几乎都是科学造成的。从思想上来讲，十七世纪正是可视为近代的开始，因为科学的发展在十七世纪的时候最为辉煌。十七世纪前的思想还与古代接近，如果柏拉图或亚里士多德在世的话还能接受，但到了十七世纪，他们只能在牛顿面前露出莫名其妙的表情来了。

近代哲学的始祖笛卡尔，同时也是十七世纪科学的创造者之一。除他之外，这一世纪中创立科学的重要人物还有哥白尼、开普勒、伽利略和牛顿四人。

哥白尼算是十六世纪的科学人物，不过他生前并无什么威望，他的威望是在十七世纪才建立起来的。他在天文学方面的研究，主要是通过闲暇时间进行的。他很早就相信太阳处于宇宙中心，地球自转的同时也围绕太阳旋转。他的这些学说发表在《天体回转论》中，这部书直到他逝世那年，即1543年才出版。这本书题献的对象是教皇，所幸他所在的时代教会氛围相对宽容，所以他逃过了伽利略时代的天主教审判。

哥白尼著作的气息，更像是毕达哥拉斯哲学的气息，而不是近代气息。但是，他似乎也只是对毕达哥拉斯的理论有所闻而已，却不知道亚里士达克的太阳中心说。他的理论没有超越希腊天文学家的想象，他的成就在于他将地球从几何学方面的独尊宝座上拉了下来。从长远来看，他的成就使人类在宇宙中的至高地位受到了影响，而这一地位是基督教神学赋予的。但作为一个正统信仰的虔诚者，哥白尼是不会承认他的学说带来了这一结果的。

哥白尼的理论是不完善的。当时他还没有观测到恒星视差现象，于是论定恒星比太阳距离我们更远。此外，按照他的地球转动理论，高处掉落的物体应该在正下方偏西的一个点上，而事实却是在正下方。对此，他也无法解释。伽利略发现的惯性定律为这个疑难做出了回答。

正如 E.A. 柏特在其《近代物理学的形而上学基础》中所指出的那样，哥白尼的体系在他所在的时代还没有确切可知的事实作为凭据，而不利的事实倒是有几个。书中表明，科学家对他所信的事实应该持尝试性的信念，而不是武断的信念。哥白尼在这方面倒是符合了要求，他称自己的理论为假说。他这种创立假说的大无畏精神，是创立近代科学所必须的一个因素。另一个同样重要的因素——作观察时的极度耐心，他也同样具有。在他之前的古代人中，像他一样同时做到这两点的人只有亚里士达克。在科学事业中，哥白尼对于宇宙的想象所带来的价值，达到了最高程度。不过，他的后继者们倒也不亚于他，甚至超越了他。开普勒就是其中之一。

开普勒在天文学方面的发现和泰寇·布兹（1546—1601）有关。泰寇和哥白尼差不多生活在一个时期，在天文学家都否定哥白尼假说的时候，他采取了折衷立场——太阳和月亮环绕地球，各行星环绕太阳。泰寇最重要的天文学成就是，他制定了一个恒星表，还记录了各行星在多年之间的位置变化。开普勒在他去世前不久当了他的助手，并充分利用了他的观测结果。作为一个毕达哥拉斯学派的追随者、一个虔诚的新教徒，开普勒却倾向太阳崇拜，偏爱太阳中心说。但是，他从泰寇的观测结果中发现，哥白尼的太阳中心理论并不十分正确。他综合了毕达哥拉斯、柏拉图的哲学以及五种正多面体的理论，设想了关于宇宙的两种假说，其中一个起到了作用。

开普勒的伟大成就在于他发现了行星运动三定律：第一是，行星围绕着太阳做椭圆运动；第二是，在相同的时间内，一个行星和太阳之间的连接线扫过的面积是相等的；第三是，一个行星的公转周期平方，和该行星与太阳之间的平均距离之立方成正比。这三条定律的重要意义分别在于：

第一条定律的提出，在摆脱传统理念方面所遇到的困难是现代人难以想象的。在此之前，所有天文学都一致认为一切天体运动是圆周运动或者圆周运动组合的运动。当无法说明某些行星的运动的情况时，他们就利用周转圆的运动概念。周转圆运动的运动轨迹就是，在一个圆球上面滚动的圆的某一点所画出的曲线轨迹。随着观测精密度的提高，已经确认用周转圆运动的组合系统来阐述天体运动并不符合事实。开普勒的第一条定律比哥白尼更精确地指出了这个错误，更重要的是，他抛弃了自毕达哥拉斯以来就支配着天文学家的一种审美偏见：圆形是最完美的形状，天体是完美的，它代表着神。摒弃这一根深蒂固的观念并不容易，即便是亚里士达克也没有做到。

第二条定律透露出的信息是：行星在轨道的不同点上的速度有快慢——若不是如此，它在一样的时间内与太阳的连接线所扫过的面积就不会相等。这个结论明显触犯了古人赋予行星的那种稳定而威严的速度状态。第三条定律的重要性则在于，它证明了牛顿的万有引力平方反比律。

现在来谈谈伽利略。他出生于1564年，逝世于1642年——他和米开朗基罗出生于同一年，逝世之年正是牛顿诞生之年。他是重要的天文学家，是仅次于牛顿的近代科学的最伟大的奠基者，更重要的是，他算是动力学始祖，他首先发现了加速度，即速度变化在动力学上的重要性。

在伽利略之前，直线等速运动被视为是地上的唯一“自然的”运动，人们认为，在这种状态下物体也会逐渐停止运动。伽利略否定了这一观点，他认为在这种状态下物体会一直做匀速直线运动，唯有发生“力”的变化才能引起运动快慢或运动方向的改变。他的这一理论，后来被牛顿称为“第一运动定律”，也叫惯性定律。在这一理论之后，他又第一个提出确立了落体定律。该定律说，排除空气阻力及其他因素影响，任意物体在下落过程中的加速度都是一样的。1654年前后抽气机的发明，证明了这条定律的正确性。在测量技术并不精密的年代，伽利略能够利用实验得出这个定律，是很难得的。

伽利略还探讨了水平发射出去的子弹的运动，他得出结论说，这种运动并非像人们一直认为的那样，在经过一段时间的水平运动后会突然垂直落地。他说，子弹的速度同时有水平方向和垂直方向，依据惯性定律，垂直方向的速度会不断增大。后来公认的抛物线运动原理，证明了他的结论大致正确。

上面所述的内容，归根结底都是在阐述动力学中的一个极为普遍而简单的原理：当多个力同时发生作用时，物体受力的效果跟这些力的顺序作用相同。这是更普遍的原理“平行四边形律”的一部分，根据这一原理，人们可以分析物理现象。而实现这一点的创始人正是伽利略。

伽利略是太阳中心说的追随者，他通过望远镜观测到银河系里面有无数个星体。他的观测结果与守旧派对于天体的信念相冲突，守旧派为此极其痛恨望远镜，称它让人看到的只是幻象。伽利略写给开普勒的一封信中，将这些人称为“一群流氓”。1616 年，他被异端审判所秘密判罪，1633 年，他被公开判罪。这一次，他发表悔改声明，说他不再支持太阳中心说。意大利的科学由此结束，在几个世纪之后才复活。所幸的是，科学家并没有就此退缩，在一些新教国家中，牧师对科学的迫害也没有如愿以偿。

站在哥白尼、开普勒和伽利略这三个科学“巨人”肩上的牛顿，最终取得了完满的成功。他的三大运动定律的前两条归功于伽利略，结合这两条以及他自己提出的第三条，他确切阐述了开普勒的三条定律：在所有行星的运动过程中，行星每个时刻都有一个趋向于太阳的加速度，该速度与“行星—太阳”的距离平方成反比。他指出，月球趋向地球的加速度和它趋向太阳的加速度，都可以用同一公式来计算。通过这个公式，他推断出了行星及其卫星的运动、彗星轨道、潮汐现象等背后的规律，甚至推断出了行星运动轨道和椭圆形之间的细微不同。

不过，牛顿所取得的成功和权威，使他犹如第二个亚里士多德，给进步造成了障碍。他去世后的一个世纪内，在他研究过的问题上，英国的科学家都不敢摆脱他的权威。

除了天文学和动力学方面的成就，十七世纪有关科学的其他方面也很引人注目。1608 年，荷兰人利伯希发明了望远镜。第一个在科学上正式利用望远镜的人是伽利略，他还发明了温度计，他的弟子托里采利则发明了气压计。此外，还有盖利克发明了抽气机，伽利略改良了时钟，吉尔伯特发表了论磁体的巨著，哈维发现血液循环，列文虎克发现精细胞——似乎名为史特芬·哈姆另一人比他早几个月就发现了，列文虎克还发现了单细胞有机体和细菌，罗伯特·波义尔提出了“波义尔定律”：恒温下的一定量气体，压力和体积成反比。

迄今为止我都没有提到的纯数学这一学科，所取得的成就也很大：1614年，奈皮尔公布了关于对数的理论，以笛卡尔为主的一个数学家小组在坐标几何方面做出了重要成果，牛顿和莱布尼兹分别独立发明了几乎是一切高等数学的工具——微积分。我所提到的这些，仅仅是纯数学方面的，还不包括数学的其他方面。

以上所提到的科学进步无疑改变了有学识的人的见解，并且使得社会发生了重大改变。托马斯·布劳恩爵士[1]参与女巫案审判以及人们不再把彗星当成不祥之兆，都是很好的例证。在此我就不再细说这方面的内容，而是要利用余下的篇幅谈谈十七世纪的科学给哲学带来的变化以及现代科学与牛顿科学的不同之处。

古代希腊人视运动能力为生命的标志，亚里士多德认为动物的灵魂具有摧毁其身体的能力，宇宙中一切运动都源于“不动的推动者”，即神灵。因此，无生命的物体是静止的，有生命的物体要想保持运动，就必须受到灵魂对物质的作用。这些观念，在第一运动定律出现后都被改变了。改变的结果就是神明的权威减弱了，正统教义被质疑了，神学家感到不安了。此外，它还引起了人类在宇宙中的地位的改变。在中古时代，地球是宇宙中心，人是万物中心。十七世纪科学方面的各种发现表明了地球的渺小，撼动了以人类为中心的“目的”说。即便相信宇宙自有其目的，但在科学中，“目的”却不重要了。按理说，这样的发现会损伤人类自尊，然而结果相反，科学的辉煌复活了人类的自尊。科学的发展还带来了世界形势的改变：西欧人暴富起来，成为全世界的主人。他们征服北美和南美，强占了非洲和印度。强大的他们得到了中国人的尊敬，却引起了日本人的恐惧。

现代科学和牛顿时代的科学的不同，主要体现在物理学概念上。

在十七世时，在牛顿学说的影响下，“力”的概念占显著地位。“力”引起

1 托马斯·布劳恩爵士：英国著名医生，文人。1664 年，他在法庭上提出证词，使得两名妇女被以女巫治罪。

了运动速度和方向的变化，它被认为是推或拉动作用下的一种东西。因此，反对万有引力唯有一个理由：引力会超距离起作用。牛顿本人也承认，一定有某种可以传递引力的媒质。

人们渐渐发现，即便不引入“力”的概念，科学家们也能推出所有的方程。“力”这一概念并没有给人的知识增添任何新东西，于是它便被逐渐废除了。

在量子力学诞生以前，哥白尼与开普勒的头两条运动定律都是用加速度来表述。从这点来说，他们仍停留在古代人的科学思维上，即他们所寻求的都是天体轨道形状的定律。相比于他们，牛顿的进步之处在于，他关于加速度的万有引力定律十分简洁，以至被沿用了两百年。

此外，牛顿废弃绝对空间和绝对时间的理论，同样引起了哲学上的变革。关于这两个理论，在谈到德谟克利特的时候我们谈过。牛顿的驳斥主要通过一个实验来说明：转动一个装有水的桶时，水所占据的空间会下陷。他由此提出，通过物理现象，一个人可以辨认绝对转动。在牛顿之后，傅科摆实验[1]向人们证明了地球的自转。即使是在现代，绝对转动问题仍会带来一些无法解释的难题。因此，几乎所有物理学家都同意了“运动和空间纯粹是相对的”这个观点。然而，空间与时间融合而成的“时空”概念，还是使得我们的宇宙观和伽利略、牛顿的事业带来的宇宙观有所不同。这个不同正如量子论问题一样，我就不讨论了。

第七章 弗兰西斯·培根

弗兰西斯·培根（1561—1626）首创了近代归纳法，同时他是第一个给科学研究程序进行了逻辑组织化的人。他的哲学有不足之处，但却具有永恒的重要作用。

1　傅科（1819—1868）：法国物理学家，傅科摆实验指 1851 年他做的一个证明地球自转的实验：用 67 米长的绳子吊起 28 千克重的锤子做成单摆，根据摆的振动而发生顺时针方向运动来证明。

培根的父亲是国玺大臣，培根本人是在政治氛围的家庭中长大的。他二十三岁就做了下院议员，并充当艾塞克斯的顾问。后来，艾塞克斯失宠，不再忠君，培根就站在了他的对立面。有人因此指责培根忘恩负义，其实这并不公正。然而，尽管培根背弃了艾塞克斯，伊丽莎白女王也并没有因此宠信他。直到詹姆士即位后，他的前程才开始出现了一点儿光明，但之后也颇为挫折。1618年，他当了大法官，两年后就因为被控诉接受诉讼人的贿赂而被逐出朝廷。事实上，在那个法律道德松弛堕落的年代，馈赠是很正常的，培根背负罪名纯粹是因为一场党派争斗。在道德上，他和同代人比起来虽不见得特别好，但也不坏。被驱逐出朝廷后，培根以撰写为主要工作。他过了五年退隐生活后，最后染上风寒去世。

培根的最重要的著作是明显带有近代色彩的《崇学论》，他似乎首创了那句格言："知识就是力量。"培根哲学有一个基础思想：科学发现与发明让人类获得了能和自然匹敌的力量。他主张哲学和神学分离，虽然信仰正统宗教，但他不会因为信仰而和政府冲突。一方面，他认为神的存在可以通过理性证明，另一方面，他又认为仅凭启示就可以认识有关神学的一切。他是"二重真理"论的拥护者。所谓"二重真理"论，即同时相信理性真理与启示真理的一种理论。十三世纪的一些阿威罗伊派之人曾经倡导过这种理论，但是受到了教会谴责。总之，培根的正统信仰真诚到什么程度，我们无从知道。

培根是第一个强调归纳重要性的人，他也力图找出优于"单纯枚举归纳"的某种归纳。所谓"单纯枚举归纳"，可以这么解释：一个人去调查某个村庄的全体村民姓名，他一连询问的几个村民都叫"威廉"，他因此得出结论，这个村的人都叫威廉。很显然，这种归纳法的缺点是容易出错。以这个例子来说，很有可能有一个人不叫威廉。培根就试图找出比这种归纳更高明的归纳法。他希望从最低级的普遍性法则中推出二级普遍性法则，以此类推，直到推出一个最可信的法则，而这个法则也必须用新情况来检验，如果检验通过了就表明它是确切的。

培根瞧不起演绎推理，可能是因为他觉得数学的试验性差。他本身也轻视数学。他反对在实地研究中掺杂哪怕一点点“目的论”解释，他认为，应该按照因果逻辑来解释现象，这么做还可以学会整理科学必须依据的观察资料——像蜜蜂一样，又采集又整理。

培根的“幻想”理论是最出名的。他认为“幻象”就是让人陷于错误的各种坏心理习惯，是造成学者们出错的原因。他提出有四种幻想：人性固有的“种族幻象”、带有偏见的“洞窟幻象”、人心受语言影响的“市场幻象”以及受公认的思想体系影响的“剧场幻象”。

培根虽然对科学感兴趣，他的学说也带有科学性，但是他忽略了当时科学中大部分正进行的事情。他否定哥白尼学说，甚至否定开普勒。对近代解剖学的先驱韦萨硫斯的成绩以及他的私人医生哈维的研究活动，他也不知情。

培根的归纳法缺乏对假说的重视，所以带有缺点。他希望仅仅系统地整理观察资料，就可以分辨某一学说是真是假，然而实际上这不太可能。但是，不可否认，在有关科学研究的细节中，确实需要排斥单纯枚举归纳。遗憾的是，无论培根还是他的任何后继者，都没找到解决之道。

第八章 霍布士的《利维坦》

霍布士（1588—1679）是个赞赏数学方法的经验主义者，他擅于运用逻辑，但是在他的学说中他只字不提那些和他的观点有冲突的见解。他具有很多优点，却不算是一流的哲学家。

二十二岁的时候，霍布士当了哈德威克勋爵（后来成为第二德文郡伯爵）的家庭教师。在哈德威克进行“大周游[1]”的时候，他也参加了，并得以知道了伽利略和开普勒，而后又认识了本·琼生、培根及其他重要人物。霍布士一直得到哈德威克勋爵的资助，直到后者于1628年去世。在他去世后，他的儿子同样当了霍布士的学生，霍布士因此再次得到“大周游”的机会，并于1636年访

1　大周游：从前英国富家子弟完成教育后进行的周游旅行，主要到法国还有欧洲大陆上其他国家去。

问了伽利略。

霍布士最重要的一本著作是《利维坦》，这本书出版于1651年，当时他在巴黎，结识了许多英国流亡者。在这部书出版之前的1647年，他出版过一本《公民论》。《公民论》和《利维坦》阐述的都是一种极端的王党见解，霍布士早在1628年就抱有这种见解了。这种见解中的理性主义激怒了很多流亡者，此外，简介中对旧教教会的攻击还激怒了法国政府。霍布士被法国当局谴责，只好逃回了伦敦，归顺了克伦威尔，从此避绝一切政治活动。虽然如此，他在漫长的一生中却从没有空闲的时候。他专注于自己的各种学说、理论，并和那些与自己持有不同意见的人进行辩论。

在《利维坦》的一开头，霍布士表明自己是个彻底的唯物论者。他说，生命可以解释为四肢的运动，机器人也有生命，它的生命是人造的。在第一篇中，他探讨了个体的人以及一些他认为必要的哲学。

关于人，他认为"第一运动定律"同样适用于个人的心理运动。他说，想象是一种衰退的感觉，感觉是一种运动；梦境来源于想象，异教徒的宗教来源于他们分不清梦境和现实；梦境没有预见未来的能力；相信巫术和鬼神都是错的。他还说，个人的各种想法都受定律支配，有时候是联想定律，有时候是和我们头脑中某个目的相关的定律。

在哲学上，霍布士同时是一个彻底的唯名论者。他说，只存在名目，并不存在普遍的事物；东西的真假全由语言决定，因为"真""假"都属于语言的判断。他认为迄今为止只有一种真正的科学，即几何学，因为它是推理得来的。推理必须包含计算性质，并以定义为基础，而定义必须是纯粹的，不存在互相矛盾的概念。这些要求，哲学都没有做到。他就此展开了论述，从他的论述中可以看出，他具有一种旧式的唯理主义。和柏拉图相反，他主张理性并非天生的，是靠勤奋发展起来的。他认为"意向"所趋向的就是欲望，所趋避的就是厌恶，前者是"好"的，后者是"坏"的。

《利维坦》的第一篇中还有各种定义：发笑是突然的极度得意；所谓宗教，就是被公认的恐惧，而迷信就是不被认可的恐惧。一种恐惧是宗教还是迷信，全在于立法者如何判断；意志不是什么复杂的东西，而只是一个人反复深思后所持有的欲望或者厌恶之情；所有人生来平等，并有自我保全的冲动，在这种冲动趋使下，每个人都既渴望保持个人自由，又渴望获得支配旁人的权力。这两种欲望的冲突导致了人与人之间的战争，在战争中，武力和欺诈是两大基本美德。

《利维坦》的第二篇讲人类应该通过社会契约来合作，社会应该是中央集权的——很多人服从于一个人或者一个议会，这样才能免除总体混战。霍布士分析说，人类之所以不能像蚂蚁和蜜蜂那样协作，是因为他们具有求荣欲，而且会运用理智批评政府。人类要想彼此协和，只能像他说的凭借盟约。当把权力交付一个人或一个议会后，人们必须服从那个选出来的政府，严守契约，但统治者是自由的，权力至上的。他把如此结合起来的国家称为“利维坦”，并认为它是凡间的一个神。由此看来，霍布士赞成绝对的君主制，他甚至不能容忍国王和议会分领统治权这种制度。他说，英国内战的发生正是因为国王、上院和下院分权的结果。

在霍布士的体制中，拥有最高权力的某个人或某个议会被称作主权者。臣民富裕主权者就富裕，臣民守法他就安全。臣民不应该反叛，因为反叛通常失败，而如果它成功了也会起到坏的影响。他论述了各种理由来证明君主制是最好的，并也想到了要定期举行会议。但是，他完全没有考虑到这种会议将对议员产生钳制作用。不过，实际上他所想到的不是民主选举的议会，而是威尼斯大议会或英国上院一类的团体。

在第二篇结尾，霍布士表示，他希望某个主权者能读到这本书，然后立志做一个绝对君主。相比于柏拉图希望某个国王同时是哲学家的空想，他的这一愿望倒是实际多了。他还担保说，本书通俗易懂且相当有趣。

在第三篇《论基督教国》中，他表明了这些观点：教会必须依附于俗界政府，所以不存在一统教会。

在任何国家，教会的首领不是教皇而是国王。在第四篇《论黑暗的王国》中，他主要批判了罗马教会，他憎恶罗马教会把灵权放到俗权之上。本篇的其余部分是他对“空洞哲学”，其实主要就是亚里士多德哲学的攻击。

《利维坦》一书的优点和缺点同时并存，不能用论断式来评判它的好坏。

在政治上，该书主要涉及了两个问题：关于国家的最良好形式的问题以及关于国家权力的问题。霍布士的意见是，国家的最好形式是君主制，国家权力应当是绝对的。他的这种见解以及与之相似的见解，是在文艺复兴和宗教改革期间的西欧出现的。在这期间，首先是封建贵族被路易十一、爱德华四世、斐迪南和伊莎贝拉以及后继的君主们慑服了。接着，在新教国家，宗教改革又使俗界政府凌驾于教会之上。在英国，亨利八世掌握了以前任何英王不曾享有的大权。在法国，历代国王几乎毫无实权，但在霍布士写书前不久，亨利四世和黎塞留奠定了君主专制的基础，此后君主制在法国一直延续到了大革命时代。各国君王的事业活动导致了霍布士认为，反抗主权者的活动只会产生无政府状态。无政府状态和专制政治，都是危险的。然而，在经历了各种对抗的狂热斗争后，霍布士更恐惧无政府状态，于是倾向了专制政治。

无政府状态和专制政治这两种危险，为兴起于王政复辟后继而在 1688 年后得势的自由主义哲学家们所发掘，于是有了洛克的权能分立说及“制约与均衡”说。当下的英国和美国在政治中仍旧存在着制约与均衡，但在当时的德国、意大利、俄国和日本，专制政府的权力超过了霍布士设想的程度。就国家权力的掌握来看，世界的发展是顺着霍布士的设想的。可以预见，随着国家职权的加强，对抗国家的活动会将更难取得胜利。

霍布士提出支持君主制的理由——唯有建立国家，才能防止无政府状态，这个理由大体上没错。但是要考虑到，当一个国家像 1789 年的法国和 1917 年的俄国那样时，有政府统治的状态倒不如暂时的无政府状态好。他的“臣民不应该反叛”这一观点也有欠缺，要知道，如果政府高枕无忧，一点都不畏惧反叛，那它很有可能走向暴政。所以说，全民臣服的政治状态，可能会让社会变得更糟。考虑无政府状态的危险固然是必须的，但也必须考虑到权能之上的政府会带来危险和不公。

总的来说，相比于以前的政治理论家们，霍布士的明显优点是：他完全摆脱了迷信，他讨论事情的逻辑很清晰合理，他的伦理说不管是对是错，起码是可以让人看得懂的，且没有任何含糊的概念。从政治理论来看，他是马基雅维利之后第一个真正近代的著述家。他的一个明显的理论错误是：他过分简单化。若撇开他的形而上学或伦理学不去批评的话，他的观点有两个弱处：

第一，他认为国民利益是一致的，政府和臣民的利益紧密相关。这个观点存在欠缺。如果是战争期间，它倒是合理的。但是，和平时期常出现阶级利益的冲突，且冲突总是很大。这种情况下，提倡君主的绝对权力以避免无政府状态，很难说有效。

第二，他的很多政治主义都过分狭隘。在《利维坦》中，他几乎没有提到过国家之间的关系。他认为，因为各国之间依旧处于人与人战争的状态，所以不存在一个统一的国际政府。按照他的观点，在这种状态下，一个国家的发展可能会导致更多的战争，人类就会因此受害。反过来说，如果他所举的支持政府的一切理由是妥当的，那么支持国际政府也是恰当的。因为只要是国际无政府状态，那也意味着保全人类的有效方法只能是降低国家的效率。

第九章 笛卡尔

若内·笛卡尔（1596—1650）具有卓越的哲学天赋，他被视为近代哲学始祖，他的见解受新物理学和新天文学的影响很深。当然，他的学说也保留有经院哲学的痕迹，但是前人的东西对他几乎没什么影响。自亚里士多德以来，他是第一个努力缔造出一个完整的哲学体系的哲学家，而这样的新自信心有赖于科学发展。和以往的哲学家不同，笛卡尔没有以一个带有优越感的教师身份去研究、著述哲学，而是以发现者和探究者的姿态执笔的。要知道，从柏拉图到笛卡尔之间，所有的哲学家都是教师，有一种职业优越感。他的文笔平易却不迂腐，文学感极强。他的这种非职业气质的写作，为他在欧洲大陆和英国的后继者们所保持，一直到康德出现。

笛卡尔所受的教育始于他父亲去世后，他继承并卖掉了父亲的一份可观地产，用来投资，于是每年得到一笔固定的收入。然后他先后去了拉弗莱什的耶稣会学校以及巴黎，分别学习了代数和几何学。之后，为了避免朋友干扰，他参加了无战事的荷兰军（1617年），享受了两年不受干扰的沉思。战争爆发后，他于1619年加入了巴伐利亚军，在军中待了三年。这三年的体验，在他的《方法论》中有所描述。1621年结束军旅生活后，他访问了意大利，后于1625年在巴黎暂住下来。三年后，仍是为了防止朋友干扰，他再次入伍。这次入伍回归后，他在荷兰定居了下来，直到去世的前一年。在此期间，他只因事务缘故短暂地出访过几次法国和一次英国。

笛卡尔之所以选择荷兰并非无理由。在十七世纪，荷兰是唯一一个有思想自由的国度。霍布士在英国被禁时只好在荷兰刊印自己的书籍，洛克在英国"五年动荡"时也逃到了荷兰，《辞典》的作者贝勒曾在荷兰避难，斯宾诺莎的著述事业是在荷兰完成的。笛卡尔最后也选择了荷兰，与其说是因为他的怯懦，不如说是他想要一个清净的地方完成自己的研究和著述。

不过，在荷兰的时候，他仍不得安宁。这并非因为罗马教会攻击他，而是因为新教中的顽固派认为他的观点是一种无神论。所幸，他得到法国大使和奥伦治公的庇护，因此没有受到迫害。通过法国驻斯德哥尔摩大使谢尼瑞，笛卡尔还和瑞典克丽斯婷娜女王开始了书信来往。不幸的是，他的死也跟这段交往有关：在克丽斯婷娜的邀请下，他去到了她的宫廷给她授课。然而，女王只能腾出早晨五点钟之前的一段时间来学习，所以笛卡尔只能早起。他原本就身体孱弱，经不起风寒，改变作息后，他病倒了，并于1650年2月离开了人世。

据说，笛卡尔的著述都是在精神高度集中的短时段内完成的。但是，也有这么一种可能：他为了维持绅士派业余哲学家的气质，假装自己在哲学研究上付出的时间很少。之所以有这种怀疑，是因为他的成就实在令人难以置信。他同时是哲学家、科学家以及数学家，他在哲学和数学方面的成就尤其重要。科学方面，他最重要的一本著作是1644年出版的《哲学原理》。此外他还有一本讨论几何学和光学的《哲学文集》、一本《论胚胎的形成》。笛卡尔十分关注哈维关于血液循环的发现，他也总希望自己能做出点儿医学成绩，可惜没有实现。

在哲学方面，笛卡尔关于肉体和灵魂的重要观点有：人和动物的肉体都是机器，不同之处在于动物完全受物理定律支配，是一台不具有情感和意识的自动机，而人有灵魂，灵魂在与“生命精气”发生接触后和肉体产生互动；宇宙的运动总量恒定不变，不被灵魂所影响，但灵魂可以改变“生命精气”的运动方向，从而间接地改变肉体的运动。

笛卡尔关于灵魂对肉体的作用的理论，在物理学家发现动量守恒定律后，被他的后继者们废弃了。因为，按动量守恒定律，在任何已知方向中，一切运动总量都保持恒定。这就表明了，如果像笛卡尔说的一样，物质受到精神的作用，那么运动总量就会发生变化。但是，如果不是精神可以作用于肉体的话，如何解释我们的精神支配着我们的肉体呢？遗憾的是，摒弃笛卡尔理论的后继者们，即便是他的荷兰门徒格令克斯，也没有做出足够完善的论述，来解释这一问题。

在力学方面，笛卡尔承认第一运动定律。他认为，如果我们的知识足够丰富的话，就可以用力学来解释化学和生物学的一切现象，比如将胚种发育成动物或植物的过程解释为纯粹机械过程。他认为亚里士多德所说的三种灵魂中，唯有理性灵魂值得承认，并认为它仅存在于人类。以这一观点为基础，他尽量避免招来神学方面的谴责，然后发展了一个宇宙演化论。该理论为《创世纪》的创世理论补充了一个漩涡形成说：太阳周围形成一个巨大的漩涡，这个漩涡带动了行星的转动。虽然无法说明行星轨道为何是椭圆的而不是圆形的，但他的这一理论在法国仍得到了普遍认可，直到牛顿的理论产生才被废弃。

笛卡尔的纯哲学理论主要见于他的《方法论》（1637 年）和《沉思录》（1642 年）。笛卡尔在这两本书中的开头都表明，为了确保自己哲学理念的巩固性，他要怀疑一切他能怀疑的东西。人们将这种怀疑称为“笛卡尔式怀疑”，它其实是一种普遍的感觉怀疑。他自己也曾说过，他甚至可以怀疑算术和几何的定论，因为有可能“当我数一个正方形的边数或算 2 加 3 的时候，神叫我出错”。他还怀疑自己的存在，因为那说不准是一种错觉。他支持他的“笛卡尔式怀疑”的一段话是这样的：

“设想所有事物都是虚假的那个‘我’正在思维的东西，我认识到‘我思故我在’是无可辩驳的，即便是怀疑论者提出的最疯狂的假设也无法推翻这条真理。因此，我确切无疑地将其视之为我探求的所有哲学的第一真理。”

以上这段话表明，笛卡尔的“我思故我在”和“笛卡尔式怀疑”是论点和论证的关系。他以后者为方法，推出了前者。他对两者的探讨，是他认识论的核心，他之后的哲学家大多数都注重认识论，则是受了他的影响。按照他“我思故我在”的观点，精神比物质确切可知，个人的精神比他人的精神确切可知。由此来看，他的哲学理论具有主观主义倾向。他认为，唯有精神上的感知和推理，物质才能为我们所知。他的这种主观倾向，在欧洲大陆的唯心论和英国的经验论中都有体现。不同的是，前者以这种倾向自得，而后者却为此感到遗憾。

按照笛卡尔的观点，思维是证明“我”存在的论据，所以“我”成为了一个思维的主体，即“我”的全部性质和本质就在于“思维运作”，只要思维在运作着，不用其他东西也可以证明“我”的存在。如此看来，灵魂比肉体更确切可知，即便没有肉体，灵魂的本质也不变。笛卡尔据此得出了一个论点：凡是我们能够设想到的清晰、确切的事物，就是真的。但是，他也承认，要想知道这些事物究竟都有哪些，并不容易。

在笛卡尔看来，“思维运作”在广义上来说有怀疑、了解、猜想、判断、意愿、欲念和感觉等。他认为，梦境是一种感觉，属于精神上的，也是思维运作的结果。他继而谈到关于物体知识这个问题。他说，在大街上看见一个由帽子和外衣组成的“上身”，并不等于看见了某个行人。之所以说看见了一个人，是出于一种纯粹的精神判断。也就是说，对外界事物的认知不靠感官来判断，而是靠精神。他进而推出这样的观点：把自己的观念等同于外界事物，是人们最常见的错误。

他说的“观念”这个词还包括感官知觉。他认为，观念大致有三种：感官固有的、从外界得来的和自己创造出的。常被我们用来假定与外界事物相似的，是第二种观念。当然，如果是外界的一个事物在我们的心里投下了它的影子，那么把第二种观念等同于外界事物也是合理的。不过，这时候我们对事物的认知并非是借助视觉判断，而是因为我们具有相信这个判断的某种倾向。

“笛卡尔式怀疑”其实属于一种“批判的怀疑”，运用这种方法的时候，在最广意义的“思维”范围内，“思维”代替外界对象成了验证一切无疑问的事实的根据。这种决断方法对后来的哲学产生了深刻的影响。此外，笛卡尔的哲学还产生了两个重要影响：一是他完善或者说几乎完善了由柏拉图开创，经基督教发展起来的哲学精神和物质二元论；二是他提出了精神和物质彼此独立且平行，让“精神不推动肉体”和“肉体不推动精神”这两个观点深入人心。

就缺点来说，笛卡尔受当时科学和青少年时所学的经院哲学的束缚，这导致了他陷入矛盾：如果承认运动的物理定律的话，那么精神与肉体平行的理论中所包含的自由意志观点就会受阻。然而，也正是这种自相矛盾造成了他思想的丰硕，使得他高于其他逻辑哲学家，也使得他成为了两个对立的哲学派别的始祖。

第十章 斯宾诺莎

从道德角度来说，斯宾诺莎（1632—1677）是地位最高的哲学家。为了躲避宗教异端审判所，他和家人从西班牙（也许从葡萄牙）逃到了荷兰。他接受了犹太教的学问，但长大后却怀疑正统信仰，因此招来被谋杀的危险，他只得从阿姆斯特丹逃到了海牙。在海牙，他以磨镜片维生，日子很平静。他原本也没有什么物质欲望，金钱名利的观念极其淡泊。即便是一些不赞成他信念的人，也十分崇敬他的为人。

斯宾诺莎因肺痨死于壮年，他留下的主要著作有《伦理学》《神学政治论》和《政治论》，其中《伦理学》是最重要的。《伦理学》所讨论的大致有三个主题：关于形而上学的讨论、关于各种炽情和意志的心理学的讨论以及对一种建立在前面两种讨论基础上的伦理观的讨论。大致来讲，斯宾诺莎的形而上学受笛卡尔哲学的影响，他的心理学方面则有霍布士的痕迹。他的伦理学观点独具一格，是他最有价值的学说。

从体系上来看，斯宾诺莎的形而上学体系属于巴门尼德所创造的哲学体系。他认为，唯一的实体就是神，神就是自然。这一点他和笛卡尔不同。笛卡尔的观点是：实体有神、精神和物质三个，神创造了后两者，也可以毁灭它们，所以神比它们更确切。精神具有思维，而物质具有广延性，两者都是独立的。斯宾诺莎则认为，思维和广延性都来源于神。除这两个属性之外，无处不在的神还具有其他无数个属性，只不过有的并不为我们所知。

斯宾诺莎否认灵魂和物质的实在性，他认为它们只是神的存在投射出来的样子。他继而说，即便有基督徒信仰的永生，那它也算不上个人永生，因为它只是这么一种形式：个体渐渐与神合一。他认为，唯一确切存在的只有无限的神，其他事物都是有限的，且无法独立自存，这些有限事物由一种绝对的逻辑必然性支配着。这就意味着，他否定了所谓的自由意志，也否定了物质世界中的偶然性，认定一切发生都是神的安排，是必然的，不可改变的。

有人提出这么一个问题反驳斯宾诺莎：难道杀死自己母亲以及亚当偷吃苹果也是神的安排，也是善吗？斯宾诺莎回答说，这两件事中，肯定性的地方是善的，否定性的地方是恶的，只有站在有限事物的立场去看，才会有否定的存在。但是，就神来说，它们是自然的，无可否定。因为神的观念里没有否定。他的这一点和神秘论的相关观点相似，却有悖于正统教义的因罪受罚说。但是，不管自己的意见如何受到同时代人的驳斥，斯宾诺莎都光明正大地坚持自己的想法。所以，他受到很多人的憎恨就不足为奇了。

在《伦理学》中关于炽情和意专的心理学论述中，斯宾诺莎最后推出这一个结论：对于永恒无限的神，人的精神自有一定的认知能力，但是，那些激烈的情感会迷乱人心，使我们的理智受到蒙蔽。不过，对炽情的具体阐述，他放在了第三部分中。他说，各种激烈情感都源于一种动机：自我保全。因此，他的心理学体现了利己主义，比如他说："想到我们所憎恨的事物被毁坏时，我们就会很愉快。"他有时候也摒弃用数学论证的犬儒态度而说出这样的话："憎恨被憎恨回报时会变强，而被爱回报时会消失。"

《伦理学》最末两卷的趣味性最大，它们分别名为《论人的奴役或情感的力量》和《论理智的力量或人的自由》，里面提到这样的观点：外界因素在何种程度上决定了我们的遭遇，我们相应地就在何种程度为外界所奴役；我们掌握了几分主动权，就拥有几分自由；一切错误都源于知识错误；某种程度上来说，是自私自利的心理或者说“自我保全”的心理决定了人的行为；先有德行，才有德性；最高的善源于对神的认知，最高的德性就是认知神；不恰当的观念产生的情感就是“炽情”；人因炽情而产生冲突，但遵循理性可以避免冲突；时间不是实在的东西，因此和过去、未来有关的情感是不理性的，“如若精神是理性的，那么它对存在于现在、过去或者未来的事物不分主次，报以同样的情感。”

以上观点中，最后一个观点体现了斯宾诺莎哲学的核心思想。按照他这一观点，世界上发生的任何一件事情，对于神来讲都是一样的，都是永恒的超时间世界的一部分。因此，认为未来可变而更关心未来，是不必要的。未来和过去一样，都是既定的存在，是不可变的。对于未来，人们常常不是抱以“希望”就是抱以“恐惧”，其实都是因为误解了未来，而误解的根本原因是缺乏理智。

斯宾诺莎试图让人们摆脱恐惧，他说：“自由人通常不会思考死亡，他的智慧在于对生的思考。”他亲身实践了他所说的。在他生命的最后一天，他的心情毫无波澜，他照常和别人讨论问题。这是他和其他哲学家的不同之处：他实践他坚持的学说。他从没有陷入自己的伦理观所谴责的那种愤怒中，他的理解是，只要对整体的唯一实在性有了透彻了解，人就能获得自由。

在《伦理学》的最后一卷中，斯宾诺莎继续延伸了他关于炽情的论述：炽情，说到底就是一种显得个人受外界因素束缚而处于被动状态的感情；理解了所发生一切的必然性，精神就可以控制情感；热爱神的理智之时，个人的思维与情感就合一了，并由此获得快乐；对神的理智爱占精神的首要地位，它同时是对自己以及自己情感的最高程度的爱。他是这么证明的：“因为这种爱受身体的一切感触培养，和它们息息相关，所以它占精神的首要地位。Q.E.D.[1]”

1 Q.E.D.：是几何证明中的常用符号，为拉丁文“quod erat demnostrandum”的缩写，意为这就是想要证明的东西。

斯宾诺莎说，一个人如果真正敬爱神的话，他不会想到要神也同样敬爱他，因为他知道神不会敬爱任何人，除了神自己——他说，由于用理智表达的敬爱是很特殊的，所以这两种说法并不矛盾。他继续剖析情感本质以及情感和外界因素的关系，并由此得到结论说："追溯精神上的不健康和不幸，可以发现，它们都是来源于对某种会发生变化的东西的过度的爱。"他认为，清晰确切的知识才可以产生对永恒事物的爱，这种爱不会受到变化事物所引起的烦扰。斯宾诺莎表示，如果了解了这些理论，那么它们就可以用来治愈那些过度的情感。他还认为，这种理智的爱所带来的福祉，就是德性本身，而非一个人因德性而得到的回报。

《伦理学》的结尾中说道："圣贤的灵魂很少会被干扰，但是他个人却能依照某种永恒的必然性而认识到自身以及神、事物，他的灵魂永远存在着，并且保持真正的知足状态。要想做到这样的贤达固然很难，但通往结果的道路总是有的，它当然也很难被人找到。如若不是如此，它怎么会被所有人忽略？其他圣洁的事情，也是如此，做到必定艰难。"

现在我们来评估一下斯宾诺莎的地位，要想做到公正，必须区分他的伦理学和形而上学来讲。

斯宾诺莎的形而上学最好地解释了"逻辑一元论"，所谓"逻辑一元论"，就是主张宇宙是一整个单一的实体，按照逻辑来说，它的任何部分都不能独立存在。这种理论及逻辑分析，和现代逻辑与科学方法明显抵触，为今天的哲学所不能接受，所以，斯宾诺莎的形而上学不能全信。

然而，撇开斯宾诺莎的形而上学不谈的话，他的伦理学还是有可取之处。大概说来，斯宾诺莎的伦理理论试图让人们相信：即便承认人类的能力有限，但过上崇高的生活仍是有可能的。他对死亡的看法：执着于死亡的恐惧是一种自我奴役，自由的人最不会想到死——这种看法是正确的，对人也有益。但是，在一些情况下，这一理论则不适宜。比如，如果你是犹太人，你的家族被杀了，在这种情况下，你也应当试图用哲学的平静来解放自己吗？或许，基督教训中"要爱你的敌人"这条能起到作用，但大多数人都做不到。你也能用斯多葛派"我一家人受罪跟我有什么关系呢？我照样可以保持高尚的道德"这种理论来安慰自己，但这明显让人难以接受。斯宾诺莎应对这种情况的哲学，对我来讲我也做不到。他的哲学是：

一切罪恶源于无知，我们要深入了解这一根源，要知道，罪恶也是自然的一部分。如此，即便遇到天大的悲苦灾难，我们也不会为痛苦悲伤所困扰。

斯宾诺莎相信"爱"能够克服"憎"，他说："憎恨被憎恨回报时会变强，而被爱回报时会消失。被爱战胜的憎恨会变成爱，这种爱比非由恨而生的爱更强。"他说，个人的灾难对于宇宙整体来说，是微不足道的，只不过如最后加强和声时某个不协调的音调而已。

我不能接受他的上述哲学，因为在我看来，个体的完善性不能等同于整体的完善性。个别事件和整体是分开独立的，它不会因为属于某个整体而改变性质。

然而不可否认，斯宾诺莎的观点是有用的：某时候，想到人类中的一切悲喜不过是宇宙中这片浩瀚海洋中的一滴水，我们就会乐观很多。虽然这种思想不能算是一种宗教信仰，但却可以成为帮助人类保持头脑清醒或者拯救绝望、麻木不仁者的一味药。

第十一章 莱布尼兹

从智慧来说，莱布尼兹（1646—1716）是个崇高人物，但从品德来说他却不是。他那些最具价值的思想他没有发表出来，原因是它们不能给他带来声望。他发表出来的，都是一些讨好王公后妃的学说。这导致了他的哲学体系有两种风格，一种是传统浅薄又乐观荒诞的，一种是深奥且条理清晰、具有斯宾诺莎痕迹的。

莱布尼兹出生于莱比锡，他出生的那年是三十年战争[1]结束前两年。大学的时候，莱布尼兹学的是法律。1666他大学毕业，学校聘请他当教授，他拒绝

1 1618年至1648年发生于欧洲的战争，由神圣罗马帝国的内战演变而成，以德意志为主要战场。它的发生，主要是欧洲国家之间争霸以及宗教矛盾锐化的结果。

了。次年，他作了迈因次大主教的助手。因为大主教十分恐惧路易十四，为了安抚他的恐惧，莱布尼兹在1672年去到了巴黎，打算说服法国国王进军埃及而不是德意志。在哲学和数学两方面，那时候的巴黎是世界一流的。虽然莱布尼兹的游说没有成功，但在巴黎的四年，他的才智得到了发展。在那期间，他发明了无穷小算法，并于1684年发表。牛顿早在他之前就发明了这种方法，但比他晚发表三年。这导致了一场纠纷。与牛顿的争执，使得莱布尼兹不为英国所欢迎，特别是在英国乔治一世执政期间，他备受冷遇，只有英国太子妃站在他一边反对牛顿。

莱布尼兹早期在德国学习，思想受到了一种新经院主义的亚里士多德哲学的影响。去到巴黎后，他受到了笛卡尔主义和伽桑狄的唯物论影响，便放弃了经院哲学。在巴林，他还认识了马勒伯朗士和冉森派教徒艾尔诺。对莱布尼兹影响最大的是斯宾诺莎。他在1676年的时候与斯宾诺莎相处了一个月，甚至获得了斯宾诺莎的部分原稿。斯宾诺莎在莱布尼兹晚年的时候遭到声讨，莱布尼兹却没有帮助他，而是附和众人的声讨，还极力掩盖他和斯宾诺莎的交情。

我先讲讲莱布尼兹的流俗哲学，他在这方面的学说主要见于《单子论》和《自然与圣宠的原理》——其中有一本但不确定是哪一本，就是为当时的王公马尔波罗的同僚所写的。

莱布尼兹的哲学和笛卡尔、斯宾诺莎一样，都是建立在“实体”概念上。但是，他既不像笛卡尔那样：承认有神、精神和物质三个实体，认为广延性是物质的本质，也不像斯宾诺莎那样只承认神并认为广延性和思维都是神的属性。莱布尼兹的观点是：单个实体不具有广延性，若干个实体组成的集团才具有广延性。他相信有无数的实体，并把它们称为“单子”，实际上就是灵魂。既然广延性不是实体的本质，那么它的本质只能是思维了。

笛卡尔的后继者们曾发展了这么一个观点：实体之间不能相互作用。这个观点被莱布尼兹保留了，他还以此为基础发展了一个奇怪的观点：任何两个单子之间绝对不存在因果关系，因为它们“没有窗口”。他的这个说法否定了单子之间的互动。从动力学和知觉论来讲的话，这个说法明显不合理。从动力学来看，在碰撞现象中物体间似乎有影响。按照知觉论，个体之间的知觉，是基于被知觉的对象对知觉者产生了作用。莱布尼兹是如何化解这种不合理呢？他认为，单子的变化源于神赋予了它一种可以自行产生变化的性质。两个单子之间出现的看似相互作用的情况，也是由这种性质导致的。

莱布尼兹认为，人的肉体由很多个单子组成，也就是具有无数个灵魂，且这些灵魂都是永恒的。在它们之中，有一个单子占了主导地位。这个单子控制了人体，引发各种肢体运动。比如，当手臂在动的时候，并非组成手臂的单子在发布命令，而是这个主宰单子。按照他的这种说法，这个主宰单子其实就是我们所谓的意志。

可以认为，单子在感官世界中也占据一定的空间位置，这个空间虽不是实在的空间，但单子在其中的确是有立足点的。如果承认这种说法的话，我们便认为所谓的真空是不存在的。

从以上见解来，莱布尼兹很注重斯宾诺莎哲学中保留的自由意志说。他说，事情的发生皆有因由，但因由的来由却没有逻辑必然性。然而，他后面的另一套理论却和这个观点相反。他自己发觉这一矛盾后却避开不谈。

关于神，莱布尼兹认为，神具有自由，不受逻辑限制，神的行为完全出自于善，它绝不会做有违逻辑定律的事情。为了证明神的存在，莱布尼兹运用了形而上学的论证形式，甚至引用了许多古代论证方法，比如柏拉图式的方法、圣阿瑟勒姆首创的本体论证法等。需要指出的是，这些论证方法已经不为现代神学家所用了。但是，现代的哲学家们仍保留有这些论证，比如在黑格尔、布莱德雷的学说中就可以见到。

回到莱布尼兹关于神存在的论证上来。他用了四种论证法：本体论论证；宇宙论论证；永恒真理说论证；前定和谐说论证，也就是康德所谓的“物理—神学”论证法。

本体论论证从存在与本质的区别展开讨论。按照“存在有别于本质”这一观点，当说某人或某物存在的时候，其本质并非就是该人或事物的“存在”，而是那些构成它的性质。按照这个观点，哈姆雷特是不存在的，但他的本质却存在——人们知道他的个性。用经院哲学的来说，存在与本质的区别表明：一个有限实体的本质不包含它的存在。

圣阿瑟勒姆驳斥了这种说法，他主张本质蕴含着存在。他的反驳是：如果认为神是最完善的一种“存在”，那么否定它的“存在”就表明它不是最完善的“存在”。

莱布尼兹对阿瑟勒姆的论证既不肯定也不否定。他首先定义“神是最完善的一种‘存在’”，然后补充证明说：“完善性”是一种肯定的、绝对的单纯性质，神就是一切完善性的主语，且“存在”还属于“完善性”的其中一种，所以神是存在的。

莱布尼兹的上述论证必定存在谬误，但要想发现并非易事。下面来说说他的宇宙论论证。

宇宙论论证属于“初因”论证的一种。“初因”论证由亚里士多德对“不动的推动者”的论证发展而来，它的主张是：所有有限事物皆始于某个因，因又有因，一直类推下去，但是却不会走向无限，而是止于某个没有原因的因上。这个没有原因的因就是神。莱布尼兹采取了这种论证，但形式稍有区别。他的论点是：所有个别事物，包括整个宇宙，都是偶然出现的，但即便是偶然也有个充分的理由，这个理由就是在宇宙之外的神。

莱布尼兹的宇宙论论证的高明之处在于，它摒弃了“宇宙必定曾有一个时间上的开端”的这个靠不住的假设。当然，他的这种论证被认可的前提是：他说的关于“充分理由”的原理可信。然而，他的这条原理却模糊不清。按照古兑拉[1]的说法，莱布尼兹的这条原理的宗旨是：一切真命题都属于“分析”命题。但是，即便古兑拉的解释是对的，这个解释也从未被莱布尼证实过。而且，从布莱尼发表的学说来看，他主张必然命题由逻辑推理生来，偶然命题则不是，而所有断言“存在”的命题又都是偶然命题。既然如此，为何唯独有关神的“存在”就是例外呢？

1 古兑拉（1868–1914）：法国数学家，哲学家，以利用符号逻辑研究数学的基础及对莱布尼兹的研究著名。

如康德所说，莱布尼兹要想他的宇宙论论证被认可，就必须依附于本体论论证，承认一开始就有一个必然的“存在”，且它的“存在”包含在它的本质中。但是在布莱尼兹所作的本体论论证中，他没有表明这种认可。这么说来，他的宇宙论论证也不见得怎么高明。

布莱尼兹所做的永恒真理说论证更难懂。大概来说，这个论证的要领是：真理属于精神内容的一部分，永恒的真理属于某种永恒精神内容的一部分。什么叫永恒的真理呢？就是“2+2=4”这样的真理，像“正下着雨”这样的就不是。布莱尼兹以这个要领为基础，提出“偶然真理的存在理由最终必定见于必然真理中”这个观点。他对这一观点的论证和宇宙论论证情况相似：偶然世界始于一个充分的必然理由，这个理由只能在永恒真理中找到。说到底，他的永恒真理说论证，只是宇宙论论证的另一说法。而这种论证还容易引起一个反驳：很难说真理是“存在”于理解它的那个精神内容中。

莱布尼兹所述的前定和谐说论证基于他的这一观点：“没有窗口”的单子反映了整个宇宙。他说，宇宙的和谐是因为，有一个单独存在于外界的“因”事先对所有单子做了校准。按照他的这种说法，整个宇宙的运作犹如一场梦。但是，我们会疑问：他是怎么知道这是个梦的？

虽然布莱尼兹的前定和谐说论证犹如空中楼阁一样不牢靠，但是，它可以转化成所谓的“意匠说论证”。“意匠说论证”认为，既然将这个世界中的一些事情解释成偶然的自然产物是行不通的，那不如说它们来源于某个慈悲意旨。在此我们就不继续讨论这点了，因为那脱离了布莱尼兹的哲学。下面，我们谈谈布莱尼兹哲学中的一个说法：有许多“可能的世界”。

按照布莱尼兹的观点，神是从无数个“可能的世界”中挑选出现在这个世界的，因为它是最好的。因此，即便这个世界也存在恶，但因为总的来说它的善更多，所以恶的存在是被允许的——他的这种观点无疑会让普鲁士王后很欣慰：有了伟大哲学家的支持，她就可以继续以恶对待农奴，自己只管享福。莱布尼兹对于罪恶问题的论述仍属于流俗学说，其中只有逻辑，没有道理。他的观点无非就是：承认这世界有善有恶，那么“罪恶问题”就不是什么问题了。

下面我们要谈到的是莱布尼兹的秘传哲学，这部分学说在他生前几乎没有公开过。探讨它们，须参考路易·古兑拉编著的有关莱布尼兹著作的两部文集，里面有我们所需要的原稿资料。从资料来看，莱布尼兹曾给艾尔诺写信，向其透露他深奥的哲学思想。艾尔诺在回信中贬低了莱布尼兹的作品，说它们“明明会被全世界所排斥”。这个意见造成了这个结果：莱布尼兹此后保密他在哲学问题上的真实想法。他自认为“有极大进步”的一篇文稿，在死后近两个世纪中都无人刊印。他写给艾尔诺的信中包含的部分学说，虽然在十九世纪的时候刊印了出来，但直到我之前，都无人认识到它们的重要。

在莱布尼兹的秘传哲学中，他探讨了“实体”。他认为，“实体”依附于“主语和谓语”两者的逻辑关系中，它不仅具有逻辑性，而且具有永恒性——除非神将它毁灭。比如，“苏格拉底”这个“实体”概念的产生，是由各种属于苏格拉底的性质所构成的，而这些性质都可以表述为苏格拉底和某个谓语的逻辑关系，诸如“苏格拉底会死”等等发生在苏格拉底身上的一切事情。

对于莱布尼兹来说，逻辑作为形而上学的基础同样重要。他希望有一种可以代替思考的“万能算学”，这样一来，就可以用几何学和数学分析所运用的那种方法，去推理论证形而上学的问题和道德问题了。为此，他推出了“矛盾律”和“充分理由律”这两个逻辑前提来作为他的哲学基础。这两个逻辑所依据的都是“分析命题”的概念。所谓“分析命题”，就是主语包含了谓语的命题，如“所有白种人是人”。以此为依据后，“矛盾律”说，所有分析命题都是真的，“充分理由律”说，所有真命题都是分析命题。关于这两个逻辑的论述，较为明确的意思见于布莱尼兹写给艾尔诺的一封信，其中提到：

“关于‘真命题’这一概念，我在探讨之后发现，所有谓语——无论它是必然的还是偶然的，过去的还是现在、未来的——全都包含在主语概念中……这命题十分重要，应该确立下来。它表明，一个灵魂自成一个世界，它只跟神有关，跟神之外的事物都无关。它是永恒的、无知觉的，但它所经历的一切都保留在了它自己的实体中。”

在表述了上述观点之后，莱布尼兹还在信中说明，正是因为每个“主语”

发生的事情都属于它概念中的一部分，所以“实体”之间没有相互作用，它们都从各自角度出发去反映宇宙，这也是它们具有一致性的原因。

从上述来看，莱布尼兹的哲学体系和斯宾诺莎的体系的一个共同点是：都带有决定论性质。莱布尼兹曾说过，各人的个体概念囊括了此人身上所发生的一切事情。这个观点和基督教关于罪恶和自由意志的教义是对立的，艾尔诺十分讨厌这个观点。莱布尼兹也觉察了艾尔诺的憎恶，于是尽量不公开它。

的确，对于人类而言，由逻辑推知的真理和由经验推知的真理是有所不同的。但是，这是由我们人类的无知以及有限的智力导致的。对于万能的神而言，这个区别就不存在，因为他知道一切，且决定一切。所以，人类的无知也不能帮助我们逃开决定论。

莱布尼兹还有一个很奇妙的观点：创世这件事情是“神要行使意志的自由行为”。他的这个观点曾出现过很多次。按照这个观点，唯有通过神的善性，才能决定现实存在什么。然而，在莱布尼兹从未向任何人透露过的另一部分文稿中，他的一个见解又与这个观点相违背。

这个见解说的是：一切不存在的事物都在努力争取“存在”，然而那些不属于“共可能的（compossible）”事物，可能最终无法获得存在。举例来说就是，A和B只能存在其一，它们不能同时存在，因为它们不是“共可能的”。莱布尼兹还分析说，A和B不相容，而A同时和C、D、E相容，而B同时与E、G相容，那么A就是存在的，B是不存在的。他结论说：“存在者就是能够和最多数事物相容的‘有’。”

按照他上面的说法，决定东西存在与否的，不在于创世行为，而在于逻辑。逻辑在对比中判断哪个“共可能的”集团最大，然后决定它是否存在。但是，莱布尼兹的上述观点，并不是为了定义“存在”，而只是提供一个判断标准。如果借助他的“形而上学的完善性”的观点的话，这个标准和他的流俗学说是一致的。因为他曾说过，“形而上学的完善性”指的就是存在的量。综合他的这两种见解来看，他显然有这么一个思想：创造出一个尽可能饱满充实的宇宙，是神的善性的一部分。延伸这个思想后，我们不难推出：现实世界就是“共可能的”的最大的一个集团。

利用逻辑作为解决形而上学的关键的哲学家，在莱布尼兹之前有巴门尼德、柏拉图、斯宾诺莎，在他之后有黑格尔。从莱布尼兹的隐秘思想来看，他是最优秀的一位。但是，在经验主义发展之后，这种议论方式便被丢弃了。应该看到，即便是在莱布尼兹的著作中，推理所依据的逻辑也是不完备的。他把“主语+谓语”这种样式的逻辑和多元论放在一起讨论，本身就会造成一种矛盾。因为，这种逻辑仅在持一元论的时候才可以运用，而“有无数个单子”这样的命题并不属于一元论。

莱布尼兹学说的另一个缺点是文笔艰涩难懂，造成了德国哲学的枯燥迂腐。他的弟子乌尔夫受他的影响很大，乌尔夫甚至将莱布尼兹学说中有趣的部分都丢掉了，做出一副呆板沉重的学究样来。所幸，莱布尼兹那个时代的其他国家并未受到他的影响。那时候，英国哲学由洛克主宰，法国由笛卡尔主宰。

但是，莱布尼兹终归算是伟大的。他在数学方面发明了无穷小算法，他是注重数学逻辑的第一个哲学家。在哲学方面，他的论述严密而有条理，他的单子理论中关于知觉问题的论述相当有用，特别是他所阐释的两种空间——每个单子的知觉空间和许多单子集合存在的客观空间——这一理论。我认为这一理论有助于我们确定知觉和物理学的关系。

第十二章 哲学上的自由主义

有一个重要且普遍的问题：一直以来，政治社会情势对那些卓越的思想家们产生了什么样的影响，反之，这些人又对以后的政治社会发展起到了什么作用?

关于这个问题，我们需要警惕两种相反的错误见解。一种是，过度抬高了哲学家的影响。另一种是，认为理论家在社会环境下都是被动的，他们不会给势态发展带来任何影响。这种看法否认了思想在社会变革中的作用。

在我看来，真理在这两个极端中间。思想和实际生活两者之间的相互作用，哪个是因，哪个是果，好比“先有鸡还是先有蛋”这个问题一样，没有太大的争论意义。我不打算抽象地讨论它，而是要考察历史上的一个重要事例，也就是从十七世纪末到现在的自由主义及其支派的发展。

初期的自由主义是英国和荷兰的产物，它具有以下特点：维护宗教宽容；属于广教派[1]的新教；谴责宗教战争；注重贸易和事业；尊重财产权，特别是个人财产权，等等。虽然世袭主义还被初期的自由主义保留，但在范围上比以前有了更多的限制。特别要指出的是，王权神授说被否定了，取而代之的是这种见解：所有社会，至少在刚开始的时候都有自己政体的权力。

很明显，初期自由主义可以说是一种用财产权调剂了的民主主义。它信奉人人生来平等，认为是环境造成了不平等的出现。它具有反政府的某种偏见，因为觉得掌握政权的国王以及贵族和商人是不平等的。但是，它制止了这种偏见，因为它希望这种情况有朝一日会改变。可见，它是乐观、理性的。它还富有生气，因为它代表着一种在逐渐加强、不久之后就会取得成功的势力。初期的自由主义者相信，这种势力一旦胜利后就会给人类带来很多的好处。

哲学和政治中的一切中世纪的思想，都被初期自由主义反对，原因在于，那些思想承认教会和国王的权力，让杀戮行为有存在的理由，还阻碍了科学进步。当时的加尔文派和再洗礼派，虽然较为进步，算是近代的，但它们的狂热同样为初期自由主义所反对。初期自由主义者想结束政治和神学之间的斗争，一开始的时候，他们似乎也见到了实现愿望的曙光——整个西方世界都充满了开明精神，所有的阶级都蒸蒸日上。然而，不久之后，法国大革命爆发，击碎了自由主义的希望。在这之后，它稍作休整，才在十九世纪重拾起了乐观精神。

在进入详细的讨论之前，我们最好大概了解一下十七世纪到十九世纪自由主义的大体形式：它是一个由简变繁的过程，在整个发展过程中，它都有一个

1　广教派：英国教会内部在教会政治、礼拜形式以及信条等方面主张宽容和自由的一派。

明显特征，即从广义来讲它是一种个人主义。需要指出的是，按照我在此赋予“个人主义”一词的意义，亚里士多德以及他之前的希腊哲学家，都不属于个人主义者。

我认为，“个人主义”是在亚历山大以后，也就是希腊丧失政治自由之后，才发展起来的。犬儒派和斯多葛派都是它的代表，斯多葛派就有一个观点：无论处于什么样的社会状况下，一个人都可以过善的生活。这种观点同样存在于基督教的教义中。后来，基督新教在控制了人们的理论信念和拥有道德判断权的天主教体制中，打开了一个裂口，即主张教务总会也可能犯错。这样一来，真理的判断权就不再属于社会性事务，而成了个人之事。在神学定案中，由于人人各执一词，争斗就无法避免。找到一种可以调和思想以及伦理上的个人主义，以便建立有序的社会，这便是初期自由主义努力的首要目标。

个人主义渗入到了哲学中，笛卡尔的“我思故我在”体现的就是个人主义。而自笛卡尔之后的哲学，在某种程度上也都体现了思想中的个人主义。

在另一些方面，自由主义中的个人主义表现出不同的样式和结果。最典型的例子就是，科学研究者的思考方式带有的个人主义成分就是最少的。在科学中，个人与社会之间不存在永远的本质冲突，因为一个真理到最后总是会被科学家们所接受。当然，这是从近代来说。在伽利略时代，亚里士多德和教会的威信依然被认为和感觉提供的证据至少一样有力，所以科学方法中的个人主义成分仍然是有的，只是不明显罢了。

初期自由主义不仅在有关知识的问题上是个人主义的，在经济问题上也是如此。不过，在情感或者伦理方面就不是了。在英国，这种自由主义横行于十八世纪以及拿破仑战争之后；在美国，它支配了美国宪法的制定者，从 1776 年流行到现在，或则至少到 1933 年；在法国，它控制了百科全书派以及法国革命期间的稳健党派——这些党派覆灭之后，它短暂地退出了法国政治舞台。

自由主义发展的同时，一种与自由主义对立的新运动也逐渐发展起来，这是一种由卢梭开端，被浪漫主义运动和国家主义推动的新运动。在这个运动中，个人主义从知识领域扩张到了炽情的领域，可以从很多方面看出来，诸如蕴含在个人主义中的无政府主义被强化、人们对初期工业制社会的厌恶加强、有的人以“国家主义”以及“保卫‘自由’的光荣战争”这些名义，强烈维护反叛的权力。诗人拜伦以及哲学家费希特、卡莱尔、尼采就属于最后一个例子中的代表。

上面所说的新运动中的哲学，如果被采用的话，必定会造成如无政府主义导致的那种结果，即“英雄”的独裁统治。当独裁者的暴政确立起来，最终结果只能与这种哲学的初衷相反：个人受到独裁专制国家的严酷镇压，毫无“自由”“个人”可言。

自由主义的旁支，除了上面提到的与之对立的新哲学，还有一个是马克思的哲学。在此先提一下，我在后面再讲它。

最早详细地论述了自由主义哲学的著作，是洛克写的。在谈论洛克的哲学之前，我们先来回顾十七世纪的英国，因为它影响了他见解的形成。

十七世纪的英国内战，使英国人形成了爱好中立的稳健个性，他们害怕给任何理论推导出一个逻辑结论来。这种个性，英国人一直保留到了现在。国王与国会的争斗，以克伦威尔自立为“护国主”为结局。克伦威尔通过“普来德大清洗”，革掉了可能上百个支持保留国家教会的长老会派议员，继而取消了国会。据说，那时候已经无人敢反抗他了，甚至“连狗也不敢吭声”。这种对宪政的藐视，无疑是战争带来的：战争让人们相信，武力强大才是最重要的。

克伦威尔当政期间，英国一直实行军事独裁政治。虽然有越来越多的人反对这种独裁，但由于武装力量掌控在他的党羽手中，因此也无计可施。自王政复辟开始，查理二世被迫接受了某种程度的妥协。他同意了“人身保护条例”，放弃了国君可以任意逮捕臣民的权力。在王政复辟时期，原来查理一世的敌对派所要求的对王权的限制，大部分都实现了。

詹姆士二世的时候，由于他自己顽固不化的旧教信仰，使得他同时成为了国教会派和非国教会派的敌人。他先后对西班牙和法国献媚的外交的政策，更是激起了英国人对他的憎恨，以至当时几乎所有英国人都想除掉他。但是，大多数人都不想再次经历内战或者克伦威尔专政时的那种生活，那么只能再来一次革命了，且这次革命必须要快速彻底，不能让破坏势力有机可乘。这次革命，由贵族阶级和大企业联合发动，达到了预期效果：逼退了詹姆士王，保全了国会权力，保留了君主政体，但不是王权神授说的那种君主制，而是有法可依，必须依附于国会的君主制。

新的英王是荷兰人，具有荷兰特色的商业精明和神学智慧。在他的领导下，英格兰银行创立了，国债成了牢固的投资。虽然旧教徒和非国教会派受到“信教自由令”的种种限制，但他们不再会遭到实际迫害。外交上，自此开始直到拿破仑失败，英国大多数时候和法兰西都是对立的。

第十三章 洛克的认识论

约翰·洛克（1632—1704）是1688年光荣革命[1]的倡导者。克伦威尔当政期间，洛克正在牛津大学学习，但他不喜欢这所大学的经院派特色，因为他厌恶经院哲学。此外，他也十分憎恶独立教会派的狂热主义。他喜欢的是笛卡尔的哲学。洛克是自由主义哲学的创始人，认识论中经验主义的奠基者。此外，他在政治哲学方面的影响也很深远。

在所有的哲学家中，洛克是最幸运的一个。他的最重要的一部著作《人类理智论》，是在1688年前完成的。当他的这部重要理论哲学著作完成之时，他正流亡于国外，而他本国的当政者恰好是和他抱有同样政见的一类人。另外，有赖于伏尔泰，在十八世纪的法国，洛克的声望和影响力也很大——即便他那时已经去世。伏尔泰曾于青年时代在英国生活过一阵子，他在《哲学书简》中向自己的同胞解说了英国思想，使得在法国同样有很多洛克的信徒，其中包括法国哲学家以及稳健派改革家。

洛克的认识论和他的政治学说紧密相关，在认识论的学说中，他的意见

1　光荣革命：1688年的英国一场非暴力政变，由英国资产阶级和新贵族发动，旨在推翻詹姆斯二世的统治以及防止天主教复辟，结果建立了君主立宪制政体。因未有流血，所以被历史学家称为“光荣革命”。

不管是对是错，却都会起到实际作用。以他的“主性质和次性质”的学说为例，洛克认为，主性质就是和物体不可脱离的性质，诸如充实性、广延性、形状、动静状态以及数量等。次性质就是诸如颜色、声音、气味等物体的其他性质。他说，主性质体现在物体本身，次性质通过知觉者反映出来。次性质如颜色，就是依靠眼睛存在的。直到量子论兴起，洛克关于性质的二元论学说一直支配着物理学。许多重大的科学发现，如声学、热学、光学等，都是以之为根源。所以说，这一理论尽管有错，却也有用。

在《人类理智论》中，洛克的论述有一个特点：他表明了一些普遍原理，读者觉得这些原理最终会推出一些奇怪的结论。但是，每次在眼看着结论就要出现时，洛克总是巧妙地避开了之前的论述。他的这种做法无疑会让一个逻辑家恼火，让一个务实的人认为他没有判断力。事实上，它是洛克的优点也是缺点，它表现了洛克的一种特质：几乎没有独断精神。这种“没有独断精神”的精神由他传给了整个自由主义运动。在阐明自己学说的时候，当遇到自己的学说和前人的学说有不同之处时，洛克总惯以这种精神来表明：真理是很难获得的，一个真正明白道理的人必定在某种程度上是个怀疑主义者。

洛克是虔诚的基督徒，他相信启示是知识的源头，他曾说过：“启示的证据，就是最高的确实性。”但是，他仍觉得有必要给启示加上理性保证，所以又说：“启示必须由理性来判断。”可见，在他看来，理性是最高的。在《人类理智论》中名为《论热忱》的一章里，他发表了关于真理具有启发性的见解。他说，爱真理不同于爱某个被宣称为真理的个别学说，爱真理的一个确切标志是，持任何见解时所怀有的自信，都不能超出这个见解依据的证明所给予的自信；动不动就教人如何如何，就没有体现出爱真理的态度。

《论热忱》中还提到了热忱和理性的关系。洛克所说的“热忱”，指的是相信宗教领袖或他的门徒受到个人启示。他说：“热忱丢掉理性，或者借理性来树立启示。实际上，无论是哪一种，它都不包含有理性和启示，它只是个人的没有根据的空想。”这一章的末尾以“启示必须由理性来判断”结束。

洛克所说的“理性”的意思，可参考他的《论理性》一章。这章的大意可以概括成这么一句："神对人类从来不会如此吝啬：将人造成两足动物，还只让亚里士多德一个人具有理性。"按洛克对"理性"一词的用法，他所谓的理性包括两个方面：一方面，它指一种考查，这种考查关系到我们可以确实知道哪些事物；另一方面，它是对某些主张的研究——这些主张虽然没有确实性而只有盖然性作为支持，但在实践中，承认它们才是聪明之举。他还说明，盖然性的根据有两种：一种是，那些主张与我们自己的经验一致；另一种是，它们与其他人的经验一致。

在《论同意的程度》一章中，洛克讨论了人与人之间的意见交流问题，其中说到这些见解：我们对任何主张的同意程度，取决于支持它的盖然性的根据；如果我们因不能回应他人对我们意见的质疑而放弃了个人意见，就会导致我们的无知、轻浮；人的意见不免经常有错，但是一个人应该只顺从理性，而不能盲目屈服于他人的意志或者命令。最后，他说道："我们处于一种忙乱、盲目的状态中，对一些事情，我们根本没有什么认识而只是掌握极少的根据，但是却仍不得不相信。仅凭这种情况，我们就应该努力使自己具有更多的知识，而不是想着管辖别人——我们有理由认为，知道事理越多，人就越不会摆出一副神气的样子。"

以下来看看《人类理智论》中，洛克在比较纯粹的哲学问题上的见解。我们先从形而上学方面谈起。洛克蔑视形而上学，他认为，形而上学中很重要的"实体"概念毫无用处。但是，他没有完全否定形而上学。因为，他承认该学说中支持神存在的证明很有力。

在纯哲学问题的论述中，洛克所用的方式和十七世纪大陆哲学那些庞大威严的论述方式不同。在表达自己的新见解时，他引用了传统知识体系的，但不是从大的抽象概念展开论述，而是从具体细节进行思考。

洛克是经验主义的始祖，他说："假设我们的心灵最初如同一张没有文字以及任何观念的白纸，那么，它是怎么被这些东西充实的呢？……对此，我认为可以一言以蔽之：我们的知识来源于我们的经验。"他认为，我们的观念有两个源头：感觉作用和"内感"。"内感"即我们对自己心灵活动的知觉。他说，我们的思考借助了观念，而观念来自于经验，故此可见：经验先于知识存在。

在洛克之前，几乎所有的哲学都抱有一种见解：人类的许多“最宝贵的知识”都不是由经验得来的。所以说，虽说我们现代人也许会认为洛克的经验主义的观点不言自明，但在他所在的时代来说，它是非常具有革命性的。

在《人类理智论》的第三卷中，洛克主要想说明：形而上学中关于宇宙的知识，不过是词句方面的知识。他在该卷第三章《论一般名辞》中讨论了共相问题，他采取的是极端的唯名论立场。他说，我们心中的一般观念，本质上和其他存在的事物没什么不同，它们都是特殊的。在第六章《论实体的名称》中，他驳斥了经院哲学的本质说，他表述了这样一些见解：任何事物可能具有的本质，就是它们的物理构造。一般说来，我们不太了解这种构造，但可以相信，它们绝不是经院哲学家所谓的“本质”——这种“本质”纯粹是词句方面的知识；当然，自然界中的事物的确各自不同，但它们的差异是在连续的逐渐推导后才表现出来的：“人为了区分各种类别，制定了类别的界限。”

有一个普遍的问题，那就是我们如何才能认识自身以外的事物以及自己的心灵活动。对这个问题，无论是经验主义还是唯心主义都没有给出过一个令人满意的答案。洛克也解答了这个问题，但他的回答总是自相矛盾，而他本身很讨厌自己的见解中出现悖谬，所以就反复修改。最后，他的见解是：我们只能通过直觉、理性判断以及感觉作用去获得知识，除此之外没有任何知识。他的这个回答，建立在他此前提出过的一个主张上：认识就是关于二观念相符或不相符的知觉。而这个主张和经验是不相关的。所以说，他的回答还是差强人意。但是，因为至今还无人能够创造出一种完全可信且毫无矛盾的哲学，因此，洛克的这一哲学体系虽然有明显的错误，即它无法做到首尾相应，但却可能比那些虽然能够自圆其说但同时有可能全盘错误的哲学体系更有真理。

洛克的道德原则很有趣，在某种程度上影响了边沁。他认为，包括他自己在内的所有人的行为，都是被一种追求个人幸福快乐的欲望驱使着的。在此可以引用他的一些原话：“判断事物是善还是恶，依据于它让人快乐还是痛苦。让我们快乐之事、增多快乐之事以及减少痛苦之事，就是‘善’的。”“什么导致了欲望？幸福，仅仅是幸福。”“控制我们的激情，能恰当地获得自由。”洛克还承认了一个明显的事实：人们并非总按照合乎情理的方式来行动，即便这种方式会让他得到最大的快乐。

从洛克的上述见解来看，即便认可他的关于“行为动机”的说法，即承认我们的行为动机在于追求快乐或者避免痛苦，我们也应该补充一点：快乐或痛苦在“未来”这条线上距离我们的远近，是我们必须依据的标准。因为，当距离过远的时候，快乐的魅力以及对痛苦的恐惧都会丧失。

洛克认为，从长远角度来考虑，相比于自我利益和全体利益的一致性，人更应该考虑自己的长远利益。也就是说，人更应该有远虑，且应把远虑当做唯一的美德。自由主义的特色之一，就是强调远虑，这和资本主义的兴盛也有一定关系。资本主义兴起后，人们发现，有远虑的人变得富有，没有远虑的人则会一直贫穷下去。这种“为投资而储蓄”的心理，反应在自由主义中就是对远虑的注重。新教中那种“为进入天堂而积累善德”的虔诚，其实跟这种心理很像。

洛克关于自由的见解，基于他的一个观点：虽说在短时期内公共和私人的利益不能保持一致，但是最终总是会一致的。按照这个观点，如果一个社会的公民全是既虔诚又有远虑之人的话，那么，根本不必用法律来约束他们，因为只要给他们自由，他们就会按照促进公益的方式去做事。换言之，只要人们普遍是虔诚而有远虑的，那么法的自由就能够完全实现。而这时候，他们的炽情是被控制了的，即便是一个恶人，他也会放弃自己的恶念，去选择过善良的生活。

为了证明“道德可能论证”，洛克做了很长的一段论述，但是，他的论述让人难以理解，且具有矛盾。在此就忽略不谈。

洛克的著作中还有一个令人疑惑不解的地方：他的著作中完全没有提到“善”的概念。他说人应该有远虑，指出人应该如何去行事，但是整个过程中，他都没有指出来为什么神会惩罚某些行动。他的有关远虑的学说，很难让人认可。他的伦理学也无法为之辩护。原因首先在于，这种把远虑视为唯一美德的见解，本身就为人所反感。此外，他的理论中的相关观点，有的也难以让人接受，比如关于快乐的观点。他坚持“人们追求的仅是快乐”这种观点，而实际上很多人并不苛求快乐，被虐狂就是这样的人。此外他又认为，“希求最近的快乐”和“希求快乐”是不同的，他说前者是不道德的行为。然而，普遍来说，谁不是希求最近的快乐而非未来飘渺的快乐呢？

大多数哲学家的论述都遵循这么一种模式：在自己的伦理学体系中先立下一个说法——这个说法是错的，然后主张：按照可证明这一学说错误的那种做法去做事，就是不道德的。

事实上，如果哲学家所提出的那个说法是正确的，这件事根本办不到。

洛克的哲学体系，正是上面所说的模式的典型。

第十四章 洛克的政治学

第一节　世袭主义

1688 年英国革命过后，洛克写了两篇《政治论》，其中写于 1689 年的一篇，旨在辩驳罗伯特·费尔默爵士[1]的《先祖论即论国王之自然权》（以下简称《先祖论》）。

罗伯特·费尔默拥护王权神授说，他的《先祖论》是在查理一世统治期间写成的。在这本书中，他开篇就驳斥了“人人生而自由，有政治形式选择权，统治者的权力是群众授予的”这种见解。他说，这种见解是那些逻辑家、形而上学家以及神学家“谋划”出来的。他反对自由的欲望，说它是导致亚当堕落的原因，是一种邪恶的感情。他反对支持俗权人授的神学家贝拉民的这种说法：“只要民众没有授权给国君，那么权力就在群众中。”费尔默认为这个说法很荒谬，他说，贝拉民“让神成了一个民主阶层的一手创造者”。

费尔默认为，父亲对儿女的权威，是政治权力的形成根源。他还说到，《创

1　罗伯特·费尔默爵士（1589-1653）：英国政治思想家。

世纪》中的那些先祖们就是君主；成为国王的都是亚当的后代，即便不是也应该把他们当成亚当的后代来看；国王的权力等同于父亲的权力，儿子应该永远服从父亲。

费尔默的说法，在现代人看来，会觉得很荒诞。难以置信的是，他居然还说得头头是道。我们认为，既然提到父权，那么，与之等同的母亲权力至少也不能忽略吧？暂且不谈我们可以拿出的种种反驳理由，一个不可否的事实是：除了日本人，现在谁还会把政治权力和父母权力混为一谈呢？

神授权说在英国失败了，原因主要有两个，一是当时的教派鱼龙混杂，二是君主、贵族和上层资产阶级之间不断变化结盟形式的权力争斗。由于以上缘故，洛克反驳、摧毁费尔默的论点就轻而易举了。

在说理方面，洛克首先指出，费尔默只提父权而不提母权明显不合理，然后他指出世袭制中长子继承法的不公正性。对于费尔默所说的“君主们是亚当的后代继承人”这一说法，他带着嘲弄反驳：只有一个人才是亚当的后代继承人，但是这个人却不为大家所知，那么说，众多国王中是不是除一人之外其他都是篡位者？他还补充说，父权也只是一时权力而已，并不涉及生命和财产的支配。洛克认为，仅凭这些理由，就足以反驳费尔默的论点，否定世袭制作为合法政治权力的基础。

从今天的世界形势来看，政治中已经没有世袭制的立足之地。然而，许多国家发生的一系列变化表明，独裁制却有抬头的趋势。究其原因，乃是因为，在传统的权力体制被颠覆之后，民主体制的条件却没有成熟。此外，我们还发现了很奇怪的一点，即虽然政治上的世袭主义不为民主国家所容，但经济上的世袭主义却传承了下来。儿女继承父母的财产，在我们看来是理所当然的。我在此并非要提出什么意见，而是指出这个事实的存在。如果认识到这点，并且联想到巨额财富带来的他人生命的支配权，在我们看来是自然而然的，那么我们就可以理解如费尔默一类人的思想根源，同时意识到洛克的思想的革命性。

事实上，费尔默为拥有权力的君主们所作的辩护，正如今天由世袭得到土地的人为自己的土地持有权所作的辩护一样。本质上，都是某些人在世袭得到某种地位或财产后，就觉得有资格要求获得法律容许的一切特权。实际上这是很荒诞的。

第二节　自然状态与自然法

在第二篇《政治论》的开头，洛克说明了自己的见解：追溯父权为政权的由来是行不通的。那么，他认为什么才是统治权的根源呢？现在我们就来讨论他这方面的见解。

洛克假设在所有政治形态出现之前，有一个“自然状态”，在这个状态中，有“自然法”。自然法来自于神的命令，并不是由哪个人间立法组织制定的。洛克关于自然状态和自然法的见解，算不上新颖，其中很大一部分来源于中世纪经院派学说。

圣托马斯·阿奎那就讲过这样的话：“人制定的所有法律，具有自然法的几成性质，就具有几成法律的性质。但如果它有某一处违背了自然法，那它就会当即失去作为法律的资格，属于对法律的歪曲。”约瑟·李在1656年则说过：“在自然与理性之光的照耀下，每个人都可以做最有利于个人的事情，这是无可指责的……个人的利益达到最大化就会成为公众的利益。”约瑟·李的这句话，如果去掉“在自然与理性之光的照耀下”，完全可以说是十九世纪的思想。

往往是这样：最早提出某个新颖想法的人，因为他远远走在了他所在的时代前面，所以不被理解，渐渐被遗忘。当历史前进到人们可以接受他的想法的时代时，发表这一想法的那个人便成为幸运的独揽功劳者。达尔文就是这么一个幸运的人，而在他之前的詹姆士·伯奈特则成为了笑柄。洛克也是这类幸运成员中的一位。

关于自然状态，洛克的见解还不如霍布士的有创见。霍布士认为，在自然状态中最主要的就是人与人之间的战争，人生短促而充满险恶。洛克的见解既然来源于前人，自然离不开神学依据。他的著作中最可视为他对“自然状态”的定义的一句话是：“众人按照理性共同生活，没有一种处于他们之上的权威在他们之间裁决，这就是真正的自然状态。”从他这句话来看，理性就是“自然法”，而自然法又是被众人所认可的由神的行为规律组成的，如“不可杀人”就是一种自然法，交通规则就不是。

洛克认为，追溯政治权利的根源，必须考察人类处于自然状态的情况。他说，在自然状态时，人在自然法的范围内拥有完全的行动自由，人人都是平等的，而这种自由状态“却非狂乱放纵的状态”，因为人人受到自然法的支配。“人类须求教于理性，理性就是自然法。理性让人类明白：人人生来平等独立，任何人不该损害他人的生命、健康、自由或财物。”——因为我们都属于神的财产。

他还考虑到这种情况的出现：在自然状态下，有少数人就是不肯依照自然法生活。为此，他指出，对于这种违抗自然法的人，自然法在一定限度内允许人们抵制。据他讲，盗窃可视为对人开战，在这种时候人就具有杀死盗贼的权力。

可以看到，洛克的自然状态有个缺陷：在自然状态下，人只能依赖自己保卫自己的权利，也就是说人人都是自己的法官。如何避免这个弊端呢？洛克说，只能依靠政治。他的观点是，政治是让人脱离自然状态的一种手段，它不是自然的手段，它依据于一个创立政府的契约，这种契约必须能够组成政治统一体——这正是现在每个独立国家的政府状态。

洛克声明，他所说的自然状态和战争状态完全不同，前者是“和平、亲善、相互协助和保护的状态”，后者是“敌对、仇恶、暴力和相互破坏的状态”。但是，按照他的说法，自然状态其实有两种：一种是人人有德，另一种是有恶人存在，因此须考虑到要相应地依据自然法来解决问题。这就导致了他的理论矛盾。为了圆这个矛盾，他提出了一个看法：也许应该认为，自然法的范围比自然状态广，后者不考虑罪犯的存在，而前者要考虑到。

在上述想法的基础上，洛克提到了自然法的一些范围，其中有的让人觉得匪夷所思。比如，他认为使战俘为奴属于自然，为保卫自己而伤害他人甚至夺其性命属于自然。对自我利益尤其是财产的注重，同样体现在他的政治学中。他说，人类结成国家的主要原因，就是为了可以在政治形态下保全各自的财产，因为在自然状态中施行的这种保护很多时候都不够有力。

洛克的整套关于自然状态和自然法的学说，只是在某个意义上清晰无疑而已，但在另一个意义上则说不通。我们可以用一种非神学的语言来理清洛克的这套理论：

首先，我们可以提出这个问题：在无政府和法律的情况下，如何去判断一个人对另一个人的报复是正当的？显然无法判断。从国际层面来说也如此，如果不存在任何一种国际政府，也不能决定在什么情况下战争才是正当的。由此，我们就得需要“自然”的权力，由此就有了“自然法”。在“自然法”基础上发展而来的国家法律，继承了自然法的原则。所以，人们此前所有正当报复的权力，就转交给了国家，在明文法规之下，由国家来施行那种报复。当然，在国家替你报复之前，你必须提供充足的证据，证明你的报复出于自卫或者保卫旁人。

以上我们可见，自然法其实就是在明文法规之外的道德律。在洛克看来，道德律又是由神制定的。所以，如果没有这个神学根据的话，那么他的学说就会站不住脚。另外，他的整套理论还存在一个矛盾，从前面来看，洛克的伦理学是一种功利的伦理学。他曾说过，正当的行为就是有助于促进总体幸福的行为。然而，在谈到个人权利的时候，他又说个人与生俱有某种不可侵夺的权利。

当然，为了使某个学说能够成为法的依据，它就不是必须在所有情况下都正确不可。我们就可以设想，在一些罕见的场合中，杀人是合法的，但是这些少数案例的存在不能成为反对杀人犯法的依据。我们同样可以认为功利主义和人权说也具有这种特殊性，所以，排除这类特殊情况后，人权说仍是能成为适当的法律依据的，功利主义者不能从一开始就非难说人权说违反了功利主义伦理。

第三节　社会契约

十七世纪的政治思想中，有两种关于政府起源的理论。

第一种理论的代表是罗伯特·费尔默爵士，该理论主张神将权力授予了某些人，让他们以及他们的后代继承人构成合法政府，反抗政府就是反抗神。这种理论的根源可以追溯到古代人们心中的这种观念：国王都是神圣的。

第二种理论的代表是洛克，这种理论主张国家是一种契约结果，政权不是来源于神，而是基于现世所发生的事情。这个理论几乎为所有反对王权神授说的人所欢迎。在洛克之前，托马斯·阿奎那的思想中已显露出这种理论，格老修斯的著作最早表现出了对这一理论的注重。

契约论可能成为一种支持专制政治的理论证据。霍布士认为，公民之间的这种契约将主权者排除在外，使主权者掌握了至高无上的权力。实际上，克伦威尔施行专政，确实是这种理论的实践。不过，洛克讲的契约论和霍布士所认为的不同。

洛克的契约论中，政府也受契约束缚，如果它不履行契约中的义务，人们有正当理由反抗它。他的这一见解或多或少具有民主性，然而他的另外一个见解却削弱了这种民主性，这个见解是：没有财产的人不算公民。

先来看看洛克对政治权力的定义："我认为，政治权力就是制定法律的权力，制定法律又是为了规定和保护财产。执行死刑及其之下的一切刑罚、执行法律的权力以及为保护国家而运用社会力量的权力，都是制定法律后衍生出来的，这一切都是为了公众利益。"在洛克看来，国家政府的正确形态是民政政治。他认为，君主专制不存在可以裁定君主和臣民争执的中立权威，所以算不上民政政治，实际上这种政治形态仍属于自然状态。

洛克认为："政治社会的形成有赖于各个人达成协议，决定联合组成单一的社会。"他不是很郑重地提出，这种协议在某个时代中曾出现过。但是，他的另一个看法则是：排除犹太人这个组织，各处政治的起源都在史前。

按照洛克的观点，依据契约的政府，它的权力必须在公益范围内，因为"这一切都是为了公众利益"。然而，我们不免疑问：由谁来判定何为公益呢？显然，如果是政府的话，它裁定的公益必定有利于自己。洛克如果要回答这个问题的话，多半会说，让大多数的公民来判定。但是，遇到突发情况，要迅速解决某个问题的时候，比如战争冲突，这时根本不容许去调查民意，只能让行政官裁夺。行政官办事不力，虽说人们有权通过舆论来惩办他，但实际上已经于事无补。

洛克在政治理论中体现出的财产崇拜也让人觉得荒谬，这从他对政治权利的定义就可以看出来。此外，他还宣称："如若不经本人同意，最高权力也无法取走任何人的任何财产。"他甚至表明：虽说军官握有对其部下的生杀大权，却没有掠取士兵钱财的权力。我们总以为，他总不至于在赋税上也如此死硬地抱住"财产权"不放吧，事实却是如此。他说，即便是征收赋税，也要取得公民的同意，也就是获得大半数的同意。这一说法很明显和他前面说的"如若不经本人同意"是矛盾的。但是，洛克仍是有可能自圆其说的——可以设想，他认为，个人接受公民身份都是出于自愿，而他又规定了公民必须遵守的一条准则：如果半数人同意一件事，那么个人就得同意。然而，现实却相反，大部分人的国籍身份并不是自愿的，也没有选择的自由。

除了上述反驳理由，洛克的理论还有一点不足：他从未说明他的个人主义的前提是如何过渡到他所说的那些准则的。故此我认为，他的社会契约论本质属于一种空想。虽然在此前的某个时代中，的确有过符合他政治理论的国家历史，如制定美国宪法时就是通过一个契约创建了他所说的那种政府，但这种历史毕竟是特例。

当然，洛克的社会契约论也有可取之处。民主主义者认为，政府既然代表着大多数人的利益，那么对于其他少数不服从政府的人，政府就有压制他们的强权。在一定限度内，强权统治的确是政治中不可少的。但是，过于强调多数人的利益，会导致和王权神授说一样的暴政。洛克在《论宽容》中谈到了这个问题，并提出主张：信仰神的人不该由于宗教见解而被治罪。此外，他的社会契约说，在人类学发展起来之前给我们提供了一个很好的机会，使我们了解政治萌芽的过程以及其中所涉及的心理过程。

第四节　财产

如果你通过以上有关洛克对财产的态度认定洛克拥护大资本家，那就错了。

在洛克的著作中，有的学说预兆高度资本主义，有的则隐约预示类似社会主义。为了不至于歪曲他关于财产的见解，我将在下面的讨论中说说他先后在书中表明的一些主要论断。

首先，他曾经说过，每个人（至少应该）拥有个人财产权。对于农业生产，洛克所隶属的那个学派认为，最好的制度应该是“小农自耕制”。洛克说，人耕作的田地都属于他自己的，除此之外不可多得。他的这种理想对于欧洲所有国家来说，如不经过一场流血革命的话很难实现。因为，在这些国家里，劳动的农民并不具有土地所有权，贵族才是土地的所有者。这种旧制度，在法国是由法国大革命来结束的。北意大利和西德意志原本也是这种制度，法国革命军的侵略使得它得以瓦解。普鲁士和俄国农奴制度的废除，则分别是拿破仑战败和克里米亚战争失败的结果。不过，在俄国和普鲁士以及其他一些国家中，贵族仍保留有田产。

这种旧制度在英国的发展比较复杂。在洛克的时代还存在着公有地，所以农村劳动者的处境较好。后来发生了圈占公有地运动。从亨利八世至今的这段漫长的发展过程，除俄国外，还算是符合了洛克提出的财产原则。然而，奇怪的是，洛克虽然能够提出一种需要多次革命才能付诸实践的学说，但他却不能觉察出当时制度的不公平，或者说觉察出这种制度不同于他所倡导的制度。

有人认为，是马克思创立了劳动价值说——耗费在一个产品上的劳动决定了该产品的价值。也有人归之于李嘉图。事实上，这种学说可以追溯到洛克，而洛克的见解又可上溯至阿奎那的一系列前人。劳动价值说从伦理上讲，就是主张产品价值与它对应的所需劳动成正比，从经济上讲就是说劳动规定了价格。洛克认可了这种说法。他认为，劳动是决定价值的最重要因素，它起到的作用占十分之九，但他没有说另外十分之一是由什么决定的。洛克似乎没有意识到，土地这种东西即使无人为之付出劳动也是有价值的。另外，从现代各种劳动行业来说，要想判断一个人在一项大产品，如一辆福特汽车的制造上耗费了多少劳动以及相应地能拿到多少报酬，是很难的。正因此，想防止剥削劳动的那些人才放弃了独自拥有各自产品的原则，改而赞同社会主义化的组织生产与分配的方法。

事实上，倡导劳动价值说的那些人，往往有着对某个被看成掠夺性的阶级的敌意。比如，经院学者对高利贷者的敌意，李嘉图对地主阶级以及马克思对资本家的敌意。然而，洛克唯一反对的就是君主，这种敌意跟他的主张来源毫无关系，这一点很奇怪。洛克的其他一些见解也很奇怪，比如，拥有多得烂掉的李子是不对的，但只要手段合法，弄到多少黄金钻石都是可以的。他很看重贵金属的不腐蚀性，认为它是货币的来源和财产分配不均的根源。

洛克对经济不平等的感叹似乎是一种空想的学究风度，但是他又觉得采取任何措施来抵抗这种不平等都是不明智的。他和当时所有人一样，深深觉得富人在艺术、文化的作用是很重要的。现代美国也存有这种态度，因为富人支持着美国的科学和艺术事业。可见，社会不公在某种程度上推进了文明。保守主义的可取之处也在于此。

第五节　制约与均衡

英国在反对斯图亚特王室时兴起过自由主义学说，主张政治立法、行政和司法几种职权分离。其中，立法和行政的分离，是洛克阐明的，他认为这样可以防止权力的滥用。他所指的立法部门和行政部门，分别是国会和国王，他认为前者是好的，权利最高，只能由社会罢免，而后者是坏的。

按照洛克的观点，立法部门应高于一切，并不时通过民众投票来选举，只有民众才有罢免它的权力。然而，如果立法部门和行政部门分离的话，再好的组织也不免有两者发生冲突的时候，这个时候该怎么办？对此，洛克的回答是，如果行政部门不按时召集立法官员，人们就可通过暴力将它撤除。他说，“暴力只可用来反对违法不公的暴力。”然而，如果没有一个有法律权力宣判什么暴力是“违法不公”的团体，他的这一原则根本就没有什么实际用处。洛克总以为，任何正直的人都能判断一件事情公正与否，所以他没考虑到建立一个能够进行权威性判断的法庭。事实上，党派纠纷的时候，问题会如何解决完全由实力来决定。洛克其实也承认了这一事实，只不过他没有明说。妥协是防止一个国家内战的唯一方法，然而任何划分政治权力的学说即便都明白这点也不会将之体现在宪法中，因为妥协是人类的本性，宪法无法体现出来。

在洛克的时代，司法组织是个热门的议论话题，洛克对它从未发表过任何见解。法国的司法权力的变迁见证了洛克的学说的可能。然而，制约与均衡的原则的实例，最让人注目的还是美国的最高法院。作为该学说发源地的英国，该学说实践的结果是立法权和行政权越来越分离，政府同时是立法部门和行政部分，其权力只受时而进行的大选限制。在法国，这一学说曾在大革命时代得到温和的各党派的支持，随着时代的动荡，它经历了反复多次的淹没与复活，最后的结果却是国民议会比政府和选民都更加具有权力。美国最充分地应用了洛克的分权主义，总统和国会彼此完全独立，最高法院又独立于这两者之外。此外，作为国会分支存在的最高法院，虽然名义上只有对法律的解释权，然而这一权力却是更大的，它可以使那些被想当然地认为是纯法律性的决定尽可能地免遭指责。

在工业革命以前，洛克的政治哲学基本上都很适用。但是，在那之后它就不适用了，这体现在它无法处理各种重大纠纷上。国家各种必要职权的增强，导致了国家主义，国家主义继而造成了经济权力和政治权力的联合甚至融合，这时战争反而成为了最主要的竞争手段。组织和组织间的冲突，成为了那个时代最主要的冲突。这种时候，唯有建立国际政府，我们才能在政治中受益。一旦国际政府建立起来，洛克的学说又将会派上用场。

第十五章 洛克的影响

自洛克时代到现代，欧洲的哲学主要有两大类，一类来源于洛克的学说，另一类先后来自笛卡尔和康德。洛克的学说主要影响了贝克莱、休谟以及法国那些不属于卢梭派的哲人，后来又对边沁、哲学上的急进主义者、马克思及其门徒带来了影响。马克思及其门徒还吸取了大陆哲学，即来自笛卡尔和康德的哲学的成分，为洛克的学说作了一些重要的添补。

以洛克那个时代来说，他的学说在一开始造成的影响并不是很大。后来，牛顿派宇宙演化论的胜利，降低了洛克的主要对手——笛卡尔主义者和莱布尼兹的影响，随着人们对英国的尊崇有所提高，洛克也得到了更多的人心支持。洛克的政治学说在法国的影响有赖于休谟对他的宣传，因为休谟曾在法国居住过，并结识了当时法国不少的一流学者。此外，把英国思想带到法国的伏尔泰也起到了关键作用。十八世纪，正处于变革时期的法国，视英国为自由的故乡，对洛克的政治学说相当欢迎。法国大革命还改变了洛克的政治学说在英国的影响力。在此之前，由于他的继承者贝克莱和休谟在政治上没有有效地宣传他的学说，而当时的英国哲学家因为英国政局的平稳也普遍不关心政治，使得洛克的政治学说并未真正引起他的信奉者的兴趣。

撇开政治不谈，我们来看看以洛克学说为根源的英国派哲学和以笛卡尔、康德学说为根源的大陆派哲学的不同。

方法上的差异是两大派哲学的显著差异。较之大陆哲学，英国哲学注重细节，片段性强。这一派的哲学家，一旦承认某个一般原理，就会着手考察这一原理的种种应用，以归纳法去证明它。也就是说，洛克或休谟及他们的继承人，通常是以大量的事实观察为依据，推出一个有限的结论来。而另一派哲学家则相反，如莱布尼兹就是在一个针尖大的逻辑原则上，建立起一个倒立金字塔式的论证大厦。很明显，洛克和休谟的那种方法比较牢稳。虽说大陆派的康德打算吸取一些经验主义的东西，完善大陆派的哲学方法，但他未能消除这种差异。

方法上的差别与两派哲学间的其他种种差别有关，其中一种是形而上学方面的差别，另一种是伦理学方面的差别。

在形而上学方面，笛卡尔一派承认神的存在，并以十一世纪时圣阿瑟勒姆首创的证明为依据。英国派的哲学在最初的时候承认笛卡尔关于神存在的证明，然而当它发展到休谟时代的时候已经臻于完善，这时它完全否定了形而上学，认为那种推理方法毫无用处。经验主义学派同样保留了这一见解，而相反的是，康德和他的弟子们仍然传承笛卡尔的见解。

在伦理学方面，两者的区别主要在于对快乐的看法。洛克对快乐的见解和十八、十九世纪流行于经验主义学派中的观点相同：快乐就是善。相反，与经验主义者对立的哲学家如霍布士、斯宾诺莎，对快乐的态度则是鄙视，他们重视权力。不过，斯宾诺莎却又同时抱另一个与其快乐见解无法调和的观点，即认为善的关键是和神的结合。康德的伦理学反对功利主义和所谓“高贵”的哲学见解，在这种区别中显得更为重要。

事实上，这些伦理学上的差异，和政治学方面的见解的差异也有关系。当然，并非所有不同哲学派的这两种差异都是关联的。就这两派来说，它们在政治上最大的不同是：洛克的政治见解不是强势的，他那一派在政治问题上抱以试探性的心态，希望通过自由讨论来解决所有问题。他们虽然信奉改革，但却支持改革逐步进行。他们的敌对派却属于做事大刀阔斧、干脆利落的类型。为了自己所设定的大目标，他们毫不忌讳会有暴力的发生。在他们看来，追求大目标的时候竖起爱好和平的旗帜是可耻的。从现代来看，洛克及其信奉者的财产崇拜不符合政治实践。但是，不可否认，在这种崇拜基础上所引出的功利主义伦理观以及视战争为蠢事的见解，要比他们的敌对派借英雄气质与自我牺牲名目倡导战争的见解，对人类的幸福更加有利，因为它会减少使人类苦难增加的事情发生。

第十六章 贝克莱

乔治·贝克莱（1685—1753）在哲学上以对物质存在的否定而占据重要地位。他关于这方面的讨论主要见于他写于1713年的《海拉斯和费罗诺斯的对话》。除了《海拉斯和费罗诺斯的对话》，贝克莱的重要作品还有《视觉新论》《人类认识原理》。这三部作品都是贝克莱在很年轻的时候写成的，后两部还更早些，分别写于1709年和1710年。贝克莱在二十八岁以后的作品就不那么重要了。

以下，我们就谈谈他在《海拉斯和费罗诺斯的对话》里面比较重要的开头部分。我先将对话中的重点直接表述出来，在后一个环节中再转入对它们的评论以及我个人的见解。

对话中有两个人物，一个是代表具有科学常识一类人的海拉斯，另一个就是代表贝克莱的费罗诺斯。费罗诺斯否认物质实体的存在，但是他承认可感物——由感官直接感知的物体——的实在性。他说，我们无法得知颜色、声音的起因，因为感官不会对它们作推论。海拉斯同意他的这一见解，但反对他对物质存在的否定。费罗诺斯的论证指出，“看”让我感知光、色和形状，“听”让我感知声音。所以，存在的只是可感性质，根本没有任何可感的东西。海拉斯认为费罗诺斯的这一观点非常荒诞，有违常识。

费罗诺斯认为“可感物的实在性就在于被感知”，而海拉斯坚持“存在和被感知是不同的两码事”。费罗诺斯为了证明自己的观点，详细考查了各种感觉。他最著名的一个论证是：把冷热不同的两只手放入同样的温水中，结果是一只手感觉水冰，另一只感觉水热。但是，水不可能又冷又热。由此可见，“冷热是一种存在于我们心中的感觉”。海拉斯对费罗诺斯的这一论证，完全提不出辩驳的理由。

接着，费罗诺斯又论证了快乐、痛苦、气味、颜色等都属于心的感觉。他关于颜色的论证是：夕阳下的云彩看着是红中透黄，但近了看却不是这种颜色。他还谈到了显微镜同样会造成颜色的差异，患黄疸病的人看东西都是黄色的。海拉斯的辩驳是：颜色在光里面，跟声音一样，是一种稀薄的流动实体。费罗诺斯指出，照海拉斯这种观点的话，“实在的颜色”就不是我们所讨论的红、蓝之类的东西了。

在关于次性质的讨论中，海拉斯都输给了费罗诺斯。在谈到主性质的时候，海拉斯就提出了这种见解：各种主性质，特别是形相和运动，是外界的无思维实体固有的。然而，费罗诺斯以“物体大小因与观者的距离不同而显得不同，同样的速度在不同的人看来也会有所区别”，再次驳倒了海拉斯。海拉斯于是改变方法，他说，他没把对象和感觉区别开来是一个错误，他的新见解是："感知"这一行为属于心的，但是心所感知的东西则不然。对此，费罗诺斯是这么驳斥的："所谓感官的直接对象——表象或者诸表象的组合——存在于无思维的实体内，这句话本身就是一个明显的矛盾。"他反问道："所有直接感知的东西都是表象，而有哪个表象可以存在于心外吗?"

以上就是贝克莱在《海拉斯和费罗诺斯的对话》中最具价值的讨论部分。现在我们来给他的主张作一个分析批判。

显而易见，贝克莱的议论表明了两个观点：一是我们没有感知到物质实体，而只是感到了颜色、声音之类；二是对颜色、声音等方面的感知是"属于心的"。他关于第一个观点的论证很有说服力，对第二个观点的议论却站不住脚，因为他没有给出"属于心的"这句话任何定义。他的第二个观点基于一种普遍的见解：任何事物，不是属于物质的就是属于心的，不可能同属于二者。他所作的关于"属于心的"议论，已经偏离了论题，其确实性大大减弱。在这部分议论中，一部分是用来打算证明逻辑必然性，另一部分则是比较经验性。

先来说前一类议论。费罗诺斯反问说："所有直接感知的东西都是表象，而有哪个表象可以存在于心外吗?"可见，费罗诺斯即贝克莱认为，任何可感对象都不可能存在于感知之外。这种见解无疑很荒谬。就逻辑原则来讲，没有理由说，眼睛和脑子不存在，颜色就不存在。

在第二部分议论中，贝克莱首先摆经验论据和逻辑论据，他这么做已经显得底气不足。不过，我们还是要公正地评判一下他的经验论据。

他的第一个经验论据提出，冷热都属于心，不会存在对象中。他还说过，"最猛烈的热即极大的苦痛"。他其实是利用"苦痛"一词的双重意义来混淆视听，这个词可以用来指某种感觉的苦痛性质，也可以用来指那个感觉。腿折断会带来的痛，但这能说腿存在于心中吗？我们对热的感知事实上就是一种苦痛，从这点来说，贝克莱关于冷热不同的双手放进温水中的议论，根本就不成立。此外，这个实验中我们所感知的不是热和冷，而是较热和较冷。

关于气味的论证，贝克莱的见解基于这么一种学说：甜是快乐，苦是苦痛，气味和快乐痛苦一样都属于心。而他的这一学说又基于这样的学说：任何事物，不是属于物质的就是属于心灵的，不可能同属于二者。

关于声音的论证，贝克莱的议论倒是有可取之处，他指出了：我们所听见的那种声音，不同于物理学上被看作是声音原因的空气运动。

费罗诺斯关于主性质的议论，在我看来，说明了被感知空间的主观性，而这种主观性属于物理层面的。照相机同样可以将同一个物体拍摄出不同大小的效果，但是，这不能证明形状是“属于心的”。

总结贝克莱开创的那种议论，我们看看能得出什么肯定的结论。

毫无疑问，我们所认识的东西都具有可感性质，如一张桌子的大小、软硬乃至被敲打时发出的声音和散发的气味等。但是，我们必须弄清，“感知”的意思是什么。费罗诺斯关于它的见解是：可感物的实在性就在于它被感知。他没说明知觉是什么，却在承认“自我”是实体的同时又否定了一个普遍的理论：知觉是主体与知觉对象之间的关系。他认为，精神实体是不被感知的，所以在逻辑上讲可能存在不被感知的东西。按照他的这层意思，当我们讲某种东西被感知的时候，并非仅仅指它的存在，还指它具有某种独特的作用。举例来讲，对于一个被火烧过的孩子来说，火可以被感知，然而对一个火钳来说，它就不会被感知。

贝克莱关于感知和否定物质存在的见解，跟认识论的一种做法很契合，这种做法是：不从已有的科学去认识事物，而是从我们对科学的信赖所依据的任何知识出发去认识。也就是说，不必预先给“知觉对象”做定论，而是把那些我们认为不言自明的命题集到一起，然后去发现和这些命题的大多数都有关联的某个事件。这样的事件就可以定义成“知觉对象”。

我们可以从自己的知觉对象去推断其他什么事件呢？关于这个问题，可以采用四种立场：第一，只承认我们当下感知的事件或者记忆感知的事件，否定其他之外的事件；第二，从唯我论出发，允许知觉对象对存在于个人生命史中的其他事件也作出推断；第三，对和我们经验中的事件相似作出推论，比如相信别人也会牙疼；第四，遵循意识和传统物理学的立场来做推论，比如相信卧室里的家具即便在不被人看见的时候也是存在的。这四种立场，前三种都是唯心立场。

我不打算具体讨论这四种立场的利弊，而只打算指出一直以来讨论这些问题的人所犯的某种逻辑错误。这种逻辑错误，贝克莱、黑格尔以及他的继承者也都曾犯过。他们认为，可以在逻辑上证明只有心和精神的事件才能够存在。他们把知觉对象定义为一种具有某种独特作用的东西，还认为，这种作用从逻辑上讲没有理由可说明一切事件同样具有。这就好比给出了一个命题“至今无人用过的乘法算法是有的”，从逻辑上辩驳它自然是不可能的。

另外一种议论虽然没有把唯心论确立为一种形而上学，但却在实践中以被视为正确的唯心论为方针。要想评判这种做法的好坏，需要讨论验证以及验证与认识的关系，这个过程涉及的问题都很困难，在此我就不予以讨论了。

第四种立场的理论承认有些事件谁也不会感知到，要想辩驳这种论点也缺乏有力的证据。因为，不管什么物理学定律，似乎只要有理由相信了它，就可以借知觉对象来表述其中的道理。虽然有时候表述看起来很奇怪，但总是能做得到。

因此，我的结论是，对上述四种立场，我们提不出它们存在的任何一个先验缺点。然而，有人可能会反对说，这四种理论没有任何实用主义的差别，而实用主义是辨别是否为真理的依据。然而，假如此话有理，我们就能够根据自己的喜好随便选择理论，各理论不过是文字上的差别。我恐怕不能接受这个意见。况且，唯心论者视“心”为唯一存在，唯物主义也认为“物质”才是唯一存在，前者通常被认为善良人，后者被认为是恶人。难道我们也该相信吗？

就我认为，“物质”更应该定义成满足物理学方程的那种东西。如不是这样，我们就摒弃掉实体，那样一来，“物质”就只能是一种逻辑结构了。至于“心”，如果说实体不存在，那“心”只能是种种事件集成的某种集团或结构，“心的”事件就会被过于简单地定义成进行记忆的事件或被记忆的事。反之也就是说，某已知的心的事件所隶属的“心”，就是该事件所在记忆锁链上的那些全部事件的集团。按这种定义，一块物质和一个“心”一样，也是事件集团。说一切事件都会属于这类或那类事件集团，或者说某些事件不会同属这两个集团，都是毫无根据的。应该说，某些事件可以既不是心的也不是物质的，而另一些事件也反之。如何判断事件的集团属性，需要详细的经验上的考察。

第十七章 休谟

大卫·休谟（1711—1776）是最重要的哲学家之一，他从逻辑上将洛克和贝克莱的经验主义哲学发展到了最高点。自他著书以来，反驳他的学说成为了形而上学家的一种流行消遣。

休谟的主要哲学著作是《人性论》，他写成这本书的时候还不到 30 岁，没什么名气。他满以为，自己会因为书中那些不受所有学派欢迎的论点而遭受抨击，结果，他的书根本不被人们注意到。他并没有因此泄气，而是致力于散文写作，并在 1741 年出版了第一集散文。在这之后，他做了某个狂人的家庭教师，然后给一位将军当秘书。有了这些经历后，他的胆量更大了，于是再度投身于哲学，将《人性论》简缩成了《人类理智研究》。简缩的版本比原版本著名得多，正是它将康德从“独断的睡梦”中唤醒了过来，而康德只知《人类理智研究》，并不知道《人性论》。

《人性论》分为三卷，先后讨论了理智、情感和道德，其中讨论理智的部分是最重要的，这部分也是我要谈的。

在一开始，休谟谈了“印象”和“观念”的区别。他说，“印象”“观念”都属于知觉，印象的力量更强，即知觉性更猛。观念指的是“思考和推理中的印象的模糊心像”，一个单纯的观念对应一个单纯印象，与这个印象相似。反之，单纯印象也对应单纯的观念。他认为，我们所有首次出现的单纯观念都源于对应的单纯印象，观念代表了印象。但是，复合观念却不一定和印象相似。我们没有见过带翅膀的马，但却能有这个想象。这个想象的构成要素全源于印象，它对应的复合观念——带翅膀的马，也源于印象，而两者并不相似。休谟由此提出，在各种观念中，跟原有印象相差无几的观念属于记忆，其他的则属于想象。

《人性论》中第一卷第七节《论抽象观念》的开头一段，有一句话是这么说的："所有的一般观念不过就是附加在某个名辞上的个别观念，该名辞赋予了这种观念比较广泛的意义，使它在相应的时候回忆起类似于自己的其他个体。"从这句话看来，休谟的主张和贝克莱的相似。按照他的说法，当我们持有"人"的观念时，意味着这一观念具有"人"的印象带有的所有个别性质。休谟说："如果心里没有分别形成关于量或者质的精确程度的概念，那么它就没有形成这两者的任何概念"，"抽象概念尽管在代表'印象'的时候很一般，但终归是个体的。"他的这种理论具有逻辑上的缺点和心理学上的缺点。

从逻辑上来说，休谟的主张其实是一种唯名论。他认为，我们对名称的定义，不过是"把同一个名称加到那些有相似点的多个对象中。"然而，实际上，像"猫"之类的通名也不是实在的。唯名论在解决共相问题的时候，总是不能够将他们的原则应用到任何方面，比如语言。这就是它失败的原因。

休谟的主张在心理学上犯的错误更严重。他的整套理论的基础主张是：观念是印象的摹本。他忽略了含混性。举例来说，我见过一朵花，后来想起它时，我产生的"心像"缺乏精密性，也就无法精确形成它的颜色。按照休谟来讲，唯有精确形成了，我才能得到有关它的"观念"。这种见解是不对的。我们见过一个身高六尺一寸的男人，我们保留的对他的心像，对一个比他高一寸或矮一寸的人来说，多半也是合适的。含混性虽然不同于一般性，但是具有若干个同样的特征。忽略了含混性，休谟也就陷入不必要的难题中。这个难题的本质是，他将实体概念从心理学中排除掉了。

休谟在第一卷第六节中说，"自我"这种印象并不存在，也没有"自我"这种观念。他讽刺某些哲学家对"自我"的感知："撇开各种形而上学家不谈，我敢肯定，对其他的人来说，自我无非就是一簇或一组不同的知觉，这些知觉永远在运动变化并彼此快速交替着。"

就目前来说，由于一切心理知识都不能引入"自我"而叙述出来，所以我认为，彻底的经验主义者应该都会同意休谟的见解。休谟将自我看作一簇知觉，认为它们不能组成我们的知识的任何部分。这等于去掉了“实体”在形而上学中最后残余的用途，在神学中废除了关于“灵魂”的所有假想知识，在认识论中指明了一点：主体和客体的范畴并不是基本的讨论要素。从这些方面来说，休谟在自我问题上的主张比贝克莱要进步。

《论知识和盖然性》一节是《人性论》中最重要的一部分，在这一部分中，休谟提到了盖然性。他所谓的“盖然性”，指的是知识所能具有的限度内的确实性。而他讨论的，是靠非论证性推论从经验的资料里所得的那种不确实的知识。他通过对“盖然的”的知识进行分析，得出了一些怀疑主义的结论。就这些结论来说，至今还没有能够将其驳倒的哲学家。

在讨论开始时，他先区分出七种哲学关系：类似关系、同一关系、时间空间关系、数或量的比率关系、任一性质的程度关系、相反关系以及因果关系。他继而将这些关系分为两类，一类是依存于观念的关系，这种关系能够给人带来确切的知识，另一类是和观念无关但能使之改变的那种关系。因果关系和时间空间关系属于第二类，其余属于第一类。休谟认为，对于属于第二类的各种关系，我们所具有的知识都只是盖然的。他同时认为，能够进行推理而不失确实性的科学，唯有代数和算数。但是，他不认可很多哲学家的这种见解：数学中的观念，必须以灵魂的高级能力所独有的纯粹理智的观点去理解。他的反驳见解是：所有观念都是印象的摹本。

休谟关于因果关系的见解是：我们之所以能够通过某一对象的存在或作用，来推出它之后有的或者以前有的其他什么存在或作用，全赖于因果关系。他还认识到，一直以来哲学家们都犯下一个错误，即不同程度地把因果关系等同于逻辑中的根据和论断的关系。这种错误，笛卡尔也犯过。休谟是第一个郑重地挑战这种错误的人，可以说他开创了近代因果关系哲学。他认为，“凡发生之事必有原因”这句话和逻辑命题不同，它不具有后者的直观确实性。他的主张是：必定是经验让人有了关于因果的知识，但这些经验不是仅用来说明某两个事件成因果关系的那些经验；唯有经常把甲乙两个事件连结起来的那些经验，才是必要的经验。

休谟的见解，通俗来说就是：当我们说“因为甲，结果乙”的时候，只表明甲乙两件事经常关联，并不能说明它们之间有着某种必然的联系。休谟认为，“我们没有什么原因和结果的概念，除了那些一向都是相连在一起的某些对象的概念外……我们无法洞察这种连结的理由。”

为了支持自己的理论，休谟还以“信念”的一个定义为论据，这个定义是：信念就是“与当前的印象有关或者相联合的鲜明的观念”。也就是说，如果甲和乙在以往的经验里经常相连，那么就会有一种鲜明观念：甲的印象会产生乙，这种鲜明的观念就是对乙的信念。休谟认为，正是这种印象，给了人们必然性观念，导致了“因为甲，结果乙”这种决定。他最后说：“必然性不存在于对象中，而存在于心中。”

休谟的上述学说，一部分是主观的，另一部分是客观的。客观部分讲的是：当我们说出“因为甲，结果乙”这样的论断时，真相是：我们多次观察到甲乙之间的相连关系，发现乙一向紧跟在甲后面。但是，我们完全没有理由就此保证甲后面一定有乙。况且，即便知道甲乙这种相连关系，我们也没有什么根据说它们具有超乎这种“先后顺序”的关系的其他关系。实际上，因果关系能以“先后顺序”来定义，它不是独立的概念。

休谟学说主观部分讲的是，多次观察到甲乙相连导致了这种结果：因为存有甲的印象，结果产生乙的观念。但是，按照哲学说的客观部分对“因为……结果……”的定义的话，上述结果的说法就应该改成：

“多次观察到：多次观察到的具有关联的甲乙两个对象总是这样：甲的印象后面跟着乙的观念。”

我们不妨承认休谟的这段陈述，按照他的逻辑我们就可以得出这种说法：虽然我们在过去体验到苹果一向和某种预料的滋味相连，但没有理由说，它们之间的相连会一直继续下去。下次看到苹果的时候，我也许可以预料它是和烤牛肉的味道相连的。由此可见，如果休谟学说的客观部分正确，那我们在心理层面的预料就和在物理层面的预料一样没有正当理由。

休谟的客观学说包含了两部分的内容：一、在因果关系中，除了具有接连性的关系之外，所有的关系都可以下定义；二，单纯枚举归纳的论证形式不是牢靠的。目前，我不想讨论归纳，但我认为，即便承认休谟客观学说的前半部分，否定单纯枚举归纳也并不容易。

唯有证明关于未来的一切预料，甚至包括我们继续抱有预料这种预料，都是不合理的，才有可能否定成功。举例来讲，我们从经验中说出“明天会出太阳”这种预料。休谟要想辩驳这种预料的合理性是很不容易的。

和休谟见解不同的另一种见解是：因果关系是一种特殊的关系，它包含有先后顺序，但是，具有一定的先后顺序的关系不一定包含因果关系。很多时候，我们都只能根据事件之间的关联，来推出因果关系，有时候则是被我们感知出来。

休谟反驳了上述见解，他强调指出：不管任意两个对象或者作用之间具有什么关系，仅凭看见它们绝不足以让我们得知它们之间的力量或者关联的观念。这种观念产生于两者反复的结合中，而这种反复是不会被对象觉察到的，只会对心灵产生影响。所以，由这种反复显示出来的惯常转变，事实上就是灵魂感觉到但从外界物体上无法感知到的那种力量、必然性。

不过，休谟也承认他的对手的一种说法，即某种关系是能感知的，比如时间和地点的关系。可见，休谟和他对手之间争论的根本问题是：人们是否有时会感知到一种能称作因果关系的关系。对此，休谟给予否定回答，他的敌对者则相反。就自然科学来讲，休谟提出的辩驳见解完全正确：人们之所以认可“因为甲，结果乙”这种推导，是因为他们是从习惯律和联想律去解释。然而，休谟这一最有力的论据也可以被他的反对者辩驳。他们大可以提出，在心理学范围内，能够被感知的因果关系的例子很多。权衡双方的论据，我认为休谟的见解——在因果当中，除先后关联和继而所起的关联之外，没有别的关系——更令人信服。虽然证据并非如休谟所想的那么确凿无疑。

总的来说，休谟关于因果、盖然的议论，是一种彻底的怀疑主义的结论。他说：“所有盖然的推理，都只是一种感觉作用。我们不止在诗歌、音乐中遵循自己的爱好和感情，在哲学中也如此。如果我认为某个说法是真理，那也无非是一种观念，一种在我心上留下深刻印象的观念……我们从一个对象的出现推出有关另一个对象存在的什么结论，依据的不是什么原理，而只是作用于我们想象力中的习惯而已。”在《论关于各种感觉的怀疑主义》一节的最后，他又这么说：“对理性和感觉这两者的怀疑主义的疑惑，是一种永远无法根治的痼疾，不管我们怎么驱逐它，也永远无法彻底将它驱赶走，它总是不时来侵扰我们……”

休谟的结论，和我们预想的结果不同。很显然，在一开始着手研究的时候他只抱着这么一个信念：全部真理都是由科学方法推出来的，由科学方法也只能推出真理。但是，他提出了支持怀疑主义的所有论据，却没有驳斥它们，反倒被人天生的盲从轻信误导，陷入怀疑主义，最后导致了这种结论：我们的信念不是什么合理的东西，我们对知识一无所知。也就是，他认为，从经验和观察出发，我们什么都得不到。

哲学家们对理性精神的自我否定，无疑会导致非理性信念的大爆发。后来出现的休谟和卢梭之间的争论，就是象征。这种大爆发导致了非理性学说在整个十九世纪以及二十世纪期间得以发展，这显然是休谟破坏经验主义的必然后果。如果承认了休谟的这种破坏的合理性，也就是认可了他关于“因为甲，结果乙”的学说，那么就等于承认他的议论所要证明的是对的。而他要证明的是：归纳原理是一个独立的逻辑原理，无法从经验或其他逻辑原理中推导出来，而这个原理又是科学的前提。

第十八章 浪漫主义运动

自十八世纪后半叶到今天为止的科学、艺术、文学乃至于政治，都受到了广义上的浪漫主义运动的影响。我们接下来要谈到的这一段时期中的哲学，其中大部分的文化背景都跟浪漫主义中那种特有的情感方式有关。因此，在本章中我要简单地说一下浪漫主义运动。

十八世纪的时候，法国有教养的人士都追崇一种被称为善感性的气质。所谓善感性，意即多愁善感，特别指容易起同情之心。具有这种气质的人往往会认为：穷人比富人更具美德，他们不属于城市，也不属于工人阶层；贤士通常都是那些从腐败政权中抽身而退后隐居田园的人。可以看到，浪漫主义并非只是将十九世纪的“无产阶级”这个概念浪漫化，而是让它成为了完全不同的东西。

卢梭是这一运动的发起者，他追崇善感性，并使它的幅度和范围变得更广了。他通过他的学说、他的民主主义式的趣味以及他对流浪的崇尚，影响了其他浪漫主义者，让他们跟他一样学会了蔑视习俗束缚。这种蔑视从针对装扮以及言行举止之类上升到艺术、恋爱这方面，最后传到道德的全部领域。不过，浪漫主义并非没有道德观。相反，他们的道德观非常尖锐而反常，比如视谨慎为最高美德，把理智当武器，认为教育的主要目的是使人克制地展示热情——这是上流人士的标志。

浪漫主义者都是富有朝气、充满热情的，对敛财的工业主义也没有好感。在他们看来，不朽的人物和这些东西无关。他们追求的是个人自由，同时认为，近代经济组织的发展妨碍了这种自由。在法国大革命后的时代中，他们不满足于那种死气沉沉、僵硬呆板的平静，于是通过民族主义逐渐参与到政治中。所谓民族主义，即认为每个民族都有一个团体灵魂，唯有打破国家、民族的界线，团体灵魂才可能有自由。民族主义是在十九世纪上半期最具声势的革命原则，它得到了大部分浪漫主义者的热烈支持。

总的说来，浪漫主义运动的显著特征就是以审美标准而不是功利标准来看待事物。比如，浪漫主义者会说："蚯蚓是一种有益的动物，但它们不美；老虎美是美，但没用。"他们看待道德问题时同样抱有一种有审美动机。此外，他们在趣味上的变化也使得他们的审美感不同于前人的审美感，对哥特式建筑以及自然景色的热爱就是明显例证。除了自然景色，各种稀奇古怪的东西，如幽灵鬼怪、古堡、没落家族的后裔以及巫术、海盗等，也都是他们的兴趣所在。他们的文学作品中体现出了这些独特的爱好，其中又以柯莱律治的《老舟子吟》为代表。

浪漫主义虽然由卢梭发起，但最初却是在德国发展起来的。十八世纪末的时候，德国那些年轻的浪漫主义者展示了他们独具特色的新潮思想，他们影响了柯莱律治以及雪莱等人。十九世纪初时，浪漫主义才在英国流传开来。在法国，浪漫主义自法国王朝复辟之后开始盛行，一直持续到维克托·雨果时代。不过，流行于法国的浪漫主义是一种弱化后的观点。浪漫主义在美国盛行期间，出现了梅尔维尔、梭罗、爱默生、霍桑等代表人物。

浪漫主义是一种倾向于旧教的思想运动，但它却几乎是在新教国家中取得了永久性成功，这是因为，浪漫主义在个人主义方面倾向于新教。初见英国浪漫主义端倪的那些讽刺作品，就体现出这种个人主义的新思想。比如，在谢立丹（Sheridan）的《情敌》中的女主人公坚持追求爱情，宁愿嫁给一个穷人也不愿为了讨好她的监护人而嫁给一个有钱男子。不过，当这个有钱男子假扮成穷汉子来向她求爱时，她却爱上了他。

浪漫主义者招人非议的地方，不是他们的思想感情，而是他们的价值标准。他们赞赏任何强烈的炽情，如憎恨、愤怒、嫉妒、绝望、羞愧、对战争的热爱以及对弱者的蔑视等，却不管这种感情会给社会带来什么样的后果。被浪漫主义特别是拜伦式变种的浪漫主义所鼓舞的那些人，都具有强烈的反社会倾向，他们不是叛逆的无政府主义者便是蛮横的暴君。

浪漫主义之打动人心之处在于：它使人感知自己的孤独，它的炽情激发人去对抗社会给人的种种束缚。这种对抗虽然可能会带来不幸，但在过程中却能让人享受到一种自由的飞扬感。神秘主义应该知道这种感受，普通之人却无法体验到。神秘主义者最多只是感觉自己与神合为一体，而叛逆的无政府主义者却认为自己就是神。这种自由自在的悠然状态，唯有能够真正过孤独生活且不需要劳动的人才有可能实现。否则，只有疯子以及独裁者才能享有这种乐趣。

孤独本能对社会束缚的反抗，既是了解普遍意义上的浪漫主义运动中的哲学、政治和情操的关键，也是了解传承该运动思想的今天的哲学、政治及情操的关键。

哲学受德国唯心主义的影响，变成了一种唯我论的东西。自我实现被宣称为伦理学的根本原理，情操总是得在孤独、炽情以及现实间作出一个无奈的折衷。D.H. 劳伦斯的小说《爱岛的人》里，主人公因为不愿做出这种折衷选择而死去，他在死之前享受到了完全的孤独。然而，即便是颂扬孤独的作家，也从未能言行一致地做到这种孤独的境界。在现实中，由于恋爱关系的束缚，人们更难以享受孤独。恋爱被人理解为一场战斗，双方都想着攻入对方用来保护“自我”的壁垒之内。以这种剖析方式，和其他人的一切友好关系也都会阻碍对孤独的追求，除非在关系中能把他人视为“自我”的客观化。当他人与我们有血缘关系时，这一点就更容易做到。因此，氏族关系被注重起来，出现了族内通婚以及对家族成员的爱恋现象，如托勒密二世就娶了他的亲妹妹，尼采对自己妹妹的喜欢胜过其他女子。在这种过程中，拜伦所起的影响众所周知，他是倡导民族原则的重要人物之一。

民族原则将一个民族假定成一个拥有共同祖先的氏族，民族自由在那些较稳重的政治家眼里变成了一种绝对的东西，这导致了国际合作的不可能，当然还在某种程度上导致了反犹太主义。浪漫主义思想原本就是一半的贵族情结和一半的对商业金融的鄙视，后一半实则是对资本主义的反对。这种反对和代表无产阶级利益的社会主义者对资本主义的反对不同，它是一种以对经济本身的厌恶为基础的反对。犹太人在资本主义世界中的重要地位，自然会使得这种反对情感更为强烈。

从本质上讲，浪漫主义的运动目的是值得肯定的。它试图使人格摆脱社会习俗和传统道德的束缚，而这种束缚大体上来说是没有意义的。浪漫主义运动也有弊端。它将这种对束缚的反抗带到了全部的道德领域中，鼓励人们放任心中的自我，而这种放任的激情往往是一发不可收拾的，会破坏社会协作。因此，浪漫主义的门徒们面临的抉择只是能两种：无政府状态或独裁政治。

自我主义者最初指望人与人之间的感情总是像父母和儿女之间的感情那样温馨，然而，当他们发现他人也有他人的自我时，他们的希望落空了，也就产生了憎恨。人是不能孤立存在的，只要社会生活还在继续，自我实现就算不上伦理的最高原则。

第十九章 卢梭

让-雅克·卢梭（1712—1778）是十八世纪法语意义上的“哲人”——这个词的含义和我们现在所说的“哲学家”不同。卢梭在文学、趣味风尚和政治方面都具有一定的影响力，因此占据重要的地位。他是浪漫主义运动之父，他开创了一种新的思想体系：从人的情感来推断人类范围之外的事实。他还开创了一种与传统君主制相反的伪民主独裁式的政治哲学。

自卢梭时代以来有两派自认为是改革家的人，一派追随卢梭，一派追随洛克。一开始，这两派还时而合作，但是逐渐就互不相容了。当今，罗斯福和丘吉尔之联盟与希特勒的对立，代表了洛克派和卢梭派的对立。详细记录了卢梭生平的是他所著的《忏悔录》，不过里面的叙述缺乏真实性。了解卢梭，须先了解他的生平。

卢梭生于日内瓦一个贫穷人家，婴儿时母亲就去世了，十二岁辍学后在很多行业做过学徒，但是他每行都憎恶。十六岁，他从日内瓦逃到了萨瓦，去到一个天主教神父那里声称自己要改宗。这次改宗，在他后来改奉新教时被说成是为了钱。不过，事实表明他确实虔诚过。1742 年，他公开宣称说某主教的祈祷让他躲过了 1730 年的一次火灾，他因此被赶出了公教要理受讲所。这之后，他给德·维奇莉夫人当男仆。

三个月后，德·维奇莉夫人逝世，她的家人发现卢梭拿有她的饰物，认为卢梭偷盗。卢梭否认，说那是她喜欢的一个女仆送给他的。大家信以为真，惩罚了那个女仆。卢梭对此事的解释很玄妙："此刻虽然很残酷，但邪恶却最远离了我。我对那个可怜姑娘的控告完全出自于我对她的爱，这虽说矛盾却是事实。那个时候，我脑海里出现的第一个对象就是她，所以我把罪过推给了她。"依卢梭的道德观，这是以"善感性"取代一切平常道德的最佳例子。

德·维奇莉夫人去世后，卢梭得到新教贵妇德·瓦朗夫人的接济，与她一起生活了十年。在此期间，他既充当德·瓦朗夫人的姘头，又尊她为义母。有一段时间，德·瓦朗夫人的杂役和卢梭共享着她，但他们的生活非常和睦。杂役死后，卢梭还很悲伤，不过他转念就自我安慰说："算了，反正我总会捞到他的衣裤的。"

1743 年，得益于另一位贵妇的帮助，卢梭当上了当时法国驻威尼斯大使孟泰居的秘书。后来，由于孟泰居欠薪，卢梭将他告上了法庭。这次讨薪的纷争虽然最后卢梭胜诉，但整件事影响了卢梭，在某种程度上使他憎恶法国的现存政体。大约就是在这次纷争期间，他开始和旅馆中的佣人黛莱丝同居，并最终与她结为夫妻。黛莱丝丑且无知，她和她的母亲把卢梭及他的全体朋友们当摇钱树。卢梭曾经表明——不知是真是假——他根本不爱黛莱丝。他也许喜欢的是在黛莱丝面前的优越感。

卢梭的写作和成名来得比较迟，始于 1750 年狄戎学院的一次公开悬赏赛中。这次竞赛的试题是讨论艺术和科学有无给人类带来好处，卢梭认为它们都是道德的敌人，他就此展开讨论，他的论文获得了最高分。这次比赛后，卢梭便照他声明的处世方式生活。他卖掉了手表，说他无需再知道时间了。之后不久，他写了第二篇论文《论人间不平等的起源和基础》，这篇论文更精心详细地阐明了他头一篇论文中的思想，不过没有得到奖金。

在第二篇论文中，卢梭提出了跟原罪说和教会让人得救的学说对立的学说："人天生是善的，是各种制度让人变恶。"他还跟紧随当时政治家的讨论潮流，谈了自然状态。他说，自然状态是"一种不复存在的，甚至可能从未存在过的，将来也决不会存在的状态，而只是一种为了让我们适当判断现今而捏造的状态。"卢梭不反对年龄、健康、智力等方面的自然不平等，他反对的是由传统惯例承认的特权造成的不平等。比如，从私有制中就可以找到市民社会中诸多不平等的根源。他举例说："第一个圈出了一块土地然后说'这是我的'的那个人，就是市民社会的真正创始者。他在那么说时还发觉，大家都愚蠢地相信了他的话。"卢梭说，放弃文明，社会就能回归善。

伏尔泰收到了卢梭寄给他的这篇论文后，在1755年回复说："谢谢你，我收到了你的反人类的新书。从使我们变得愚蠢的计划来看，你的聪明绝妙是史无前例的……"卢梭与伏尔泰终于失和了，这倒在意料之中，不过奇怪的是他们居然直到这时才反目。在一年前即1754年，卢梭受家乡父老邀请回到日内瓦，那时伏尔泰已经先于卢梭到日内瓦居住了。也就是在那时，他俩就已经因为关于地震的道德问题存在不同见解而有了冲突。双方的争论扩大到了整个哲学界，两人都各有许多拥护者。

卢梭的作品多产期始于1760年，在这一年，他出版了长篇小说《新爱洛绮丝》，第二年他又出版了《爱弥儿》和《社会契约论》。《爱弥儿》因为其中一篇《一个萨瓦牧师的信仰自白》而同时惹怒了新旧教，《社会契约论》则因畅谈民主及否定神授王权而引起当局的谴责。这两本书给卢梭带来了名气，也让他陷入了困境，逼得他只得离开法国。之后，他得到弗里德里希大王的怜悯，在沙特尔附近莫底艾定居下来。住了三年后，他因被当地乡民起诉投毒而再次出逃。这次他逃到了英国，得到休谟、柏克的资助，不过他最终患上了被害妄想症，还把对他最忠诚的休谟当成了要害他的人。但清醒的时候他也会抱着休谟说："不，不！休谟绝不是出卖朋友的人！"

卢梭晚年穷困潦倒，他死后有人怀疑他死于自杀。休谟在与卢梭绝交后曾说，卢梭身上的那种敏感性是他从未见过的，然而那种敏感带给卢梭的痛苦多于快乐，他评价卢梭是一个“被剥掉了衣服还被剥掉了皮肤的，和暴风雨搏斗”的人。

从哲学来说，卢梭的思想只有两部分是值得详细探讨的，一部分是他的神学，另一部分是他的政治学说。

在神学上，他开创了一种为宗教信仰辩护的方式。他敦促人们把信仰基础放在人性的某一面，诸如敬畏情绪、神秘心理或者是非心。他的这种方式已经为现在大多数新教神学家所承认，这也是信神的现代新教徒大部分都轻视老的宗教信仰“证明”的原因。卢梭信神，态度十分坚定。《爱弥儿》第四卷里《一个萨瓦牧师的信仰自白》这段插话，是他宗教信条最正式、清晰的声明。这段自白前半部分引用了亚里士多德、圣奥古斯丁、笛卡尔等人的观点，后半部分更多的是他自己的观点。因犯引诱未婚女子这种完全“自然的”错误而蒙受污名的那位善良牧师，代替卢梭说出了他的观点。

该牧师在论证神的存在后接着讨论为人之道。他说：“为人之道并不来自高超的哲学，而存在于我的内心深处，是‘自然’深深刻写留下的，不可抹除。”他主张，良知任何时候都是引导我们做出正当行为的向导，顺着自然感情的行为满足公众利益，理性引导的是私心。因此，要想具有道德，应该顺从感情而非理性。

这位牧师把他的教义称作自然宗教，自然宗教是用不着启示的，因为每个人都可以得到它的直接启示。在自白中他还提到了地狱：地狱的痛苦并非永无止境，也并非某一个教会的成员才会得救。估计就是这种对启示和地狱的否定，导致了法国政府和日内瓦市议会对卢梭的谴责。

撇开卢梭的“自然人”的虚构性质不说，他这种以内心感情为客观事实的信念的依据的做法，有两个缺陷：一是没有任何理由支持这种信念，二是这种信念完全是私人信念。就我来说，我更宁愿要本体论证明、宇宙论证明以及传统的其他证明方式，也不愿采取卢梭这套以感情为基础的非逻辑论证方式。因为，传统的论证最起码让人有辩论的可能性，但是这种新派内心神学让人根本没有反驳的余地。唯一让人承认这种神学的理由就是：它允许我们沉溺在愉快的梦想中。

卢梭的政治学说发表在1762年出版的《社会契约论》里，这本书没有滥用感情，而是用了大量周密、理智的议论。不过，第一章还是以一段富含情感的言辞开篇，开篇语为人熟知："人生而自由，但无处不在枷锁中。"名义上，卢梭举的是自由的旗帜，实际上他注重的是平等——为了它甚至可以牺牲自由。他所说的社会契约服务于人与人之间的联盟组织，目的是同时保全个人的自我利益和自由。然而，该契约规定，"每个联盟成员必须把自己的一切权利完全交给社会"，唯有"完全"，毫无保留，才能避免思想差异造成的两种后果：一是"每个人在某一点上是自己的法官"，另一个是暴虐专横。这种定义含有完全取消自由和全盘否定人权说的意思，不过，这层意思在后面的论述中得到了淡化。

在后一章中，卢梭谈到，虽然社会契约赋予国家绝对权力，但各人仍有他的自然权利。"主权者不能给国民强加上任何无益于社会的束缚，它甚至连想都不要想。"但是，是否有益于社会却仍是由主权者来判定。在此要注意，卢梭所谓的"主权者"指的不是君主或政府，而是作为集体和立法者的社会。

卢梭概括了他的社会契约："每个人将自身以及全部力量交给总意志，同时每个人都有法人的资格，是整体不可分割的一部分。"这种联盟行为所产生的道德的集合体，在被动场合就称为"国家"，在主动场合称为"主权者"，其他和它类似的团体称它为"列强之一"。

在卢梭对社会契约的表述中出现了一个概念："总意志"。这个概念在卢梭的体系中占非常重要的地位。据卢梭主张，主权者永远正确的意志就是"总意志"。作为公民来说，每个人都要分担总意志，但作为个人来说，他可以有违背总意志的个人意志，然而，他不得不遵守社会契约。卢梭认为，在社会契约的威逼下，每个人"恰是被逼得自由"了。他这么讲的时候俨然一个强横的警察，显然忘了什么是浪漫主义。

关于"总意志"，卢梭的定义模糊不清，他所讲的最适合定义这一概念的一句话是："当讨论一个问题时，如果公民彼此不沟通，则产生各种细小分歧的总和就是总意志，总意志所做的决定永远是好的。"由此看来，卢梭所谓的总意志也就是符合诸公民私心的共通东西，而阻碍总意志的无疑就是国家内部的那些下级社团，诸如非国教的其他教会、政党、公会以及由相同经济利害的人们所组成的其他一切组织，这些组织都是国家禁止的对象。很显然，卢梭所说的这种联盟形式造成的只能是一个集权国家，因为它的公民毫无权力。卢梭似乎还意识到禁止一切下级社团不太可能，于是又补充说：如果下级社团非有不可，那就越多越好，这样可以互相中和。

在书的后一部分中，卢梭谈到了政府。他意识到，行政部门这个社团也必然有自己的利益和总意志，而它的利益和总意志多半与社会的利益和总意志有冲突。他说，相比于小国政府，大国的政府因为更有力所以也更需要通过主权者来制约。他提到政府成员的三种意志：个人意志、政府的意志及总意志，这三者本应逐次加强，实际上通常逐渐减弱，且“事事都协同会夺走对他人有支配权的人的正义感和理性。”

由于卢梭的《社会契约论》受到了当时反动派的谴责，这让现代读者指望书中的学说是一种彻底的革命学说，然而事实上书中含有的学说并没有到这个程度。法国大革命中的很多领袖奉此书为圣经，结果它的命运也和《圣经》一样：信徒没有仔细读它，更谈不上理解它。

这本书使民主政治理论家重新染上了热衷形而上学的抽象概念的习气，书中的总意志说使领袖和他的民众之间可以保持一种神秘的平等——这种平等还不用靠投票箱那种世俗的做法去证实。当黑格尔为普鲁士独裁制度辩护时，他也大可以充分利用这本书中的许多哲学知识。实际上，此书的最初收获是罗伯斯庇尔的执政，俄国和德国的独裁统治在某种程度上也是它的成果，德国受它的影响最大。卢梭的这种“胜利”，我不敢说在未来还会取得什么样的发展。

第二十章 康德

第一节　德国一般唯心论

十八世纪的哲学以英国的经验主义为主，洛克、贝克莱和休谟是经验主义派的代表人物。这些人的性情是社会化的，他们的理论哲学却是主观主义的。

主观主义自古有之，从古代的圣奥古斯丁，到主张“我思故我在”的近代笛卡尔，再到莱布尼兹。主观主义者都有一种相似的自相矛盾，比如莱布尼兹相信世界外部的毁灭不会影响自己的经验，他还致力于旧教教会与新教教会的再次统一。洛克的自相矛盾体现在理论上，他主张认识只和“观念”有关，说“认识就是关于两观念相符不相符的知觉”，却同时认为我们有三类关于存在的知识：直觉知识、关于神的存在的论证知识和感觉知识。贝克莱的自相矛盾则体现在，他只承认心及其表象的存在，否定了外部世界，但是却没有否定神的知识和关于他自己的心之外的一切心的知识。休谟追求理论的一贯性，他论证了经验主义若能走向它的逻辑终局，它产生的结果会很少有人承认，整个科学领域里便废除了理性相信和盲从轻信的区别。

当洛克、贝克莱和休谟三人引发的关于理性的研究热潮退去时，卢梭的登场带来了“热忱”的复苏，理性主义也宣告破产，理智遗留下的问题，就改由感情去决断。主张以感情发言的哲学从1750年盛行到了1794年，德国采取了比卢梭更为深刻的形式去反抗休谟的不可知论。康德、费希特和黑格尔发展的唯心论学说，试图在十八世纪末保持一种保卫知识和美德的形象。

德国的唯心论全部受到浪漫主义运动的影响，这种影响在费希特和谢林的学说中很明显，在德国唯心论的奠基者黑格尔那最不明显。康德的政治学说产生的影响也没有费希特和黑格尔的深刻，但是在探讨后两者之前得先了解康德，所以在本章里讲一讲康德。

在此也可以先提一提德国的唯心论者的某些共同的特征：把对认识的批判作为达成哲学结论的手段；强调和物质相对立的精神，最后主张唯独精神存在；强烈排斥功利主义的伦理，赞成那些据认为由抽象的哲学议论所证明的体系；具有法国和英国此前的哲学家所没有的学究气质；持有严格正统的道德见解，却在神学上做出了革新，且是为了宗教而革新。

第二节　康德哲学的大意

康德通常被认为是近代最伟大的哲学家，我个人不同意这种评价，但仍不可否认，他是非常重要的。

康德原本接受莱布尼兹的学说，后来受卢梭和休谟的影响便放弃了前者。卢梭和休谟之中，卢梭对康德的影响又更深。读《爱弥儿》的时候，康德深陷其中，乃至打破了自己惯有的严格的生活规律。康德虽然素来是个虔诚者，但在政治和神学两方面，他却是个自由主义者，而且是一个民主主义的信仰者。他主张人权，酷爱自由。他曾说过，无论是对成人还是对儿童来说，“最可怕的事情莫过于让自己的行为服从他人的意志”。

康德对科学、自然地理也很感兴趣，他的早期作品倾向于这两方面的内容多一点儿。他曾在里斯本地震之后发表了关于地震的理论，他还写过关于风的论述。科学方面，他最重要的著作是写于1755年的《自然通史与天体理论》。

曾有一段时期，康德深为怀疑主义者的议论所困苦，当时他写了一本著作叫《一个睹灵者的梦，以形而上学的梦为例证》。该书主要讨论“睹灵者”，即瑞典宝利的一套神秘主义体系。他半严肃半开玩笑地表示，瑞典宝利的体系或许并不比正统的形而上学有更大胆的设想。不过，他也不完全藐视瑞典宝利。

《纯粹理性批判》是康德最重要的著作，这部著作旨在证明：虽然我们的知识都无法超越经验，但的确有一部分知识是先天的；这部分不是来自于经验归纳，但包含逻辑，且包含许多不能归入逻辑、或由逻辑推演出来的东西。康德将莱布尼兹混为一谈的两种区别划分了，他一方面主张有“分析”命题和“综合”命题的区别；另一方面认为有“先天”命题和“经验”命题的区别。

康德所认为的“分析”命题就是一种谓语是主语一部分的命题，例如“高个子的人是人”或“等边三角形是三角形”。这种命题是矛盾律的归结。他所谓的“综合”命题，即不是分析命题的命题，它包含一切我们通过经验才知道的命题，例如“星期二是下雨天”或“拿破仑是个伟大的将军”之类。康德和莱布尼兹及此前所有哲学家不同的是，他不认为一切综合命题是通过经验才知道的，因此他区分出了“先天”和“经验”。“经验”命题，照康德所说就是唯有借助于感官知觉才得知的命题。历史上和地理上的事实属于这一类，要靠观测资料来考察确认的科学定律也属于这一类。反过来说，“先天”命题就是这样的命题：由经验虽然可以推到它，但是一旦认识了它，就可以看出它具有经验以外的其他基础。按这个意义，纯数学里的所有命题都是先天的命题。休谟曾证明因果律不是分析命题，他推断说我们无法确信因果律的真实性。康德却主张因果律是先天认识到的，算术和几何学是综合的，也是先天的。对先天的综合判断的存在的论证，构成《纯粹理性批判》的主题。

据康德的观点，外部世界只造成感觉的素材，这种素材由我们自己的精神装置整列在空间和时间中，供给我们借以理解经验的种种概念。他将我们的感觉的原因称为“物自体”，认为它是不可认识的，因为它不在空间或时间中，不是实体。由于空间和时间在某种意义上是主观的，先天的概念范畴因此也是主观的。换句话说，我们的精神构造是这样的：使得先天概念的范畴对于凡是我们所经验到的事物都可以适用，但是没有理由设想它们适用于物自体。康德关于“原因”的论述有一处自相矛盾：他把物自体看成是感觉的原因，把自由意志认为是空间和时间中的事件的原因。这种自相矛盾并非是他一时的疏忽造成的，而是他的体系中一个本质部分。把空间和时间或各范畴应用于未经验到的事物，会产生各种谬见。《纯粹理性批判》的大部分内容，就是讲这些谬见的产生过程。康德在书中提到了“二律背反”这个概念，这个概念指的是：困于两个相互矛盾的命题，每个都是显然能够证明的。深受此书影响的黑格尔，他的辩证法就完全是通过二律背反进行的。书中有一节主要讲的是康德试图摧毁所有关于神存在的纯属理智上的证明，这些证明包括三个：本体论证明、宇宙论证明和物理神学证明。他说，神、自由和永生是“理性的理念”，人们之所以形成这三个理念是因为纯粹理性的作用，然而纯粹理性本身并不能证明这些理念的实在性。这些理念的重要意义在实践方面，它们与道德紧密相关。在 1786 年写的《实践理性批判》中，康德对理性作了比较详尽的发挥，他的论点是：道德律要求正义，也就是要求与德性成比例的幸福，但除了天意谁也没法在今生保证这一点，因此神和来世是存在的，自由也必定是有的，否则就不会有德性这种东西。康德在他的《道德形而上学》中所揭述的伦理体系因为提到了“定言令式”这个概念而具有重要意义，这个概念作为一个短语术语被专业的哲学家所熟知。所谓定言令式，即说某种行动与任何目的无关，这些行动总是客观必然的、综合的和先天的；如果这样去行事，“俨然你的行为准则会通过你的意志成为普遍自然律似的”。康德举了一个例子来说明定言令式的作用：借钱是不对的，因为如果这是对的，大家就都借钱，那就会导致没有剩余的钱可借出去了。

第三节　康德的空间和时间理论

《纯粹理性批判》的最重要部分是空间和时间的学说，本节我们就以一种批判性的考察态度探讨这个学说。

康德认为，知觉的直接对象的产生受两个因素影响，一是外界事物，一是我们自己的知觉器官。他认为，先前洛克提到的主性质，也是主观的。康德把我们的感觉所具有的原因称为“物自体”或称“本体”，把知觉呈现给我们的东西称为“现象”。“现象”是由两部分组成的，一部分是他称为“感觉”的源于对象的部分，另一部分源于我们的主观装置的部分，这一部分他称为“现象的形式”。他认为，“现象的形式”这部分不依环境的偶然性为转移，而是为我们随身所带，始终不变，因它还依存于经验，所以还是先天的。他把感性的纯粹形式称作“纯粹直观”，这种形式一是时间形式，另一个就是空间形式，前者属于内部感觉，后者属于外部感觉。

康德用了两个论点来证明空间和时间是先天的形式，其中一个论点是形而上学的，另一个是认识论的，即他所谓的先验的论点。对空间的论证他讲得比较详细，因为对时间的论证和它差不多。关于空间，他举了四个形而上学的论点。

1. 空间并非是从外在经验抽引出来的经验概念，因为，假定空间是把感觉归于某种外界事物的前提，而外界经验只有通过空间表象才有可能；

2. 空间是一种先天的必然的表象，也就是一切外界知觉的基础，这么说是因为，我们虽然能想象空无一物的空间，却不能想象空间不存在；

3. 空间只有一个，所以它不可能是关于一般事物关系的推论的概念或一般概念。我们所说的“诸空间”是它的各个部分，不是它的具体实例；

4. 空间被表象为无限而已定的量，其自身中包含着空间的所有各部分。这种关系不同于概念同其各实例的关系，因此空间不是概念，而是一个直观；

现在我们来一一考察康德上述论点。

关于第一个论点，他说，空间的表象之所以作为认识外界经验的基础，是“为了把某些感觉归之于处在我之外的某东西”“为了我可以感知这些感觉彼此不相属而并列，从而感知它们不仅是不同的，而且是在不同的地点”。在他的论述中，“处在我之外”这句话很难理解。作为一个物自体来说，我如果哪里也不在，那么从空间上讲，什么东西也不是处在我之外的。按照他的见解，“我”指的只是作为现象而言的我的肉体。

康德的空间与时间的主观性理论自始至终都无法回答一个难题：为什么我把知觉对象照现在这样排列而不照其他方式排列呢？例如，为什么我总说眼睛在嘴上面而不是在下面呢？对于这个问题，康德的回答只提到了“精神整列感觉的原材料”，可是他并未真正解答疑惑，他也觉得没有必要去解答。关于时间，他既然认为时间仅存在于知觉表象的关系当中，也就无法解释“早晚”是怎么一回事，而只能说根本没有这回事。

第二个形而上学论点的主张，我同样难以认同。我觉得这种议论不能作为论据。此外我也难以理解如何去想象一个绝对空虚的空间。

就第三个形而上学论点来说，我不十分清楚康德是如何看待这些空间的逻辑地位的，但是无论如何，它们在逻辑上总是在空间之后的。对于几乎全部采取空间的关系观的现代人来说，无论“空间”或“诸空间”都不能作为实体词存在下去，所以这个论点也就成了无法叙述的东西。

第四个形而上学论点主要想证明空间是一个直观而不是概念，它的论证前提是“空间被想象为（或者说被表象为）无限的定量。”但是，我们会产生疑问：什么无限的东西会是已定的？

关于先验的论点（或称认识论的论点）的论述在《绪论》中是最好的，它比形而上学论点明确，也更可以明确地被驳倒。只要以我们现在的“几何学”

的分类和性质，就可以做到。

现在考察一下康德提出的有关空间的问题，如果我们采取物理学的这么一个观点，那我们的知觉表象具有（从某个意义上讲是）物质性的外在原因，我们就会得出以下结论：知觉表象的一切现实的性质不同于知觉表象的未感知到的原因的现实性质，但是，知觉表象系统与其原因的系统具有某种构造上的类似继而构成知觉表象的未感知原因系统空间也必定具有相互关系。照这个结论，我们就会具有主观和客观的两个空间，主观的来自于经验，客观的来自于推断。

但是，对于时间来讲，如果我们坚守这么一个信念：知觉表象具有未感知的原因，那么就要求客观时间必须和主观时间同一。否则，我们就无法解释同在未感知的世界中的两件事，诸如闪电和雷鸣的先后出现以及一个人讲话和一个回答的现象。这么说来，讲知觉的时间是主观的，就没有任何意义。

以上的论点，都源于康德的这一假定：知觉表象是由“物自体”引起的，或者说是由物理学世界中的事件引起的。然而，从逻辑上讲，这个假定决不是必要的。如果抛弃了它，知觉表象无论如何都不再是“主观的”了，因为它没有了可对比的东西。“物自体”是康德哲学中的多余概念，因此被他的直接后继者们抛弃了，这样一来他们就陷入一种和唯我论非常相似的思想中。受他影响的哲学家们，也只得在经验主义方向和绝对主义方向中做出选择。实际上，黑格尔去世后，德国哲学选择了后一种发展方向。康德的直接后继者费希特就属于后者，他把主观主义发展到了一个疯狂的地步。

第二十一章 十九世纪思潮

十九世纪的精神生活比以往任何时代都复杂，主要是因为：第一，由于美国和俄国做出的贡献，精神文明范围扩大了，古代和近代的印度哲学得到了欧洲更多的注重；第二，科学方面特别是地质学、生物学和有机化学方面有了突破；第三，机器生产改变了社会结构，人类对自己所处的自然环境有了新的认识；第四，在哲学上和政治上出现了针对思想、政治和经济中的传统体系的深沉反抗，这种反抗有浪漫主义形式和理性主义形式（我所指的是广义上的浪漫主义和理性主义）。浪漫主义的反抗从拜伦、叔本华和尼采演变到墨索里尼与希特勒，理性主义的反抗始于大革命时代的法国哲学家，之后稍有缓和，接着传给了英国的激进派哲学家，再传给了马克思，然后产生了苏俄。德国在文化上的优势来自于康德，他的哲学影响了德国。反之，他以后的德国唯心论和整个德国哲学，也受到了德国历史的影响。德国哲学中许多新奇的东西，反映出了德国因一个偶然事件而失去原有势力后的心境。德意志原本在名义上属于神圣罗马帝国，它逐渐脱离了罗马皇帝的控制，却因为宗教改革运动和三十年战争而没有完成德国统一，它的诸弱小公国反倒仰仗起法国来。十八世纪时，在抵抗法国方面获得成功的德意志国家唯有普鲁士。

普鲁士族最终也没有抵抗住拿破仑，不过它在政治方面却更具优势了，但在文化方面仍不如西德意志。十九世纪时，新教德意志的文化日益普鲁士化。崇拜法国哲学的弗里德里希大王是个自由思想家，他想方设法要把柏林建成一个文化中心，但最终他也只是雇了一帮知识分子来给自己捧场。他去世后，西德意志又成了文化中心。

相比于德国文学及艺术，德国哲学跟普鲁士的关系更密切。康德就是弗里德里希大王的臣民，费希特和黑格尔都是柏林大学的教授。康德和黑格尔的哲学，逐渐征服了原本盛行于法国和英国的经验主义。法国大革命时，种种和卢梭有关的信念，都被法国哲学家拿来与科学联系起来。结合狂热精神和理性主义的典型哲学家，是爱尔维修和孔多塞。爱尔维修（1715—1771）被边沁视为立法学说方面的榜样，边沁评价他说："爱尔维修之于道德界，正如培根之于自然界。"爱尔维修对立法的兴趣来自这个学说：政体以及由它而生的风俗习惯，是青年期的主要教导者；人生而无知，但却不愚蠢，把人变愚蠢的是教育。

在伦理学上，爱尔维修是个功利主义者，他视快乐为善。在宗教方面，他是一个自然神论者，强烈反抗教权。在认识论上，他倾向于洛克。关于知识的价值，他与卢梭的意见极不一致，因为他对知识评价非常高。爱尔维修的学说是乐观的，他说，完善的教育才能造就完善的人。他暗示，如果除掉教士，完善的教育就可轻易实现。孔多塞（1743—1794）的思想和爱尔维修的类似，他受卢梭影响较多，对洛克的评价也很高。他认为，人是有感觉的生物，可以作推理和获得道德观念，因此人不可能有统治者和被统治者之说，也没有骗子和受骗者之说。这就是他的人权说的依据。因此，他对美国独立战争十分赞赏，还推崇妇女权利平等。

孔多塞的学说影响了他的一个门徒，这个门徒就是提出人口论的马尔萨斯的父亲。因此可以说，孔多塞才是人口论的首创者。和爱尔维修对比起来，孔多塞更狂热和乐观。他相信只要法国大革命的原则广泛流传开来，各地的主要弊病就会药到病除。以他这些思想来看，没活到 1794 年之后真是他的幸运[1]。

法国革命派哲学家们的学说中的狂热性后来有所减弱，整个学说也变得更精细起来。然后，这种学说被哲学上的急进派带到了英国。边沁是这派人中公认的首领，他是一个共和主义者、妇女平权的支持者、帝国主义的敌人和不妥协的民主主义者。他出于民主感情而坚持“最大多数人的最大幸福”这一原则，这种坚持和人权说是对抗的，于是他干脆将人权学说称为“胡说八道”。对于英国工业导致的雇主和雇佣劳动者之间的冲突，侧重经济学的边沁主义者大体上站在雇主一边。不过，以边沁为首的急进派的最后代表人物约翰·斯图亚特·穆勒后来却有所改变。随着年纪的增长，穆勒越来越不敌视社会主义，对古典经济学的真理性也越来越怀疑。

追随边沁的几乎都是理性主义者，和他们对立的反抗现存经济秩序的社会主义者同样也是理性主义者。社会主义运动直到马克思才有了一套完整的哲学来支持，在后一章我们再讲讲马克思。浪漫主义形式的反抗和理性主义形式的反抗虽然同出一源——法国大革命和大革命之前不久的哲学家们，但它们具有很大的不同。从拜伦作品中可看出浪漫主义形式的反抗，这种反抗用的是非哲学的语言，但在叔本华和尼采的作品中，它学会了哲学用语。这种反抗倾向于

1 法国大革命基本上自 1794 年发生“热月”反革命政变后就结束了。

牺牲理智，强调意志，颂扬某些暴力。它不仅是在倾向上具有对理性的明显敌意，在实际上它还往往反科学。它的一些最极端的形式可从俄国的无政府主义者身上找到。不过，在俄国，最后却是理性主义形式的反抗占据了优势。德国是所有国家中最容易感受浪漫主义的，也正是德国，为主张赤裸裸的意志的反理性哲学提供了政治出路。到现在为止，我们讲明了所考察的各派哲学所受的传统上的、文学上的或政治上的启发。但是，影响哲学的还有另外两个根源：科学和机器生产。机器生产的影响始于马克思，并在那之后逐渐重要起来。科学根源的影响自十七世纪就开始了，不过到十九世纪时有了各种新形式。

十九世纪的达尔文，正如十七世纪的伽利略和牛顿一样。达尔文理论分两部分，一部分是现在普遍为大家认可的进化说，该学说主张各种生物都是由一个共同祖先逐渐进化而来的；另一部分就是关于生存竞争的适者生存说。该学说提到，有利的变异更具有生存优势。这种见解向来被人反驳，大多数生物学家认为，限制个体生存的因素有很多。

从历史观点看来，达尔文理论的有趣之处在于，它将急进派特有的那一套经济学推广到了生物全体。达尔文声称，进化的原动力就是自由竞争世界中的一种生物学的经济。促使达尔文想到进化的根源是生存竞争和适者生存原则的，正是推广到动植物界的马尔萨斯的人口学说。达尔文本人是个自由主义者，但是他的理论却和传统自由主义有冲突。他强调同种个体间的先天差异，而传统自由主义则认为人生来平等，成人之间的差异完全是由教育造成的。

被科学改变了思想的人们，在生物学的威信之下，不再把机械论的范畴而是把生物学的范畴应用到了世界上。许多人并没有真正清楚达尔文的理论，却以为进化论证明了宇宙有目的的信念是正确的。十八世纪的原子论思想被抛弃了，如今，探索自然律的科学解释和哲学解释的关键是有机体概念。最后，甚至理论物理学也被这种观点影响。在政治上，它带来的结果是：一种和个人相对立的社会被强调起来，国家权力因此逐渐增长，民族主义得到了更多的支持，因为它和达尔文的适者生存说是契合的。

生物学对机械论的世界观一向不利，近代经济技术所起的作用却相反。在十九世纪之前，科学技术给人的思想造成的影响还不大，自工业主义兴起后，这种影响变得明显了。十九世纪，虽然仍有许多人真心信仰人类平等和理论上的民主，但是，业已出现的根本不民主的工业体制及其促成的社会组织形式，大大改变了现代人的想象力。民主制度已经出现了内在的分裂，生活在其中的普通大众没有意识到这点，但黑格尔以来的大部分哲学家却意识到了。哲学家们还发现，多数人的利害与少数人的利害之间存在的尖锐对立，这已经通过法西斯主义表现了出来。在这些哲学家当中，尼采不知廉耻地站在了少数人一边，马克思站在了多数人一边。边沁可能是唯一一个打算协调两者冲突的，他因此招来了双方的忌恨。

第二十二章 黑格尔

黑格尔（1770—1831）是德国哲学中沿承康德思想体系达到最高点的人物，他的影响巨大且深远，范围不仅限于德国，也并非主要在德国，十九世纪末的英国和美国有很多一流的学院哲学家是黑格尔派。在纯哲学范围之外，黑格尔还对许多新教神学家、历史哲学以及政治理论产生了深远的影响。众所周知，马克思在青年时代就曾追随黑格尔，马克思完成的学说体系中还保留了黑格尔派的许多特色。

黑格尔的哲学深奥难懂，可以说是所有大哲学家的学说中最艰深的。在开始详细探讨他之前，先大概了解一下他的哲学体系的轮廓，可能会对我们有所帮助。黑格尔早年对神秘主义感兴趣，并因此保留了一个信念：分立性是不实在的。他说，世界并非由一些各自完全自立的坚固的单元——不管是原子或灵魂组成。有限事物外观上的自立性不过是一种幻觉，唯一具有根本的实在性的是“全体”。但是，与巴门尼德、斯宾诺莎不同，他所想象的全体不是一个单纯的实体，而是一个我们应该称之为“有机体”的那类复合体系。黑格尔还坚持认为，现实的就是合理的，合理的就是现实的——他所谓的“现实的”与经验主义者所指的意思不同。他承认甚至还强调：凡经验主义者所以为的事实，都是且必然是不合理的。唯有把事实作为全体的样子来看，使它的外表性格发生改变，才会看出它的合理性。

黑格尔将复杂万状的全体称为“绝对”，“绝对”是精神的。他抛弃了斯宾诺莎的这种见解：全体不仅有思维属性而且有广延属性。与那些和自己抱有类似的形而上学的观点的哲学家相比，黑格尔有两点不同。一是强调逻辑：他认为，从“实在”必须不自相矛盾这一点，就可以推出它的本性。另一点和第一点密切相关，它是一种可以明显区别黑格尔和其他哲学家的被称作“辩证法”的三元运动。要想正确理解黑格尔的这些特征以及他对其他问题的见解来源，必须先了解他的最重要的两部著作，即他的两部《逻辑学》，又称《大逻辑》和《小逻辑》。

按照黑格尔对逻辑的理解，逻辑和形而上学是同一个问题，不过这里的逻辑跟普通意义上的“逻辑”完全不同。他的见解是：如果把任何平常的谓语认作是限定“实在”全体的，那它就是自相矛盾的。我们不妨举一个浅显的实例——估计黑格尔永远不会使用如此浅显的例子——你可以说“A是一个舅舅”，这并不具有明显矛盾；但是，如果说“宇宙是舅舅”则行不通。因为，所谓舅舅，必须有一个与他分立的外甥，所以，舅舅不会是“实在”全体。

黑格尔认为，通过不断改正以前的错误，我们对“实在”的见解得到了发展，而所有那些错误之所以出现，是因为我们误将有限的或有界限的某物抽象化成了全体。他说，“有限物的界限不单是从外界来的；它被扬弃有它自身的本性原因，它借本身的作用转变成了它的对立面。”

关于“认识”，黑格尔认为，作为一个整体，它具有三元运动：它始于只有对客体的意识的感官知觉，通过对感觉的怀疑批判，成为纯主体，最后达到主体和客体不再有区别的自我认识阶段。因此，认识的最高形态是自我意识。这种结论对于黑格尔来说是必须的，因为按照他的哲学体系，最高的一种认识必须是“绝对”所具有的认识，既然“绝对”是“全体”，那么它自身之外的任何东西都不是它有必要认识的了。

然而，黑格尔同时提出，在最好的思维中，真假之分并没有普通想象的那样分明对立。因此在哲学上，虽然“真理就是全体”，但任何事物都既不是完全真的也不是完全假的。

《逻辑学》一书中提到了“绝对理念”，但文中对它的定义晦涩难懂，其中有一个说法是：“因此，这种统一乃是绝对和全部的真理，自己思想自己的理念。”从这句话看，“绝对理念”指的是思想关于思维的产物，它和亚里士多德所说的“神”相似。

关于时间，黑格尔认为，“终极”是没有时间性的，所谓的时间不过是一种幻觉。之所以会产生这种幻觉，是因为我们没有看到“全部”。不过他同时认为，时间在进程上与纯粹的逻辑辩证法密切相关。全部的世界历史实际上就是在不同范畴的进程中实现的，从对伦理和逻辑双方面的意义来讲，时间进程都是一个从较不完善到较完善的进程。在他的《历史哲学》的绪论中，用这方面理论的句子有：“理念正如我们的灵魂向导默久里神[1]，它才是各民族和世界的领袖。这位向导的理性的、必然的意志，也就是‘精神’，世界历史的种种事件向来都由‘精神’指导。我们当前的工作目的，就是按精神的这种指导职能来认识精神。”

“充满知性和自觉意志作用的世界不是偶然的，它必然表现自知的理念的样子。”关于精神，黑格尔说它是“自足的存在”，是“一”，是“纯粹的同一性”。他认为，在精神的历史发展中曾经历三个主要阶段，也就是分别由东方人、希腊人与罗马人、日耳曼人主宰的阶段。“东方人在过去和今天都只知道唯一者的自由；希腊人与罗马人知道若干者的自由；日耳曼世界知道所有者的自由。”

关于自由，黑格尔主张没有法律就没有自由，不过他总爱倒着说：只要有法律就有自由。他所指的“自由”看来指的是服从法律的权力。他因此视日耳曼人为“精神”在地球发展中最高的角色：“日耳曼精神是新世界的精神，新世界的目的就是实现绝对真理。”

1　默久里神：是罗马神话中的商业之神，也是众神的信使。

认识了黑格尔的上述理念后就不难理解，在对历史作哲学思考时为何他心里总想着德奥多利克、查理曼、巴巴罗萨、路德和弗里德里希大王之类的英雄人物。反之，着眼这些人的功勋以及从当时德意志刚被拿破仑欺辱这一现实来考察，就会对黑格尔有透彻的了解。

德意志后来逐渐兴起，理所当然就受到了黑格尔的高度赞扬。他对于民族的见解和马克思有相同之处，即承认马克思所讲的阶级在民族中所起的作用。他认为，历史发展就是民族精神的发展，每一个时代都会有一个民族承担起这一使命：引导世界通过它已到达的辩证法阶段；而就现代来说，德意志就是肩负起这个使命的民族。当然，他同时承认，除民族以外，那些个人目标顺应时代的变化，个人所为符合辩证法逻辑的英雄也很重要，比如亚历山大、凯撒和拿破仑。

我很怀疑，在黑格尔看来，大概那些不作为战争征服者的人就都称不上“英雄”。从黑格尔对民族的强调以及他那独特的“自由”观看来，他的一个很重要的政治哲学思想是褒扬国家。他在《历史哲学》和《法哲学》中体现了他的这一种思想。《历史哲学》里说：“国家是确切实现了的且存在着的道德生活”“国家是地上存在的神的理念”“国家体现了理性自由”；在《法哲学》中论国家的一节里则提到：“国家是道德理念的现实，即确切可见的，自身明白的实体性意志的道德精神。”国家是自在的、向着自身的理性者，个人仅作为国家的成员来说才具有客观性、真实性和伦理性。

关于公民义务，黑格尔认为义务就是个人对国家的一种关系的体现。在国家关系中，没有任何道德原则可以作为履行这种义务的准则。因为，在对外关系上，作为一个个体的国家对其他国家来说都是独立的。在这种关系中，公民的义务完全限于维持他所在国家的独立与主权。在这种观点基础上，黑格尔就产生了这种关于战争的见解：战争也不尽充满了罪恶，不应被极力废止。

黑格尔关于战争的见解，并非仅仅是指在某一势态下战争是无法避免的，他的更深层之意是反对创立会防止战争爆发的机构，如世界政府。他认为偶然的战争是有益的，它有利于我们认真理解现世财富物质的虚无；和平会导致僵化，所以，神圣同盟或者康德所主张的和平联盟都是错的；即便众国家组成了一个大家庭，这个大家庭也必定会创造出一个敌人来；国家之间的关系永远处于自然状态，这种关系既不是法的关系也不是道德的关系，所以只能通过战争解决国际争端。总之，国家不受平常道德律约束，道德与政治不成对比。

可以预见，如果我们承认了黑格尔的国家学说，那么一切可想象的国内暴政和对外战争便有了充足的理由。黑格尔这种极端的政治偏见和他的形而上学存在着很大的矛盾，而他为了给战争辩护便干脆无视这一矛盾。

黑格尔对国家而不是其他社会组织的强调，在他的形而上学中并无任何有力的论据作为支持。从他不注重教会而注重国家这件事情上，我也只看到了他对新教的偏见。另外，如果黑格尔的见解是对的，即承认社会组织化更好，那么我们不免认为，除国家和教会外还应该有许多其他各色的社会组织。按照黑格尔的理论来说，每一项事业如果对社会无害且能协作振兴社会，那么它就应该有相应的组织，当然它的独立性也是有限的。可能会有人持这种反对意见：权力最后总是要归属于某个地方，国家就是这个唯一的地方。但即便如此，只要这个最后的权力没有苛刻严酷到超过某个必须抗拒的程度，那它就仍旧是好的。评判黑格尔的全部哲学，我们会提出一个基本问题：全体比部分是否有较多的实在性和价值？黑格尔对此问题给予了肯定回答，在回答实在性的时候他从形而上学去讨论，在回答价值的时候则从伦理学去讨论。

在关于实在性的形而上学中，黑格尔以及其他许多哲学家的见解是这样的：宇宙中任意一部分的性质，受到这部分与其他各部分以及全体的关系的影响。因此，关于这部分能做的唯一真实的陈述，只能是指定它在全体中的地位。也就是说，真陈述只可能有一个；除全体真理外别无其他真理。同样，只有全体才是完全实在的，全体的任何一部分脱离了它就会改变性质，不再变得那么真切。

如果上述形而上学学说正确，那么，主张价值不寓于部分而寓于全体的伦理学说必定也跟着正确。但是，如果它错了，后者却未必就是错的。并且，这个伦理学说还可能对某些全体来说正确，而对其他全体来说是错的。比如对人这个活体来说，这个伦理学说在某种意义上就是对的，一个明显的例证就是：眼睛脱离了身体就会毫无用处。黑格尔把公民对国家的伦理关系看成类似眼睛对身体的关系：公民在安守其位时就是有价值的全体的一部分，一旦脱离全体，就会变得没用。这个类比的问题在于，它只对某种全体来说具有伦理意义，不见得对一切全体都具有伦理上的重要性。以上关于伦理问题的说法还有一个很重要的缺陷：它没有考虑到目的与手段的区别。活体上的眼睛可以作为一种手段而具有其价值，但这种价值并不比它脱离身体时的价值多多少。一件东西的真正内在价值，体现在它不被当做其他某东西的手段时本身也受到重视。而按照此前的说法，我们是把眼睛作为手段来评价的。但实际上，“看”可以是手段，也可以是目的。当我们用眼睛来看我们认为美好的东西时，“看”就是一种目的。就国家来说，它作为手段无疑是有价值的，诸如给予我们法律保护以及提供交通方便、教育等。但是，很显然，作为手段时它也可能带来坏处，比如一场不正义的战争。

现在，我们针对黑格尔的政治学说提出一个实质性的，也是我们真正要问的问题：从公民和国家的关系来说，公民为国家存在还是国家为公民存在？黑格尔的回答倾向于：公民为国家而存在。

很显然，我们认为国家具有内在价值的前提是：国家具有属于自己的生命，在某种意义上具有一个人的人格。关于这个前提，黑格尔的形而上学和他关于价值的学说有了关联。可以先假设有一种“超人格”的东西，它由众人格构成，它所在的单一生命体高于组成它的众人格的生命总和。依照黑格尔的想法，国家若是具有这种超人格，那它就可能像整个身体高于眼睛一样，高于我们本身。然而，我们完全可以认为这种超人格不过是形而上学的“特产”，然后我们就可辩驳说，社会的内在价值应该是组成它的各成员的内在价值，国家是手段而不是目的。只是，这样一来，我们的论述就会从伦理问题转回到形而上学问题来。而在黑格尔看来，形而上学问题本身就是逻辑问题。

黑格尔认为，只要充分掌握某一件事物的知识，就可以将它和其他一切事物区分开，借逻辑推知它的一切性质。他的这种见解是错误的，以这个见解为根基的他的整个庞大的学说体系也都是错的。不过，这说明了一个重要真理：你的逻辑越糟糕，它推出的结论越有趣。

第二十三章 拜伦

如果把人作为一种社会力量来考察，而不是作为艺术家或发现者来考察，再把拜伦放在他此前所有的重要人物中，那他的地位相当崇高。欧洲大陆会同意对拜伦的这种评价，英语世界可能会觉得这种评价很奇怪。但是，英语世界会有这种反应也正常，因为拜伦主要是在欧洲大陆有影响。拜伦是他所在时代的贵族叛逆者的典型代表。和农民叛乱或者无产阶级叛乱的领袖不同，贵族叛逆者关注的不是吃饭问题，引起他们不满的也不是饿肚子的问题。我在此所说的叛逆者，指的是这种人：他们的哲学要求超乎个人成功之上的变革。那些暂时不当权的某一派系的领袖，并不在我说的叛逆者范围内。

权力欲可能是引发叛逆者不满的根源之一，另外的根源是他们那种对现世政治有意识的非难。这种非难会通过两种形式表现出来，一种是提坦[1]式的，充满无穷尽的自我主张；另一种是撒旦式的，保留有迷信思想的叛逆者常用这种形式。拜伦的身上可以同时找到这两种形式，被他影响的那些人把这两种非难带给了严格来说不属于贵族阶层的广大阶层。贵族式的叛逆者哲学同样有一个成长、发展、成熟的改变过程，过程中的每一个阶段有一种对应的思想情感方式。

一个贵族叛逆者的气质和生活环境往往与众不同，作为典型代表的拜伦就是如此。他自幼生活在父母的争吵中，非常鄙视他那残酷、庸俗的母亲。由于跛脚，他很不自信，在学校中也不合群。十岁时，他继承他的叔祖父的爵位，做了勋爵，一下子脱离了穷困生活。拜伦家族向来是个目无王法的放纵家族，他的那位叔祖父就曾在一次决斗中杀过人，而他的母亲的先辈戈登族更是过犹

1 提坦（Titans）：希腊神话中的一族大力巨人，由天公（Uranus）和地母（Gaea）所生，常用来比喻力量硕大无比。

不及。然而，获得了爵位和府第的拜伦并不否认自己家族的这种性格，为了感谢先辈遗留给他的土地，他倒满愿意拥有祖先的性格。他还曾在早期的一首诗中展示了他对那些上过战场的祖先的仰慕之情。

拜伦的贵族亲戚们始终对他敬而远之，他的处境改变后他们仍是如此。拜伦对他母亲身上那种庸俗气质十分恐惧，他害怕自己也会变成那样的人，这种害怕形成了他那种势力与叛逆结合的奇特个性。如果无法成为近代派绅士，那他就要成为一个像他参加过十字军的祖先那样的人，或者成为一个如皇帝党首领一样凶猛的且具有浪漫风格的大胆臣子——他们一边诅咒着神和人，一边踏步走向光荣的灭亡之旅。

由于羞怯和孤独，拜伦试图从恋爱中寻找安慰，但实际上他寻找的是母亲的影子，因此只有同父异母的姐姐奥古斯塔满足了他的心愿。1816年，他对雪莱说自己是个“美以美会教徒、加尔文派教徒、奥古斯丁派教徒”。加尔文派信仰促使他觉得自己的生活方式是邪恶的，而这种邪恶是血统遗传祸害给他的。

同属于一个血统，是拜伦真挚地爱着奥古斯塔的一个原因。更重要的另一个原因是，奥古斯塔给予了他一个姐姐对一个弟弟的亲切关照，让他得以保持日常幸福。不仅如此，她的纯朴、亲和以及温情，还是让他产生悔恨的有效手段，而他在悔恨的过程中是非常愉快的，还可以孤芳自赏。

罪恶感、悔恨让拜伦觉得，他能够和堪比撒旦的最大罪人匹敌。但是，他这么说并非是因为他把自己放到了神的位置。事实上，他也从来不敢将自己置于那个位置。发展了拜伦的这种独特的傲慢的尼采，却那么做了，他说：“如果说有众神而我们却不是其中之一，这岂能忍受！所以没有神。”不过尼采对拜伦始终是非常同情的，他说：“悲剧的是，如果情感和理智可以让我们获得严格的求真方法，那么宗教和形而上学里的任何教条都难以让我们相信。但是另一方面，人性的发展导致我们变得更娇弱，更容易感知痛苦，所以需要一种最高手段来安慰、拯救我们。这样就会产生一种危险：人会因为他所知道的真理流血牺牲。拜伦以不朽的诗句表达了这一点：

知识让人悲苦

最具知识的人　必定有最深沉的悲叹：

知识之树不是生命之树

——这条不祥的真理

拜伦的观点有时候跟尼采的观点接近。通常说来，拜伦的实际行动和他自己的伦理见解是相反的。他视伟大的人物为神，有时候也把海盗描绘成和“查拉图斯特拉[1]”相似的贤人。拿破仑是拜伦崇拜的英雄，在“百日江山[2]”期间，拜伦曾公开表示他希望拿破仑获胜。当滑铁卢战败的消息传来时，他说：“我真伤心死了。”他曾因此对自己的英雄感产生了厌恶。1814 年的时候，那时候他觉得自杀要比退位体面多了。他一度从华盛顿的美好品德中寻求安慰，不过，拿破仑一从埃尔巴岛回来，他就不需要这么费尽心思地让自己好受了。

拜伦被卡莱尔视为“欧洲最高尚的人士”，虽然卡莱尔后来喜欢上了他认为和拜伦对立的歌德，但他仍将拜伦和拿破仑相提并论。在阿尔夫雷·德·缪塞[3]看来，歌德和拜伦是一对同谋犯，他们的罪恶勾当是“给快活的高卢（Gallic）[4]灵魂注入了忧郁的毒素”。他认为，拜伦和歌德是继拿破仑之后的最伟大的天才。尼采曾以一种令人骇然的喜悦说，古典的战争时代就要来了，带来这一恩惠的不是法国大革命而是拿破仑。就这样，拜伦留下的民族主义、撒旦主义和英雄崇拜，成了德意志精神复合体的一部分。

拜伦和卢梭是两个极端：卢梭善感，怯懦外露，赞赏至纯的美德；拜伦狂热，怯懦隐藏在内，赞赏极度的罪恶。他们的区别，是反社会本能的反抗中两个阶段的区别，他们的特征都表明了运动正在发展的方向。拜伦的浪漫主义真

1　查拉图斯特拉：即琐罗亚斯德（Zoroaster），伊朗先知，二十岁时弃家隐居，三十岁时改革传统的多神教，创立琐罗亚斯德教即拜火教，七十七岁时死于战争。

2　百日江山：指拿破仑由埃尔巴岛逃回后图谋重建帝国的一段时期。

3　阿尔夫雷·德·缪塞（Alfred de Musset，1810—1857），法国诗人，剧作家，小说家。

4　高卢：指法国人。

诚不足，只有一半的程度。不过，去掉他的无穷绝望和他对人类明言的轻蔑中的故作姿态这个因素，就会将他简单化，而这正是世人向来的做法。许多著名人物往往都被当做神话人物来看，拜伦也享受到了这种待遇，这也是他在欧洲大陆上具有重要影响的原因。

第二十四章 叔本华

从某种意义上说，几乎所有的哲学家都是乐观主义者，叔本华（1788—1860）却是个例外。他不像康德和黑格尔一样具有十足的学院气质，但也不完全处在学院传统外。他兴趣广泛，印度教、佛教、艺术、伦理学都是他的爱好。文学方面，他的爱好也很广泛，他对英法作家的熟悉不亚于对本国作家的熟悉。不过，他厌恶基督教。他的哲学强调“意志”，这种强调影响了十九世纪和二十世纪的哲学，使“意志”成为这两个世纪的哲学特征。要注意的是，叔本华的“意志”是他形而上学的基础，但在他的伦理学中却是罪恶的——这种对立完全来自他是个悲观主义者。

叔本华承认他的哲学思想源于康德、柏拉图和优婆尼沙昙（《奥义书》）[1]，但我认为，他思想中源于柏拉图的东西并没有他所以为的那么多。实际上，他受到康德影响最深。在1809年进入哥廷根大学后，他开始仰慕康德。著书成名后，他的书房中除了放一尊铜佛像，另外就是康德的一个半身雕像。他甚至在生活方面模仿康德，比如早起。他发表于1818年的主要著作《世界之为意志与表象》中的哲学体系，就是康德体系的改制品。

费希特和黑格尔取消了康德哲学体系中的“物自体”，使得“认识”成为形而上学的基础，叔本华却保留了“物自体”，并视之为和意志一样的东西。他认为，知觉作用所认为的我的身体就是我的意志。他的这一见解是发展了康德思

1　优婆尼沙昙（奥义书）（Upanishads）：印度吠陀文学后期的一套哲学书，由多人所作，成书于公元前七八世纪。这套书是印度哲学和宗教思想的根源，书中倡导个人我与宇宙我合一之说。

想后得来的。

康德曾主张，对道德律的研究可以让我们看到现象的本质，得到感官知觉无法给予我们的知识，因此道德律与意志具有根本关系。在他看来，物自体世界里的差别造就了好坏人之分，也造就了意欲之区别。可见，他认为意欲一定不属于现象界而属于实在界，某个意欲对应着身体的某种运动。

虽然大部分追随康德的人不愿意承认，但上述康德的见解就是叔本华所主张的"身体是现象、意志为其实在"的源头。此外，叔本华还同意康德关于时间和空间的主张，同样认为这两者都仅属于现象，其中并不存在物自体。他不仅认为"我"的意志是单一的、无时间性的，甚至还认为它等同于全宇宙的意志。"我"的分立性是一种错觉，这是由"我"主观方面的空间时间知觉器官造成的。实在其实就是一个强大的意志，它出现在全部自然历程中，因此，有生命体和无生命体具有同样的自然历程。

我们也许猜想叔本华接着会将宇宙意志说成神，然后倡导一种类似于斯宾诺莎的泛神论的学说，表明顺从于神的意志就是德性。但是，他的悲观主义使他的理论发展成了这样：

意志都是邪恶的，宇宙意志也不例外；意志导致苦难，一切生命都有苦难，知识越多，苦难越深，苦难永无止境，因为意志永不满足；虽说死亡最终会战胜意志，但在那之前意志不会停止追求那些没有意义也无益处的目的，这就好比吹肥皂泡，明知水泡会破还是要吹；根本没有幸福这东西，因为欲望不满引起痛苦，欲望满足后人会无聊；本能的繁衍导致人生苦难不断重复，性行为因此是羞耻的；自杀是无用的；轮回根本不存在，但有关轮回说的神话传递了真理。

在指出了一切的悲惨之后，叔本华说出路还是有的，这条路是在印度发现的，它名叫涅槃。

按照叔本华的思想，苦难由意志而生，意志越少苦难越少，善人就是熄灭了自己一切意欲，否定了他自己的本性的人。善人修身苦行，他的善是一种彻底消极的善，不像西方的神秘主义者的那种善——追求与神合一，是积极的。叔本华说："完全消灭意志后的世界，在那些充满意志的人看来确实是空空如也了。但是，对于那些转化乃至否定了意志的人来说，这个有着太阳、有着银河系的真实世界，才是虚无的。”他的话中暗含有某种积极的东西，但他隐约暗示了这种东西只有圣者能看出来。依我看，既然普通大众无法看出来，那他的暗示就不过是一种修辞而已。一旦摒弃了意志，在我们面前的只剩下虚无——对于叔本华来讲，这点是确切无疑的，他也一再强调。

实际上，叔本华的悲观主义并不十分真诚。从理论上说，它们缺少前后一贯性；从实际生活来说，他的实践性不足。他常在上等饭馆吃饭，恋爱史复杂琐碎且偏向于色情，他本人十分贪婪又好争论，还缺乏仁慈——除对动物之外。他曾将一个在他房外讲话的年老女裁缝扔下楼，导致她终身残疾，他被判按季付给她十五塔拉。这个老裁缝在二十年后死去，叔本华在自己账本上写："Obitanus，abitonus。"——老妇死，重负释。

从历史上讲，叔本华的重要性体现在他的悲观论和他主张意志高于知识的学说。

在他之前，人们相信一种理念：所有的恶都可以被解释，也都可以为哲学所用。他的悲观论让人们抛弃了这种信念，作为一剂解毒药来说它是很有用的。关于意志的学说比悲观论更重要。同意叔本华的意志学说的人，后来还从这一学说中提取到了乐观论的基础。哲学界盛行"意志高于知识"的时候，知识的地位随着意志的地位的上升而下降。我认为，这是哲学气质在我们这个时代所起的最显著的变化。这种变化的发生由卢梭和康德铺垫，被叔本华首次以纯粹的形式宣布了出来。仅从这件事来说，叔本华的哲学见解在历史中的重要性就不可置疑。

第二十五章 尼采

尼采（1844—1900）是叔本华的后继者，他自己也承认这点。事实上，他在很多方面都胜过叔本华，他的学说具有前后一贯性，条理清晰分明。他虽然是个教授，却不算经院哲学家，而是文艺性哲学家。他的学说在伦理学方面最重要，在本体论或认识论方面却没有什么新的理论。此外，作为一个敏锐的历史批评家，他的哲学也是很重要的。他关于伦理学和宗教批评这两方面的著作，是他具有影响的重要原因。下面我所讨论的，也主要是他这两方面的思想。

尼采自认为不是浪漫主义者，他还严厉地批评过浪漫主义，然而，他的许多见解却源于浪漫主义。他和拜伦一样，都持有一种贵族无政府主义的见解，所以他对拜伦自然是赞美的。在他的身上，可以看到无情的贵族的高傲以及战争情结，同时还可发现他在哲学、文学和艺术，尤其是音乐方面的爱好和才华。两种迥然不同的价值观在他身上同时存在并不奇怪，因为文艺复兴时期它们也曾共存过。

回到尼采思想的两个重要方面，首先要说明，他对宗教、哲学的批评，是出于伦理上的动机。伦理学方面，他认为多数人是少数人实践优越性的手段，多数人没有权利要求幸福或者其他福利。这些多数人，也就是我们所说的普通人。尼采认为他们是“粗制滥造的”，他们的存在唯有在他们的苦难有助于产生伟人时才无可反对。在他看来，他所在那个世纪中的拿破仑就是那个承载了几乎所有高远梦想的伟人。

尼采认为，贵族就是那部分少数人，因为他们具有与传统美德相反的真正美德，这种美德将他们与其他人隔离开来。秩序是不必要的，因为作为高等人的他们可以任意迫害劣等人。庶民以及抵制时代的民主倾向，都是他们要防止、镇压的。此外，卢梭、哈丽艾特·比彻·司托[1]和奴隶们以及为工人和穷人而战的社会主义者，也都是他们的敌人，都应当加以抵制。尼采的伦理思想不同于任何一种自我放纵的伦理思想。他崇尚斯巴达式的纪律，这种纪律为重大目标而存在，它带给人痛苦，同时也带给人忍受痛苦的力量，即意志的力量。尼采认为意志的力量高于一切，同情心是一种弱点，必须加以抵制。但是，他并非

1 哈丽艾特·比彻·司托（Harriet Beecher Stowe，1811—1896）：美国女小说家，《汤姆叔叔的小屋》作者。

是国家崇拜者，而是一个热烈的个人主义者，一个信仰英雄的人。他说，一个民族的所有不幸都不如一个伟人的苦难重要。他对德国没有表现出过度的赞赏，反犹太的思想也不明确。他讨厌《新约》，对《旧约》却极尽赞美。

公平地说，和尼采的一般伦理观点有联系的许多近代发展，恰恰与他明确表示的意见相反。我们可以考察他伦理思想中值得注意的两点：对妇女的蔑视以及对基督教的严酷批判。尼采对妇女有一种深深的恶意，总喜欢痛骂她们。他说妇女之间没有友谊，因为妇女都还是猫、鸟之类的动物，充其量也就是母牛。他有一句最著名的关于女人的名言："要去女人那里吗？别忘了带上你的鞭子。"他虽然轻视妇女，但态度也有不那么凶猛的时候。比如，他在《权力意志》中说，和女人相会是"每一个紧张、深沉的男性灵魂的快乐。"不过，前提是，女人受到并且服从男人的管束。他说，得到独立地位的女人尤其不可容忍。

尼采和妇女的接触经验几乎仅限于他与他妹妹的交集，他个人经验中没有任何证据来支持他对妇女的见解，他也提不出任何历史方面的证据来加以说明。所以说，他对妇女的痛骂毫无理由。他对基督教的批评倒是有点儿根据。他认为，让人接受"奴隶道德"，是基督教的最不正当之处。

法国哲人否定基督教，他们反对服从假想的神意志，主张自尊心不应当向任何高级权能低头。尼采的见解和法国人的一样，但他的反对意见的立脚点不一样：他不关心基督教或其他任何宗教在形而上学上真实与否，因为他坚信任何一种宗教中都没有真理可言，他的宗教批评完全基于对宗教的社会效果的考察。因此，当否定了基督教的神的意志后，他就以现世的"有艺术才能的专制贤君"的意志取而代之，并主张服从这种"超人"的意志是正当的。

尼采认为基督教和佛教本质上都是"虚无主义的"的宗教，但在他看来，佛教几乎没有可非议之处，基督教却一无是处：基督教是堕落的宗教，充满腐朽的粪便的恶臭；"粗制滥造者"的反抗是这一宗教的推动力，不诚实的犹太人——圣保罗那样的"神圣的癫痫患者"将这种反抗带进了基督教；《新约》是异常卑鄙的那类人的福音；基督教信仰妖言惑众，是史上最大的谎言；历史上所有知名人物与基督教的理想都不相称；基督教否定一切好的东西，诸如自豪心理、复仇精神、战争和征服的本能等，因此它必须被谴责。

在尼采眼里，“高贵者”才是应该站在基督教圣徒那种位置的人，他的希望也正是这样。他所谓的“高贵者”是那种残忍之徒，会犯罪之人，但前提是他必须是一个有统治权的贵族。“高贵者”只对和他平等的人有义务，残忍被他视为优越性。尼采说：“我们称作‘高等教养’的一切东西，差不多都是以残忍性的崇高化和强化为基础。”不难看出，“高贵者”本质上是权力意志的化身。大致评价尼采的学说，我的见解是：他在有文学和艺术修养的人们中间所起的重大影响，是不可否认的。此外还须承认，相比于自由主义者或社会主义者的预言，他关于未来的种种预言从现在看来更正确。如果把他的思想视为一种疾病的症状，可以说，现代世界很流行这种疾病。但是，对于尼采思想中许多仅出自于他的自大心理的东西，我们一定不要理会。

尼采曾这么评价斯宾诺莎：“这样一个多病隐者，他的伪装暴露出了他是多么怯懦和脆弱!”他的这一评价同样适用于他自己。他对妇女的谩骂其实源自于一种恐惧情感。他多半知道当自己拿着鞭子去找女人的时候会反被女人抽打一顿，所以他躲开了妇女，为了抚慰自己那受伤的虚荣心而对她们谩骂不止。他对基督教的谴责的本质与这种恐惧情感相似。他认为基督徒的爱源于：他们恐惧别人伤害他们，所以要使别人相信他们是爱别人的。他之所以有这种见解，是因为他自己怀有憎恨和恐惧，认为一个人根本不可能有真诚的普遍的爱。正因此，他倡导的“高贵者”是一个残忍狡猾，只关心自己权力的毫无同情心的人。

莎士比亚创作的悲剧《李尔王》中的李尔王在崩溃边缘时说：“我决定做那种事，我还不知道它是什么，但它将会让全世界恐怖。”尼采哲学的核心就是李尔王这句话。因为恐惧，所以他赋予他的超人权力欲。用权力压制别人，消除恐惧。

必须承认，从基督教伦理的某些方面来说，尼采对基督教的严厉批评是恰当的。我同意他对诸如自豪、高洁甚至某种自以为是的肯定，因为它们确实是最优良的品格的构成要素。但是，美德如若是出于恐惧的话就无可赞赏了。圣贤有生来的圣贤和出于恐惧的圣贤两种，生来的圣贤对人类有一种自发的爱，出于恐惧的圣贤，如尼采根本不可能有对人类自发的爱。在他看来，林肯是下贱的，拿破仑却非常了不起。在大概评价尼采后，我们还需要深入考察一下尼采所提出的伦理问题。了解他在伦理方面的见解，首先必须区分贵族式的伦理和贵族式的政治理论。边沁曾提出“最大多数人的最大幸福”这一原则，他自己以及信奉他的这一原则的人抱有民主的伦理思想，他们大概认为贵族式的政体最能促进一般人的幸福。尼采的见解却不是这样，他所谓的贵族是“少数优越者”，他们通常是战胜的氏族或世袭贵族——最起码是战胜的氏族的后裔。他说贵族阶级最初总是野蛮人，但贵族社会却是人类能够进一步发展的基础。

假设尼采有这种见解：“少数优越者”比受他们统治的人具有生物学上的优越，如同人类比畜类优越一样。在这一假设的基础上来看尼采的伦理学说，我们可以认为他要讲的就是：由于战争的胜利者及其后裔往往优于失败者，所以完全由他们掌权且他们完全为自己的利益去处理事务，是要得的。我觉得这种剖析是公正的。但是，必须注意“要得的”这个字眼。从旁观者的角度来看，尼采所谓的“要得的”东西就是他自己想要的东西。这么解释该词后，尼采的学说干脆可以用这么一句朴实的话来表述：“我要是生活在白里克里斯时代的雅典或美第奇时代的弗罗棱斯就好了。”这种见解称不上哲学思想，只是关于某个人的事实陈述。

尼采的政治学说正是建立在他那种非哲学的伦理见解上，要区别他的伦理学和政治学并不是一件很容易的事情，找到理由来反驳它们也很难。因为，尼采的哲学以伦理见解为基础，而伦理问题与同情心有关，但是尼采的伦理思想中完全没有同情心。我很想反驳尼采的伦理学和政治学，另辟蹊径的话，我可以设想他和佛祖来一场当面对质，两者都争取用自己的见解说服公平的裁判。在这场对话的最后，尼采会说，生活在佛祖的世界多半会厌烦死，而佛祖则回答说：“因为您热衷痛苦，您对生活的爱是假爱，所以在我的世界里你不会感受到现实世界中谁也不能有的那种幸福。但是，真正爱生活的人却能感受到。”

我支持这场假想对话中的佛祖，因为我厌恶尼采——他对痛苦的衷情是因为他把自负升格为一种义务，他视征服者为英雄，而这些人的光荣不过在于他们的聪明足以让人死去。但是我也承认，我的反对不在于诉诸事实，而在于诉诸感情。被尼采轻视的普遍的爱，在我看来是我对这个世界所希冀的一切事物的原动力。尼采学说盛行一时，但我们总还能希望他的门徒不会得意太久了，因为属于他的年代即将迅速地到达终点了。

第二十六章 功利主义

自康德到尼采这段时期内，英国的职业哲学家中只有威廉·汉密尔顿爵士受到了德国哲学的影响，但是他的影响力不大。柯莱律治和卡莱尔虽说深受康德、费希特和德国浪漫主义者的影响，但他们算不上专门意义上的哲学家。在这个时期内，英国哲学以边沁及其学派的哲学为主，而影响了他们的哲学是洛克、哈特里和爱尔维修的哲学。

杰罗密·边沁被视为“哲学上的急进主义者”的领袖，但他并非一开始就是运动领袖。他生于1748年，直到六十岁才成为急进主义者。他最初的主要兴趣是法学，通过法的理论他才对伦理学和政治学有了兴趣。他的全部哲学以“联想原理”和“最大幸福原理”这两个原理为基础，其中联想原理追随的是哈特里。在哈特里之前，人们都把观念联合视为细小错误的来源，哈特里把联想原理当做心理学的基本原理。边沁追随哈特里，打算给各种精神现象作出决定论的说明。对边沁来说，心理学中的决定论很重要，因为他想要制定一个能使人善良有德的社会制度。在这项工作中，他给“德”的定义与最大幸福原理息息相关。在他看来，快乐和幸福是同义词，都是善，反之，恶就是痛苦。在一切可能的事态中，包含的快乐多过痛苦，就是最善的。他的这个学说被人称作“功利主义”。事实上，早在1725年，哈契逊就提倡过这种学说，再之后是洛克。不过，边沁把它归功于没有特别资格的普利斯特里。边沁的功绩在于，他把这种学说积极地应用到种种实际问题上。边沁不仅主张善即幸福，而且主张人人追求个人认为的幸福。因此，立法者的职责便是协调私人利益和公共利益冲突，刑法就是一种协调手段，这也是它存在的理由。使用刑法并非因为我们憎恨犯人，因此，如非针对那种穷凶极恶的罪犯的话，应该废止死刑。在边沁去世前，英国刑法在死刑执行上有所缓和。

生存、富裕、安全和平等，被边沁视为民法必有的四项。自由不在其中，因为他并不怎么提倡自由。他和伊壁鸠鲁一样，在乎的是安全不是自由。他说过："战争和风暴读起来最美妙，但是和平与宁静比较好消受。"边沁具有一种平等信念，该信念是从关于快乐和痛苦的计算中推出来的。他总是把一切事情都让他所理解的理性裁定，且这种决心十分坚定。"功利主义"之所以向急进主义逐渐发展，就是因为边沁的那种平等信念和他那种裁定事情的决心。边沁原本只是在理论上提倡平等，后来受詹姆士·穆勒的影响，他才在实际政治上采取一定的立场，晚年的时候他反对君主制和世袭贵族政治，倡导妇女也有投票权的彻底民主制。

比边沁小二十五岁的詹姆士·穆勒是边沁学说的热诚信徒，也是一个积极的急进主义者。他非常钦佩孔多塞和爱尔维修，认为教育是万能的，并在他的儿子约翰·斯图亚特·穆勒身上实践他自己的学说。他关于善恶的观念和边沁一样，不过他更像伊壁鸠鲁，认为适度的快乐才是最重要的。他说，最高的乐趣是知识上的乐趣，最重要的美德是节制。他完全反对各种形式的浪漫主义，主张用理性支配政治，用证据来考察人们的意见。他的儿子生于1806年，也是一个边沁派，不过那时该派的学说已略有缓和。

边沁提出了种种议论来支持"全体幸福即最高善"这种学说，其中有的议论是对其他伦理学说的尖锐批评。他的批评要想有理有据，须给他对各种伦理学体系的概观加上严格限制。以他的快乐见解来看，他的学说体系就有一处明显的疏漏：如果像他说的，人人总是追求自己的快乐，那我们怎么能保证立法者会追求一般人的快乐而非他自己的快乐呢？边沁的心理学理论使他没有注意自己的本能仁慈心，继而没有发现这一疏漏。他可能是这么想的：在民主政体下，对立法者施以适当的监督就可以控制他们，使得他们的私人利益是建立在他们能带来公众利益上。然而，他的这种看法未免过于乐观天真了。

由于私心、欲望存在冲突，所以伦理学是必要的。但是，冲突在没有私心成分的情况中也可能存在，比如信仰冲突。社会斗争中就常常包含这种非利己的欲望冲突。因此，伦理学应该具有双重目的，其一是找出一条准则来区别善欲望和恶欲望，其二是通过赞扬和谴责来发扬善欲望，抑制恶欲望。但是，功利主义伦理学的一部分从这两个目的来讲都是毫无意义的，这部分说：从效果来看，促进全体幸福的欲望和行为是善的。从理论上说，我们对这种见解能持什么赞成理由或者反对理由吗？

功利主义的伦理学是民主和反浪漫主义的，它可能会得到民主主义者的认可，但那些追崇拜伦式世界观的人可能会从实践上反驳它。

急进主义是一个过渡的学派，由该学派发展起来的达尔文主义和社会主义这两个学派更为重要。达尔文主义将马尔萨斯人口论应用到全体动植物界，而马尔萨斯人口论则是边沁派的政治学和经济学中一部分。达尔文主义讲的是一种全体规模的自由竞争，但是，“自由竞争”在正统派经济学中是一个受法律束缚的人为概念。你可以出比竞争对手的商品价格更低的价格，但你不能杀害对方。可见，虽然达尔文主义和边沁学说有很深的关联，但达尔文主义的“自由竞争”在边沁派看来决不是真正自由的。达尔文学说中的竞争既然提倡自由，就不排除卑鄙手段乃至战争等手段。从这点来看，达尔文才是个真正的自由主义者。对自由不感兴趣的尼采，每次提到达尔文无不带着轻蔑。但是，事实上，如果人们彻底消化达尔文“适者生存”这一原则的话，那么产生的东西会更符合尼采哲学，而不是边沁派。不过，由于达尔文的《物种起源》在1859年出版的时候还没有被大家看到里面的政治含义，所以这种发展结果是后来的事情了。

在边沁学说的全盛时代，还处于萌芽状态的社会主义却抢占了这个先机，它是正统派经济学的一个直接结果。社会主义原本只是政治上的或经济上的主义，后来，卡尔·马克思从中发展出了一套社会主义哲学体系。下一章就要讨论到他的哲学。

第二十七章 卡尔·马克思

众所周知，卡尔·马克思自称他把社会主义做成了科学社会主义。他的确创造了一个强大的运动，并且通过这个运动支配了近期的欧洲历史。他在经济学和政治学（某些方面除外）方面都有所成就，但这两方面与本书无关，因此我只打算把他当做一个哲学家来谈论他。

从哲学角度将马克思归类很难。他既是如霍治司金一样的急进主义者，以理性主义反抗浪漫主义，一方面又是一个复兴唯物主义的人。此外，从另一方面看，他还是黑格尔的继承者。马克思的这种复杂性，跟他的生活经历有关。他 1818 年生于特里尔。特里尔在法国大革命时代和拿破仑时代曾深受法国人影响，所以它的世界主义色彩比德意志大部分地区较浓厚。马克思在大学时先后受到黑格尔以及反抗黑格尔的费尔巴哈的影响，被费尔巴哈影响后他倒向了唯物主义。

马克思认识恩格斯是在 1843 年，在此之前他办过新闻事业，但因所办杂志的论调过激而被当局查禁。恩格斯是曼彻斯特一家工厂的经理，马克思通过他了解到了英国的经济学和劳工状况，获得了一种极具国际性的修养。后来他参加了 1848 年的法国革命和德国革命，翌年逃到英国避难，从此大部分时间都是在伦敦生活。他一生为穷苦困扰，又遭受病痛、丧子之苦，但他从不放弃对知识的追求。从哲学方面讲，虽然马克思自称是个唯物主义者，但实际上他与十八世纪的那种唯物主义者不同。他结合黑格尔的哲学，把自己的那种唯物主义称作"辩证"唯物主义，这种唯物主义比较近乎现在所说的工具主义。旧唯物主义误以为感觉作用是被动的，因此将活动的主体基本归之于课题。马克思的见解是：所有感觉作用或知觉作用都是主体与客体的交互作用；客体一旦离开知觉者的活动就只不过是一种原材料，这原材料在被认识到的过程中会发生转变。他说："人的思维是否具有客观的真理性，这是一个关乎实践的问题，而不是一个理论的问题……人具有思维的现实性和力量，他应该在实践中证明自己思维的真理性……哲学家们通常只是在用不同的方式解释世界而已，而真正的问题是改变世界。"

马克思的历史哲学杂合了黑格尔哲学和英国经济学。黑格尔认为世界是按照一个辩证法公式发展着的，马克思同意这个见解。不同的是，黑格尔相信有一个叫"精神"的神秘实体作为这种发展的原动力，而马克思认为推进力不是精神而是物质，更准确地说是人与物质的关系。在这种关系中，人的生产方式又是最重要的一部分。由此，马克思的唯物论实际就变成了经济学。按照他的观点，人类历史上任何时代的政治、宗教、哲学和艺术，都是由那个时代的生产方式决定的，退一步讲就是由分配方式决定的。我觉得，马克思的这种主张只是针对文化的大概轮廓来讲而已。

马克思的上述学说被称作"唯物史观"，这一学说对本书中叙述的我个人关于哲学发展的见解产生了影响。

纵观哲学史，我们发现，从主观方面讲，每一个哲学家都以为自己的事业所追求的是"真理"，马克思也不例外。他也相信自己的学说是真实的，而不会认为它不过是十九世纪中叶一个具有叛逆性的德国中产阶级犹太人特有的反抗情绪。公平来讲，我承认马克思主义不同于表现出城邦制思想的以亚里士多德为代表的希腊哲学、适合世界性的专制政治的斯多葛哲学、表现教会组织精神的经院哲学以及具有商业中产阶级的偏见倾向的笛卡尔以来的哲学。我认为，马克思主义和法西斯主义是近代工业国家所特有的哲学。

然而，我认为马克思有两个方面的错误：第一，他没有考虑到社会情况不仅有经济一面还有政治一面，而这两方面都与权力有关，财富只是权力的一个形式而已；第二，他的学说是从社会因果关系去剖析的，但一旦从细节去追究问题，社会因果关系就多半不会适用了。关于第一个错误的分析，我在我写的

《权力》一书中讲过，所以在此只从第二个方面去讲讲我的看法。

剖析起来很简单：大家通常所谓的“哲学”包含两种非常不同的要素，一种是能够用一般人意见或者一致方法解决的科学性的或逻辑性的问题，另一种是很多人都感兴趣的却又还没有确实证据的问题。按照哲学一词的普通意义讲，一套“哲学”就是这种在理性之外的各个决断的一个有机总体。也是从这个意义上讲，马克思的主张才算基本正确。然而，即便符合了这一要求，他的哲学中的因果关系完全以经济性的原因来决定也是不妥的，因为其他社会原因也会产生影响并具有决定作用。在历史因果关系上具有重要作用的战争这一因素，它的成败与否就并不总是与经济挂钩。马克思自认为他的历史哲学属于黑格尔辩证法体系，实际上他关心的只有一个三元组：以地主为代表的封建主义、以工业雇主为代表的资本主义以及以劳动阶级为代表的社会主义。黑格尔认为传递辩证运动的媒介是民族，马克思将民族换成了阶级。他过于着眼于实际，眼界仅限于人类。然而，自从哥白尼以来有一个事实已经很显然：人类并不是宇宙之主。凡是没有彻底领会这一事实的人，就没有资格认为自己的哲学是科学的。因此，概括地说，马克思哲学中来自于黑格尔哲学的成分都不是科学的，因为没有任何理由能够支持。去掉黑格尔哲学的装饰，倒是对他有好处。

从实际效果来看，马克思主义的影响是巨大的。现代的欧洲和美洲在政治上和意识形态上分成三个阵营：信奉洛克或边沁的自由主义者阵营；掌握了俄国政府，在其他一些国家也可能越来越有势力的马克思主义者阵营；在政治上以纳粹党和法西斯党为代表的阵营。

从哲学上看，这三个阵营中的前两个都属于理性主义，同样具有科学的和经验主义的意图。但是从实际政治的观点来看，这两个阵营则界线分明。第三个阵营与前两个具有很大的差异，它是反理性的、反科学的。它来源于卢梭、费希特和尼采的学说，所以强调意志，特别是权力意志。这一个阵营认为，权力意志主要集中在某些民族和个人身上，他们也就有统治的权利。哲学界原本有某种统一性，但这种统一性在卢梭时代暂时消失了。对支配权的要求导致纷争，因此除理性主义之外的其他一切方法都不可能恢复这种统一。然而，理性主义做到这一点的前提是，它必须战胜人心。

第二十八章 昂利·柏格森

昂利·柏格森是本世纪法国最重要的哲学家，他影响了威廉·詹姆士和怀特海，他的学说给法国思想带来了巨大的影响。他最重要的哲学成就在于他的非理性主义，这种思想是对理性主义的反抗，不过这种思想始于卢梭。自卢梭起，这种反抗对世人的生活和思想所起的影响越来越大。柏格森的非理性主义是这种反抗的典型实例，也是本章谈论的主要内容。以下绝大部分都是他重印发表在1912年《一元论者》上的一篇文章。

给各派哲学进行分类，通常不是按方法来分就是按结果来分，如“经验主义的”哲学和“先验的”哲学是按照方法的分类，“实在论的”哲学和“观念论的”哲学是按照结果的分类。柏格森的哲学却都不是按这两种分类方法产生的，而属于另一种——按照促使哲学家作哲学思考的主要欲望来分。这一种分法会产生由爱好幸福而产生的感情哲学、由爱好知识而产生的理论哲学以及由爱好行动而产生的实践哲学，柏格森的哲学就属于实践哲学。这种哲学认为行动是最高的善，幸福是效果，而知识仅仅是完成有效活动的手段。直到最近为止，实践哲学家并不多，除了实用主义者之外，它的代表人物就是柏格森。

柏格森的哲学不同于以往大多数哲学体系，它是二元论的。在他看来，世界由生命和物质这两个截然不用的部分组成。他所谓的物质部分，更准确地说是被理智看成物质的某种无自动力的东西。他关于整个宇宙的见解是：宇宙是向上攀登的生命和往下降落的物质造成的冲突。自世界形成之初，生命便产生一种巨大无比的活力冲动，在遭遇物质阻碍时它奋力开出了一条道路来，以寻求运动的最大自由。

关于进化论，柏格森认为对环境的适应性还不能说明进化问题，适应环境只能说明进化的曲折；至于机械论和目的论，他认为，机械论认为未来蕴含在过去中，这种见解和目的论的一样，否定了世界上有根本新的事物，这是它们的缺点。柏格森主张，进化具有真正的创造性，如同艺术家的作品一样，是一种行动冲动、一种不明确的要求——该要求预先存在，直到该它得到满足时才有可能知道会满足它的事物的性质。因此，进化是无法预断的，决定论驳不倒提倡自由意志的人。柏格森阐述了地球上生物的实际发展来填充这个大纲。他说，一切生命在一开始的时候就划分为动物和植物，动物的目的在于利用能力来做迅猛运动，植物的目的在于蓄积能力。动物在发展的后期阶段中出现了分化，本能与理智在某种程度上分离了。他关于本能和理智的见解有：本能的最佳状态称作直觉，那种“已经成为无私的、自意识的、能够思考自己的对象并能将该对象无限扩大的本能”；理智也可以称作智力，它的特征是“没有能力理解生命”；固体是精神特意创造出来的，目的是方便理智的应用实践，这好比精神创造了棋盘以便在上面下棋一样；理智的起源和物质物体的起源相关，两者交互适应并由此发展；使事物分离的理智是一种幻梦；我们的整个生命本应该是能动的，理智却不是能动的，而纯粹是观照的。

柏格森认为理智和空间关联，同样，本能或直觉则和时间关联。认为时间和空间几近等同，是柏格森哲学的一个显著特色。他主张，空间是物质的特征，它的产生是因为分割，然而这种分割其实是错觉。反之，时间是生命或精神的根本特征。他说：“任何有生命的地方，都具有一个记录时间的记录器。”但是，他这里所说的时间与数学时间不同。

据柏格森说，数学时间是空间的一个形式。他将对于生命而言的时间称为绵延，这个绵延概念是他哲学中的基本概念，在他最早期著作《时间与自由意志》时已经出现。据他说，“纯粹绵延是当我们的自我让自己生存——自我制止把它的现在状态和以前各状态分离开的时候，我们的意识状态所采取的形式。”记忆尤其能表现出绵延来，因为它在记忆中得以残留在现在。也因此，记忆论在柏格森的哲学中同样重要。

他的《物质与记忆》一书提到，记忆是“精神和物质的交叉”，它指两种事情，一种是以运动机制的形式残留下来的过去，另一种以独立回忆的形式残留下来的过去。然而，唯有第二种记忆才称得上真正的记忆。因为，在第二种形式的场合中不会涉及习惯问题，这类形式记忆中的事件只发生过一次就直接给人留下了印象。柏格森认为，“从原则上讲，记忆必定是一种绝对不依赖于物质的能力。如果精神是实在性的，在这个场合也就是在记忆现象中，我们可以从实验上接触到精神。”在柏格森看来，和纯粹记忆对立的是纯粹知觉。他认为知觉和知觉的对象是一样的，因此他认为知觉根本不属于精神活动。他说：“纯粹知觉是精神的最低一级——无记忆的精神，它本质是我们所理解的那种物质的一部分。”

与理智相对的是本能——或者说直觉，下面我们就来讲讲柏格森关于直觉的论述。他的论述是以他的绵延和记忆的理论为前担的。他说，对于人类来说，直觉是理智的边缘或者半影，它是被理智排挤出来的。他把本能和理智分别比作视觉和触觉。按照他的说法，理智无法带给人遥远事物的知识。的确如此，在柏格森的理解里，从触觉的角度解释一切知觉就是科学的功能。

柏格森的整个宇宙观可以用他的记忆见解来阐述。因为过去可以通过记忆存活在现在，世界一旦离开了精神就会不断地死而复生，所以过去是没有实在性的，也不存在过去。使得过去和未来具有实在性，并创造出真绵延和真时间的，是记忆及其相关的欲望。过去与未来的这种融合，唯有直觉才能够理解，理智是不能的。因为，理智会认为过去与未来始终是分割独立的，两者仿佛在空间上相互存在于对方之外一样。通过直觉，我们可以理解到“形式无非是对于变迁的一个瞬时看法”，而哲学家“会看见物质世界又重新融合成单一的流转”。柏格森的自由说与他关于直觉的优点见解密切相关，他断定真自由可能存在，前提是“当我们的各种行动都出于我们的人格”，且这些行动和我们的人格类似——如艺术家和他的作品类似一样。以上只是我转述的柏格森的各种见解，还没有提到他为了支持这些见解而举出的理由。这是因为柏格森不像大多数哲学家那样给自己的意见提出理由，而是以自己所提意见固有的魅力以及他的好文笔来打动人。他用了很多种生动的说法，尤其是类推和比喻。他的著作中关于生命的比喻，比我所知的任何诗人在作品中所打的比喻都要多。他说生命像是一个炮弹，这个炮弹炸成了碎片，各碎片又成为炮弹。他又把生命比作骑兵突击："所有活物都结合起来，被同一个巨大的推力推动。动物比植物高等，人类高于动物界。在空间和时间中，人类全体如一支庞大的军队，队中每个人都纷争向前，这个阵势强大的军队能够扫除一切障碍，甚至可能突破死亡。"一个仅仅充当不带感情的旁观者的冷静的评论家，可能不会认同柏格森的这种宇宙观。他也许会产生疑问：什么理由支持这样一种动荡不定的宇宙观？如果我想的是对的，他可能会在提出这个问题后发现，无论在宇宙中或在柏格森先生的著作中，都没有承认这种宇宙观的任何理由。

但是，如果认为柏格森的哲学只是一种诗意的宇宙观那就错了，事实上，空间论和时间论是他的哲学的两个基础，也是公正评论他哲学的关键。如果这两个学说是对的，那他的学说中存在的细小错误和矛盾倒没有多大关系，因为这是任何哲学家都难免的。但如果这两个学说错了，那从理智依据来批评它们也就无意义了，它们也只能当做富于想象的叙事诗罢了。空间论比时间论简单，我们先从它谈起。

柏格森的空间论属于他早期哲学的一部分，在他的《时间与自由意志》中有关于它的详尽叙述。在该书的第一章中，他用"较大"和"较小"这两个词表明了空间的存在。他把较大者看成是包含着较小者的东西。在下一章中，他对"数"的主张也持有相同的见解。他说，我们想象"数"的时候会求助于"广延的心象"，而且"关于数的每一个清晰的观念都暗含着空间的视觉心象"。关于"数"的这两个看法表明了柏格森并不理解"数"，他没有关于数的清晰观念。

关于数的实例表明，如果柏格森的意见是对的，我们就决不能获得被认为这样饱含着空间的抽象观念了；反过来讲就是，我们能够理解（与作为抽象观念的实例的个别事物相对的）抽象观念这一事实，似乎就足以证明，他认为理智饱含着空间这种见解是错误的。柏格森的哲学是反理智的，这种哲学往往靠着理智的错误和混乱发展壮大，它钟情于坏思考而不是好的思考。这种哲学将一切愚蠢的错误都视为理智的破产和直觉的胜利，它总是轻易就断言一切暂时困难都无法解决。

除了在数的问题上犯错之外，柏格森还有一个和数学有关的主要错误：他否定他所谓的对世界的“电影式的”描述。他的宇宙不是“静的”而是“动的”，这种宇宙观可以用芝诺关于箭的议论来说明：箭在每一瞬间都只仅存在于它所在的地方，所以箭在飞行当中总是静止的。乍一看，这个议论可能不是十分有力。然而，芝诺却以独特的理由来支持了自己的见解。

芝诺所属的爱利亚学派的目标，就是要证明没有“变化”这种事情。这一派认为存在着发生变化的物件，如所处位置变化不定的一支箭。哲学家们将这种见解发展后得到两种结果：爱利亚派的人认为有物件没有变化——有箭而没有飞行；赫拉克利特和柏格森认为有变化而没有物件——有飞行而没有箭。

芝诺暗中假定了柏格森的变化论的要义。也就是说，他假定物件在连续变化时不只是发生了位置的变化，也发生了某种内在的变化状态。他推断没有运动这回事，箭始终是静止的，他根本否认箭曾在某个地方。他的见解存在悖谬，至于它是否说得通，还得参考他的绵延观来讨论。他用以支持自己的绵延观的唯一理由，就是他的关于变化的一种荒谬的数学观——运动是由不动性做成的。这种看法在表面上的确很荒谬，然而这主要是他的叙述的语句形式的错误。如果我们领会到运动意味着“关系”，这种荒谬就不存在了。

柏格森关于绵延和时间的全部理论，自始至终所依据的都是一个混淆概念——把“回想”这个当下的动作或者说时间等同于回想的过去事件。在他的《物质与记忆》中，他对认识行为和认识到的对象的这种混淆从头到尾都存在着。该书开篇解释了“心象”，对这一词的解释就含有这种混淆。他说，除各种哲学理论而外，我们所认识的一切都是“心象”构成的，全宇宙也不例外。“我把诸心象的集合体叫做物质，而把归之一个特定心象即我的肉体的偶发行动的同一些心象叫做物质的知觉。”可以看到，据他的意见，物质和对物质的知觉是由同样一些东西构成的。他认为，脑髓和物质宇宙的其余部分也一样，因此，如果宇宙是一个心象，脑髓也是一个心象。脑髓按普通意义来讲是不是一个心象，我们谁也不知道。所以，我们不会诧异柏格森说心象不被知觉也能存在。但是，他接下来的观点则让人不敢苟同。他说，就心象而言，存在与被有意识地知觉的差别只是程度上的差别。我认为，从他的论述来看，他心念中的区别并不是“想象”这一精神事件与被想象的事物之间的区别，而是事物的实际与事物的表现之间的区别。也就是，他认为主体与客体没有区别。而他之所以有这种混淆，是因为他一开始把主观与客观混淆起来。

按照他混淆后的见解，主观和客观是同一个东西，那么就会产生这样的说法：我的朋友琼斯自称他在南美，并且独立存在，但他其实在我的脑海里，依靠我对他的思考而存在；圣马可大教堂的大钟塔在四十年前就不存在了，可它仍然是在的，它在我的内部可以看到仍旧完好无损。我的这些话并非有意要使得柏格森的空间论和时间论滑稽可笑，而是意在说明这两个理论实际有什么具体意义。主观和客观的混淆并不是柏格森特有的，许多唯心论者和唯物论者也都有。一旦否定了他对主观客观的同一化，他的整个体系便站不住脚了：从他的空间论和时间论，到他的“偶然性是实在的”这个信念，再到他对理智的谴责，最后是他对精神和物质的关系的解释。当然，柏格森的哲学中有很大一部分无法通过议论来推翻，这部分靠他的声望来维系。在这部分中，他以丰富的想象来描绘世界，他的描绘犹如一种诗意的作品，他希望世界上实现的善是为行动而行动。他把一切纯粹沉思视为“作梦”，谴责它是静态的、柏拉图式的、数学的、逻辑的、理智的。同样认为“无目的的活动是充分的善”的人，会在柏格森的书中找到关于宇宙的种种美妙的描绘。然而，有些人则不然，他认为有价值的行动必须出于某种梦想或者某种富于想象的预示，并且预示一个新世界——这个世界不像我们现在所处的世界那样痛苦、那样不公正、充满了斗争。

用一句话来说就是：有些人的行动就是以沉思为基础的，那些人在此种哲学中无法找到任何他们所追求的东西，也找不到支持它正确的任何理由。他们也不会因为找不到而遗憾。

第二十九章 威廉·詹姆士

威廉·詹姆士（1842—1910）虽然是个心理学家，但他在哲学上同样占有重要地位，给他带来这种地位的，是他的“彻底经验论”以及他的被称为“实用主义”或“工具主义”的理论——他是这种理论的三大倡导者之一。

威廉·詹姆士的哲学兴趣主要是在科学和宗教两个方面。在科学上，他在医学方面的研究使他的思想带上了唯物主义倾向。在宗教上，他的感情是新教徒气质的，极具民主精神和人情，因此他的宗教感情抑制了他的唯物主义倾向。

1904 年，詹姆士发表了一篇叫作《“意识”存在吗》的论文，文中主要讲的就是彻底经验论，目的是否定主体客体关系是根本性的关系。直到当时为止，哲学家们关于主体客体的见解一向是这样的：在一种叫“认识作用”的事件中，实体是认识者，也叫作主体，被认识的事物就称作客体；认识者被看作是心或者灵魂，被认识的对象则可能是物质对象或者永恒本质、另一个心，或者说是在自意识中与认识者同一。一般公认的哲学几乎都和主体客体的二元对立有密不可分的关系。

詹姆士则说，意识不过是一种非实体的名称，它“没有资格在第一原理当中占一个席位”。他否定意识是一种“事物”，他认为，并没有“什么原始的素材或存在的质，与构成物质对象、构成我们关于物质对象的思维材料的素材或存在的质相对立”。他说，世界的一切都仅由一种原始的素材或材料构成，他将这种素材称之为“纯粹经验”。他认为，认识作用就是纯粹经验的两个部分之间的一种特别关系——主体和客体之间导出的关系。经验的一个已定的未分割部分，可以是某一关系的认识者，也可能是另一关系中的被认识对象。

按照詹姆士对“纯粹经验”的描述，如果认为精神和物质的区别就是他所谓的不同“素材”的区别，那么他的学说就等于否定了精神和物质存在区别。和他抱有相同见解的人，倡导了一种“中性一元论”。根据这个理论，精神或者物质并非构成世界的材料，先于它们的某种东西才是。这个暗藏的含义并未被詹姆士本人发挥在理论中，他反而用了“纯粹经验”一词，但是这却表露出一种或许不自知的贝克莱派的唯心论。

哲学家们也常使用“经验”这个词，但很少给它下定义。考察这个词的含义，我们认为有一个关于它的论点：唯有在有生命的场合才存在经验。但是，这并不是说经验和生命的范围相同。我经历很多事情，可是经历的不一定都注意到，未注意到的就很难说我经验到了它。我认为，一个事件若是导致了某种习惯，就可以说这件事“被经验到”了。记忆就属于一种习惯。大概来说，习惯只发生在有生命的物体身上。所以，根据常识，“经验”和世界的“素材”的范围不同。我认为这是无可反驳的。

除了关于“经验”的见解，詹姆士的彻底经验论我基本上同意。但是，他的实用主义和“信仰意志”的学说，我就不是这种态度了。特别是他的“信仰意志”说，我认为这种学说蓄意给某些宗教教义提出诡辩，这种诡辩只不过在表面上看似正确而已，而且它是任何真诚的教徒都不能接受的。《信仰意志》一书出版于 1896 年，书中主张，在实践中我们常会做出这样的事情来：在不适宜的场合中不得不做出决断。之所以说不适宜，是因为这种场合不存在任何适当的理论根据可以让我们做出决断。然而我们不得不下决断，是因为即便什么也不做，那也属于一种决断。詹姆士称，宗教信仰就属于这种决断的结果。他说，“我们的极具逻辑的理智可能并未受到强迫”，但我们还是有理由采取一种信仰的态度。

詹姆士巧妙地发挥了上述见解，他提到，求实是一种道德义务，这种义务包括“相信真理”和“避开错误”两项同等原则。因为两者同等，所以面临从这两者中选其一时，最好随便相信各种可能性中的一个，因为这样至少有一半的机会相信真理，但如果悬而不决，就丝毫没有机会了。我不同意他的这种见解，因为在我看来求实的原则并非如詹姆士认为的那样，我认为它应该是：“对任意一个你觉得有可能的假说，适当给予它证据所保证的那种程度的信任”。

詹姆士的信仰意志是个过渡性的学说，它在经过一段自然发展之后产生了实用主义，所以我们还要考察他的实用主义。据詹姆士说，实用主义是一种对“真理”的新定义，它的原理最初是C.S. 皮尔斯提出的。皮尔斯主张，要想确保我们关于某个对象的思维清晰无疑，只需考察一下这个对象可能包含什么预想中的实际效果。詹姆士进一步阐述这种观点，然后主张，哲学的职能就是弄清这个或那个世界的真假原则和你我的关系。如此一来，理论就不再是对疑难问题的解答，而成了一种工具。据詹姆士讲，“只要相信一个观念有益于我们的生活，那它便是‘真的’。”真原本是善的一个别种，并不是单独的范畴，它发生于观念的事，事件使观念成为真的。

按照詹姆士的意思，唯有在我们确定了某个信念的效果是好的前提下，我们才有权把该信念叫作“真的”。如果这样的话，结果就会复杂到我们难以想象的地步。我想不出这个信念有什么实际效果，或许它对历史学家还有用。然而，问题不仅仅是这样，另外还有两个困难：

一是，按照他的见解，对于你从道德上和事实上对某个信念的后果所作的估计，你首先必须认为是真的。因为如果是假的，你用来支持你的信念是真的那种议论就是错的。所以，你必须坚持你的关于种种后果的信念是真的。然而，根据詹姆士的讲法，这就等于说这信念会促成良好的后果。而如果这点是真的，又必须有良好的后果，如此无尽地循环反复。这显然行不通。

二是，假设我说哥伦布存在过，人人都不会反驳我。而如果按照詹姆士下的定义，就难说不会发生这种说法：虽然事实上哥伦布不存在，而“哥伦布存在”却是真实的。

詹姆士的宗教观与已往信宗教的人的宗教观有一个根本区别：詹姆士对宗教的关心体现在，他仅仅把宗教当做一种人间现象，对宗教所沉思的对象毫无兴趣。他的学说企图在怀疑主义的基础上建造一个信仰的上层建筑，和所有此种企图一样，他的这件事也有赖于谬误。他的谬误在于，他打算忽视一切超人类的事实。他结合了贝克莱派的唯心主义和怀疑主义，然后以信仰神来代替神，并装作好像这样做同样行得通。事实上，他不过和近代大部分哲学一样都有一种通病：偏执的主观主义。

第三十章 约翰·杜威

约翰·杜威生于1859年，是公认的美国当下首屈一指的哲学家[1]。他不仅作为一个哲学家很重要，而且他对研究教育学、美学以及政治理论的人都具有深远的影响。在哲学上，他的见解是自由主义的，我赞成他的许多观点，但也不得不对他的最独特的哲学学说表示异议。他的独特哲学是：以"探究"代替"真理"，并以之为逻辑和认识论的基本概念。

杜威不是"纯粹"哲学家，他一生的中心兴趣是教育学。在这一点上，我和他一样——虽然不如他，但我也曾努力要对教育起一种和他的影响类似的影响。除了教育学方面之外，我和他的共同之处还有：我们都访问过俄国和中国，并都分别受到了消极和积极的影响。他主张改进经济问题，但从来不是个马克思主义者。他曾说，从正统神学中把自己解放出来已是不易，就不要再跳进另一套神学中去了。我个人同样赞成他这个观点。此外，他对"真理"概念的部分批评，我也是赞成的。诸如他把思维理解为一种进化过程，认为一切实在都具有时间性。

那么，我对杜威学说的异议主要是哪些方面呢？下面就边研讨杜威的学说边来说明。

杜威并不追究何为"真的"何为"假的"，他也不认为"真的"的对立面就是"假的"。依他之见，有一个叫"探究"的过程，在这个过程中有机体同它的

1 杜威逝世于1952年。

环境相互调节。如果我努力使自己和他意见一致的话，我会从分析“意义”或“含义”入手。

举个例子，你在动物园里听到扩音器传出广播说“有一头狮子跑出来了”，这个消息可能是真的，也可能是假的，但不管怎样，你都会尽快逃离。也就是说，广播的那句话产生的效果和真有一头狮子跑出来会产生的效果是一样的。对未用言语表达的信念，也可以这么讲，信念是有机体的一种状态，它会促成某个事件呈现于感官时会促成的行为——能促成该行为的这个事件就是此信念的“含义”。

这么分析后，我还可以在某种程度上承认杜威。但是，他接下来的论述我就不认同了。

他不拿真理或知识而是拿探究当成逻辑的要素，他说，“探究就是有控制地或有指导地把不确定的事态变换成另一个事态——这个事态在区别成分及关系成分上十分确定。经过这么变化后，原事态的各要素都转化为一个统一整体了。”泥瓦匠和一堆砖头打交道这一事件，似乎很符合他的这一定义。然而，详细分析这一定义的原样后会发现，就会出现这样的结果：按照他的定义，“一个统一整体”是探究的结果。如果有人给我一副顺序混乱的扑克牌，让我探究探究牌的先后顺序。我按顺序将其整理后的结果就是探究的结果，我整理的过程就是杜威所谓的“将客观素材加以客观的变换”。但是，给我扑克的人并不想看我整理后的顺序，而是他给我牌时的顺序。如果我是杜威的门生，我就会这么回答：“您的想法太静态了，我是个动态的人，探究任何素材前我都先把它变成容易探究的样子。”可见，杜威暗含一层意思：在我整理牌的时候，我只是在显示牌的真实永恒本性罢了。他其实等于承认了黑格尔对现象与实在的区分：现象可能是混乱无序的，但实在永远是秩序的和有机性的。然而，他并未在自己学说中讲明这一点。

要想区分诸如泥瓦匠的活动之类的有机化活动，应该对杜威的关于真理的定义进一步作出说明。有关真理，人们一般认为，探究的特征是要弄清某个真理。而杜威的看法则是，“真理”的定义要借助“探究”来确定，而不是用“真理”来定义“探究”。他在论述“真理”的时候引用了皮尔斯对“真理”的定义——它是“一切进行研究的人必定都会同意的意见，就是真理”。然而，这种定义根本让我们无从得知研究者在探究什么，如果认为他在做的事情就是弄清真理，我们就会陷入循环论的怪圈之中。

杜威关于“探究”的相关理论，不妨用一个比喻来说明：在作战前的侦查时期你做好部署以应对敌方，这就是“探究”。你得到一份侦查报告，并判断它是真的，这是“信念”。按常理，你会根据这份报告采取措施，且不管采取措施后战斗是输是赢，报告都是真的。但是，杜威却不把信念分成“真的”“假的”，而是分成“满意的”和“不满意的”——打了胜仗就是“满意的”，打了败仗就是“不满意的”。也就是说，他直到战斗结束后才知道自己该对侦查报告抱什么意见。

杜威的学说违背了迄为今止大家所公认的常识，造成这种违背的原因是，他不肯在他的形而上学中承认“事实”是不会改变也无法被操纵的。如果我们承认世事变化无常，他的见解看起来就不矛盾。

我和杜威博士之间的主要分歧是由于对信念持有不同理解：他从信念的效果来判断信念，而我则从信念的原因来判断那些涉及过往事件的信念。我认为，一个信念和它的原因有关（关系往往很复杂），我就说这个信念是“真的”或者近乎是“真的”。杜威博士却是要通过未来事件才能对信念做出裁定。但是，我们有理由认为，人为的安排完全可以改变这些未来事件，使否定的回答也更令人满意。

在这本书中，我阐述各个哲学家的学说时都尽可能地将它与各派哲学和该哲学家的社会环境关联起来。我一向坚持，信服人类的能力和不愿承认“无法改变的事实”，同我们建立在机器生产以及对自然环境的科学操纵上的希望是分不开的。由此，我这么评价杜威的学说：“杜威博士的见解中极具特色的部分，契合了工业主义与集体企业的时代。他理所当然会给美国人带来最强大的力量，中国和墨西哥之类的国家中的进步分子会赏识他，也是自然的。”我以为我的这些话根本完全不具有伤害性，没想到却惹恼了杜威博士。他回应我说：“罗素先生具有一种根深蒂固的癖好，总是将实用主义的认识论同美国的工业主义中可恶的各方面连在一起……这和我把他的哲学同英国的地主贵族的利益联系起来很像。”

我和英国贵族的关系[1]，常被人特别是共产党人视为影响我个人见解的因素。我对此已经习惯了，我也愿意承认我的思想会受到社会环境的影响。但是，如果我在关于杜威博士受到的社会影响的看法上错了，那我为此感到遗憾。不过我发现，犯这个错误的还另有人。桑塔亚那[2]就曾说：“杜威的著作也如当下和科学及伦理学有关的著作一样，渗透着一种准黑格尔主义倾向——不但将一切现实、实在的事物消融到某种相对的、暂时的事物里面，而且将个人也消融到他的社会功能里面。”

我觉得，杜威博士大多数时候忽略了天文学上的宇宙，他的哲学是一种权能哲学，他以社会的权能为宝贵。正是工具主义哲学中的这种社会权能要素，引诱了某些人。这些人一改以往的谦卑，不再畏惧宇宙，也不再对神谦卑，而是几乎把自己当做神。我认为，这是一种不妨称作“宇宙式的不虔诚”的危险。自古以来的哲学中都保留有一种谦卑，哲学家都把“真理”看成取决于事实的东西，而事实大多不受人力控制，所以“真理”是难求的。这种谦卑是对自傲的抑制，一旦这种抑制被撤出，哲学家就会往癫狂的方向发展——这种癫狂就是随着费希特而侵入哲学领域的各种人都会有的权能陶醉。任何一种哲学，哪怕是无意中助长了这种陶醉，也会给社会带来危险。

第三十一章 逻辑分析学

自毕达哥拉斯时代起，哲学一向分为对立的两大派，其中一派人的思想主要受到数学的影响，另一派受到科学的影响。柏拉图、托马斯·阿奎那、斯宾

1　本书作者的祖父约翰·罗素曾两度任维多利亚女王的首相，作者在 1931 年承袭了伯爵爵号。

2　乔治·桑塔亚那 (Gerge Santyanna，1863—1952)，美国批判实在论的倡导者。

诺莎和康德大体属于数学派，德谟克利特、亚里士多德、以及洛克等近代经验主义者们算是科学派。

现代兴起了另一个不同于这两派的一派哲学，这一派着手消除数学原理中的毕达哥拉斯主义并将经验主义和重视人类知识中的演绎部分结合起来。这个学派的目标没有以往大多数哲学的目标大，但是它取得的一些成就却是牢靠的。该派哲学的产生，与数学家们在自己学科所取得成就有关。

数学家们着手消除数学中的各种谬误和草率的推理，先是由魏尔施特拉斯建立了微积分学，后又通过盖奥尔克·康托发展了连续性和无穷数的理论，再又通过弗雷格发现了关于“数”的各种划时代的性质。在弗雷格之前，数学家们总是把“数”等同于“多元”，这是一个基本的逻辑错误。从弗雷格的工作可以推断出，算数以及一般纯数学不过是演绎逻辑的延长。康德曾主张算术命题是“综合的”，包含着时间关系。弗雷格的上述推断，证明了康德的理论是错误的。

怀特海和我合著的《数学原理》一书，详细讲述了如何从逻辑开展纯数学。

一个越来越清晰的事实是，哲学中有一大部分能转化成某种可称作“句法”的东西。不过，“句法”这个词在此的意义比现在所指的意义更广。哲学句法的效用，可以用摹述理论来说明。比如，“司各脱是《威弗利》的作者”这句话，用摹述理论来说就是:“有一个且只有一个人写了《威弗利》，这个人是司各脱。”更确切地说就是：有一个实体 c，使得“若 x 是 c，‘x 写了《威弗利》’这个陈述便是真的，否则它是假的”，那么 c 是司各脱。

根据摹述理论，“存在”只能给摹述下断言。所以“《威弗利》的作者存在”是合句法的，但“司各脱存在”却不合句法。这就澄清了从柏拉图的《泰阿泰德篇》开始的两千年来关于“存在”的思想混乱。此外，这个理论还剥夺了自从毕达哥拉斯和柏拉图以来数学的那种崇高地位，打破了来自于数学的那种反对经验主义的臆断根据。的确，靠经验归纳并不能获得数学知识，我们相信“2+2=4”并非靠我们的经验和归纳。在这个意义上，数学知识不是经验的知识。但是，它也不是关于世界的先验知识。实际上，这种知识不过是词句上的知识。也就是说，“3”的意思可以是“2 + 1”，“4”的意思可以是“3 + 1”，也可以是“2+2”。

句法的逻辑打破了数学知识的神秘，反之可以说，纯数学给逻辑分析哲学提供了材料。不仅是纯数学，物理学，尤其是该学科中的相对论和量子力学也为逻辑分析哲学提供了材料。相对论中对哲学家重要的一部分是，将物理世界中的“东西”这一概念发展成“物质实体”这一概念，以“空时”来代替空间和时间。量子论在哲学上的重要意义则主要在于，把物理现象看成可能是不连续的。

物理学向来在减弱物质的物质性，而心理学则一直在减弱精神的精神性。因此，物理学和心理学其实一直在从两端逐渐向中间靠拢。基于此，威廉·詹姆士对“意识”的批判中所暗示的“中性一元论”之说成立的可能性就更大了。哲学中精神与物质的区别来自于宗教对他们的区分，尽管这种区别在过去很长的一段时间内貌似有确实的理由，但我仍认为，精神和物质都仅是给事素分组的简便方式。我要承认，有些单独的事素只属于物质组，另外一些事素则同时既是精神的又是物质的。这个学说，可以大大简化我们对世界构成的描绘。

关于知觉这个古老的问题，近代物理学和生理学提出了新事实。如果的确有“知觉”，那么它在某种程度上总是所知觉的对象的效果。而且，如果知觉是关于对象的知识的来源，那么它或多或少会与对象相似。比如，我们说自己“看见太阳”，无非是我们看到了太阳进入眼睛时产生的效果。我们对太阳之类的物理对象的认识，无非是某些抽象的结构性质，而这些性质总是由以抽象的数学性知识为基础的物理学来说明的。

以上我谈的是现代分析经验主义的梗概，这种经验主义与洛克、贝克莱和休谟的经验主义的不同在于：它结合了数学，并发展了一种有力的逻辑技术，它对某些问题所作的回答，与其说具有哲学性质，不如说具有科学性质。这种哲学解决问题的方法和科学的方法类似，它能够分别解决一个个问题，不用创造出关于全宇宙的一整套理论来。我坚信，如果哲学知识是存在的，那么非得靠这样的方法才能探求得到，并且，用这种方法可以解决许多自古遗留的问题。

不过，在关于价值观的这一传统领域中，科学方法也是不够的。因为，属于感情问题的事情，本就不在科学的范围之内。

哲学一直都是由两个互不调和的部分构成：一部分是关于世界本性的理论，另一部分是关于最佳生活方式的伦理学说和政治学说。由于未能划清这两部分的界线，哲学家们的思想大多是混乱的。从柏拉图到威廉·詹姆士的哲学家们，都存在希求道德教化的心思，并让这种心思影响了他们自己关于宇宙构成的见解。他们自以为掌握了能使人有道德的信念，并编造了一些往往极具诡辩性的理由来证明。为了证明自己的见解，他们还着力推倒前人的证明——圣托马斯否定圣阿瑟勒姆的证明，康德否定笛卡尔的证明。为了让自己的证明显得有根据，他们一度曲解逻辑，使数学神秘化，还把一些根深蒂固的偏见称为天赐的直觉。这一切证明，都被倾向于逻辑分析主义的哲学家们否定了。他们坦承，人类的理智也无法解答许多对人类极为重要的问题。他们不相信有某种“高级的”认识方法能使我们发现科学和理智都无法获得的真理，在这种否定过后，许多曾被形而上学遮蔽的问题反倒被精确地解答了，而且靠的是一种出于求知欲的、不受哲学家个人感情倾向影响的客观方法。

在众多混乱、对立的狂热见解中，有少数力量会起到协调统一作用，求实的科学就属于其中一种力量。我所说的求实的科学的前提是，我们的信念不带个人偏见、不受地域环境和推论之上的习惯影响。这种美德，正是我隶属的哲学派别所推崇的。由于引入这种美德，我所属的哲学派别创始了一种能使哲学卓有成效的有力方法。

实践是哲学研究的好方法，它有利于人养成细心、求实的习惯。将这种方法推广到人的全部活动范围的话，人的狂热性就会减弱，同情心和相互了解的能力则会增强。丢弃了武断、浮夸之后，哲学仍会给人类的生活带来启发。